經濟部所屬事業機構新進職員甄試

完整考試資訊

https://reurl.cc/bX0Qz6

一、報名方式：一律採「網路報名」。

二、學歷資格：教育部認可之國內外公私立專科以上學校畢業，並符合各甄試類別所訂之學歷科系者，學歷證書載有輔系者得依輔系報考。

三、應試資訊：

(一)甄試類別：各類別考試科目：

類別	專業科目A(30%)	專業科目B(50%)
企管	企業概論 法學緒論	管理學 經濟學
人資	企業概論 法學緒論	人力資源管理 勞工法令
財會	政府採購法規 會計審計法規	中級會計學 財務管理
資訊	計算機原理 網路概論	資訊管理 程式設計
統計資訊	統計學 巨量資料概論	資料庫及資料探勘 程式設計
政風	政府採購法規 民法	刑法 刑事訴訟法
法務	商事法 行政法	民法 民事訴訟法
地政	政府採購法規 民法	土地法規與土地登記 土地利用
土地開發	政府採購法規 環境規劃與都市設計	土地使用計畫及管制 土地開發及利用

類別	專業科目A(30%)	專業科目B(50%)
土木	應用力學 材料力學	大地工程學 結構設計
建築	建築結構、構造與施工 建築環境控制	營建法規與實務 建築計畫與設計
機械	應用力學 材料力學	熱力學與熱機學 流體力學與流體機械
電機(一)	電路學 電子學	電力系統與電機機械 電磁學
電機(二)	電路學 電子學	電力系統 電機機械
儀電	電路學 電子學	計算機概論 自動控制
環工	環化及環微 廢棄物清理工程	環境管理與空污防制 水處理技術
職業安全衛生	職業安全衛生法規 職業安全衛生管理	風險評估與管理 人因工程
畜牧獸醫	家畜各論(豬學) 豬病學	家畜解剖生理學 免疫學
農業	民法概要 作物學	農場經營管理學 土壤學
化學	普通化學 無機化學	分析化學 儀器分析
化工製程	化工熱力學 化學反應工程學	單元操作 輸送現象
地質	普通地質學 地球物理概論	石油地質學 沉積學

(二)初(筆)試科目：

1.共同科目：分國文、英文2科(合併1節考試)，國文為論文寫作，英文採測驗式試題，各占初(筆)試成績10%，合計20%。

2.專業科目：占初(筆)試成績80%。除法務類之專業科目A及專業科目B均採非測驗式試題外，其餘各類別之專業科目A採測驗式試題，專業科目B採非測驗式試題。

3.測驗式試題均為選擇題（單選題，答錯不倒扣）；非測驗式試題可為問答、計算、申論或其他非屬選擇題或是非題之試題。

(三)複試(含查驗證件、複評測試、現場測試、口試)。

四、待遇：人員到職後起薪及晉薪依各所用人之機構規定辦理，目前各機構起薪約為新臺幣4萬2仟元至4萬5仟元間。本甄試進用人員如有兼任車輛駕駛及初級保養者，屬業務上、職務上之所需，不另支給兼任司機加給。

※詳細資訊請以正式簡章為準！

千華數位文化股份有限公司
■新北市中和區中山路三段136巷10弄17號
■TEL: 02-22289070　FAX: 02-22289076

目次

Part 1 焦點速成與試題演練

Day 01 總則

Day 02 招標

Day 03 決標

Day 04 履約管理

Day 05 驗收

Day 06 爭議處理

Day 07 罰則

Day 08 附則

Part 2 近年試題詳解

Day 09

編寫特色與快速複習方法

政府採購法是部政府為了辦理採購業務所制定的法律，相當於是工作手冊或業務指引的角色，所以內容絕大多數都是操作性和技術性條文。

這對沒有辦理過政府採購業務的人，自然會感覺抽象、難以記憶和理解，加上母法本身不宜制定瑣碎的細節規範，所以立法者只能再依靠大量子法規來處理細節事項，結果就是在考試準備上，如果配套法規沒在手邊就難以作答，這是準備難點之一。

準備難點之二在於實務見解，雖然選擇題的題目內容多以法條為主，但如果碰上用申論題型應考的考科，近年不乏出現從實務判決改編來的題目，如果不是對法條掌握度高、且習慣從案例裡抓爭點的人，在解題上會相當吃力。

所以該如何準備本科呢？畢竟政府採購法母法、施行細則加上相關法令規則數量龐雜，時間充裕時，自然可以從：**建構體系**→**記憶法條**→**歸納常考重點**→**刷題**等步驟，一步步的扎實準備；但在時間有限的情況下，我們嘗試反過來做。也就是透過刷題來找出常考的部分，再針對性地把重要的金額數字、工作天數、具體罰則及易混淆的部分進行整理，反覆記憶練習。

而透過本書的特色，可以幫助做到短時間的複習：

1	首先是**體系化整理**，在第一部分章節便已有按照體系編排、且相關聯的記憶點跟法條多整合在一起，章節最開頭便是整理相關法條及施行細則，並有重點註記，方便快速建構體系。
2	再來是**重點複習**和**多元題解**，考量到最優先事項，是短時間內有效複習，各章節分量安排上便特別規劃及調整，且都會安排經典考題作為解析範例，方便閱讀完一個章節後，便可立即檢視自己理解的狀況。
3	最後就是**收錄近年試題詳解**，在第二部分有大量歷屆考古題，如當年解題依據的法規已修正，擬答亦會更新為使用現行法規來解答，在複習上不會產生矛盾與衝突。

最後是2024年考古題的考點分布，相較於以往以履約管理和驗收的考點，開始有增加招標作業、押標金和保證金相關規範的情形，至於停權處分和異議申訴比較等議題一樣是熱門考點。另外就是中央造幣廠本年度的考題，帶有不少較冷門的學術理論，審題的時候需要再三衡量各答題選項。

最後祝各位金榜題名！

王俊英 2024.12

從承辦角度看採購作業流程

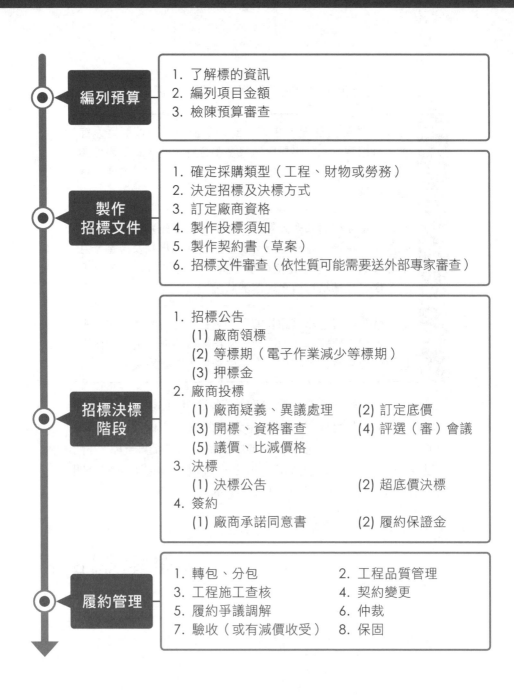

編列預算

1. 了解標的資訊
2. 編列項目金額
3. 檢陳預算審查

製作招標文件

1. 確定採購類型（工程、財物或勞務）
2. 決定招標及決標方式
3. 訂定廠商資格
4. 製作投標須知
5. 製作契約書（草案）
6. 招標文件審查（依性質可能需要送外部專家審查）

招標決標階段

1. 招標公告
   (1) 廠商領標
   (2) 等標期（電子作業減少等標期）
   (3) 押標金
2. 廠商投標
   (1) 廠商疑義、異議處理
   (2) 訂定底價
   (3) 開標、資格審查
   (4) 評選（審）會議
   (5) 議價、比減價格
3. 決標
   (1) 決標公告
   (2) 超底價決標
4. 簽約
   (1) 廠商承諾同意書
   (2) 履約保證金

履約管理

1. 轉包、分包
2. 工程品質管理
3. 工程施工查核
4. 契約變更
5. 履約爭議調解
6. 仲裁
7. 驗收（或有減價收受）
8. 保固

Part 1 焦點速成與試題演練

Day 01 總則 (§1～§17、§104～§106)

焦點1 立法理由、主管及上級機關

一、關聯條文

立法理由	政府採購法	§1 立法宗旨	為建立政府採購制度，依**公平**、**公開**之採購程序，提升**採購**效率與**功能**，確保採購**品質**，爰制定本法。
主管及上級機關	政府採購法	§9 主管機關	Ⅰ本法所稱主管機關，為**行政院採購暨公共工程委員會**，以政務委員一人兼任主任委員。 Ⅱ本法所稱上級機關，指**辦理採購機關直屬之上一級機關**。其無上級機關者，由該機關執行本法所規定上級機關之職權。
	施行細則	§5	本法第九條第二項所稱上級機關，於**公營事業**或**公立學校**為其**所隸屬之政府機關**。 本法第九條第二項所稱辦理採購無上級機關者，在中央為國民大會、總統府、國家安全會議與五院及院屬各一級機關；在地方為直轄市、縣（市）政府及議會。
	政府採購法	§10 主管機關掌理事項	主管機關掌理下列有關政府採購事項： 一、政府採購政策與制度之研訂及政令之宣導。 二、政府採購法令之研訂、修正及解釋。 三、標準採購契約之檢討及審定。 四、政府採購資訊之蒐集、公告及統計。 五、政府採購專業人員之訓練。 六、各機關採購之協調、督導及考核。

主管及上級機關	政府採購法		七、中央各機關採購申訴之處理。 八、其他關於政府採購之事項。
	施行細則	§5-1	主管機關得視需要將本法第十條第二款之政府採購法令之解釋、第三款至第八款事項，委託其他機關辦理。
採購資料庫	政府採購法	§11 採購資訊中心之設置及工程價格資料庫之建立	Ⅰ 主管機關應設立**採購資訊中心**，統一蒐集共通性商情及同等品分類之資訊，並建立工程價格資料庫，以供各機關採購預算編列及底價訂定之參考。**除應秘密之部分外，應無償提供廠商**。 Ⅱ 機關辦理**工程採購**之預算金額達一定金額以上者，應於決標後將得標廠商之單價資料傳輸至前項工程價格資料庫。 Ⅲ 前項一定金額、傳輸資料內容、格式、傳輸方式及其他相關事項之辦法，由主管機關定之。 Ⅳ 財物及勞務項目有建立價格資料庫之必要者，得準用前二項規定。

二、必考重點

在民國88年5月27日政府採購法施行前，採購業務主要依《審計法》、《審計法施行細則》、《機關營繕工程暨購置定製變賣財物稽察條例》以及《行政院暨所屬各機關營繕工程招標注意事項》辦理（後兩者已廢止）。

隨著國內外經濟、政治環境之變化，加速採購制度改革，是以政府採購法因應而生，本部分法條涉及重點在立法目的的採購程序公平公開、提升採購效率與功能、確保採購品質，相關考點常見於選擇題，內容包括基本原則解釋、立法過程中如何參考《政府採購協定》（Agreement on Government Procurement，簡稱GPA）的內容。

(一) 立法沿革：

1. 88/05/27起正式施行政府採購法。
2. 90/01/10修正第7條（財物不包括生鮮農漁）。

3. 配合行政程序法施行、電子採購趨勢及法規鬆綁，於91/02/06修正部分條文（共39條）。
4. 96/07/04修正第85-1條條文（增訂強制仲裁規定）。
5. 100/01/26修正第11條、第52條、第63條。
6. 105/01/06修正第73-1條（付款期程）、第85-1條、第86條。
7. 為完備政府採購法制，簡化採購作業程序，提升採購效能與品質，維護政府採購公平秩序，並促進產業良性機轉，於108/05/22增修部分條文共21條。
8. 另訂有政府採購法施行細則等48個相關子法及37個相關作業規定，以健全採購制度。

(二) **GPA對我國生效之主要影響：**

1. 三大原則：**國民待遇和非歧視性原則、公開性原則、對發展中國家的優惠待遇原則**等。
2. 至於因簽署WTO政府採購協定（GPA）而承諾開放的清單內容，亦有納入考題範圍，建議著重在**門檻金額**和**例外不適用**本協定的項目。

(三) **目前已簽訂的條約協定：**

1. 世界貿易組織政府採購協定（GPA）。
2. 臺紐經濟合作協定（紐西蘭與臺澎金馬個別關稅領域經濟合作協定，簡稱ANZTEC）。
3. 臺星經濟夥伴協定（新加坡與臺灣、澎湖、金門及馬祖個別關稅領域經濟夥伴協定，簡稱ASTEP）：
   (1) 學校、醫院、公營事業不適用。
   (2) 2023～2024（民國112～113年）門檻金額（依採購金額認定）：
      A. 工程是1億9,961萬；
      B. 勞務、財物是798萬。
   (3) 開放項目：工程、財物原則上全部開放，勞務開放採正面表列（ASTEP承諾表E）。

(四)**主管機關為行政院採購暨公共工程委員會：**

1. 有關採購法第10條列舉之主管機關掌理事項須逐一背誦，提供口訣參考：**蒸發肚子專約奇蹟**（**政**策制度要宣導、**法**令研修要解釋、**督**導協調要考核、**資**訊統計要公告、**專**業人員要訓練、標準契**約**要檢定、**其**他採購有關事、**機**關申訴要處理）。
2. 上級機關指的是辦理採購機關直屬的上一級機關。

(五)採購法第11條第2項有關應將得標廠商之單價資料，於決標後傳輸之**工程價格資料庫**之規定，須注意僅限**工程採購**。

精選試題

(　　) **1** 世界貿易組織（WTO）政府採購協定（GPA）自民國98年7月15日對我國生效，其規定的重要原則不包括下列何者？　(A)不歧視原則　(B)國民待遇原則　(C)WTO會員國全面開放採購市場原則　(D)透明化原則。

解 (C)。《政府採購協議》主要強調以下3個原則：

(1) 國民待遇原則和非歧視性原則，即各締約方不得透過擬訂、採取或者實施政府採購的法律、規則、程式和做法來保護國內產品或者供應商而歧視國外產品或者供應商。

(2) 公開性原則，即各締約方有關政府採購的法律、規則、程式和做法都應公開。

(3) 對發展中國家的優惠待遇原則，即有關締約方應向發展中國家，尤其是對不發達國家提供特殊待遇，如提供技術援助，以照顧其發展、財政和貿易的需求。

【108年鐵路特考佐級】

(　　) **2** 下列關於政府採購法所稱上級機關之敘述，何者錯誤？ (A)係指辦理採購機關直屬之上一級機關 (B)公營事業之上級機關，為其所隸屬之政府機關 (C)交通部辦理政府採購時之上級機關為行政院 (D)臺北市政府辦理採購時，由其執行政府採購法所定上級機關之職權。

解 **(C)**。依政府採購法第9條第二項規定，本法所稱上級機關，指辦理採購機關直屬之上一級機關。其無上級機關者，由該機關執行本法所規定上級機關之職權。又依政府採購法施行細則第5條：「I本法第九條第二項所稱上級機關，於公營事業或公立學校為其所隸屬之政府機關。II本法第九條第二項所稱辦理採購無上級機關者，在中央為國民大會、總統府、國家安全會議與五院及院屬各一級機關；在地方為直轄市、縣（市）政府及議會。」

【110年鐵路特考佐級】

(　　) **3** 下列關於政府採購法所稱主管機關之敘述，何者正確？ (A)主管機關為行政院採購暨公共工程委員會，以財政部部長兼任主任委員 (B)主管機關得視需要，將政府採購法令之研訂及修正等事項，委託其他機關辦理 (C)主管機關得視需要設立採購資訊中心，統一蒐集共通性商情及同等品分類之資訊 (D)主管機關應建立工程價格資料庫，以供各機關採購預算編列及底價訂定之參考。

解 **(D)**。

(A)依政府採購法第9條第一項規定，本法所稱主管機關，為行政院採購暨公共工程委員會，以政務委員一人兼任主任委員。

(B)依政府採購法施行細則第5-1條規定，主管機關得視需要將本法第十條第二款之政府採購法令之解釋、第三款至第八款事項，委託其他機關辦理。又本法第10條規定主管機關掌理下列有關政府採購事項：一、政府採購政策與制度之研訂及政令之宣導。二、政府採購法令之研訂、修正及解釋。三、標準採購契約之檢討及審定。四、政府採購資訊之蒐集、公告及統計。五、政府採購專業人員之訓練。六、各機關採購之協調、督導及考核。七、中央各機關採購申訴之處理。八、其他關於政府採購之事項。

(C)依政府採購法第11條第1項規定，主管機關應設立採購資訊中心，統一蒐集共通性商情及同等品分類之資訊，並建立工程價格資料庫，以供各機關採購預算編列及底價訂定之參考。除應秘密之部分外，應無償提供廠商。

【110年鐵路特考佐級】

4 我國已加入政府採購協定（GPA），請問：加入GPA的法律效果為何？另依政府採購法之相關規定，外國廠商參與各機關之採購，應如何辦理？

解 (一)世界貿易組織（WTO）政府採購協定（GPA）自民國98年7月15日對我國生效，該協定主要強調以下3個原則：

1. 國民待遇原則和非歧視性原則，即各締約方不得透過擬訂、採取或者實施政府採購的法律、規則、程式和做法來保護國內產品或者供應商而歧視國外產品或者供應商。
2. 公開性原則，即各締約方有關政府採購的法律、規則、程式和做法都應公開。
3. 對發展中國家的優惠待遇原則，即有關締約方應向發展中國家，尤其是對不發達國家提供特殊待遇，如提供技術援助，以照顧其發展、財政和貿易的需求。

(二)而於外國廠商有參與機關採購時：

1. 與我國就政府採購有簽署條約或協定之國家，該外國廠商得依我國承諾之條件參與採購。
2. 與我國就政府採購無簽署條約或協定之國家，依「外國廠商參與非條約協定採購處理辦法」處理，其中得於招標文件規定外國廠商不適用的，包括平等受邀機會、投標廠商資格、平等對待規定等。

3. 依「外國廠商參與非條約協定採購處理辦法」規定，我國廠商供應之財物或勞務之原產地非屬我國者，視同外國廠商。

(三)另政府採購法（下稱本法）具體規範如下：

1. 依本法第17條規定，外國廠商參與各機關採購，應依我國締結之條約或協定之規定辦理。外國法令限制或禁止我國廠商或產品服務參與採購者，主管機關得限制或禁止該國廠商或產品服務參與採購。機關辦理涉及國家安全之採購，有對我國或外國廠商資格訂定限制條件之必要者，其限制條件及審查相關作業事項之辦法，由主管機關會商相關目的事業主管機關定之。
2. 依本法第36條第2項規定，外國廠商之投標資格及應提出之資格文件，得就實際需要另行規定，附經公證或認證之中文譯本，並於招標文件中訂明。

【111年鐵路特考高員三級】

5 試說明近年（民國96年與105年）關於履約爭議調解制度之修法內容與目的。

解 近年（民國96年與105年）關於履約爭議調解制度之修法內容與目的：

(一)民國96年修正政府採購法第85-1條，採先調解後仲裁之機制，係鑑於履約爭議處理機制規定，機關既為履約爭議主體，又同時擔任調解機構，其角色難免混淆，或難以期公正。為建立公平、公正、專業及迅速之履約爭議處理機制，爰增列依仲裁法設立之仲裁機構，作為履約爭議調解機構，賦予廠商及機關有選擇調解單位之選擇權。

(二)民國105年修正同條，係明定採購申訴審議委員會應提出調解建議或調解方案，以發揮調解之功能；另先調解後仲裁之規定，考量技術服務常與工程之設計、監造及專案管理事項有關，為盡速處理技術服務案件所衍生之履約爭議，爰增訂技術服務採購亦適用該項規定。

【112年鐵路特考員級】

焦點2 採購法適用範圍

一、關聯條文

主體	政府採購法	§3 適用範圍	**政府機關**、**公立學校**、**公營事業**（以下簡稱機關）辦理採購，依本法之規定；本法未規定者，適用其他法律之規定。
		§4 法人或團體接受機關補助辦理採購	Ⅰ **法人**或**團體**接受機關補助辦理採購，其**補助金額占採購金額半數以上**，且**補助金額在公告金額以上**者，適用本法之規定，並**應受該機關之監督**。 Ⅱ **藝文採購**不適用前項規定，但應受補助機關之監督；其辦理原則、適用範圍及監督管理辦法，由文化部定之。
		§5 委託法人或團體辦理之採購	Ⅰ 機關採購得委託法人或團體**代辦**。 Ⅱ 前項採購**適用本法之規定**，該法人或團體並受**委託機關之監督**。
	施行細則	§2	Ⅰ 機關補助法人或團體辦理採購，其依本法第四條第一項規定適用本法者，受補助之法人或團體於辦理**開標**、**比價**、**議價**、**決標**及**驗收**時，**應受該機關監督**。 Ⅱ 前項採購關於本法及本細則規定上級機關行使之事項，由本法第四條第一項所定監督機關為之。
		§3	Ⅰ 本法第四條第一項所定補助金額，於二以上機關補助法人或團體辦理同一採購者，以其**補助總金額**計算之。補助總金額達本法第四條第一項規定者，受補助者應通知各補助機關，並由各補助機關共同或指定代表機關辦理監督。 Ⅱ 本法第四條第一項所稱接受機關補助辦理採購，包括**法人或團體接受機關獎助、捐助或以其他類似方式動支機關經費辦理之採購**。

主體	施行細則	§3	Ⅲ 本法第四條第一項之採購，其受理申訴之採購申訴審議委員會，為**受理補助機關自行辦理採購之申訴之採購申訴審議委員會**；其有第一項之情形者，依**指定代表機關或所占補助金額比率最高者**認定之。
		§4	Ⅰ 機關依本法第五條第一項規定委託法人或團體代辦採購，其委託屬**勞務採購**。受委託代辦採購之法人或團體，並**須具備熟諳政府採購法令之人員**。 Ⅱ 代辦採購之法人、團體與其受雇人及關係企業，不得為該採購之投標廠商或分包廠商。
		§42	Ⅰ 機關依本法第四十條規定洽由其他具有專業能力之機關代辦採購，依下列原則處理： 一、關於監辦該採購之上級機關，為洽辦機關之上級機關。但洽辦機關之上級機關得洽請代辦機關之上級機關代行其上級機關之職權。 二、關於監辦該採購之主（會）計及有關單位，為洽辦機關之單位。但代辦機關有類似單位者，洽辦機關得一併洽請代辦。 三、除招標文件另有規定外，以代辦機關為招標機關。 四、洽辦機關及代辦機關分屬中央及地方機關者，依洽辦機關之屬性認定該採購係屬中央或地方機關辦理之採購。 五、洽辦機關得行使之職權或應辦理之事項，得由代辦機關代為行使或辦理。 Ⅱ **機關依本法第五條規定委託法人或團體代辦採購，準用前項規定。**
	政府採購法	§2 採購定義	本法所稱採購，指**工程之定作**、**財物之買受**、**定製**、**承租**及**勞務之委任或僱傭**等。

主體	政府採購法	§7 工程、財物、勞務定義	Ⅰ本法所稱**工程**，指**在地面上下新建**、**增建**、**改建**、**修建**、**拆除構造物與其所屬設備及改變自然環境**之行為，包括建築、土木、水利、環境、交通、機械、電氣、化工及其他經主管機關認定之工程。 Ⅱ本法所稱**財物**，指各種物品（**生鮮農漁產品除外**）、材料、設備、機具與其他動產、不動產、權利及其他經主管機關認定之財物。 Ⅲ本法所稱**勞務**，指**事業服務**、**技術服務**、**資訊服務**、**研究發展**、**營運管理**、**維修**、**訓練**、**勞力**及其他經主管機關認定之勞務。 Ⅳ採購兼有工程、財物、勞務二種以上性質，難以認定其歸屬者，**按其性質所占預算金額比率最高者歸屬之**。
客體		§8 廠商定義	本法所稱廠商，指**公司**、**合夥**或**獨資之工商行號**及其他得提供各機關工程、財物、勞務之**自然人**、**法人**、**機構或團體**。
例外排除		§104 軍事機關採購不適用本法之情形	Ⅰ軍事機關之採購，應依本法之規定辦理。但武器、彈藥、作戰物資或與國家安全或國防目的有關之採購，而有下列情形者，不在此限： 一、因應國家面臨**戰爭**、**戰備動員**或**發生戰爭**者，得不適用本法之規定。 二、**機密或極機密**之採購，得不適用第二十七條、第四十五條及第六十一條之規定。 三、確因**時效緊急**，有危及重大戰備任務之虞者，得不適用第二十六條、第二十八條及第三十六條之規定。 四、以**議價方式**辦理之採購，得不適用第二十六條第三項本文之規定。 Ⅱ前項採購之適用範圍及其處理辦法，由主管機關會同國防部定之，並送立法院審議。

<table>
<tr><td rowspan="2">例外排除</td><td rowspan="2">政府採購法</td><td>§105
特別採購</td><td>Ⅰ 機關辦理下列採購，得不適用本法招標、決標之規定：
一、國家遇有戰爭、天然災害、癘疫或財政經濟上有重大變故，需緊急處置之採購事項。
二、人民之生命、身體、健康、財產遭遇緊急危難，需緊急處置之採購事項。
三、公務機關間財物或勞務之取得，經雙方直屬上級機關核准者。
四、依條約或協定向國際組織、外國政府或其授權機構辦理之採購，其招標、決標另有特別規定者。
Ⅱ 前項之採購，有另定處理辦法予以規範之必要者，其辦法由主管機關定之。</td></tr>
<tr><td>§106
駐外機構辦理採購</td><td>Ⅰ 駐國外機構辦理或受託辦理之採購，因應駐在地國情或實地作業限制，且不違背我國締結之條約或協定者，得不適用下列各款規定。但第二款至第四款之事項，應於招標文件中明定其處理方式：
一、第二十七條刊登政府採購公報。
二、第三十條押標金及保證金。
三、第五十三條第一項及第五十四條第一項優先減價及比減價格規定。
四、第六章異議及申訴。
Ⅱ 前項採購屬查核金額以上者，事後應敘明原由，檢附相關文件送上級機關備查。</td></tr>
</table>

※採購錯誤行為常見態樣

編號	行為態樣	違反法條
1	擅改法律文字，例如：更改或增列政府採購法（以下簡稱採購法）第三十一條第二項、第一百零一條、第一百零三條之文字。	採購法§3

編號	行為態樣	違反法條
2	漏記法規規定，例如：漏記採購法第六十三條第二項、第七十條第一項、採購法施行細則（以下簡稱施行細則）第三十八條等應於招標文件載明之規定。	採購法§3
3	曲解法規規定，例如：曲解採購法第五十八條之執行程序。	
4	補助（藝文採購除外）或委託機關未盡到監督法人或團體依採購法辦理之責任。	採購法§4、§5、施行細則§2～§4
5	採購案之屬性歸類錯誤（故意或過失），例如：工程保險誤登為工程案，藉以適用較高之查核或巨額採購金額，或使廠商遺漏參與機會。	採購法§7

二、必考重點

本部分除有關「是否屬於採購法的採購行為」的考點是出在選擇題外，**採購主客體種類定義及機關補助之採購**等考點多集中在申論題。

(一)政府採購之主體，原則指採購預算係經民意機關審議者：

1. 適用政府採購法（以下簡稱採購法）：

   (1)辦理採購之機關（採購法§3）：**各級政府機關、公立學校及公營事業機構**。

   (2)接受補助的法人或團體（採購法§4I）：法人或團體接受機關補助辦理採購，補助金額**占採購金額半數以上**，且**補助金額在公告金額以上者，並應受補助機關監督**。

   (3)受機關委託辦理採購之法人或團體（採購法§5）：

   A. 因仍係執行政府預算，故應由委託機關監督。

   B. 此處所稱的「法人」或「團體」，是指依法設立且具辦理採購專業能力法人或團體，不論其係依民法、公司法、人民團體法或其他法律設立者均屬之，而受補助者如為自然人時，則無本法之適用。

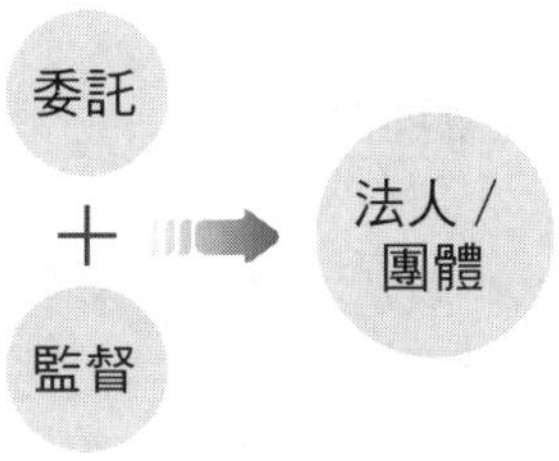

代辦主體	法人或團體
委託方式	勞務採購
委託範圍	僅代辦採購程序，包括招標、審標、評審（選）、決標、履約管理或驗收，但不含履約欲採購之標的。

(4) 例外適用：機關以**民間捐款**或**代收代付款項**辦理採購時，雖未動支機關預算，但係用**機關名義作為簽約主體**，故仍應依採購法規定辦理。

2. 部分不適用採購法：

(1) 農田水利會、漁會非屬採購法所稱之機關，如以**自有財源（自籌款）**辦理工程、財物及勞務採購，不適用本法之規定；惟其目的事業主管機關可另訂相關作業規範。

(2) 藝文採購（採購法§4II）：依108年11月21日發布「**文化藝術採購辦法**」及「**法人或團體接受機關補助辦理藝文採購監督管理辦法**」相關規定，法人或團體接受補助辦理藝文採購，不適用政府採購法規定；但補助金額占採購金額半數以上，且補助金額在政府採購法所定公告金額以上者，應受補助機關之監督。

(3) 軍事採購（採購法§104）：有關武器、彈藥、作戰物資或與國家安全或國防目的之採購，且有戰爭、機密、緊急或議價等因素，會有不適用採購法特定條文之例外情形；但一般性之軍事物資採購，原則上仍適用採購法規定。

(4) 特別採購（採購法§105）：機關採購可能因需緊急處置或交易對象特殊等原因，需要有例外處理方式以免妨礙任務執行，所以有得於特殊情況下**不適用採購法招標、決標**的規定。

(5) 駐外機構採購（採購法§106）：為使駐於國外的機構能在配合當地國情及實地作業情況下進行採購，在不違背我國締結的條約或協定下，得**不適用採購法部分規定**。

3. 完全不適用採購法：
   (1) 機關財物之變賣、出租、處分。
   (2) 證券買入、存款收益、資金借貸、金融理財。
   (3) 回收物標售。
   (4) 會費繳納。
   (5) 土地徵收。
   (6) 聘僱行為，此處係指非依人事法規辦理者，方屬採購法規範之勞務採購範疇。
   (7) 特許業務之經營。
   (8) 其他未支付對價之行為。

(二) **政府採購之客體，不以金錢交付為限，具有對價關係者亦屬採購法適用範圍：**

1. 又採購標的依法條規定分為以下3種型態（採購法§2、§7）：
   (1) **工程之定作**。
   (2) **財物之買受、定製、承租**。
   (3) **勞務之委任或僱傭**。
   (4) 採購兼有2種以上屬性、難以認定歸屬者，按該案件性質所**占預算金額比例最高者屬之**。
2. 而採購的對象「廠商」（採購法§8），依採購法定義採最廣義解釋，除公司、合夥或獨資之工商行號外，並包括得提供各機關工程、財物、勞務之自然人、法人、機構或團體：
   (1) 公司：依公司法§2規定有無限公司、有限公司、兩合公司、股份有限公司。
   (2) 合夥：依民法§667規定，指二人以上互約出資以經營共同事業。
   (3) 獨資：指個人出資經營、歸個人所有和控制、由個人承擔經營風險和享有全部經營收益的企業。

精選試題

( ) **1** 下列何者屬於政府採購法適用範圍？ (A)仲裁人之選定 (B)承租辦公廳舍 (C)採購生鮮農漁產品 (D)投資金融商品。

解 **(B)**。

(A)仲裁人之選定係依仲裁法為之，且仲裁費用之給付係依「仲裁機構組織與調解程序及費用規則」辦理。

(B)依採購法第2條規定，採購包括承租行為，屬財物採購。

(C)依採購法第7條規定，生鮮農漁產品不屬於採購法所稱財物。依該條立法理由說明，係因生鮮農漁產品具有易腐性且有生命現象，品質在短時間內易生變化，而與一般物品性質不同，故排除之；反之，冷凍食品便可成為採購標的。

(D)投資金融商品屬理財行為，目的係為獲得利益而與採購法支出行為有別，不適用採購法。

【107年國營聯招】

( ) **2** 駐國外機構辦理之採購，因應駐在地國情且不違背我國締結之條約或協定者，得不適用政府採購法之部分規定，下列何者非屬之？ (A)第27條刊登政府採購公報之規定 (B)第30條押標金及保證金之規定 (C)第101條刊登政府採購公報之規定 (D)第6章異議及申訴之規定。

解 **(C)**。依政府採購法第106條第1項規定，駐國外機構辦理或受託辦理之採購，因應駐在地國情或實地作業限制，且不違背我國締結之條約或協定者，得不適用下列各款規定：第27條刊登政府採購公報、第30條押標金及保證金、第53條第1項及第54條第1項優先減價及比減價格規定、第6章異議及申訴。

【110年鐵路特考佐級】

( ) **3** 下列何項採購不適用政府採購法？ (A)花蓮縣瑞穗鄉公所辦理小型工程新臺幣10萬元之採購 (B)東吳大學辦理採購，採購規模新臺幣500萬元，其中教育部補助款新臺幣150萬元 (C)市立中正國中辦理營養午餐採購，採購規模新臺幣300萬元 (D)臺灣電力股份有限公司辦理電路材料採購金額新臺幣3,000萬元。

解 **(B)**。依政府採購法第4條規定，法人或團體接受機關補助辦理採購，其補助金額占採購金額半數以上，且補助金額在公告金額以上者，適用採購法之規定，並應受該補助機關之監督；今東吳大學辦理採購，規模新臺幣500萬元，其中補助款為新臺幣150萬元，占採購額未達半數以上，故不適用採購法。

【106年鐵路特考佐級】

( ) **4** 依政府採購法規定，下列何者不適用政府採購法之規定，僅受監督即可？ (A)內政部辦理工程採購 (B)台灣電力公司辦理勞務採購 (C)文化部邀請藝術專業人士提供文化創意服務 (D)文化部補助A公司辦理中秋節團體表演。

解 **(D)**。(A)(B)依政府採購法第3條規定，政府機關、公立學校、公營事業（以下簡稱機關）辦理採購，依本法之規定；本法未規定者，適用其他法律之規定。(C)依政府採購法第4條規定，法人或團體接受機關補助辦理採購，其補助金額占採購金額半數以上，且補助金額在公告金額以上者，適用本法之規定，並應受該機關之監督。而藝文採購不適用前項規定，但應受補助機關之監督。

【111年合作金庫甄試】

( ) **5** 採購兼有工程、財物、勞務二種以上性質，難以認定其歸屬者，如何認定其採購類型之歸屬？ (A)按其性質所占預算金額比率最高者 (B)一律歸屬工程採購類型 (C)按其契約金額平均認定 (D)按其性質所占預算金額平均認定。

解 (A)。依採購法第7條第4項規定，採購兼有工程、財物、勞務二種以上性質，難以認定其歸屬者，按其性質所占預算金額比率最高者歸屬之。

【106年鐵路特考佐級】

( ) 6 權利採購屬下列何項性質之採購？ (A)工程採購 (B)勞務採購 (C)財物採購 (D)服務採購。

解 (C)。依政府採購法第7條第2項規定，所謂財物係指各種物品（生鮮農漁產品除外）、材料、設備、機具與其他動產、不動產、權利及其他經主管機關認定之財物。

【106年桃機捷運】

( ) 7 下列敘述何者有誤？ (A)機關採購保險公司之財產保險，適用採購法 (B)機關承租辦公廳舍，屬租賃服務之勞務採購 (C)機關辦理標售資源回收物品，不適用採購法 (D)機關委託金融機構代收款、辦理薪資轉帳，其有支付手續費或具有對價者，適用採購法。

解 (B)。

(A)機關採購保險公司之財產保險，依行政院公共工程委員會工程企字第8813123號函說明，保險業為服務業，機關投保各種保險為勞務採購，應視保險費用之多寡依政府採購法第18條至第23條規定，擇適當方式辦理招標。

(B)依採購法第7條第2項規定。

【104年經濟部所屬新進甄試】

( ) 8 台電公司為敦親睦鄰，補助財團法人工業技術研究院辦理採購，其適用採購法之採購，依採購法應報上級機關核准者，所稱上級機關指？ (A)新竹市政府 (B)行政院公共工程委員會 (C)台電公司 (D)經濟部。

解 **(C)**。題幹所稱「依採購法規定應報上級機關核准」，係指依採購法施行細則第2條，當補助金額達一定門檻時，受補助者應受該補助機關監督；又同條第2項規定，採購關於本法及本細則規定上級機關行使之事項，由本法第四條第一項所定監督機關為之。故本題台電公司既為財團法人工業技術研究院之補助機關，亦係監督機關暨上級機關。

【108年臺北市政府政府採購法規題庫】

(　　) **9** 法人或是團體接受機關之補助辦理採購，其適用「政府採購法」時，下列之敘述何者為非？ (A)所稱接受機關補助辦理採購，包括法人或團體接受機關獎助、捐助或以其他類似方式動支機關經費辦理之採購 (B)於二者以上之機關補助同一採購者，以其補助總金額計算之 (C)受理申訴之採購申訴審議委員會，為補助機關自行辦理採購之申訴之採購申訴審議委員會 (D)有二以上機關補助同一採購者，應依所占補助金額比例最高者認定之。

解 **(D)**。依政府採購法施行細則第3條第3項規定，法人或團體接受機關補助辦理採購，係依指定代表機關或所占補助金額比率最高者認定之。

【107年桃園大眾捷運股份有限公司】

(　　) **10** 機關依採購法第105條第1項第2款辦理公告金額以上之SARS防疫衛材緊急採購，下列何者為錯誤？ (A)得奉准不適用採購法第53條規定，超底價10%決標 (B)應適用採購法第61條規定辦理決標公告 (C)得依中信局（現為臺灣銀行採購部）共同供應契約辦理訂貨，不另辦理招標 (D)得奉准不辦理驗收，緊急供應醫療人員使用。

解 **(D)**。本題「SARS防疫衛材緊急採購」屬於採購法第105條第1項所指需緊急處置之採購事項類型，但凡有關招標、決標規定，可不依循採購法規定，惟對於驗收之程序並未有得排除或豁免適用等例外規定。

【105年政府採購法規題庫】

11 試說明我國政府採購法之適用範圍，並論述以目前我國經濟與社會發展之現況，現行政府採購法適用範圍之相關規定，有無應檢討修正之必要及其理由？

解 (一)我國政府採購法（以下簡稱採購法）之適用範圍有：

1. 採購法第2、3條規定，政府機關、公立學校、公營事業辦理工程之定作、財物之買受、定製、承租及勞務之委任或僱傭等，適用政府採購法。
2. 採購法第4條規定，法人或團體接受機關補助辦理採購，其補助金額占採購金額半數以上，且補助金額在公告金額以上者，適用本法之規定，並應受該機關之監督。藝文採購不適用前項規定，但應受補助機關之監督；其辦理原則、適用範圍及監督管理辦法，由文化部定之。

(二)政府採購法所規範的採購主體範圍主要是指行政機關，既有政府機關亦有公營事業單位。目前明文規定的包括政府機關、公立學校、公營事業等，但於公營事業與民營企業相比時，適用政府採購法多有困礙處如：

1. 政府採購法無法充分發揮市場機制，採購金額亦偏低。
2. 招標方式過於僵化，無法指定優良廠牌或廠商。
3. 限制性及選擇性招標規定多，不易選擇衛星工廠／協力廠商。
4. 國營事業必須兼顧公私法之程序，如異議申訴門檻低時程長便多有影響效能。
5. 採購作業流程冗長，等標期無彈性，影響事業競爭力。
6. 子公司亦受政府採購法規範。
7. 採購人員多保守行政。

(三)是以應為公營事業機構另訂一套管理辦法，參採現今經濟部所屬事業之內控稽核措施，同時受相關單位之監督，在排除適用部分政府採購法規定下，達到效能與公正兼顧目的。

【102年調查局特考營繕工程組】

12 行政院農業委員會於民國112年5月補助A食品安全推廣協會（下稱A協會）新臺幣（以下同）130萬元，採購250萬元之檢驗儀器；另補助B農會700萬元，建置採購金額1500萬元之農藥檢驗實驗室。請問A協會及B農會辦理採購時，是否須適用政府採購法之規定？

解 依政府採購法第4條第1項規定，法人或團體接受機關補助辦理採購，其補助金額占採購金額半數以上，且補助金額在公告金額以上者，適用本法之規定，並應受該機關之監督。

(一)A協會辦理本案檢驗儀器之採購不適用政府採購法規定：

1. 法人或團體接受機關補助辦理採購，依採購法第4條規定，其補助金額須占採購金額半數以上，且補助金額在公告金額以上者，方適用採購法規定。
2. 依行政院公共工程委員會111年12月23日工程企字第1110100798號令（112年1月1日生效），採購法之公告金額，工程、財物及勞務採購皆為新臺幣150萬元。
3. 本件農委會補助A協會時點為112年5月，業已適用前揭規定，是故A協會雖接受補助金額130萬元已占採購金額250萬元的半數以上，惟補助金額本身未達公告金額150萬元以上，故尚不適用政府採購法規定。

(二)B農會辦理本案農藥檢驗實驗室採購不適用政府採購法規定：

承前所述，B農會接受農委會補助時點為112年5月，並接受補助金額700萬元，雖補助金額本身已達公告金額150萬元以上，惟受補助金額700萬元並未占採購金額1500萬元的半數以上，故尚不適用政府採購法規定。

(三)綜上所述，本案A協會及B農會辦理採購時，無須適用政府採購法之規定。

13 A機關欲辦理某工程採購案，但因機關內部缺乏專業人員，無法自行辦理，請問A機關得透過哪些方式委外辦理該採購案？又這些方式有何不同？

解 當機關欲辦理工程採購案，遇內部缺乏專業人員無法自行辦理時，可利用政府採購法及政府採購法施行細則中，與代辦相關規定，委託法人、團體或洽由其他具有專業能力之機關代辦，方式列舉如下：

(一)委託代辦：依政府採購法第5條規定，機關採購得委託法人或團體代辦。該採購適用採購法之規定，該法人或團體並受委託機關之監督。

(二)洽請代辦：依政府採購法第40條規定，機關之採購，得洽由其他具有專業能力之機關代辦，上級機關對於未具有專業採購能力之機關，得命其洽由其他具有專業能力之機關代辦採購。又政府採購法施行細則第4條規定，機關依本法第5條第1項規定委託法人或團體代辦採購，其委託屬勞務採購，受委託代辦採購之法人或團體，並須具備熟諳政府採購法令之人員；而施行細則第42條規定，機關依採購法第40條規定洽由其他具有專業能力之機關代辦採購，依下列原則處理：

1. 關於監辦該採購之上級機關，為洽辦機關之上級機關。但洽辦機關之上級機關得洽請代辦機關之上級機關代行其上級機關之職權。
2. 關於監辦該採購之主（會）計及有關單位，為洽辦機關之單位。但代辦機關有類似單位者，洽辦機關得一併洽請代辦。
3. 除招標文件另有規定外，以代辦機關為招標機關。
4. 洽辦機關及代辦機關分屬中央及地方機關者，依洽辦機關之屬性認定該採購係屬中央或地方機關辦理之採購。
5. 洽辦機關得行使之職權或應辦理之事項，得由代辦機關代為行使或辦理。

【105年臺灣菸酒從業甄試】

焦點 3 辦理採購應遵循之原則

一、關聯條文

執行原則	政府採購法	§6 辦理採購之原則	Ⅰ 機關辦理採購，應以維護**公共利益**及**公平合理**為原則，對廠商**不得為無正當理由之差別待遇**。 Ⅱ 辦理採購人員於不違反本法規定之範圍內，得基於**公共利益**、**採購效益**或**專業判斷**之考量，為適當之採購決定。 Ⅲ 司法、監察或其他機關對於採購機關或人員之**調查**、**起訴**、**審判**、**彈劾**或**糾舉**等，得洽請主管機關協助、鑑定或提供專業意見。

※採購錯誤行為常見態樣

編號	行為態樣	違反法條
1	不當增列法規所無之規定，例如於招標文件規定廠商之投標文件有下列情形之一者，為不合格標：標封封口未蓋騎縫章；投標文件未逐頁蓋章；投標文件未檢附電子領標憑據；投標文件之編排、字體大小、裝訂方式或份數與招標文件規定不符；標單未蓋與招標文件所附印模單相符之印章。	採購法§6
2	招標文件中之履約條款違反公平合理原則，例如：履約期限過短；逾期違約金過高。	
3	公告金額以上之工程採購，涉及營造或土木包工業者，採選擇性招標建立一合格廠商名單用於所有不同性質之工程案。	
4	決標原則不適宜，例如：宜採最有利標者卻採最低標；宜採複數決標者卻未採行。	

編號	行為態樣	違反法條
5	不當限制競爭，例如：限廠商代表於開標當時必須攜帶與投標文件所用相同之印鑑，否則無權出席。	採購法§6、§25、§26、§28、§37
6	製造不必要之陷阱，例如：可在標價欄位印上「整」字卻不印，而規定廠商未寫「整」字即為無效標。	
7	型錄須蓋代理廠商之章。	採購法§6、§26
8	型錄須為正本。	
9	限型錄上之規格必須與招標規格一字不差。	
10	不論產品大小都要有型錄，或未具體載明需要提出型錄之項目。	

二、必考重點

本部分通常以選擇題方式考出，惟近年有將本條提及**原則**與採購法**條文如何具體連結**，考在申論題型中。

(一) **採購五原則**：維護公共利益原則、公平合理原則、不得無正當理由對廠商差別待遇原則以及採購利益及專業判斷原則：

1. **公共利益**：指採購行為應符合事實需求以及大多數人利益。如採購法第63條採購契約範本之訂定、第64條採購契約之終止或解除、第82條審議判斷應載明內容及第84條招標機關對異議或申訴得採取之措施等規定，皆屬維護公共利益原則之體現。
2. **公平合理**：此處的公平合理除禁止差別待遇，亦有保障程序公平之目的。如公開採購資訊，如採購法第27條招標之公告、第34條招標文件公告前應予保密、第61條決標公告等規定等，目的便是使招標、開標及決標作業等採購資訊公開透明化，更趨公平合理。
3. **差別待遇**：指給廠商的條件限制。如採購標的應依需求、功能、效益為考量，但規格需求文件上卻以外觀、尺寸、甚而品牌設定限制，而造成僅有特定或部分廠商方能參與投標；於採購法第21條選擇性招標建立合格廠商名單、第26條公告金額以上之採購招標文件規格訂定、第36條投標廠商之資格及第37條投標廠商資格之訂定原則等規定，便係對廠商為實質平等之對待體現。

4. **採購利益**：兼指採購效率及品質。如機關基於兼顧二者之必要，依採購法第24條得以統包辦理招標、第70條工程採購應執行品質管理及成立工程施工查核小組及第93-1條採購資料文件得以電子化方式為之（即電子化採購）等規定。
5. **專業判斷**：採購人員除應受專業訓練外，更應對採購事務及爭議案件詳予研析，透過經驗累積以做出正確之裁量判定。如依採購法第40條得洽由其他具有專業能力機關代辦採購業務以及第95條規定機關程採購宜由採購專業人員為之。

(二)鼓勵採購人員勇於任事及保障機關及人員權益相關配套規範：

1. 立法說明：

(1)採購法第6條第2項：

87年5月1日立法理由說明：「……明定對辦理採購人員，於不違反本法規定之情況下，得基於公共利益、採購效益或專業判斷，為適當之決定，以**鼓勵公務員本於職權勇於任事，不畏懼對採購案做出決定**。」

(2)採購法第6條第3項：

91年1月16日修正理由說明：「增訂第三項，以**促使辦理採購人員積極任事，為適當之採購決定**。」

2. 具體規定舉例：

(1)開標程序提高作業時效：

採購法第42條分段開標、第48條不予開標決標之情形等。

(2)決標程序增加程序彈性：

採購法第46條底價之訂定及訂定時機、第47條得不訂底價情形、第52條至56條有關決標之原則及第58條標價不合理時之處理方法等。

(3)特殊採購得不適用採購法部分規定：

採購法第104條至106條規定，詳見本書Day 01焦點2，必考重點中「部分不適用採購法」之情形。

精選試題

( ) **1** 下列何者違反採購法第6條第1項公平合理原則？ (A)廠商履約期間因機關提前使用目的，採部分驗收，並於部分驗收後將相關之履約保證金部分發還 (B)機關無法順利取得廠商履約所需土地，通知廠商暫停履約，並暫時發還履約保證金 (C)公開招標後履約期間因廠商財務困難，作契約變更，增列給付預付款，契約價金不變 (D)道路工程得標廠商因法定工時縮短，要求延長工期，機關認為部分有理由，同意廠商之部分要求。

解 (C)。

(A)依據押標金保證金暨其他擔保作業辦法第19條第1項規定，履約保證金之發還，得以履約進度、驗收、維修或保固期間等條件，一次或分次發還，由機關視案件性質及實際需要，於招標文件中訂明。

(B)依據押標金保證金暨其他擔保作業辦法第19條第2項規定，履約保證金因不可歸責於廠商之事由，致終止或解除契約或暫停履約者，得提前發還之。但屬暫停履約者，於暫停原因消滅後應重新繳納履約保證金。

(C)履約期間廠商發生財務困難屬於廠商自身營運情事，與公共利益無涉，非不可歸責廠商事由，如因此進行契約變更顯有提供廠商優待之差別待遇情形。

(D)因國家政策法律變更致契約履行有所變動，如機關審查後認確屬不可歸責廠商事由，請求變更有理由，自可同意在合理限度內之要求。

【109年中央印製廠、中央造幣廠新進甄試】

( ) **2** 關於機關辦理採購應遵循之原則，下列敘述，何者正確？ (A)辦理採購人員於法令範圍內，得基於專業判斷考量為適當之決定 (B)辦理採購人員應視採購金額大小靈活運用，無須墨守成規 (C)為求公平合理，對廠商不得為任何之差別待遇 (D)辦理採購人員得基於公共利益及採購效益，例外無須受政府採購法規定拘束。

解 **(A)**。依政府採購法第6條，機關辦理採購，應以維護公共利益及公平合理為原則，對廠商不得為無正當理由之差別待遇。

辦理採購人員於不違反本法規定之範圍內，得基於公共利益、採購效益或專業判斷之考量，為適當之採購決定。

司法、監察或其他機關對於採購機關或人員之調查、起訴、審判、彈劾或糾舉等，得洽請主管機關協助、鑑定或提供專業意見。

【108年鐵路特考佐級】

( ) **3** 政府採購法第6條第1項後段規定：「對廠商不得為無正當理由之差別待遇」，下列何者不會有違反之虞？ (A)不適用條約協定之採購，限我國廠商投標 (B)招標文件規定投標廠商須為製造廠之代理商 (C)新臺幣50萬元之採購，指定廠牌公開徵求廠商提供報價單辦理決標 (D)規定投標廠商須於招標機關之所在地轄區有實際工作經驗。

解 **(A)**。指定代理商、廠牌或所在地皆屬於有對廠商差別待遇之虞情形。

【106年經濟部所屬新進甄試】

4 請依政府採購法之適用範圍及對象，回答下列問題：

(一)政府採購法所稱採購之範圍，依政府採購法第2條之規定，除工程之定作外，尚包含何種內容？

(二)適用政府採購法之對象，依照政府採購法第3條之規定有哪些機關？

(三)法人或團體接受機關補助辦理採購，其補助金額占採購金額比例為何，且補助金額在公告金額以上者，即應適用本法之規定並應受該機關之監督？

(四)辦理採購人員於不違反本法規定之範圍內，得基於何種考量，為適當之採購決定？

解 (一)依政府採購法第2條規定，本法所稱採購，指工程之定作、財物之買受、定製、承租及勞務之委任或僱傭等。

(二)依政府採購法第3條規定，政府機關、公立學校、公營事業（以下簡稱機關）辦理採購，依本法之規定；本法未規定者，適用其他法律之規定。

(三)依政府採購法第4條規定，法人或團體接受機關補助辦理採購，其補助金額占採購金額半數以上，且補助金額在公告金額以上者，適用本法之規定，並應受該機關之監督。例外於藝文採購不適用前項規定，但應受補助機關之監督；其辦理原則、適用範圍及監督管理辦法，由文化部定之。

(四)依政府採購法第6條第2項規定，辦理採購人員於不違反本法規定之範圍內，得基於公共利益、採購效益或專業判斷之考量，為適當之採購決定。

【108年臺灣菸酒從業甄試】

5 請問政府機關辦理採購時，依政府採購法規定應遵循之原則為何？又為鼓勵採購人員勇於任事及保障採購機關及人員權益，相關配套規範為何？

解 政府機關辦理採購時，應遵循政府採購法（以下簡稱本法）第6條規定中所指維護公共利益原則、公平合理原則、不得無正當理由對廠商差別待遇原則以及採購利益及專業判斷原則辦理；又採購利益及專業判斷原則即係為促進採購機關及人員勇於依法任事及保障其等權益所訂。

(一)政府採購法規定應遵循之原則：

1. 維護公共利益原則：

 (1) 機關辦理採購，應以維護公共利益為原則，採購行為應符合事實需求以及大多數人利益。

 (2) 如本法第63條以下履約管理章節內規定契約範本之訂定、履約不符公共利益者得由機關中止或解除契約並補償廠商等相關規定、第82條有關採購申訴審議委員會之審議判斷，應考量公共利益、相關廠商利益及其他有關情況，皆係本原則之維護。

2. 公平合理原則：

 (1) 機關辦理採購，應以維護公平合理為原則，如將招標、開標及決標作業等採購資訊公開透明化，達公平競爭效果。

 (2) 本法第27條招標公告須公開於資訊網路、第34條不得於開標前洩漏底價、第61條決標結果應公告等規定，皆係採購資訊公開透明化，以做到程序之公平公開。

3. 不得無正當理由對廠商差別待遇原則：

 (1) 即平等原則，相同事件應為相同之處理，不同事項應為不同之處理，除有正當理由外，不得對所規制之對象為差別待遇；故機關對各廠商應公平對待，廠商與廠商間無差別待遇，皆具有公平之機會。

 (2) 本法第21條選擇性招標，便係指經資格審查合格之廠商，應與平等受邀之機會。另針對廠商資格，第36條、第37條規範機關不得不當限制競爭，並僅可以確認廠商具備履行契約所必須之能力者為限。

4. 採購利益及專業判斷原則：

 (1) 辦理採購之人員，於不違反本法規定前提下，得基於公共利益、採購效益或專業判斷之考量，為適當的採購決定。

 (2) 機關於辦理公開招標或選擇性招標，得就資格、規格與價格判斷是否採取分段開標；而機關辦理分段招標時，除第一階段應公告外，後續階段邀標，得免予公告，便可提高作業效率。

(二)另為鼓勵採購人員勇於任事及保障採購機關及人員權益：

1. 採購機關及人員可依上述舉例情形，就採購利益及專業判斷進行採購案件辦理，於兼顧合法程序和採購品質前提下，有效減省作業時程。
2. 本法第6條於91年增修，司法、監察或其他機關對於採購機關或人員之調查、起訴、審判、彈劾或糾舉等，得洽請主管機關協助、鑑定或提供專業意見。此增修之目的便係促使辦理採購人員積極任事，為適當之採購決定。

【108年高考三級審計】

焦點4 採購規模與監辦規定

一、關聯條文

上級機關之監督	政府採購法	§12 查核金額以上採購之監辦	Ⅰ 機關辦理**查核金額以上**採購之開標、比價、議價、決標及驗收時，應於規定期限內，檢送相關文件報請上級機關派員監辦；上級機關得視事實需要訂定授權條件，由機關自行辦理。 Ⅱ 機關辦理**未達查核金額**之採購，其決標金額達查核金額者，或契約變更後其金額達查核金額者，機關應補具相關文件送上級機關**備查**。 Ⅲ 查核金額由主管機關定之。
	施行細則	§6	機關辦理採購，其屬巨額採購、查核金額以上之採購、公告金額以上之採購或小額採購，依採購金額於招標前認定之；其採購金額之計算方式如下： 一、採**分批辦理**採購者，依**全部批數之預算總額**認定之。

上級機關之監督	施行細則	§6	二、依本法第五十二條第一項第四款採**複數決標**者，依**全部項目或數量之預算總額**認定之。但項目之標的不同者，依個別項目之預算金額認定之。 三、招標文件含**有選購或後續擴充項目**者，應將預估選購或擴充項目所需金額計入。 四、**採購項目之預算案尚未經立法程序者**，應將預估需用金額計入。 五、採**單價決標**者，依預估採購所需金額認定之。 六、租期不確定者，以**每月租金之四十八倍**認定之。 七、依本法第九十九條規定甄選投資廠商者，以**預估廠商興建、營運所需金額認定之**。依本法第七條第三項規定營運管理之委託，包括廠商興建、營運金額者，亦同。 八、依本法第二十一條第一項規定建立合格廠商名單，其預先辦理廠商資格審查階段，以該**名單有效期內預估採購總額**認定之；邀請符合資格廠商投標階段，以**邀請當次之採購預算金額**認定之。 九、招標文件規定廠商報價金額包括機關支出及收入金額者，以**支出所需金額**認定之。 十、機關以提供財物或權利之使用為對價，而無其他支出者，以該**財物或權利之使用價值**認定之。
		§7	Ⅰ 機關辦理查核金額以上採購之招標，應於**等標期或截止收件日五日**前檢送採購預算資料、招標文件及相關文件，報請上級機關派員監辦。 Ⅱ 前項報請上級機關派員監辦之期限，於流標、廢標或取消招標重行招標時，得予縮短；其依前項規定應檢送之文件，得免重複檢送。

上級機關之監督	施行細則	§8	Ⅰ 機關辦理查核金額以上採購之決標，其決標**不與開標、比價或議價合併辦理**者，應於**預定決標日三日前**，檢送審標結果，報請上級機關派員監辦。 Ⅱ 前項決標與開標、比價或議價**合併辦理**者，應於**決標前當場確認審標結果**，並列入紀錄。
		§9	Ⅰ 機關辦理查核金額以上採購之驗收，應於**預定驗收日五日前**，檢送結算表及相關文件，報請上級機關派員監辦。結算表及相關文件併入結算驗收證明書編送時，得免另行填送。 Ⅱ **財物之驗收**，其有分批交貨、因緊急需要必須立即使用或因逐一開箱或裝配完成後方知其數量，報請上級機關派員監辦確有困難者，得視個案實際情形，**事先敘明理由，函請上級機關同意後自行辦理**，並於**全部驗收完成後一個月內**，將結算表及相關文件彙總報請上級機關備查。
		§10	機關辦理查核金額以上採購之開標、比價、議價、決標或驗收，上級機關得斟酌其金額、地區或其他特殊情形，決定應否派員監辦。其未派員監辦者，應**事先通知**機關自行依法辦理。
		§11	Ⅰ 本法第十二條第一項所稱監辦，指監辦人員**實地監視**或**書面審核**機關辦理開標、比價、議價、決標及驗收是否符合本法規定之程序。**監辦人員採書面審核監辦者，應經機關首長或其授權人員核准**。 Ⅱ 前項監辦，不包括涉及廠商資格、規格、商業條款、底價訂定、決標條件及驗收方法等實質或技術事項之審查。監辦人員發現該等事項有違反法令情形者，仍得提出意見。

上級機關之監督	施行細則	§11	Ⅲ 監辦人員對採購不符合本法規定程序而提出意見，辦理採購之主持人或主驗人如不接受，應納入紀錄，報機關首長或其授權人員決定之。但不接受上級機關監辦人員意見者，應報上級機關核准。
機關內部監辦	政府採購法	§13 公告金額以上採購之監辦	Ⅰ 機關辦理**公告金額以上**採購之開標、比價、議價、決標及驗收，除有特殊情形者外，應由其主（會）計及有關單位會同監辦。 Ⅱ 未達公告金額採購之監辦，依其屬中央或地方，由主管機關、直轄市或縣（市）政府另定之。未另定者，比照前項規定辦理。 Ⅲ **公告金額應低於查核金額**，由主管機關參酌國際標準定之。 Ⅳ 第一項會同監辦採購辦法，由主管機關會同行政院主計處定之。

※採購錯誤行為常見態樣

編號	行為態樣	違反法條
1	認定採購金額之方式錯誤，例如：分批辦理採購，未依各批合計總金額認定其採購金額；未將含有選購或後續擴充項目金額計入。	施行細則§6
2	以單價決標者，未載明預估數量或採購金額上限；標的二項以上未採分項決標者，未以分項單價乘以預估數量後之總和決定最低標。	施行細則§6Ⅰ、§64-1
3	不同數量之二項以上標的，以單價和決標。	施行細則§64-1
4	監辦人員逾越監辦職權提出不妥適之意見。	施行細則§11
5	對於監辦人員提出之正確意見不予理會。	施行細則§11、機關主會計及有關單位會同監辦採購辦法§7
6	未依工程會、上級機關或監辦單位之通知改正錯誤。	施行細則§12

二、必考重點

採購規模區分方式在於採購金額之認定，不同的級距決定不同的監辦程序，不論是在選擇題或申論題皆會成為考點。

(一)採購金額級距：

1. 行政院公共工程委員會111年12月23日工程企字第1110100798號令。
2. 投標廠商資格與特殊或巨額採購認定標準第8條。
3. 中央機關未達公告金額採購招標辦法第5條。

	巨額金額	查核金額	公告金額	未達公告金額	
				逾公告金額1/10	小額採購
工程	2億元	5,000萬元	150萬元	15萬1元～149萬9,999元	15萬元以下
財物	1億元	5,000萬元			
勞務	2,000萬元	1,000萬元			

※採購級距的變動自112年1月1日生效，是基於「國內相關物價指數自88年5月至111年3月之漲幅」以及「近5年工程、財物、勞務採購決標金額占總決標金額之比率」，作為加權指數計算得出。

(二)採購金額計算：

1. 採分批辦理採購者，依全部批數之預算總額認定之。
2. 採複數決標者，依全部項目或數量之預算總額認定之；但項目之標的不同者，依個別項目之預算金額認定之。
3. 含有選購或後續擴充項目者，應將預估選購或擴充項目所需金額計入。
4. 採購項目之預算案尚未經立法程序者，應將預估需用金額計入。
5. 採單價決標者，依預估採購所需金額認定之。
6. 租期不確定者，以每月租金之48倍認定之。
7. 甄選投資廠商者，以預估廠商興建、營運所需金額認定之；營運管理之委託，包括廠商興建、營運金額者，亦同。

8. 建立合格廠商名單，其預先辦理廠商資格審查階段，以該名單有效期內預估採購總額認定之；邀請符合資格廠商投標階段，以邀請當次之採購預算金額認定之。
9. 招標文件規定廠商報價金額包括機關支出及收入金額者，以支出所需金額認定之。
10. 機關以提供財物或權利之使用為對價，而無其他支出者，以該財物或權利之使用價值認定之。

(三) **監辦程序：**

<table>
<tr><th></th><th colspan="2">查核金額以上</th><th>公告金額以上</th><th>未達公告金額</th></tr>
<tr><td>監辦內容</td><td colspan="4">對於機關開標、比價、議價、決標及驗收是否符合政府採購法規定程序之審查，不包括涉及廠商資格、規格、商業條款、底價訂定、決標條件及驗收方法等採購之實質或技術事項之審查。但監辦人員發現該等事項有違反法令情形者，仍得提出意見。</td></tr>
<tr><td rowspan="2">監辦方式</td><td>實地監視</td><td colspan="3">監辦人員至現場實地監看機關辦理開標、比價、議價、決標及驗收等程序。</td></tr>
<tr><td>書面審核</td><td>應經上級機關首長或其授權人員核准，並事先通知機關。</td><td>應經機關首長或其授權人員核准。</td><td>免經機關首長或其授權人員核准，但仍應由單位主管核准。</td></tr>
<tr><td>監辦人員</td><td colspan="2">上級機關（業務或會計單位）</td><td colspan="2">機關之主（會）計及有關單位（機關首長或其授權人員就機關內之政風、監查、督察、檢核或稽核單位擇一指定）</td></tr>
<tr><td>監辦不派員</td><td colspan="2">1.上級機關得斟酌其金額、地區或其他特殊情形，決定應否派員監辦；亦得視事實需要訂定授權條件，由機關自行辦理。</td><td>合於下列情形之一，且經機關首長或其授權人員核准者，得不派員監辦：
1.未設主（會）計單位及有關單位。</td><td>主（會）計或有關單位對於機關通知監辦案件，其有下列情形之一者，得不派員監辦：
1.地區偏遠。</td></tr>
</table>

	查核金額以上	公告金額以上	未達公告金額
監辦不派員	2.未派員監辦者，應事先通知機關自行依法辦理。	2.依本法第40條規定洽由其他具有專業能力之機關代辦之採購，已洽請代辦機關之類似單位代辦監辦。 3.以書面或電子化方式進行開標、比價、議價、決標及驗收程序，而以會簽主（會）計及有關單位方式處理。 4.另有重要公務需處理，致無人員可供分派。 5.地區偏遠，無人員可供分派。 6.重複性採購，同一年度內已有監辦前例。 7.因不可預見之突發事故，確無法監辦。 8.依公告、公定或管制價格或費率採購財物或勞務，無減價之可能。 9.即買即用或自供應至使用之期間甚為短暫，實地監辦驗收有困難。 10.辦理分批或部分驗收，其驗收金額未達公告金額。	2.經常性採購。 3.重複性採購，已有監辦前例。 4.採購標的於市場已普遍銷售。 5.依本法第40條規定洽由其他具有專業能力之機關代辦。 6.利用本法第93條共同供應契約辦理之採購。 7.以會議審查方式辦理勞務採購驗收者。 8.以書面或電子化方式進行開標、比價、議價、決標及驗收程序，而以會簽主（會）計或有關單位方式處理者。 9.依公告、公定或管制價格或費率採購財物或勞務，無減價之可能者。 10.即買即用或自供應至使用之期間甚為短暫，實地監辦驗收有困難者。

	查核金額以上	公告金額以上	未達公告金額
監辦不派員	—	11.經政府機關或公正第三人查驗，並有相關規格、品質、數量之證明文書供驗收。 12.依本法第四十八條第二項前段或招標文件所定家數規定流標。 13.無廠商投標而流標。	11.辦理分批或部分驗收，其驗收金額未逾公告金額十分之一者。 12.經政府機關或公正第三人查驗，並有相關規格、品質、數量之證明文件供驗收者。 13.因無廠商投標或投標廠商家數不足而流標者。 14.因不可預見之突發事故，確無法監辦者。
監辦必須派員	無特別規定，但已報上級機關監辦，而上級機關因故未派員，依上級機關通知後依法辦理驗收作業後，仍須將辦理結果送上級機關備查。	採購案有下列情形之一且尚未解決者，機關首長或其授權人員不得為不派員監辦之核准： 1.廠商提出異議或申訴。 2.廠商申請調解、提付仲裁或提起訴訟。 3.經採購稽核小組或工程施工查核小組認定採購有重大異常情形。 4.承辦採購單位通知主（會）計及有關單位監辦時，有前項各款情形之一者，應予敘明。	主（會）計或有關單位對於採購案有下列情形之一者，均應派員監辦： 1.廠商提出異議而機關未接受其異議者。 2.廠商申請調解、提付仲裁或提起訴訟尚未解決者。 3.經採購稽核小組或工程施工查核小組認定採購有重大異常情形者。 4.其他經主管機關認定者。

	查核金額以上	公告金額以上	未達公告金額
備註	巨額採購監辦程序原則相同，但另需配合主管機關查核「效益分析」（採購法§111）。	—	小額採購無須通知主（會）計及有關單位派員監辦。

精選試題

( ) **1** 關於機關辦理採購之規定，下列敘述，何者錯誤？
(A)機關辦理查核金額以上採購，應檢送相關文件報請上級機關派員監辦
(B)機關辦理公告金額以上之採購，係由其機關內部監辦
(C)機關不得分批辦理公告金額以上之採購，以意圖規避政府採購法之適用
(D)有分批辦理採購之必要者，應經上級機關核准，分別依各批次核計採購金額。

解 **(D)**。依政府採購法第14條第2項規定，其有分批辦理之必要，並經上級機關核准者，應依其總金額核計採購金額，分別按公告金額或查核金額以上之規定辦理。

【108年鐵路特考佐級】

( ) **2** 有關機關辦理採購之監辦，下列敘述何者錯誤？ (A)查核金額以上採購案的開標、比價、議價、決標及驗收，應報請上級機關派員監辦 (B)辦理公告金額以上的採購，有關開標、比價、議價、決標及驗收是否符合政府採購法規定之程序，應由機關內部之主會計人員及有關單位會同監辦 (C)採購程序監辦的方式，可分為實地監辦及書面審核監辦 (D)10萬元以下之小額採購，

承辦單位若通知主（會）計及有關單位派員監辦，被通知之單位應派員監辦。

解 (D)。依中央機關未達公告金額採購監辦辦法第5條，機關辦理公告金額十分之一以下之採購，承辦採購單位於開標、比價、議價、決標及驗收時，得不通知主（會）計及有關單位派員監辦。其通知者，主（會）計及有關單位得不派員。（小額採購金額自112/01/01起改為15萬元以下者）

【104年台灣自來水公司】

( ) **3** 機關辦理採購之監辦單位，有關其監辦事項，下列何者正確？(A)採購程序 (B)廠商資格 (C)底價訂定 (D)決標條件。

解 (A)。依採購法§15授權訂定之「機關主會計及有關單位會同監辦採購辦法」內容，所謂監辦係指監辦人員會同監辦採購，實地監視或書面審核機關辦理開標、比價、議價、決標及驗收是否符合採購法規定之程序。

【105年經濟部所屬新進甄試】

( ) **4** 「政府採購法」第13條之規定「機關辦理公告金額以上採購之開標、比價、議價、決標及驗收，除有特殊情形者外，應由其主（會）計及有關單位會同監辦。」其中所謂「特殊情形」，根據「機關主會計及有關單位會同監辦採購辦法」第5條之規定，係指合於下列情形之一者，以下何者為非？ (A)另有重要公務需處理，致無人員可供分派 (B)依公告、公定或管制價格或費率採購財物或勞務，無減價之可能 (C)未設主（會）計單位及有關單位 (D)地區偏遠，實地監辦驗收顯有困難。

解 (D)。依採購法§15授權訂定之機關主會計及有關單位會同監辦採購辦法第5條規定，採購法第13條第1項所稱特殊情形，指合於下列情形之一，且經機關首長或其授權人員核准者，得不派員監辦：

(1) 未設主（會）計單位及有關單位。
(2) 依本法第四十條規定洽由其他具有專業能力之機關代辦之採購，已洽請代辦機關之類似單位代辦監辦。
(3) 以書面或電子化方式進行開標、比價、議價、決標及驗收程序，而以會簽主（會）計及有關單位方式處理。
(4) 另有重要公務需處理，致無人員可供分派。
(5) 地區偏遠，無人員可供分派。
(6) 重複性採購，同一年度內已有監辦前例。
(7) 因不可預見之突發事故，確無法監辦。
(8) 依公告、公定或管制價格或費率採購財物或勞務，無減價之可能。
(9) 即買即用或自供應至使用之期間甚為短暫，實地監辦驗收有困難。
(10) 辦理分批或部分驗收，其驗收金額未達公告金額。
(11) 經政府機關或公正第三人查驗，並有相關規格、品質、數量之證明文書供驗收。
(12) 依本法第四十八條第二項前段或招標文件所定家數規定流標。
(13) 無廠商投標而流標。

【106年桃園大眾捷運公司甄試】

( ) **5** 機關辦理公告金額以上採購，於下列何階段作業，無須由主（會）計及有關單位會同監辦？ (A)議價 (B)驗收 (C)查驗 (D)開標。

解 **(C)**。依採購法第13條規定，機關辦理公告金額以上採購之開標、比價、議價、決標及驗收，除有特殊情形者外，應由其主（會）計及有關單位會同監辦。

【104年經濟部所屬新進甄試】

( ) **6** 機關辦理採購，下列何者應報請上級機關派員監辦？ (A)新臺幣5100萬元財物採購之審標 (B)新臺幣1100萬元勞務採購之驗收 (C)新臺幣2100萬元工程採購之議價 (D)新臺幣4900萬元財物採購之決標。

解 **(B)**。 機關辦理查核金額以上採購之開標、比價、議價、決標及驗收時，應於規定期限內，檢送相關文件報請上級機關派員監辦；上級機關得視事實需要訂定授權條件，由機關自行辦理。則(A)為審標，(C)(D)未達5千萬元查核金額門檻，故僅有(B)屬之。

【100年經濟部所屬新進甄試】

( ) **7** 依「機關主會計及有關單位會同監辦採購辦法」第5條規定，經機關首長或其授權人員核准不派員監辦，下列敘述何者正確？(A)主會計及有關單位人員仍應辦理書面審核監辦，並於紀錄載明「書面審核監辦」字樣 (B)主會計及有關單位人員仍需以監辦人員身分於紀錄簽章 (C)主會計仍需以監辦人員身分於紀錄簽章 (D)主會計及有關單位人員未辦理監辦，無需於紀錄簽章。

解 **(D)**。 依機關主會計及有關單位會同監辦採購辦法第7條，監辦人員於完成監辦後，應於紀錄簽名，並得於各相關人員均簽名後為之。無監辦者，紀錄應載明其符合本辦法第五條規定之特殊情形。未要求需於紀錄簽章。

【107年台電新進甄試】

8 依現行規定政府採購法中工程、財物及勞務採購之公告金額與中央機關小額採購金額為多少？

解 行政院公共工程委員會考量國內物價變動情形及參酌國際標準，並兼顧採購效率，於民國111年12月23日發布工程企字第1110100798號令，依據政府採購法第12條第3項、第13條第3項及第47條第3項規定，修正訂定查核金額、公告金額及中央機關小額採購金額，並自民國112年1月1日起生效：

(一)查核金額：工程及財物採購為新臺幣5,000萬元；勞務採購為新臺幣1,000萬元。

(二)公告金額：工程、財物及勞務採購為新臺幣150萬元。

(三)中央機關小額採購金額：為新臺幣15萬元以下。

【112年台北捷運法務甄試】

焦點 5 分批採購之限制

一、關聯條文

分批辦理之限制	政府採購法	§14 分批辦理公告金額以上之採購限制	機關不得意圖規避本法之適用，分批辦理公告金額以上之採購。其有分批辦理之**必要**，並經**上級機關核准**者，應依其總金額核計採購金額，分別按**公告金額**或**查核金額**以上之規定辦理。
分別採購之認定	施行細則	§13	Ⅰ 本法第十四條所定意圖規避本法適用之分批，**不包括依不同標的、不同施工或供應地區、不同需求條件或不同行業廠商之專業項目所分別辦理者**。 Ⅱ 機關分批辦理**公告金額以上**之採購，**法定預算書已標示分批辦理**者，得**免報經上級機關核准**。

※採購錯誤行為常見態樣

編號	行為態樣	違反法條
1	意圖規避法規之適用而將案件化整為零招標。	採購法§14、中央機關未達公告金額採購招標辦法§6

二、必考重點

分批採購之限制多考在選擇題中，本法條目的是規範機關不得意圖規避程序，將採購案以化整為零之方式分批辦理；但於有必要時，可經上級機關核准（原則不得分批，例外情形可以）。特別注意的是施行細則規範了「分別採購」情形，須確實記憶要件以分辨。

	分批採購	分別採購
定義	**同年度對同一採購標的**或同一類似採購標的（該標的本身屬於可以由某一特定行業別的廠商提供），**辦理兩次以上**之採購。	依採購法施行細則§13規定要件： 1.不同標的。 2.不同施工或供應地區。 3.不同需求條件。 4.不同行業廠商之專業項目。
事前規劃	年度開始即應規劃，將當年度擬以分批採購方式辦理之採購案件，依規定報請核准。	**除採最有利標決標原則者外**，事前並無需特別報請核准。
核准層級	合併全部**各批案件預算總額為採購金額**計算之。其在**公告金額以上者**，應**報請上級機關核准；未達公告金額**者，應**報請機關首長或其授權人員核准**。	
辦理程序	除應合併各批預算總額為採購金額外，其他仍依採購法及相關法規辦理。	依採購法及相關法規辦理。

精選試題

(　) **1** 關於機關辦理採購之規定，下列敘述，何者錯誤？ (A)機關辦理查核金額以上採購，應檢送相關文件報請上級機關派員監辦 (B)機關辦理公告金額以上之採購，係由其機關內部監辦 (C)機關不得分批辦理公告金額以上之採購，以意圖規避政府採購法之適用 (D)有分批辦理採購之必要者，應經上級機關核准，分別依各批次核計採購金額。

解 **(D)**。依政府採購法第14條第2項規定，其有分批辦理之必要，並經上級機關核准者，應依其總金額核計採購金額，分別按公告金額或查核金額以上之規定辦理。

【108年鐵路特考佐級】

( ) **2** 以下之敘述何者為非？ (A)機關於不同地點採購餐飲服務，得以每餐金額分別辦理 (B)機關非依人事法規僱用臨時工者，得依每人每年預估工資總額分別辦理 (C)勞工保險局辦理勞、農保給付案件審查，委請各專業醫師不定期協助審查診斷書之續聘事宜，可依個別專業醫師之一年審查費用，依不同需求條件或不同行業廠商之專業項目，分別辦理採購 (D)機關不得意圖規避採購法之適用，分批辦理公告金額以上之採購。其有分批辦理之必要，並經機關首長或其授權人員核准者，應依其總金額核計採購金額，分別按公告金額或查核金額以上之規定辦理。

解 **(D)**。依政府採購法第14條規定，機關不得意圖規避本法之適用，分批辦理公告金額以上之採購。其有分批辦理之必要，並經上級機關核准者，應依其總金額核計採購金額，分別按公告金額或查核金額以上之規定辦理。

另依施行細則第13條，採購法第14條所定意圖規避本法適用之分批，不包括依不同標的、不同施工或供應地區、不同需求條件或不同行業廠商之專業項目所分別辦理者。機關分批辦理公告金額以上之採購，法定預算書已標示分批辦理者，得免報經上級機關核准。

【106年桃園機場從業甄試】

3 為何政府採購法規定機關不得意圖規避本法之適用，分批辦理公告金額以上之採購？但如機關係「依不同標的、不同施工或供應地區、不同需求條件或不同行業廠商之專業項目所分別辦理」，是否屬於「意圖規避本法適用之分批」？並請依政府採購法第14條規定，說明如有分批辦理之必要者，應如何辦理始符合法律規定？

解 (一)依政府採購法（以下簡稱採購法）第14條規定，機關不得意圖規避本法之適用，分批辦理公告金額以上之採購：

1. 本條規範目的係為避免各機關將案件以化整為零之方式分批辦理，故明定不得意圖規避本條規範。如因正當理由確有分批辦理之需要，則應依採購總金額所適用之招標規定辦理。
2. 未達公告金額之採購亦有類似規定，依中央機關未達公告金額採購招標辦法第6條規定，機關不得意圖規避本辦法之適用，分批辦理未達公告金額但逾公告金額十分之一之採購。

(二)如機關係依不同標的、不同施工或供應地區、不同需求條件或不同行業廠商之專業項目所分別辦理，則依採購法施行細則第13條規定，採購法第14條所定意圖規避本法適用之分批，不包括依不同標的、不同施工或供應地區、不同需求條件或不同行業廠商之專業項目所分別辦理者。機關分批辦理公告金額以上之採購，法定預算書已標示分批辦理者，得免報經上級機關核准。

(三)如有分批辦理之必要者，應依採購法第14條規定，機關有分批辦理之必要，並經上級機關核准者，應依其總金額核計採購金額，分別按公告金額或查核金額以上之規定辦理。

【104年鐵路特考高員三級】

4 某市區公所辦理該區各里之鄰里長社區營造參訪，其年度預算為95萬元，全區共計19里，每隊分配約5萬元，觀摩活動分散各地且時間不一，可否僅就交通車部分辦理單一購案採購，其餘相關食宿、保險由各里檢據核銷？

解 依中央機關未達公告金額採購招標辦法第6條規定，機關不得意圖規避該辦法之適用，分批辦理未達公告金額但逾公告金額十分之一之採購。

是以本案雖可區分不同觀摩地點及參訪時間，惟案件性質相同，不宜由各里自行檢據核銷，且實務上交通、食宿及保險均可由旅行社代辦，故本案應以公開取得企劃書，由旅行社提出相關食宿、交通及保險之規劃，再擇符合需要者辦理比議價。

【103年鐵路特考員級】

焦點6 採購案件應迴避事項

一、關聯條文

採購應迴避	政府採購法	§15 採購人員應遵循之迴避原則	Ⅰ 機關**承辦、監辦**採購人員**離職後三年內**不得為本人或代理廠商向原任職機關接洽處理**離職前五年內與職務有關之事務**。 Ⅱ 機關人員對於與採購有關之事項，涉及**本人**、**配偶**、**二親等**以內親屬，或**共同生活**家屬之利益時，應行迴避。 Ⅲ 機關首長發現前項人員有應行迴避之情事而未依規定迴避者，應令其迴避，並另行指定人員辦理。

二、必考重點

本條於108年修正，於此同時刪除了對應的施行細則第14、15條，選擇題多考機關首長與廠商那些關係屬於需迴避情形，考點為條文本身之記憶；但申論題作答便需注意本次修法之理由為何。

(一) **修法重點：**

1. 機關人員對於採購有關事項，遇有利益衝突，均應迴避，機關人員不再只限承辦、監辦採購人員。
2. 並參酌公職人員利益衝突迴避法規定，將三親等修正為二親等以內親屬；原定「同財共居親屬」，修正為「共同生活家屬」。
3. 廠商與首長之利益迴避，回歸公職人員利益衝突迴避法第14條規定，公職人員或其關係人，不得與公職人員服務或受其監督之機關團體為補助、買賣、租賃、承攬或其他具有對價之交易行為。但有下列情形之一者，不在此限（依採購法**以公告程序或同法第105條**辦理之採購）。亦即不再受禁止規範，但有揭露身分義務。
4. 採購之承辦、監辦人員財產申報之處理回歸公職人員財產申報法。

(二) **三五規則：**

也稱旋轉門條款，在公務員服務法中亦有類似的規定，目的在於防止公務員利用其服務公職時累積日後轉業之資產，以便日後任職營利事業時循原任公職時之管道或機會，牟取不當利益或取得其他競爭者所無法享有之便利，故相關之限制便是公務員離職後利益迴避條款。

於採購法內係指機關承辦、監辦採購人員，**離職後3年內**不得為本人或代理廠商向原任職機關接洽處理**離職前5年內**與職務有關之事務。

(三) **機關首長之認定：**

除可直接認定之機關首長，尚有**公營事業董事長及總經理**，另董事長或總經理**授權所屬廠、處、區**辦理採購者，其廠、處、區之**最高主管人員為採購契約之機關代表人**，對採購案有絕對影響力，應**視同機關首長**（行政院公共工程委員會88年工程企字第8811637號函）。

精選試題

( ) **1** 政府採購法第15條規定利益衝突迴避係何所指？ (A)機關驗收人員離職後2年內不得為本人或代理廠商向原任職機關接洽處理離職前5年內與職務有關之事務 (B)機關承辦、監辦採購人員離職後3年內不得為本人或代理廠商向原任職機關接洽處理離職前3年內與職務有關之事務 (C)機關承辦、監辦採購人員離職後3年內不得為本人或代理廠商向原任職機關接洽處理離職前5年內與職務有關之事務 (D)機關驗收人員離職後1年內不得為本人或代理廠商向原任職機關接洽處理離職前3年內與職務有關之事務。

解 (C)。依採購法第15條第1項規定，機關承辦、監辦採購人員離職後三年內不得為本人或代理廠商向原任職機關接洽處理離職前五年內與職務有關之事務。

【106年鐵路特考佐級】

( ) **2** 機關承辦、監辦採購人員對於與採購有關之事項，下列何者不屬於應迴避之情形？ (A)涉及本人、配偶利益 (B)涉及三親等以內血親或姻親利益 (C)涉及前配偶或四親等以內血親或姻親利益 (D)涉及同財共居親屬利益。

解 (C)。依政府採購法第15條第2項規定，機關承辦、監辦採購人員對於與採購有關之事項，涉及本人、配偶、三親等以內血親或姻親，或同財共居親屬之利益時，應行迴避。

【107年台鐵營運甄試】

( ) **3** 下列敘述何者有誤（多選）？ (A)採購人員只要接受500元以下之餽贈或招待，尚屬合宜 (B)辦理新臺幣十萬元以下之採購，未通知主（會）計及有關單位人員辦理監辦 (C)為符合社會禮儀或習俗，不依法令規定辦理採購 (D)採購案負責驗收人員與主辦人員如係夫妻關係，應予迴避。

解 **(A)(C)**。

(A)依採購人員倫理準則第8條，採購人員不接受與職務或利益有關廠商之下列餽贈或招待，反不符合社會禮儀或習俗者，得予接受，不受前條之限制。但以非主動求取，且係偶發之情形為限。

(B)依政府採購法第13條規定，機關辦理公告金額（新臺幣100萬）以上採購之開標、比價、議價、決標及驗收，除有特殊情形者外，應由其主（會）計及有關單位會同監辦。

(C)依採購人員倫理準則第7條，採購人員不得不依法令規定辦理採購。

(D)依政府採購法第15條第2項，機關人員對於與採購有關之事項，涉及本人、配偶、二親等以內親屬，或共同生活家屬之利益時，應行迴避。

【107年台鐵營運甄試】

4 試述採購人員應遵循之迴避原則，並申論此原則對採購人員之意義或好處。

解 採購人員應遵循之迴避原則分為離職後及在職時兩階段，規範於採購法第15條中。

(一)採購人員離職後，依採購法第15條第1項規定，機關承辦、監辦採購人員離職後三年內不得為本人或代理廠商向原任職機關接洽處理離職前五年內與職務有關之事務。

(二)採購人員在職時，依採購法第15條第2項規定，機關人員對於與採購有關之事項，涉及本人、配偶、二親等以內親屬，或共同生活家屬之利益時，應行迴避。

(三)迴避原則對採購人員之意義，在於提供採購人員涉及利益衝突時，有處理之依循，在職時本需恪守利益衝突迴避，離職後仍需受此原則規範，則係為避免採購人員透過身分轉換獲取不正利益。蓋因政府採購業務對於國內經濟及民生福祉影響甚鉅，故為踐行政府採購職責，追求公平、公開、有效率之採購目標，相關迴避事項自需落實執行。

【100年鐵路特考員級】

5 A公司欲參與B政府機關（以下稱B機關）辦理「○○○民間參與開發經營委託專案管理技術服務」採購之投標時，B機關以A公司之負責人甲曾於民國（以下同）92年5月7日前為B機關上級機關○○市政府工務局之局長，故以A公司之投標牴觸政府採購法第15條第1項規定為由，於94年4月7日公開評選時判定A公司不符投標資格。但A公司主張，甲並非B機關之承辦採購人員，故B機關認定A公司不符投標資格違反政府採購法相關規定。請詳細評論A公司之主張是否有理？

解 本案因甲於離職後3年內，即向原任職機關之下屬機關接洽與其離職前5年內有關職務之事務，違反採購法第15條第1項規定，故A公司主張無理由。

(一)依政府採購法第15條規定，機關承辦、監辦採購人員離職後三年內不得為本人或代理廠商向原任職機關接洽處理離職前五年內與職務有關之事務。

(二)又依行政院公共工程委員會工程企字第09500420310號解釋函，所謂承辦採購人員，包括處理訂定招標文件、招標、開標、審標、比價、議價、決標、訂約、履約管理、驗收及爭議處理之人員；所稱監辦採購人員，指監視機關辦理採購之開標、比價、議價、決標及驗收之人員；另承辦、監辦採購人員之主官、主管亦適用之。

(三)是以題幹所指「○○○民間參與開發經營委託專案管理技術服務」採購案既係於94年公開評選，則92年尚在B機關上級機關○○市政府工務局任職局長之甲，自屬亦有採購法第15條應遵循迴避原則之適用對象，A公司主張甲非承辦採購人員當然無理由。

【100年中央印製廠新進甄試】

焦點 7 請託關說

一、關聯條文

請託關說	政府採購法	§16 採購請託或關說之處理	Ⅰ 請託或關說，宜以**書面為之**或**作成紀錄**。 Ⅱ 政風機構得調閱前項書面或紀錄。 Ⅲ 第一項之請託或關說，不得作為評選之參考。
	施行細則	§16	本法第十六條所稱請託或關說，指不循法定程序，對採購案提出下列要求： 一、於**招標前**，對預定辦理之採購事項，提出請求。 二、於**招標後**，對招標文件內容或審標、決標結果，要求變更。 三、於**履約及驗收期間**，對契約內容或查驗、驗收結果，要求變更。
		§17	本法第十六條第一項所稱作成紀錄者，得以文字或錄音等方式為之，附於採購文件一併保存。其以書面請託或關說者，亦同。

二、必考重點

本部分條文雖係廉潔行政核心，但因法條文字單純，出題多出於選擇題中，於申論題型亦難以成為單一主要考點，記憶重點為在各採購階段中如何判定屬請託關說，又當如何處置。

(一) 請託或關說定義：

請託關說，指不循法定程序，為本人或他人對案件承辦機關或人員提出請求，且該請求有違反法令、營業規章或契約之虞者。

但若依法令規定之程序及方式，進行遊說、請願、陳情、申請、陳述意見等表達意見之行為，則排除在外。

(二) **書面為之：**

一般而言，關說並不會留下書面，故需由被關說者於事後自行將相關情形記錄，書面敘明後會知政風單位，並簽請機關首長核閱後存查。該紀錄文件可以文字或錄音為之，但奉核後檔案亦需附於系爭採購案文件中一併保存；書面請託者，自不待言。

精選試題

(　) **1** 有關請託或關說之敘述，下列何者正確？ (A)不循法定程序於驗收期間，要求變更驗收結果不屬請託或關說 (B)請託或關說，得作為評選之參考 (C)請託或關說，宜以書面為之或作成紀錄 (D)不循法定程序於招標前，對預定辦理之採購事項，提出請求不屬請託或關說。

解 (C)。依行政院及所屬機關（構）請託關說登錄作業要點說明，請託關說，指不循法定程序，為本人或他人對前點之規範對象提出請求，且該請求有違反法令、營業規章或契約之虞者。故(A)「不循法定程序於驗收期間，要求變更驗收結果」或(D)「不循法定程序於招標前，對預定辦理之採購事項，提出請求」皆屬請託關說範疇；另依採購法§16規定：

「Ⅰ請託或關說，宜以書面為之或作成紀錄。→(C)

Ⅱ政風機構得調閱前項書面或紀錄。

Ⅲ第一項之請託或關說，不得作為評選之參考。→(B)」

【107年台電新進甄試】

(　) **2** 下列何者非採購人員應遵循者？ (A)努力發現真實，對機關及廠商之權利均應注意維護 (B)基於公共利益、採購效益或專業判斷之考量，為適當之採購決定 (C)依據法令，本於良知，公正執行職務，必要時，得接受請託或關說 (D)不接受與職務或利益有關廠商之餽贈或招待。

解 **(C)**。依採購人員倫理準則第4條規定，採購人員應依據法令，本於良知，公正執行職務，不為及不受任何請託或關說。

【107年桃園大眾捷運股份有限公司】

( ) **3** 下列何者為採購法規定應製作紀錄之事項（多選）？
(A)請託或關說 (B)流標 (C)廢標 (D)評選會議。

解 **(B)(C)(D)**。

(A)依政府採購法第16條規定，請託或關說，宜以書面為之或作成紀錄。

(B)依政府採購法施行細則第51條，流標時應製作紀錄，其記載事項，準用前項規定，並應記載流標原因。

(C)依政府採購法施行細則第68條，廢標時應製作紀錄，其記載事項，準用前項規定，並應記載廢標原因。

(D)依採購評選委員會審議規則第9條，委員會會議應作成紀錄，由出席委員全體簽名。

【107年台鐵營運甄試】

( ) **4** 依採購法規定，下列對於請託或關說之敘述，何者有誤？ (A)警察機關得調閱請託或關說之書面或紀錄 (B)請託或關說之書面或紀錄附於採購文件一併保存 (C)請託或關說，不得作為評選之參考 (D)不循法定程序，於招標前，對預定辦理之採購事項，提出請求。

解 **(A)**。依政府採購法第16條規定：

「I請託或關說，宜以書面為之或作成紀錄。

II政風機構得調閱前項書面或紀錄。

III第一項之請託或關說，不得作為評選之參考。」

【108年台電新進甄試】

5 基於達成廉能政府之要求，公務人員應確實對政府採購相關規範有所了解以避免違法行政，請列舉政府採購法共分幾章有幾條並列示其章名？並就政府採購法及其施行細則等規定說明應迴避之情形及何謂請託或關說，又其相關規範為何？

解 (一)政府採購法共分八章，章名如下：

第一章—總則　　第二章—招標
第三章—決標　　第四章—履約管理
第五章—驗收　　第六章—爭議處理
第七章—罰則　　第八章—附則

(二)應迴避之情形：

1. 依政府採購法第15條規定，承辦、監辦採購人員離職後任期之限制：機關承辦、監辦採購人員離職後3年內不得為本人或代理廠商向原任職機關接洽處理離職前5年內與職務有關之事務。
2. 承辦、監辦採購人員對於所辦採購案涉及本人、配偶、三親等以內血親或姻親，或同財共居親屬之利益時，應行迴避。
3. 機關首長發現承辦、監辦採購人員有前項應行迴避之情事而未依規定迴避者，應令其迴避，並另行指定承辦、監辦人員。

(三)所稱請託或關說，指不循法定程序，對採購案提出下列要求：

1. 於招標前，對預定辦理之採購事項，提出請求。
2. 於招標後，對招標文件內容或審標、決標結果，要求變更。
3. 於履約及驗收期間，對契約內容或查驗、驗收結果，要求變更。
相關規範：請託或關說，宜以書面為之或作成紀錄。政風機構得調閱前項書面或紀錄。請託或關說，不得作為評選之參考。

【103年高考三級審計】

焦點8 外國廠商參與的規定

一、關聯條文

外國廠商之參與	政府採購法	§17 外國廠商參與之採購	Ⅰ 外國廠商參與各機關採購，應依我國締結之條約或協定之規定辦理。 Ⅱ 前項以外情形，外國廠商參與各機關採購之處理辦法，由主管機關定之。 Ⅲ 外國法令限制或禁止我國廠商或產品服務參與採購者，主管機關得限制或禁止該國廠商或產品服務參與採購。 Ⅳ 機關辦理涉及國家安全之採購，有對我國或外國廠商資格訂定限制條件之必要者，其限制條件及審查相關作業事項之辦法，由主管機關會商相關目的事業主管機關定之。

二、必考重點

本條第1項為外國廠商參與各機關採購適用之原則；第2項授權主管機關針對遇到未與我國締結條約或協定國之廠商欲參與採購案之情形，另訂辦法處理；第3項為平等互惠原則。

(一) **外國廠商**：指未取得我國國籍之自然人或非依我國法律設立登記之法人、機構或團體。

(二) **外國廠商參與之情形**：

1. 與我國就政府採購有簽署條約或協定之國家：外國廠商得依我國承諾之條件參與採購。
2. 與我國就政府採購無簽署條約或協定之國家：依「**外國廠商參與非條約協定採購處理辦法**」處理，其中得於招標文件規定外國廠商不適用的，包括平等受邀機會、投標廠商資格、平等對待規定等。

3. 依「外國廠商參與非條約協定採購處理辦法」規定，我國廠商供應之財物或勞務之原產地非屬我國者，視同外國廠商。

(三)整體而言，外國廠商參與政府採購，應依我國締結之條約或協定之規定辦理，例外得限制或禁止其參與。

精選試題

( ) **1** 外國廠商參與政府採購之適用原則如何？ (A)平等受邀原則，應邀請未與我國締結政府採購條約、協定國家的廠商參與競標 (B)差別對待原則，與我國訂有政府採購條約或協定國家的廠商，不得視同本國廠商 (C)平等互惠原則，外國法令限制或禁止我國廠商參與者，主管機關得限制或禁止該國廠商參與 (D)主管機關尚未訂定外國廠商參與非條約協定採購處理辦法，依個案談判決定。

解 **(C)**。依外國廠商參與非條約協定採購處理辦法第6條規定，機關允許外國廠商參與非條約協定採購者，得於招標文件中規定外國廠商不適用本法下列規定：

一、第二十一條第四項平等受邀之機會。

二、第三十七條第一項投標廠商資格。

三、第五十七條第二款平等對待之規定。

【106年鐵路特考佐級】

( ) **2** 以下之敘述何者為非？ (A)外國廠商參與非條約協定採購處理辦法所稱外國廠商，指未取得我國國籍之自然人或依外國法律設立登記之法人、機構或團體 (B)依「外國廠商參與非條約協定採購處理辦法」規定，廠商所供應財物之原產地，依進口貨品原產地認定標準認定之 (C)依「外國廠商參與非條約協定採購處理辦法」規定，廠商所供應財物之原產地，依廠商登記地認定之

(D)依「外國廠商參與非條約協定採購處理辦法」規定，廠商所供應勞務之原產地，除法令另有規定者外，依實際提供勞務者之國籍或登記地認定之。屬自然人者，依國籍認定之；非屬自然人者，依登記地認定之。

解 **(C)**。

(A)依外國廠商參與非條約協定採購處理辦法第3條，外國廠商指未取得我國國籍之自然人或非依我國法律設立登記之法人、機構或團體。(B)(C)依外國廠商參與非條約協定採購處理辦法第4條，財物之原產地，依進口貨物原產地認定標準。(D)依外國廠商參與非條約協定採購處理辦法第4條，勞務之原產地，除法令另有規定者外，依實際提供勞務者之國籍或登記地認定之。屬自然人者，依國籍認定之；非屬自然人者，依登記地認定之。

【106年鐵路特考佐級】

3 試述大陸地區廠商參與我國各機關採購，應行適用之法規範？

解 依外國廠商參與非條約協定採購處理辦法第7-1條規定，大陸地區廠商參與各機關採購，準用外國廠商之規定。

另因中國大陸尚未加入世界貿易組織政府採購協定（GPA），且兩岸尚未簽署相互開放政府採購市場之條約或協定，故機關得於招標文件規定不允許大陸地區廠商參與。

實務上各機關如確有向大陸地區廠商採購之需求，辦理仍應符合兩岸人民關係條例，又標的若屬財物採購者，必須是「臺灣地區與大陸地區貿易許可辦法」允許得輸入台灣之品項；至於工程及技術服務採購，現階段尚未開放大陸地區廠商參與。另涉及資訊及通訊安全之採購，則更需謹慎訂定採購標的產地及投標廠商資格，以免違反國安法規，造成國家安全情資外洩，影響國安。

【103年鐵路特考員級】

4 機關辦理採購，招標文件明定交貨物品不得為大陸地區產品，是否為不當限制競爭？

解 依政府採購法第17條第1項規定，外國廠商參與各機關採購，應依我國締結之條約或協定之規定辦理。我國雖於98年7月15日簽署「世界貿易組織政府採購協定（GPA）」，但中國大陸亦非該協定之會員國，復依外國廠商參與非條約協定採購處理辦法第7條之1規定，大陸地區廠商參與各機關採購，準用外國廠商之規定；再依同辦法第5條，機關辦理非條約協定採購，得視實際需要於招標文件中規定允許外國廠商參與。

是以我國與大陸尚未締結相互開放政府採購市場之條約或協定，依「外國廠商參與非條約協定採購處理辦法」規定，機關辦理採購，如不允許大陸地區之廠商、財物或勞務參與，尚屬適法，而不屬不當限制競爭情形。

【105年臺灣港務股份有限公司第2次從業人員】

5 機關辦理採購，倘屬允許外國廠商投標者，除我國締結之條約或協定另有禁止規定者外，為保護我國國內產業得採取何措施？

解 (一)依政府採購法（以下簡稱採購法）第17條第1項規定，外國廠商參與各機關採購，應依我國締結之條約或協定之規定辦理，且基於平等互惠原則，對於外國法令限制或禁止我國廠商或產品服務參與採購者，主管機關依此得限制或禁止該國廠商或產品服務參與採購。

(二)另依採購法第43條，機關辦理採購，除我國締結之條約或協定另有禁止規定者外，得於招標文件中載明要求投標廠商採購國內貨品比率、技術移轉、投資、協助外銷或其他類似條件，作為採購評選之項目，其比率不得逾三分之一、或外國廠商為最低標，且其標價符合採購法第52條規定之決標原則者，得以該標價優先決標予國內廠商。

(三)再者依採購法第44條，機關辦理特定之採購，除我國締結之條約或協定另有禁止規定者外，得對國內產製加值達50%之財物或國內供應之工程、勞務，於外國廠商為最低標，且其標價符合第52條規定之決標原則時，以高於該標價一定比率以內之價格，優先決標予國內廠商。但須以合於就業或產業發展政策者為限，且一定比率不得逾3%，優惠期限不得逾5年；其適用範圍、優惠比率及實施辦法，由主管機關會同相關目的事業主管機關定之。

【105年鐵路特考高員三級】

Day 02 招標（§18～§44、§49、§93）

焦點1 招標方式

一、關聯條文

招標方式	政府採購法	§18 招標之方式及定義	Ⅰ 採購之招標方式，分為公開招標、選擇性招標及限制性招標。 Ⅱ 本法所稱公開招標，指以**公告方式**邀請**不特定廠商投標**。 Ⅲ 本法所稱選擇性招標，指以公告方式預先依一定資格條件**辦理廠商資格審查**後，**再行邀請符合資格之廠商投標**。 Ⅳ 本法所稱限制性招標，指**不經公告程序**，邀請**二家以上廠商比價**或**僅邀請一家廠商**議價。
	施行細則	§19	機關辦理限制性招標，邀請二家以上廠商比價，有二家廠商投標者，即得比價；僅有一家廠商投標者，得當場改為議價辦理。
公開招標	政府採購法	§19 公開招標	機關辦理**公告金額以上之採購**，除依第二十條及第二十二條辦理者外，應公開招標。
選擇性招標		§20 選擇性招標	機關辦理公告金額以上之採購，符合下列情形之一者，得採選擇性招標： 一、經常性採購。 二、投標文件審查，須費時長久始能完成者。 三、廠商準備投標需高額費用者。 四、廠商資格條件複雜者。 五、研究發展事項。

選擇性招標	**政府採購法**	§21 選擇性招標建立合格廠商名單	Ⅰ 機關為辦理選擇性招標，得預先辦理資格審查，建立合格廠商名單。但仍應隨時接受廠商資格審查之請求，並定期檢討修正合格廠商名單。 Ⅱ 未列入合格廠商名單之廠商請求參加特定招標時，機關於不妨礙招標作業，並能適時完成其資格審查者，於審查合格後，邀其投標。 Ⅲ **經常性採購**，應建立**六家以上**之合格廠商名單。機關辦理選擇性招標，應予經資格審查合格之廠商平等受邀之機會。
	施行細則	§20	Ⅰ 機關辦理選擇性招標，其預先辦理資格審查所建立之合格廠商名單，有效期逾**一年**者，應逐年公告辦理資格審查，並檢討修正既有合格廠商名單。 Ⅱ 前項名單之有效期**未逾三年，且已於辦理資格審查之公告載明不再公告辦理資格審查**者，於有效期內得免逐年公告。但機關仍應逐年檢討修正該名單。 Ⅲ 機關於合格廠商名單有效期內發現名單內之廠商有不符合原定資格條件之情形者，得**限期通知**該廠商提出說明。廠商逾期未提出合理說明者，機關應將其自合格廠商名單中刪除。
		§21	Ⅰ 機關為**特定個案**辦理選擇性招標，應於辦理廠商資格審查後，邀請所有符合資格之廠商投標。 Ⅱ 機關依本法第二十一條第一項建立合格廠商名單者，於辦理採購時，得擇下列方式之一為之，並於辦理廠商資格審查之文件中載明。其有每次邀請廠商家數之限制者，亦應載明。 一、**個別邀請**所有符合資格之廠商投標。 二、**公告邀請**所有符合資格之廠商投標。 三、**依辦理廠商資格審查文件所標示之邀請順序**，依序邀請符合資格之廠商投標。 四、以**抽籤方式**擇定邀請符合資格之廠商投標。

限制性招標	**政府採購法**	§22 得採限制性招標之情形	I 機關辦理**公告金額以上**之採購，符合下列情形之一者，得採限制性招標： 一、以公開招標、選擇性招標或依第九款至第十一款公告程序辦理結果，**無廠商投標或無合格標**，且**以原定招標內容及條件未經重大改變**者。 二、屬專屬權利、獨家製造或供應、藝術品、秘密諮詢，無其他合適之替代標的者。 三、遇有不可預見之緊急事故，致無法以公開或選擇性招標程序適時辦理，且確有**必要**者。 四、原有採購之後續維修、零配件供應、更換或擴充，因相容或互通性之需要，**必須向原供應廠商採購者**。 五、屬原型或首次製造、供應之標的，以研究發展、實驗或開發性質辦理者。 六、在原招標目的範圍內，因未能預見之情形，必須追加契約以外之**工程**，如另行招標，確有產生重大不便及技術或經濟上困難之虞，非洽原訂約廠商辦理，不能達契約之目的，且**未逾原主契約金額百分之五十**者。 七、原有採購之後續擴充，且**已於原招標公告及招標文件敘明擴充之期間、金額或數量**者。 八、在集中交易或公開競價市場採購財物。 九、委託專業服務、技術服務、資訊服務或社會福利服務，經公開客觀評選為優勝者。 十、辦理設計競賽，經公開客觀評選為優勝者。 十一、因業務需要，**指定地區採購房地產**，經依所需條件公開徵求勘選認定適合需要者。 十二、購買身心障礙者、原住民或受刑人個人、身心障礙福利機構或團體、政府立案之原住民團體、監獄工場、慈善機構及庇護工場所提供之非營利產品或勞務。

限制性招標	**政府採購法**	§22 得採限制性招標之情形	十三、委託在專業領域具領先地位之自然人或經公告審查優勝之學術或非營利機構進行科技、技術引進、行政或學術研究發展。 十四、邀請或委託具專業素養、特質或經公告審查優勝之文化、藝術專業人士、機構或團體表演或參與文藝活動或提供文化創意服務。 十五、**公營事業**為商業性轉售或用於製造產品、提供服務以供轉售目的所為之採購，基於轉售對象、製程或供應源之特性或實際需要，不適宜以公開招標或選擇性招標方式辦理者。 十六、其他經主管機關認定者。 Ⅱ 前項第九款專業服務、技術服務、資訊服務及第十款之廠商評選辦法與服務費用計算方式與第十一款、第十三款及第十四款之作業辦法，由主管機關定之。 Ⅲ 第一項第九款社會福利服務之廠商評選辦法與服務費用計算方式，由主管機關會同中央目的事業主管機關定之。 Ⅳ **第一項第十三款及第十四款，不適用工程採購**。
	施行細則	§22	Ⅰ 本法第二十二條第一項第一款所稱無廠商投標，指公告或邀請符合資格之廠商投標結果，無廠商投標或提出資格文件；所稱無合格標，指審標結果無廠商合於招標文件規定。但有廠商異議或申訴在處理中者，均不在此限。 Ⅱ 本法第二十二條第一項第二款所稱專屬權利，指已立法保護之智慧財產權。但不包括商標專用權。 Ⅲ 本法第二十二條第一項第五款所稱供應之標的，包括**工程**、**財物**或**勞務**；所稱以研究發展、實驗或開發性質辦理者，指以契約要求廠商進行研究發展、實驗或開發，以獲得原型或首次製造、供應之標的，並得包括測試品質或功能所為之限量生產或供應。但不包括商業目的或回收研究發展、實驗或開發成本所為之大量生產或供應。

限制性招標	施行細則	§22	Ⅳ 本法第二十二條第一項第六款所稱百分之五十，指追加累計金額占原主契約金額之比率。 Ⅴ 本法第二十二條第一項第十二款所稱身心障礙者、身心障礙福利機構或團體及庇護工場，其認定依身心障礙者權益保障法之規定；所稱原住民，其認定依原住民身分法之規定。
		§23	機關辦理採購，屬專屬權利或獨家製造或供應，無其他合適之替代標的之部分，其預估金額達採購金額之百分之五十以上，分別辦理採購確有重大困難之虞，必須與其他部分合併採購者，得依本法第二十二條第一項第二款規定採限制性招標。
		§23-1	Ⅰ 機關依本法第二十二條第一項規定辦理限制性招標，應由需求、使用或承辦採購單位，就個案敘明符合各款之情形，簽報機關首長或其授權人員核准。其得以比價方式辦理者，優先以比價方式辦理。 Ⅱ 機關辦理本法第二十二條第一項所定限制性招標，得將徵求受邀廠商之公告刊登政府採購公報或公開於主管機關之資訊網路。但本法另有規定者，依其規定辦理。
未達公告金額採購	政府採購法	§23 未達公告金額招標方式之訂定	未達公告金額之招標方式，在中央由主管機關定之；在地方由直轄市或縣（市）政府定之。地方未定者，比照中央規定辦理。
		§49 未達公告金額逾公告金額十分之一之採購方式	未達公告金額之採購，其金額逾公告金額十分之一者，除第二十二條第一項各款情形外，仍應**公開取得三家以上**廠商之書面報價或企劃書。

※採購錯誤行為常見態樣

編號	行為態樣	違反法條
1	自創法規所無之招標方式，例如：以公開招標方式評選優勝廠商議價；以公開評選方式評選廠商後辦理比價。	採購法§18～§23
2	誤用招標方式，例如：採公開招標卻就資格標單獨招標。	採購法§18～§23、施行細則§44
3	圖特定廠商利益而以議價或比價方式辦理。	採購法§22～§23
4	未達公告金額而逾公告金額十分之一之採購，通案以議價或比價方式辦理，未公開取得報價單。	採購法§49、中央機關未達公告金額採購招標辦法§2
5	招標文件有保留增購權利卻未於招標公告載明。	採購法§22

二、必考重點

本部分考點為招標方式的選擇，在選擇題及申論題都會出現，尤其是可使用選擇性及限制性招標的情形和相對應配套程序更是申論題常考；而且依整部政府採購法立法架構來看，招標章節規範的條文數是最多的，也是採購制度的核心，所以連同後面常考在選擇題的押標金、保證金等規範也需確實掌握。

採購之招標方式，分為公開招標、選擇性招標及限制性招標：

	公開招標	選擇性招標	限制性招標
定義	以公告方式邀請不特定廠商投標。	第1階段：公平公開的邀請廠商來參加資格審查，通過的進入合格廠商名單。 第2階段：針對廠商的投標文件進行規格和價格的實質審查，後依最低標或最有利標的廠商得標。	指不經公告程序，邀請兩家以上廠商投標比價；或僅有一家廠商投標，則當場可改為議價。

	公開招標	選擇性招標	限制性招標
是否公告	是		得不公告
等標期間	第1次招標14天以上		依招標期限標準第3條規定，機關依採購金額及標案特性需求，訂定合理等標期。
家數限制	第1次招標至少投標廠商要有3家以上才能開標，第2次後得不受限制。	1.如依採購法§22①之經常性採購辦理資格審查，以建立合格廠商名單，須6家以上廠商提出資格文件方得辦理。 2.而依採購法§22②至⑤辦理合格廠商名單之資格審查時，並無投標家數限制，僅1家廠商提出資格文件亦得開標。	邀請2家以上廠商比價；如僅依1家投標廠商，得當場改為議價辦理。
公開開標	應公開		得不公開

(一) **公開招標：**

指除有限制性招標等特殊情形外，應公開透明辦理招標作業。

(二) **選擇性招標：**

1. 有2種作法，一是依公告方式預先辦理廠商資格審查，無須再公告即可再邀請符合資格之廠商參與投標；二是就個別案件進行選擇性招標。
2. 兩階段的優點是可以先過濾廠商資格，減輕後續審標階段的負擔；缺點是費時較長，且易降低競爭力。
3. 而所謂經常性採購，指相同的採購標的，通常於同年度內有數次採購行為，而具反覆性、頻繁性之採購案件而言；需注意的是經常性採購使用的合格廠商名單，需有6家以上，如無法建立6家以上的名單，建議改採公開招標、或選擇性招標配合複數決標及長期契約等方式。

4. 合格廠商名單建立：

(1)建立流程：

確認採購類別及金額級距→採選擇性招標經常性採購經簽辦核准→訂定投標廠商資格→準備資格審查文件→採購作業簽報→製作書面／電子招標文件→招標公告及招標文件上傳→收受投標廠商資格投標文件（如不滿6家須進行第2次公告）→投標廠商資格文件審查（合格廠商不滿6家須進行第2次公告）→通知投標廠商及後續邀標作業。

(2)該合格名單應隨時接受廠商申請審查，並定期更新：

A. 有效期在1年內者，應逐年公告辦理資格審查，定期檢討修正合格名單。

B. 有效期逾1年但在3年以內，且當初辦理資格審查公告時已載明3年內不再逐年公告辦理資格審查者，免逐年公告辦理審查，但仍應逐年檢討修正既有合格廠商名單，反之則否。

C. 有效期逾3年，則應逐年公告辦理資格審查。

D. 機關於合格廠商名單有效期內，發現名單內廠商有不符合原定資格條件之情形者，得限期通知該廠商提出說明；廠商逾期未提出合理說明者，機關應將其自合格廠商名單中刪除。

(三) **限制性招標**：

1. 限制性招標係不須經過預先公告之程序，故特別限定適用之條件，須符合採購法第22條第1項規定的**16種情形**之一，才可採限制性招標，以免被濫用。

2. 採購法第22條第1項

(1)16款口訣參考（**公家急續找原件**，**研究追加衝競價**；**輻射購房非營利**，**科展藝文工商管**）：

A. **公**開選擇沒人要。

B. 專**家**秘術沒得換。

C. 緊**急**必要等不及。

D. 後**續**擴充**找原件**。

E. 原型**研究**發展用。

F. 臨時**追加**再一半。

G. 原已敘明要擴**充**。

H. 集中公開**競價**買。

I. 專技資訊社**福**優。
J. **設**計競賽優勝者。
K. 採**購房**地勘選適。
L. 產品勞務**非營利**。
M. **科**技學術發**展**用。
N. **藝文**表演跟創意。
O. **公**營**商**業性轉售。
P. 其他主**管**認定者。

(2) 各款重點：

第1款	以公開招標、選擇性招標或依第九款至第十一款公告程序辦理結果，無廠商投標或無合格標，且以原定招標內容及條件未經重大改變者。
	A. 無廠商投標：指經公告或邀請符合資格之廠商投標結果，沒有廠商投標或提出資格文件。 B. 無合格標：指審標結果沒有廠商合於招標文件規定。 C. 重大改變者：依工程會工程企字第8812328號函解釋，如廠商資格的放寬、數量的明顯變更等。而如原採購依放寬或變更後之招標內容及條件招標，或不致於發生無廠商投標或無合格標之情形者。以本解釋函之精神而論，能放寬之部份，似僅有投標廠商資格及履約條件，應不可能放寬招標方式、評定程序及決標方式。 D. 本款「無廠商投標或無合格標」，不須受3次以上流標之限制。
第2款	屬專屬權利、獨家製造或供應、藝術品、秘密諮詢，無其他合適之替代標的者。
	A. 專屬權利：指以立法保護之智慧財產權，如專利權、著作權、電路布局權、營業秘密等，但不包括商標專用權。 B. 獨家製造或供應：指市場上獨占或寡占地位之企業商品，或依法律僅能由國家經營之事業，例如電力、市內電話號碼等。 C. 機關辦理採購時，如採購標的僅有部分屬於本款情形，又該部分預估金額占採購金額50%以上，且分開另外辦理有重大困難之虞而需合併採購者，全案得適用本款規定而採限制性招標。

第3款	遇有不可預見之緊急事故，致無法以公開或選擇性招標程序適時辦理，且確有必要者。
	A. 不可預見之緊急事故：不限於已發生者，為防止緊急事故的發生所採取的防範措施亦屬之。 B. 本款與採購法§105所列舉緊急採購相異之處，在於該緊急採購係為因應機關外部之需要，其對象為國家、人民、動植物所遭遇之緊急事故；本款則係針對機關內部之需要，處理機關採購案本身所遭遇之緊急事故。
第4款	原有採購之後續維修、零配件供應、更換或擴充，因相容或互通性之需要，必須向原供應廠商採購者。
	A. 原有採購：不以原採購機關為限，該採購的使用及接管機關對於後續措施如有本款之適用，得簽報後採限制性招標。 B. 零配件供應：專指原有採購之後續零配件供應。 C. 原供應廠商：包括原分包廠商。
第5款	屬原型或首次製造、供應之標的，以研究發展、實驗或開發性質辦理者。
	A. 是否屬原型或首次製造、供應者，其認定範圍係指國內所有廠商之間。 B. 供應之標的：包括工程、財物或勞務。 C. 以研究發展、實驗或開發性質辦理者，指以契約要求廠商進行研究發展、實驗或開發，以獲得原型或首次製造、供應之標的，並得包括測試品質或功能所謂之限量生產或供應。
第6款	在**原招標目的範圍**內，因**未能預見**之情形，必須追加契約以外之**工程**，如**另行招標，確有產生重大不便**及**技術**或經濟上**困難**之虞，非洽**原訂約廠商**辦理，不能達契約之目的，且**未逾原主契約金額百分之五十**者。
	A. 適用本款需符合以下要件： (A) 在原招標目的內追加，而且只能是工程採購。 (B) 因未能預見之情形，必須追加契約以外的工程。 (C) 如另行招標，確有產生重大不便及技術或經濟上困難之虞。

第6款	(D) 非洽原訂約廠商辦理，不能達契約之目的。 (E) 追加累計金額在公告金額以上，且未超過原主契約金額50%。 B. 本款規定的50%，係指追加累計金額占原主契約金額之比例。
第7款	原有採購之後續擴充，且已於原招標公告及招標文件敘明擴充之期間、金額或數量者。
	A. 經查主管機關相關函釋，本款規定適用已擴張至原契約內有敘明擴充之期間、金額或數量亦得為之。 B. 如僅規定「期滿後得延長之」或「得保留未來向得標廠商增購之權利」，因標的不明，認定擴充範圍困難，仍應依法重新辦理採購。
第8款	在集中交易或公開競價市場採購財物。
	A. 本款係考量該場合具有即時性與時效性，若採公開招標方式辦理將無法進行。 B. 例如在藝術品拍賣會採購文物、公股銀行參加法院拍賣等。
第9款	委託專業服務、技術服務、資訊服務或社會福利服務，經公開客觀評選為優勝者。
	A. 專業服務：指提供專門知識或技藝之服務；包括法律、會計、財務、地政、醫療、保健、防疫或病蟲害防治、文化藝術、研究發展、社會福利及其他與提供專門知識或技藝有關之服務。 B. 技術服務：指工程技術顧問公司、技師事務所、建築師事務所及其他依法令規定得提供技術性服務之自然人或法人所提供與技術有關之可行性研究、規劃、設計、監造、專案管理或其他服務。 C. 資訊服務：指提供與電腦軟體或硬體有關之服務；包括整體規劃、系統整合、系統稽核、系統管理、網路管理、軟體開發、軟體驗證、軟體維護、硬體維護、硬體操作、機房設施管理、備援服務、網路服務、顧問諮詢、資料庫建置、資料處理、資料登錄或訓練推廣等服務。

第9款	D.公開客觀評選：為限制性招標之前置作業程序，機關於辦理相關徵選事宜時，應依採購法§94規定成立採購評選委員會，另依相關法規辦理公開客觀評選優勝者後，再行與優勝者辦理議價或依優勝順序議價。 E.涉及法規： (A)機關委託專業服務廠商評選及計費辦法。 (B)機關委託技術服務廠商評選及計費辦法。 (C)機關委託資訊服務廠商評選及計費辦法。
第10款	辦理設計競賽，經公開客觀評選為優勝者。
	A.設計競賽：機關為採購之目的，徵求廠商發揮創意，為聲音、影像、文字、圖畫或實物等之設計，並依其完整性、可行性、理念性、藝術性或實用性等特性，擇定優勝作品及廠商之程序。 B.設計競賽之標的，包括藝術品、圖形、標誌、徽章、標章、資訊網頁、名稱、標語、廣告、海報、文宣、推廣活動、服裝、字幕、音樂、影像、牌樓、空間或場所布置、造形、造景、裝修、裝潢及其他與發揮創意有關者。 C.涉及法規：機關辦理設計競賽廠商評選及計費辦法。
第11款	因業務需要，指定地區採購房地產，經依所需條件公開徵求勘選認定適合需要者。
	A.公開徵求：機關公開徵求房地產，應將公告刊登於政府採購公報並公開於資訊網路，而適合需要者之認定，準用最有利標之評選規定。 B.涉及法規：機關指定地區採購房地產作業辦法。
第12款	購買身心障礙者、原住民或受刑人個人、身心障礙福利機構或團體、政府立案之原住民團體、監獄工場、慈善機構及庇護工場所提供之非營利產品或勞務。
	A.非營利產品或勞務：機關以身心障礙者、原住民或受刑人個人為採購對象，且採購其自製、加工或提供智慧或勞力之產品或勞務；如係扶助弱勢者，則以培養或維持其基本生活之目的者。

第12款	B. 身心障礙者權益保障法§69規定，對於身心障礙福利機構或團體、庇護工場，所生產之物品及其提供之服務，於合理價格及一定金額以下者，各級政府機關、公立學校、公營事業機構及接受政府補助之機構、團體、私立學校應優先採購。 C. 涉及法規：優先採購身心障礙福利機構團體或庇護工場生產物品及服務辦法。
第13款	委託在專業領域具領先地位之自然人或經公告審查優勝之學術或非營利機構進行科技、技術引進、行政或學術研究發展。
	A. 具領先地位之自然人：指在相關專業領域之表現，曾獲國內外政府機關、學術機構或具有公信力之團體獎勵或表揚者，或是在相關專業領域著有專書或研究報告，經機關認有特殊表現或貢獻者。 B. 經公告審查優勝之學術或非營利機構：指以公告方式公開徵求具備研發能力之研究機構，經機關成立之審查委員會審查為優勝者。 C. 公立學校、公立研究機關、法人或團體接受政府補助、委託或公立研究機關依法編列之科學技術研究發展預算辦理採購，除另有規定外，不適用採購法規定。 D. 採購法§22Ⅲ有明定工程採購不得依本款辦理。 E. 涉及法規：機關委託研究發展作業辦法、科學技術基本法。
第14款	邀請或委託具專業素養、特質或經公告審查優勝之文化、藝術專業人士、機構或團體表演或參與文藝活動或提供文化創意服務。
	A. 文化、藝術專業人士、機構或團體：指經營文化藝術獎助條例§2各款事務，且具相關專業知識、能力、造詣或技藝者。 B. 採購法§22Ⅲ有明定工程採購不得依本款辦理。 C. 涉及法規：文化藝術獎助條例、機關邀請或委託文化藝術專業人士機構團體提供藝文服務作業辦法。
第15款	公營事業為商業性轉售或用於製造產品、提供服務以供轉售目的所為之採購，基於轉售對象、製程或供應源之特性或實際需要，不適宜以公開招標或選擇性招標方式辦理者。

第15款	公營事業性質係由企業方式經營，以營利為目的，故與一般機關以自用為目的之採購行為有別。是為兼顧其業務特性及增加競爭力，例外許可其採限制性招標。
第16款	其他經主管機關認定者。
	A. 此處主管機關指行政院公共工程委員會。 B. 本款屬於空白授權條款，目前常見種類。

(四) **未達公告金額之招標：**

1. 核心法規：《**中央機關未達公告金額採購招標辦法**》。
2. 採購金額超過公告金額10%（新臺幣150,001元以上）：

適用採購法條款	效果
§22 第1至15款之一者	得採限制性招標
§22 第16款	「敘明不採公告方式辦理及邀請指定廠商比價或議價之適當理由」 ＋ 「簽報機關首長或其授權人員核准者」 →得採限制性招標，免報經主管機關認定。
§49	第1次公告結果未能取得3家以上廠商之書面報價或企劃書者，得經機關首長或其授權人員核准，改採限制性招標。 其辦理第2次公告者，得不受3家廠商之限制。

3. 採購金額是公告金額10%以下（新臺幣150,000元以下）：

   公告金額十分之一以下採購之招標，得不經公告程序，逕洽廠商採購，免提供報價或企劃書（中央機關未達公告金額採購招標辦法§5）。

(五) **確認招標方式關鍵：**

1. 判斷採購金額，可以公告金額為分界線：

 (1) 公告以上：公開招標。

 (2) 未達公告：公開取得。

2. 是否適用限制性招標之要件：

 (1) 公告以上：採購法第22條第1項各款。

 (2) 未達公告：採購法第22條第1項第1款至第15款所定情形，另符合第16款所定情形則免報經主管機關認定。

精選試題

(　) **1** 下列何者不是採購法規定公告金額以上得選用之招標方式？
(A)公開招標　(B)比價　(C)公開評選　(D)公開取得書面報價。

解 **(D)**。依中央機關未達公告金額採購招標辦法第2條規定，未達公告金額採購之招標，其金額逾公告金額十分之一者，得以下列方式之一辦理：

一、符合本法第22條第1項第1款至第15款所定情形之一者，得採限制性招標。

二、符合本法第22條第1項第16款所定情形，經需求、使用或承辦採購單位就個案敘明邀請指定廠商比價或議價之適當理由，簽報機關首長或其授權人員核准者，得採限制性招標，免報經主管機關認定。

三、依本法第49條之規定，將公開徵求廠商提供書面報價或企劃書之公告，公開於主管機關之資訊網路或刊登於政府採購公報，以取得3家以上廠商之書面報價或企劃書，擇符合需要者辦理比價或議價。

【政府電子採購網採購法規題庫】

(　　) **2** 不經公告程序，邀請二家以上廠商比價或僅邀請一家廠商議價者，是為下列何種招標方式？ (A)公開招標 (B)限制性招標 (C)選擇性招標 (D)自行招標。

解 **(B)**。 依政府採購法第18條第4項，本法所稱限制性招標，指不經公告程序，邀請二家以上廠商比價或僅邀請一家廠商議價。

【109年桃園機場新進甄試】

(　　) **3** 機關辦理公告金額以上之採購，委託專業服務、技術服務、資訊服務或社會福利服務，經公開客觀評選為優勝者，得採取何者招標方式？ (A)公開招標 (B)限制性招標 (C)選擇性招標 (D)一般性招標。

解 **(B)**。 依政府採購法第22條，機關辦理公告金額以上之採購，符合下列情形之一者，得採限制性招標：九、委託專業服務、技術服務、資訊服務或社會福利服務，經公開客觀評選為優勝者。

【109年桃園機場新進甄試】

(　　) **4** 機關辦理採購時，採取何項招標方式時，應將招標公告或辦理資格審查之公告刊登於政府採購公報並公開於資訊網路？ (A)公開招標或選擇性招標 (B)公開招標或限制性招標 (C)限制性招標或選擇性招標 (D)僅限公開招標。

解 **(A)**。 依政府採購法第27條第1項，機關辦理公開招標或選擇性招標，應將招標公告或辦理資格審查之公告刊登於政府採購公報並公開於資訊網路。公告之內容修正時，亦同。

【109年桃園機場新進甄試】

(　　) **5** 機關事先預估下一年度屬經常發生之辦公室用品採購案，以公告方式預先設定廠商資格條件，經審查後建立合格名單。後續於名單有效期間內，當個別辦公室用品採購需求發生時，即邀請名單內之廠商投標，此即為何種招標方式？ (A)公開招標 (B)限制性招標 (C)選擇性招標 (D)一般性招標。

解 (C)。依政府採購法第20條，機關辦理公告金額以上之採購，符合下列情形之一者，得採選擇性招標：一、經常性採購……。

本題依該條文應足以判斷，另補充同法第21條後續作法：

(1) 機關為辦理選擇性招標，得預先辦理資格審查，建立合格廠商名單。但仍應隨時接受廠商資格審查之請求，並定期檢討修正合格廠商名單。

(2) 未列入合格廠商名單之廠商請求參加特定招標時，機關於不妨礙招標作業，並能適時完成其資格審查者，於審查合格後，邀其投標。

(3) 經常性採購，應建立六家以上之合格廠商名單。

(4) 機關辦理選擇性招標，應予經資格審查合格之廠商平等受邀之機會。

【109年桃園機場新進甄試】

(　　) **6** 機關辦理採購，下列何者正確？ (A)機關辦理公開招標，因投標廠商家數未滿三家而流標者，得發還投標文件。但招標文件規定不予發還者，機關得予拒絕 (B)未達公告金額之公開招標，可於截止收件日前先簽請機關首長或其授權人員核准，敘明屆時如公告結果，未能取得三家以上廠商之書面報價或企劃書者，將改採限制性招標 (C)公開招標第一次開標，因未滿三家而流標者，第二次招標得不受三家以上合格廠商之限制，但等標期間不得縮短 (D)機關為特定個案辦理選擇性招標之採購，應有三家以上合格廠商投標，始得開標。

解 (B)。

(A)依政府採購法施行細則第57條第1項，機關辦理公開招標，因投標廠商家數未滿三家而流標者，得發還投標文件。廠商要求發還者，機關不得拒絕。

(B)依政府採購法第22條第1項第1款，機關辦理公告金額以上之採購，以公開招標、選擇性招標或依第9款至第11款公告程序辦理結果，無廠商投標或無合格標，且以原定招標內容及條件未經重大改變者，得採限制性招標。

(C)依政府採購法第48條第2項，第一次開標，因未滿三家而流標者，第二次招標之等標期間得予縮短，並得不受前項三家廠商之限制。

(D)依政府採購法第21條第3項，經常性採購，應建立六家以上之合格廠商名單。

【107年台電新進甄試】

7 中捷公司欲委外辦理企業形象行銷活動，預算金額為公告金額以下，請試說明最適宜之採購招標方式為何？

解 (一)未達公告金額採購之招標，但其金額逾公告金額十分之一者，得依中央機關未達公告金額採購招標辦法辦理：

1. 符合政府採購法第22條第1項第1款至第15款所定情形之一者，得採限制性招標。
2. 符合政府採購法第22條第1項第16款所定情形，經需求、使用或承辦採購單位就個案敘明邀請指定廠商比價或議價之適當理由，簽報機關首長或其授權人員核准者，得採限制性招標，免報經主管機關認定。
3. 依政府採購法第49條之規定，將公開徵求廠商提供書面報價或企劃書之公告，公開於主管機關之資訊網路或刊登於政府採購公報，以取得3家以上廠商之書面報價或企劃書，擇符合需要者辦理比價或議價。
4. 機關依前述規定辦理第1次公告結果，未能取得3家以上廠商之書面報價或企劃書者，得經機關首長或其授權人員核准，改採限制性招標。其辦理第2次公告者，得不受3家廠商之限制。

(二)又前提辦法第5條亦有規定，倘金額為公告金額十分之一以下採購之招標，得不經公告程序，逕洽廠商採購，免提供報價或企劃書。但需注意的是機關不得意圖規避本辦法之適用，分批辦理未達公告金額但逾公告金額十分之一之採購。

(三)綜上所述，行銷企業形象採購案件，應屬勞務採購案件，而依其預算金額是否超過公告金額十分之一，可決定是否得逕洽廠商辦理；原則上仍應依政府採購法第49條之規定，將公開徵求廠商提供書面報價或企劃書之公告，公開於主管機關之資訊網路或刊登於政府採購公報，以取得3家以上廠商之書面報價或企劃書，擇符合需要者辦理比價或議價較為妥適。

【108年臺中捷運股份有限公司招募】

8 請詳述依政府採購法相關規定，辦理選擇性招標時如何建立「合格廠商名單」？如何加以檢討修正或刪除該名單？辦理此種標案可否採取分段開標方式？

解 (一)依政府採購法第21條規定：

1. 機關為辦理選擇性招標，得預先辦理資格審查，建立合格廠商名單。
2. 但仍應隨時接受廠商資格審查之請求，並定期檢討修正合格廠商名單。
3. 而未列入合格廠商名單之廠商請求參加特定招標時，機關於不妨礙招標作業，並能適時完成其資格審查者，於審查合格後，邀其投標。
4. 其中需注意經常性採購，應建立6家以上之合格廠商名單。

(二)而有關如何加以檢討修正或刪除名單，規範於政府採購法施行細則第20條：

1. 機關辦理選擇性招標，其預先辦理資格審查所建立之合格廠商名單，有效期逾1年者，應逐年公告辦理資格審查，並檢討修正既有合格廠商名單。
2. 如該名單之有效期未逾3年，且已於辦理資格審查之公告載明不再公告辦理資格審查者，於有效期內得免逐年公告，但機關仍應逐年檢討修正該名單。

3. 機關於合格廠商名單有效期內發現名單內之廠商有不符合原定資格條件之情形者，得限期通知該廠商提出說明，廠商逾期未提出合理說明者，機關應將其自合格廠商名單中刪除。

(三)依政府採購法第42條規定，機關辦理公開招標或選擇性招標，得就資格、規格與價格採取分段開標。且機關辦理分段開標，除第一階段應公告外，後續階段之邀標，得免予公告。

【104年鐵路特考員級】

9 某機關以公開招標方式辦理橋樑改建工程採購，第1次招標無廠商投標，機關基於公共利益考量改建工程之時效性，可否採限制性招標與廠商比價或議價？請詳述之。

解 某機關原以公開招標方式辦理之橋樑改建工程採購，第1次招標無廠商投標，後續應得採限制性招標方式辦理，惟所適用法規，將因該採購案件是否屬公告金額以上之採購而有不同，茲分述如下：

(一)該案屬公告金額以上之採購：

依政府採購法（以下簡稱採購法）第22條第1項第1款之規定，機關辦理公告金額以上之採購，以公開招標、選擇性招標或依第9款至第11款公告程序辦理結果，無廠商投標或無合格標，且以原定招標內容及條件未經重大改變者，得採限制性招標。

(二)該案屬未達公告金額之採購：

依中央機關未達公告金額採購招標辦法第2條第1項第1款之規定，未達公告金額採購之招標，其金額逾公告金額十分之一者，且符合本法第22條第1項第1款至第15款所定情形之一者，得採限制性招標。

本案因第1次招標無廠商投標，屬符合政府採購法第22條第1項第1款無廠商投標之情形，故於該案件屬未達公告金額之採購時，得依前開規定採限制性招標。

【105年鐵路特考員級】

10 政府採購法第18條規定採購之招標方式有那三種？請說明這三種招標方式之定義及其適用在什麼樣的採購情形（每一種方式列舉一至五種適用情形）。

解 (一)依政府採購法（以下簡稱採購法）第18條規定，採購之招標方式，分為公開招標、選擇性招標及限制性招標：

1. 公開招標，指以公告方式邀請不特定廠商投標。
2. 選擇性招標，指以公告方式預先依一定資格條件辦理廠商資格審查後，再行邀請符合資格之廠商投標。
3. 限制性招標，指不經公告程序，邀請二家以上廠商比價或僅邀請一家廠商議價。如邀請二家以上廠商比價，有二家廠商投標者，即得比價；僅有一家廠商投標者，得當場改為議價辦理。

(二)適用之情形：

1. 公開招標依採購法第19條，機關辦理公告金額以上之採購，除依第20條選擇性招標及第22條限制性招標辦理者外，應公開招標。
2. 選擇性招標依採購法第20條，機關辦理公告金額以上之採購，符合下列情形者，得採選擇性招標：(1)經常性採購。(2)投標文件審查，須費時長久始能完成者。(3)廠商準備投標需高額費用者。(4)廠商資格條件複雜者。(5)研究發展事項。
3. 限制性招標依採購法第22條，機關辦理公告金額以上之採購，符合下列情形之一者，得採限制性招標：
   (1)以公開招標、選擇性招標或依第九款至第十一款公告程序辦理結果，無廠商投標或無合格標，且以原定招標內容及條件未經重大改變者。
   (2)屬專屬權利、獨家製造或供應、藝術品、秘密諮詢，無其他合適之替代標的者。
   (3)遇有不可預見之緊急事故，致無法以公開或選擇性招標程序適時辦理，且確有必要者。

(4)原有採購之後續維修、零配件供應、更換或擴充，因相容或互通性之需要，必須向原供應廠商採購者。

(5)屬原型或首次製造、供應之標的，以研究發展、實驗或開發性質辦理者。

(6)在原招標目的範圍內，因未能預見之情形，必須追加契約以外之工程，如另行招標，確有產生重大不便及技術或經濟上困難之虞，非洽原訂約廠商辦理，不能達契約之目的，且未逾原主契約金額百分之五十者。

(7)原有採購之後續擴充，且已於原招標公告及招標文件敘明擴充之期間、金額或數量者。

(8)在集中交易或公開競價市場採購財物。

(9)委託專業服務、技術服務、資訊服務或社會福利服務，經公開客觀評選為優勝者。

(10)辦理設計競賽，經公開客觀評選為優勝者。

(11)因業務需要，指定地區採購房地產，經依所需條件公開徵求勘選認定適合需要者。

(12)購買身心障礙者、原住民或受刑人個人、身心障礙福利機構或團體、政府立案之原住民團體、監獄工場、慈善機構及庇護工場所提供之非營利產品或勞務。

(13)委託在專業領域具領先地位之自然人或經公告審查優勝之學術或非營利機構進行科技、技術引進、行政或學術研究發展。

(14)邀請或委託具專業素養、特質或經公告審查優勝之文化、藝術專業人士、機構或團體表演或參與文藝活動或提供文化創意服務。

(15)公營事業為商業性轉售或用於製造產品、提供服務以供轉售目的所為之採購，基於轉售對象、製程或供應源之特性或實際需要，不適宜以公開招標或選擇性招標方式辦理者。

(16)其他經主管機關認定者。

【101年司法三等檢察事務官營繕工程組員】

焦點2 招標程序

一、關聯條文

招標公告	政府採購法	§27 招標之公告	Ⅰ 機關辦理**公開招標**或**選擇性招標**，應將招標公告或辦理資格審查之公告刊登於政府採購公報並公開於資訊網路。公告之內容修正時，亦同。 Ⅱ 前項公告內容、公告日數、公告方法及政府採購公報發行辦法，由主管機關定之。 Ⅲ 機關辦理採購時，**應**估計採購案件之件數及每件之預計金額。預算及預計金額，得於招標公告中一併公開。
	施行細則	§26	Ⅰ 機關依本法第二十七條第三項得於招標公告中一併公開之預算金額，為該採購得用以支付得標廠商契約價金之預算金額。預算案尚未經立法程序者，為預估需用金額。 Ⅱ 機關依本法第二十七條第三項得於招標公告中一併公開之預計金額，為該採購之預估決標金額。
採購規格	政府採購法	§26 公告金額以上之採購招標文件規格訂定	Ⅰ 機關辦理**公告金額以上**之採購，應依功能或效益訂定招標文件。其有國際標準或國家標準者，應從其規定。 Ⅱ 機關所擬定、採用或適用之技術規格，其所標示之擬採購產品或服務之特性，諸如品質、性能、安全、尺寸、符號、術語、包裝、標誌及標示或生產程序、方法及評估之程序，**在目的及效果上均不得限制競爭**。 Ⅲ 招標文件**不得要求或提及**特定之商標或商名、專利、設計或型式、特定來源地、生產者或供應者。但無法以精確之方式說明招標要求，而已在招標文件內註明諸如「或同等品」字樣者，不在此限。

採購規格	施行細則	§24	本法第二十六條第一項所稱國際標準及國家標準，依標準法第三條之規定。
		§25	Ⅰ 本法第二十六條第三項所稱同等品，指經機關審查認定，其功能、效益、標準或特性不低於招標文件所要求或提及者。 Ⅱ 招標文件允許投標廠商提出同等品，並規定應於投標文件內預先提出者，廠商**應於投標文件內敘明**同等品之廠牌、價格及功能、效益、標準或特性等相關資料，以供審查。 Ⅲ 招標文件允許投標廠商提出同等品，**未規定應於投標文件內預先提出者**，得標廠商得於使用同等品前，依契約規定向機關提出同等品之廠牌、價格及功能、效益、標準或特性等相關資料，以供審查。
招標文件	政府採購法	§29 招標文件 發送	Ⅰ 公開招標之招標文件及選擇性招標之預先辦理資格審查文件，應自公告日起至截止投標日或收件日止，**公開**發給、發售及郵遞方式辦理。發給、發售或郵遞時，**不得登記領標廠商之名稱**。 Ⅱ 選擇性招標之文件應公開載明**限制投標廠商資格之理由**及其**必要性**。 Ⅲ 第一項文件內容，應包括投標廠商提交投標書所需之一切必要資料。
		§34 招標文件 公告前 應予保密	Ⅰ 機關辦理採購，其招標文件於**公告前**應予保密。但須公開說明或藉以公開徵求廠商提供參考資料者，不在此限。 Ⅱ 機關辦理招標，不得於**開標前**洩漏底價，領標、投標廠商之名稱與家數及其他足以造成限制競爭或不公平競爭之相關資料。 Ⅲ 底價於**開標後至決標前**，仍應保密，決標後除有特殊情形外，應予公開。但機關依實際需要，得於招標文件中公告底價。 Ⅳ 機關對於廠商投標文件，除供公務上使用或法令另有規定外，應保守秘密。

招標文件	施行細則	§34	機關依本法第三十四條第一項規定向廠商公開說明或公開徵求廠商提供招標文件之參考資料者，應刊登政府採購公報或公開於主管機關之資訊網路。
		§35	底價於決標後有下列情形之一者，得不予公開。但應通知得標廠商： 一、符合本法第一百零四條第一項第二款之採購。 二、以轉售或供製造成品以供轉售之採購，其底價涉及商業機密者。 三、採用複數決標方式，尚有相關之未決標部分。但於相關部分決標後，應予公開。 四、其他經上級機關認定者。
招標文件內容釋疑	政府採購法	§41 招標文件疑義之處理	Ⅰ 廠商對招標文件內容有疑義者，應於招標文件規定之日期前，以書面向招標機關請求釋疑。 Ⅱ 機關對前項疑義之處理結果，應於招標文件規定之日期前，以**書面答復**請求釋疑之廠商，**必要時得公告**之；其涉及**變更或補充招標文件內容**者，除**選擇性招標之規格標**與**價格標**及**限制性招標**得以書面通知各廠商外，應另行公告，並視需要延長等標期。機關自行變更或補充招標文件內容者，亦同。
	施行細則	§43	Ⅰ 機關於招標文件規定廠商得**請求釋疑**之期限，至少應有**等標期之四分之一**；其不足一日者以一日計。選擇性招標預先辦理資格審查文件者，自公告日起至截止收件日止之請求釋疑期限，亦同。 Ⅱ 廠商請求釋疑逾越招標文件規定期限者，機關得不予受理，並以書面通知廠商。 Ⅲ 機關最後釋疑之次日起算至截止投標日或資格審查截止收件日之日數，不得少於原**等標期之四分之一**，其未滿一日者以一日計；前述日數有不足者，截止日至少應延後至補足不足之日數。

<table>
<tr><td rowspan="2">等標期訂定</td><td>政府採購法</td><td>§28
等標期
之訂定</td><td>機關辦理招標，其自公告日或邀標日起至截止投標或收件日止之等標期，應訂定合理期限。其期限標準，由主管機關定之。</td></tr>
<tr><td>施行細則</td><td>§27</td><td>本法第二十八條第一項所稱公告日，指刊登於政府採購公報之日；邀標日，指發出通知邀請符合資格之廠商投標之日。</td></tr>
<tr><td rowspan="2">國內廠商優惠措施</td><td rowspan="2">政府採購法</td><td>§43
優先決標予
國內廠商</td><td>機關辦理採購，除我國締結之條約或協定另有禁止規定者外，得採行下列措施之一，並應載明於招標文件中：
一、要求投標廠商採購國內貨品比率、技術移轉、投資、協助外銷或其他類似條件，作為採購評選之項目，其比率不得逾三分之一。
二、外國廠商為最低標，且其標價符合第五十二條規定之決標原則者，得以該標價優先決標予國內廠商。</td></tr>
<tr><td>§44
標價優惠國
內廠商</td><td>Ⅰ 機關辦理特定之採購，除我國締結之條約或協定另有禁止規定者外，得對國內產製加值達百分之五十之財物或國內供應之工程、勞務，於外國廠商為最低標，且其標價符合第五十二條規定之決標原則時，以高於該標價一定比率以內之價格，優先決標予國內廠商。
Ⅱ 前項措施之採行，以合於就業或產業發展政策者為限，且一定比率不得逾百分之三，優惠期限不得逾五年；其適用範圍、優惠比率及實施辦法，由主管機關會同相關目的事業主管機關定之。</td></tr>
</table>

※採購錯誤行為常見態樣

<table>
<tr><th>編號</th><th>行為態樣</th><th>違反法條</th></tr>
<tr><td>1</td><td>抄襲特定廠商之規格資料。</td><td rowspan="2">採購法§26、
施行細則§25</td></tr>
<tr><td>2</td><td>超出需求或與需求無關之規格。</td></tr>
</table>

編號	行為態樣	違反法條
3	公告金額以上之採購指定特定廠牌之規格或型號或特定國家或協會之標準而未允許同等品。	採購法§26、 施行細則§25
4	非屬必要卻限不同組件須由相同廠牌所組成。	
5	限取得正字標記而未允許同等品競標，或以 ISO9000 系列驗證證書作為產品規範。	
6	所標示參考之廠牌不具普遍性或競爭性，例如：同一代理商代理；雖由不同代理商代理而該等代理商間因屬家族或關係企業而不具競爭性；已不製造；參考之廠牌空有其名而無法聯絡，致生同等品爭議。	
7	刁難廠商使用同等品。	採購法§26、§88， 施行細則§55
8	公告金額以上之採購指定進口品。	採購法§6、§26
9	公告金額以上之採購，無條約協定關係卻指定特定國家之進口品。	
10	漏刊公告，例如：依採購法第二十二條第一項第九款至第十一款辦理限制性招標，未刊登政府採購公報。	採購法§27、 政府採購公告及公報發行辦法
11	誤刊公告，例如：招標公告誤刊公開徵求廠商提供參考資料公告；公開招標公告誤刊「公開取得報價單或企劃書」公告；公告金額以上之案件誤登未達公告金額且未刊登政府採購公報；未達公告金額之採購，以「公開取得」三家廠商之書面報價或企劃書方式辦理者，於辦理公告上網作業時，誤上「公開招標」之網頁。	
12	公告內容未完全符合政府採購公告及公報發行辦法之規定，例如：漏填、錯填、未詳實填寫（以「詳招標文件」一語帶過）。	

編號	行為態樣	違反法條
13	上網傳輸公告未確定傳輸成功致實際傳輸失敗未刊登公告。	採購法§27、政府採購公告及公報發行辦法
14	未將國內員工總人數逾一百人之廠商資料彙送至主管機關決標資料庫。	
15	等標期違反規定，例如：未考慮案件之複雜度逕依等標期法定下限訂定等標期。	採購法§28、招標期限標準
16	招標文件過簡，例如：未載明終止或解除契約條件、查驗或驗收條件；未載明依政府採購法令辦理。	採購法§29
17	招標文件未能自公告當日至截止投標期限期間供廠商親自及郵遞領取，例如：延後開始領標時間；縮短領標時間；限親自領取；限郵遞領取；對親自及郵遞領取訂定不同之截止期限。	
18	僅標示供領標投標之郵政信箱。	
19	以招標文件售罄為由妨礙廠商領標。	
20	詢問領標廠商名稱或索取名片。	
21	不肖人士蒐集領標廠商名稱。	採購法§29、§34、§87
22	領標投標期間於機關門口有不明人士徘徊。	
23	不必公開審標卻公開審標，致洩漏個別廠商資料。	採購法§34
24	招標文件索價過高。	施行細則§28-1
25	開標前當場宣布補充規定或變更招標文件內容。	採購法§41

※110年7月14日修正發布政府採購法施行細則第43條：

目的	鑒於機關辦理採購，對於回復廠商疑義之期限，與廠商後續備標作業需時有關，爰修正機關釋疑之期限，並明確規定機關釋疑逾期時應為之處置，使廠商有足夠作業時間。

現行（修正）條文	Ⅰ 機關於招標文件規定廠商得請求釋疑之期限，至少應有等標期之四分之一；其不足一日者以一日計。選擇性招標預先辦理資格審查文件者，自公告日起至截止收件日止之請求釋疑期限，亦同。 Ⅱ **廠商請求釋疑逾越招標文件規定期限者，機關得不予受理，並以書面通知廠商。** Ⅲ **機關最後釋疑之次日起算至截止投標日或資格審查截止收件日之日數，不得少於原等標期之四分之一，其未滿一日者以一日計；前述日數有不足者，截止日至少應延後至補足不足之日數。**
原始條文	Ⅰ 機關於招標文件規定廠商得請求釋疑之期限，至少應有等標期之四分之一；其不足一日者以一日計。選擇性招標預先辦理資格審查文件者，自公告日起至截止收件日止之請求釋疑期限，亦同。 Ⅱ 機關釋疑之期限，不得逾截止投標日或資格審查截止收件日前一日。
修法說明	一、第1項未修正。 二、增訂第2項，明確規定廠商請求釋疑逾期時，機關得不予受理。另機關為不受理之決定時，參考政府採購法施行細則第105條之1之規定，仍得評估其事由，認其有理由時，自行變更或補充招標文件內容，併予敘明。 三、修正現行條文第2項，並移列為第3項： (一) 鑒於機關回復廠商疑義，與廠商後續備標作業需時有關，為使廠商有足夠作業時間，爰修正機關釋疑之期限。例如機關辦理公告金額以上未達查核金額之採購，公告日為12月1日，截止投標時間為12月18日18時，其等標期為18日，依修正後之第3項規定，機關最後釋疑之日為12月13日，機關如於12月15日始回復廠商疑義者，至少應延後截止投標日至12月20日（補足2日），如12月20日為星期六，依招標期限標準第11條第3項規定，截止投標日至少應延長至12月22日星期一。

修法說明	(二) 關於釋疑結果未變更或補充招標文件內容，或非屬重大改變等而依招標期限標準第7條第2項規定，得免延長等標期者，基於本項修正之主要目的為使機關對廠商之釋疑儘早確定，以確保投標廠商依機關之最終決定而有足夠時間準備，涉投標廠商權益保護，其與招標期限標準第7條第2項規定係考量採購效率之目的不同，且該項規定非不得延長，爰有該項規定情形時，仍應依本項規定辦理。又機關依本項規定延長等標期，仍應視釋疑後所餘之等標期、案件之規模、複雜程度及性質，考量廠商準備投標文件所必需之時間合理延長等標期，爰延長之期間，不以本項規定之日數為限。均併予敘明。

二、必考重點

本部分瑣碎的記憶點較多，出題方式多以選擇題為主，招標文件如何訂定和等標期為常見考點。

(一) 招標公告（採購資訊公開）：

1. 公告方式、應登載內容、發行時間、刊登天數等規範，明定於採購法§27Ⅱ授權訂頒之**政府採購公告及公報發行辦法**中。
2. 除採購法§27Ⅰ規定公開招標及選擇性招標之公告，應統一於**政府採購公報**及**資訊網路**刊登外，其他尚有同法的：
   (1) §22Ⅰ⑨～⑪公開評選、⑭公開徵求或審查。
   (2) §34公開閱覽。
   (3) §49未達公告金額之公開取得。
   (4) §61決標、無法決標公告。
3. 公告內容如有修正，亦需刊登更正公告。另機關於等標期截止前變更或補充招標文件內容者，應視需要延長等標期；例外於變更或補充非屬重大改變者，且於原定截止日前5日公告或書面通知各廠商者，得免延長等標期。
4. 預算金額：該採購案得用以支付得標廠商契約價金之預算金額。
5. 預計金額：該採購案預估之決標金額。

(二) **招標文件：**

1. 常見文件種類：

(1) 通案：投標須知、契約書。

(2) 工程：施工圖說、施工規範、公共工程經費電腦估價系統（PCCES）檔案等。

(3) 勞務：邀標書、工作說明書等。

(4) 財物：規格需求書。

2. 同等品：

(1) 定義：指經機關審查認定，其功能、效益、標準或特性不低於招標文件所要求或提及者。

(2) 提出時機：投標時提出者，應於投標文件內敘明；使用前才提出者，應預留給機關審查之時間。

(3) 機關審查（**政府採購法第二十六條執行注意事項**第12點）：

A. 自行審查：簽報機關首長或其授權人員核准。

B. 開會審查：簽報機關首長或其授權人員召開審查會議，並得邀請專家學者、規劃設計者，與會協助。

C. 委託審查：委託專業廠商、機構、團體或人士審查，並得召開會議，邀請專家學者與會。

3. 招標文件發給、保密、釋疑：

(1) 發送期間：公告日起至截止投票日或收件日止。

(2) 發送方式：公開發給、發售或郵遞。

(3) 領取方式：廠商於等標期內自行決定親取或郵遞。

(4) 注意保密：

A. 對於招標文件於公告前原則應保密，但**公共工程招標文件公開閱覽制度實施要點**明定**特殊**或**查核金額以上之工程採購**，應依該要點辦理公開閱覽。

B. 另財物及勞務除緊急採購外，新臺幣1億元以上的採購案亦比照辦理公開閱覽。

C. 底價於決標前後處理原則：決標前應予保密，決標後除有特殊情形（底價涉及商業機密或複數決標未決標部分），應予公開。

D. 針對保密義務可簡單區分為：

公告前	招標文件之保密。
開標前	底價及其他涉及競爭事項之保密。
決標後	底價之保密。

(5) 文件釋疑：

A. 注意不同：本條「疑義」與採購法§75的「異議」有別。

B. 請求期限：例如公開招標之採購案，未達採購金額者，等標期應至少有7日，則請求釋疑期限至少要有2日（7/4＝1.75≒2）；是以如機關鎖定釋疑期限不足2日，廠商便可依法提出異議。

C. 機關答覆：針對書面釋疑及答覆，依工程會88年6月25日工程企傳字第0018號函，如收件人同意以電傳方式為之或原係以電傳方式提出者，機關答覆得以電傳方式辦理，並時日之起訖以電傳日期為準。

4. 等標期：

(1) 等標期：指公告日或邀標日起至截止投標日之期間。

(2) 合理期限：由機關就採購案件之規模、性質、複雜程度、廠商準備及遞送投標文件所必須知時間等面向，「合理」訂定等標期，不得逕以最低天數限期定之。

(3) 公告日：指刊登於政府採購公報之日。

(4) 邀標日：指發出通知邀請符合資格之廠商投標之日。

(5) 依採購法§28規定訂定之期限標準名稱為「**招標期限標準**」。

(6) 各種採購方式等標期之下限：

A. 第1次公開招標（§18、§19、§99）

B. 第1次選擇性招標邀合格廠商投標（§18、§20、§21、§99）

C. 第1次公開評選之公告（§18、§22 I ⑨或⑩、§99）

採購金額	一般	特殊情形
未達公告金額	7天	(A) 採購法§34： 招標前將招標文件稿辦理公開閱覽且招標文件內容未經重大改變者，等標期得縮短5日，但縮短後不得少於10日。 (B) 採購法§93-1： 電子領（投）標並於招標公告敘明者，等標期得縮短3（2）日，但縮短後不得少於5日。 (C) 涉及WTO政府採購協定（GPA）之案件另有不同天數規定。
公告金額以上、未達查核	14天	
查核金額以上、未達巨額	21天	
巨額	28天	

D. 第2次及以後公開招標（§18、§19、§99）

E. 第2次及以後公開評選之公告（§18、§22 I ⑨或⑩、§99）

F. 第2次及以後選擇性招標資格預先審查（§18、§20、§99）

G. 第2次及以後選擇性招標邀請合格廠商投標（§18、§20、§21、§99）

H. 於等標期截止前取消或暫停後6個月內重行或續行招標且招標文件內容未經重大改變者，重行或續行第1次或以後各次招標。

I. 於等標期截止後流標、廢標、撤銷決標或解除契約，並於其後3個月內重行招標，且招標文件內容未經重大改變者，重行第1次或以後各次招標。

採購金額	一般	特殊情形
未達公告金額	3天	得縮短規則同前表。
公告金額以上、未達查核	7天	
查核金額以上、未達巨額	7天	
巨額	7天	

J. 第1次選擇性招標資格預先審查（§18、§20、§99）

採購金額	一般	特殊情形
未達公告金額	7天	得縮短規則同前表。
公告金額以上、未達查核	10天	
查核金額以上、未達巨額	10天	
巨額	14天	

(7) 有下列情形之一者，其等標期應視案件之特性及廠商準備投標文件所需時間酌予延長：

A. 依採購法§24規定以統包辦理招標者。

B. 依採購法§25規定允許廠商共同投標者。

C. 規定廠商提出為該採購案特別繪製或製作之設計圖、模型、檢測文件或樣品者。

D. 規定廠商於投標前至招標標的履約場所查看實際情形以備投標者。

E. 廠商須提出之投標文件內容複雜準備費時者。

(8) 不受本標準所訂期限限制之情形：

A. 依採購法§21以預先建立之合格廠商名單，邀請符合資格之廠商投標，於辦理廠商資格審查之文件中另有載明者。

B. 公營事業為商業性轉售或用於製造產品、提供服務以供轉售目的所為之採購，基於採購案件之特性或實際需要，有縮短等標期之必要者。

C. 採購原料、物料或農礦產品，其市場行情波動不定者。

D. 採購標的屬廠商於市場普遍銷售且招標及投標文件內容簡單者。

E. 依採購法§104或§105不適用同法§28規定者。

精選試題

( ) **1** 機關辦理採購時，採取何項招標方式時，應將招標公告或辦理資格審查之公告刊登於政府採購公報並公開於資訊網路？ (A)公開招標或選擇性招標 (B)公開招標或限制性招標 (C)限制性招標或選擇性招標 (D)僅限公開招標。

解 **(A)**。依政府採購法第27條第1項，機關辦理公開招標或選擇性招標，應將招標公告或辦理資格審查之公告刊登於政府採購公報並公開於資訊網路。公告之內容修正時，亦同。

【109年桃園機場從業甄試】

( ) **2** 機關辦理採購，於招標文件中規定廠商對招標文件內容有疑義者，應以書面向招標機關請求釋疑之期限，下列何者正確？
(A)至少應有等標期之四分之一，其尾數不足1日者，以1日計
(B)至少應有等標期之三分之一，其尾數不足1日者，以1日計
(C)自公告或邀標之次日起等標期之四分之一，但不得少於10日
(D)自公告或邀標之次日起等標期之三分之一，但不得少於10日。

解 **(A)**。依政府採購法第41條，廠商對招標文件內容有疑義者，應於招標文件規定之日期前，以書面向招標機關請求釋疑。
另依政府採購法細則第43條，機關於招標文件規定廠商得請求釋疑之期限，至少應有等標期之四分之一；其不足一日者以一日計。選擇性招標預先辦理資格審查文件者，自公告日起至截止收件日止之請求釋疑期限，亦同。

【109年桃園機場從業甄試】

( ) **3** 機關依採購法第27條第1項辦理招標公告無需刊登： (A)招標文件領取地點 (B)廠商資格條件摘要 (C)是否屬公共工程實施技師簽證者 (D)契約付款條件。

解 **(D)**。依政府採購公告及公報發行辦法第7條，依政府採購法第27條第1項規定辦理之招標公告，應登載下列事項：

(1) 有案號者，其案號。
(2) 機關之名稱、地址、聯絡人（或單位）及聯絡電話。
(3) 招標標的之名稱及數量摘要。有保留未來後續擴充之權利者，其擴充之期間、金額或數量。
(4) 招標文件之領取地點、方式、售價及購買該文件之付款方式。
(5) 收受投標文件之地點及截止期限。
(6) 公開開標者，其時間及地點。
(7) 須押標金者，其額度。
(8) 履約期限。
(9) 投標文件應使用之文字。
(10) 招標與決標方式及是否可能採行協商措施。
(11) 是否屬公告金額以上之採購。
(12) 是否適用我國所締結之條約或協定。
(13) 廠商資格條件摘要。
(14) 財物採購，其性質係購買、租賃、定製或兼具二種以上之性質。
(15) 否屬公共工程實施技師簽證者。
(16) 其他經主管機關指定者。

【政府電子採購網採購法規題庫】

(　　) **4** 機關於等標期截止前取消或暫停招標，並於取消或暫停後，且招標文件內容未經重大改變者，最多於多久期間內重行招標者，等標期得考量取消或暫停前已公告或邀標之日數，依原定期限酌予縮短？
(A)6個月內　(B)3個月內　(C)1年內　(D)14日內。

解 (A)。依招標期限標準第8條，機關於等標期截止前取消或暫停招標，並於取消或暫停後六個月內重行或續行招標且招標文件內容未經重大改變者，重行或續行招標之等標期，得考量取消或暫停前已公告或邀標之日數，依原定期限酌予縮短。但重行或續行招標之等標期，未達公告金額之採購不得少於三日，公告金額以上之採購不得少於七日。

【109年中央造幣廠新進甄試】

5 依據「政府採購法」第26條第3項所稱「在招標文件內註明諸如『或同等品』字樣者，不在此限」，乃在於防止限制競爭，請詳述投標廠商提出同等品，應符合那些要求，以供招標機構審查認定？

解 依行政院公共工程委員會訂定之政府採購法第二十六條執行注意事項，應符合以下規範：

(一)招標文件允許投標廠商提出同等品者，得以下列方式之一為之：

1. 招標文件註明「或同等品」字樣，並規定廠商如欲提出同等品者，應於投標文件內預先提出。其經審查非同等品者，為不合格之廠商。
2. 招標文件註明「或同等品」字樣，並規定得標廠商如欲提出同等品者，得於使用同等品前，向機關提出，及機關審查同等品所需時間。
3. 廠商提出同等品時，應敘明同等品之廠牌、價格及功能、效益、標準或特性比較表等相關資料，以供機關審查。其經審查為同等品者，方得使用。

(二)機關就廠商所提出之同等品比較表等資料，應擇下列方式之一審查：

1. 自行審查：簽報機關首長或其授權人員核定是否為同等品。

2. 開會審查：簽報機關首長或其授權人員召開審查會議，並得邀請專家學者、廠商代表、原設計者與會，以確認是否為同等品。
3. 委託審查：委託原設計者、專業廠商、機構、團體或人士審查確認是否為同等品。審查時得召開會議，邀請專家學者、廠商代表、原設計者與會。

【100年鐵路特考高員三級】

焦點3 廠商投標

一、關聯條文

廠商資格	政府採購法	§36 投標廠商之資格	Ⅰ 機關辦理採購，得依實際需要，規定投標廠商之**基本資格**。 Ⅱ 特殊或巨額之採購，須由具有相當經驗、實績、人力、財力、設備等之廠商始能擔任者，得另規定投標廠商之**特定資格**。 Ⅲ **外國廠商**之投標資格及應提出之資格文件，得就實際需要另行規定，附經公證或認證之中文譯本，並於招標文件中訂明。 Ⅳ 第一項基本資格、第二項特定資格與特殊或巨額採購之範圍及認定標準，由主管機關定之。
分包廠商	施行細則	§36	Ⅰ 投標廠商應符合之資格之一部分，得以分包廠商就其分包部分所具有者代之。但以**招標文件已允許**以分包廠商之資格代之者為限。 Ⅱ 前項分包廠商及其分包部分，**投標廠商於得標後不得變更**。但**有特殊情形必須變更**者，以具有**不低於原分包廠商**就其分包部分所具有之資格，並**經機關同意者**為限。

<table>
<tr><td>分包廠商</td><td rowspan="2">施行細則</td><td>§38</td><td>Ⅰ 機關辦理採購，應於招標文件規定廠商有下列情形之一者，不得參加投標、作為決標對象或分包廠商或協助投標廠商：
一、提供規劃、設計服務之廠商，於依該規劃、設計結果辦理之採購。
二、代擬招標文件之廠商，於依該招標文件辦理之採購。
三、提供審標服務之廠商，於該服務有關之採購。
四、因履行機關契約而知悉其他廠商無法知悉或應秘密之資訊之廠商，於使用該等資訊有利於該廠商得標之採購。
五、提供專案管理服務之廠商，於該服務有關之採購。
Ⅱ 前項第一款及第二款之情形，於無利益衝突或無不公平競爭之虞，經機關同意者，得不適用於後續辦理之採購。</td></tr>
<tr><td>協助廠商</td><td>§39</td><td>前條第一項規定，於下列情形之一，得不適用之：
一、提供規劃、設計服務之廠商，為依該規劃、設計結果辦理採購之獨家製造或供應廠商，且無其他合適之替代標的者。
二、代機關開發完成新產品並據以代擬製造該產品招標文件之廠商，於依該招標文件辦理之採購。
三、招標文件係由二家以上廠商各就不同之主要部分分別代擬完成者。
四、其他經主管機關認定者。</td></tr>
<tr><td>廠商資格限制</td><td>政府採購法</td><td>§37
投標廠商資格之訂定原則</td><td>Ⅰ 機關訂定前條投標廠商之資格，不得不當限制競爭，並以確認廠商具備履行契約所必須之能力者為限。
Ⅱ 投標廠商未符合前條所定資格者，其投標不予受理。但廠商之財力資格，得以銀行或保險公司之履約及賠償連帶保證責任、連帶保證保險單代之。</td></tr>
</table>

廠商之投標	政府採購法	§33 投標文件之遞送	Ⅰ廠商之投標文件，應以**書面密封**，於投標截止期限前，以郵遞或專人送達招標機關或其指定之場所。 Ⅱ前項投標文件，廠商得以**電子資料傳輸方式**遞送。但**以招標文件已有訂明者**為限，並應於規定期限前遞送正式文件。 Ⅲ機關得於招標文件中規定允許廠商於開標前補正**非契約必要之點**之文件。
	施行細則	§29	Ⅰ本法第三十三條第一項所稱書面密封，指將投標文件置於不透明之信封或容器內，並以漿糊、膠水、膠帶、釘書針、繩索或其他類似材料封裝者。 Ⅱ信封上或容器外應標示廠商名稱及地址。其交寄或付郵所在地，機關不得予以限制。 Ⅲ本法第三十三條第一項所稱指定之場所，**不得以郵政信箱為唯一場所**。
		§32	本法第三十三條第三項所稱非契約必要之點，包括下列事項： 一、原招標文件已標示得更改或補充之項目。 二、不列入標價評比之選購項目。 三、參考性質之事項。 四、其他於契約成立無影響之事項。
		§33	Ⅰ同一投標廠商就同一採購之投標，以一標為限；其有違反者，依下列方式處理： 一、**開標前**發現者，所投之標應**不予開標**。 二、**開標後**發現者，所投之標應**不予接受**。 Ⅱ廠商與其分支機構，或其二以上之分支機構，就同一採購分別投標者，視同違反前項規定。 Ⅲ第一項規定，於採最低標，且招標文件訂明投標廠商得以同一報價載明二以上標的供機關選擇者，不適用之。

押標金、保證金及其他擔保	政府採購法	§38 政黨及其關係企業不得參與投標	Ⅰ政黨及與其具關係企業關係之廠商，不得參與投標。 Ⅱ前項具關係企業關係之廠商，準用公司法有關關係企業之規定。
		§35 替代方案	機關得於招標文件中規定，允許廠商在**不降低原有功能條件下**，得就技術、工法、材料或設備，提出可縮減工期、減省經費或提高效率之替代方案。其實施辦法，由主管機關定之。
		§30 押標金及保證金	Ⅰ機關辦理招標，應於招標文件中規定投標廠商須繳納押標金；得標廠商須繳納保證金或提供或併提供其他擔保。但有下列情形之一者，不在此限： 一、**勞務採購**，以免收押標金、保證金為原則。 二、**未達公告金額**之工程、財物採購，得免收押標金、保證金。 三、**以議價方式**辦理之採購，得免收押標金。 四、依市場交易慣例或採購案特性，無收取押標金、保證金之必要或可能。 Ⅱ押標金及保證金應由廠商以現金、金融機構簽發之本票或支票、保付支票、郵政匯票、政府公債、設定質權之金融機構定期存款單、銀行開發或保兌之不可撤銷擔保信用狀繳納，或取具銀行之書面連帶保證、保險公司之連帶保證保險單為之。 Ⅲ押標金、保證金與其他擔保之種類、額度、繳納、退還、終止方式及其他相關作業事項之辦法，由主管機關另定之。
		§31 押標金之發還及不予發還之情形	Ⅰ機關對於廠商所繳納之押標金，應於決標後無息發還未得標之廠商。**廢標時，亦同**。 Ⅱ廠商有下列情形之一者，其所繳納之押標金，不予發還；其未依招標文件規定繳納或已發還者，並予追繳：

押標金、保證金及其他擔保	政府採購法	§31 押標金之發還及不予發還之情形	一、以**虛偽不實**之文件**投標**。 二、**借用他人名義或證件投標，或容許他人借用本人名義或證件參加投標**。 三、**冒用他人名義或證件投標**。 四、得標後拒不簽約。 五、得標後未於規定期限內，繳足保證金或提供擔保。 六、**對採購有關人員行求、期約或交付不正利益**。 七、其他經主管機關認定有影響採購公正之違反法令行為。 Ⅲ 前項追繳押標金之情形，屬廠商未依招標文件規定繳納者，追繳金額依招標文件中規定之額度定之；其為標價之一定比率而無標價可供計算者，以預算金額代之。 Ⅳ 第二項**追繳押標金之請求權**，因**五年間不行使而消滅**。 Ⅴ 前項期間，廠商未依招標文件規定繳納者，自開標日起算；機關已發還押標金者，自發還日起算；得追繳之原因發生或可得知悉在後者，自原因發生或可得知悉時起算。 Ⅵ **追繳押標金**，自不予開標、不予決標、廢標或決標日起**逾十五年者，不得行使**。
		§32 保證金之抵充及擔保責任	機關應於招標文件中規定，**得不發還得標廠商所繳納之保證金及其孳息**，或擔保者**應履行其擔保責任之事由**，並敘明該項事由所涉及之違約責任、保證金之抵充範圍及擔保者之擔保責任。
		§59 禁止支付不正利益促成採購契約之適用及懲罰	Ⅰ 廠商不得以支付他人佣金、比例金、仲介費、後謝金或其他不正利益為條件，促成採購契約之成立。 Ⅱ 違反前項規定者，機關得**終止或解除契約**，並將**二倍之不正利益**自契約價款中扣除。未能扣除者，通知廠商**限期給付**之。

※採購錯誤行為常見態樣

編號	行為態樣	違反法條
1	違反採購法第三十條第二項規定限制押標金保證金之繳納方式。	採購法§30 II
2	截止投標期限後允許廠商補繳納押標金。	押標金保證金暨其他擔保作業辦法§6、§7、§9、§20
3	未規定廠商以現金繳納押標金者，應於截止投標期限前繳納至機關指定之收受處所或帳戶。	
4	拒絕接受未載明受款人之銀行支票。	
5	押標金金額逾規定上限。	
6	全部不發還保證金之情形過當。	
7	未依採購法第三十一條第二項規定不發還及追繳押標金。	採購法§31
8	廠商簽名虛偽不實。	
9	廠商文件虛偽不實。	
10	規定決標後樣品檢驗不合格不發還押標金。	
11	允許廠商於開標前領回投標文件或開啟標封更改其內容。	採購法§33、施行細則§32
12	訂定之廠商資格為「投標廠商資格與特殊或巨額採購認定標準」（以下簡稱資格標準）所無或違反或較該標準更嚴格之規定。	採購法§36、§37
13	規定之資格與履約能力無關。	
14	以小綁大，例如：規定重要項目之分包廠商必須具備某一特定之資格條件，而具備該資格條件之分包廠甚少；規定投標廠商投標時須取得特定材料供應商之授權同意書。	
15	投標時須檢附原廠製造證明、原廠代理證明、原廠願意供應證明、原廠品質保證書。	

編號	行為態樣	違反法條
16	過當之資格，例如：乙等營造業承攬限額內之工程卻限甲等營造業方可投標。	
17	繳納營業稅證明限當期者。	
18	限定國內廠商投標時須檢附與國外廠商技術合作之證明。（註：招標文件如未作強制規定，而係由投標廠商自行決定之合作，非屬此一情形）	
19	限特定地區公會之會員。	
20	不當限制特定公會之會員方可投標。	
21	限非屬法規規定之團體之會員方可投標，例如：某協會之會員。	
22	信用證明限公告日後所取得者。	
23	投標當時即必須於指定地區設有分公司或維護站。	
24	非特殊或巨額採購卻規定特定資格。	投標廠商資格與特殊或巨額採購認定標準
25	資本額限公告日前者。	
26	非屬特殊或巨額採購，限取得ISO9000系列驗證者。	
27	投標當時即必須擁有指定之設備。	
28	訂定特定資格未依該標準評估廠商家數及檢討有無限制競爭。	
29	限公部門（政府機關、公營事業、公立學校）之實績。	
30	限國內之實績。	
31	限定投標廠商之所在地。	
32	以已停止使用之投標比價證明書為廠商資格文件。	
33	不考慮資格文件之性質而規定廠商檢附正本。	
34	限開標當時必須攜帶資格文件正本。	

二、必考重點

本部分大多出在選擇題，但押標金及保證金部分近來有出現於申論題，尤於機關得免收押標金或保證金以及得不發還押標金等情形。另需細讀關聯法規，包括依採購法§36Ⅳ規定訂定之「**投標廠商資格與特殊或巨額採購認定標準**」以及依採購法§30Ⅲ規定訂定之「**押標金保證金暨其他擔保作業辦法**」。

(一)基本資格：

1. 與提供標的有關：
   (1)廠商登記或設立之證明。
   (2)廠商納稅之證明。
   (3)廠商依工業團體法或商業團體法加入工業或商業團體之證明。
2. 與履約能力有關：
   (1)廠商具有製造、供應或承做能力之證明。
   (2)廠商具有如期履約能力之證明。
   (3)廠商或其受雇人、從業人員具有專門技能之證明。
   (4)廠商具有維修、維護或售後服務能力之證明。
   (5)廠商信用之證明。
   (6)其他法令規定或經主管機關認定者。

(二)特定資格（注意有具體範圍及認定標準）：

1. 具有相當經驗或實績。
2. 具有相當人力者。
3. 具有相當財力者。
4. 具有相當設備者。
5. 具有符合國際或國家品質管理之驗證文件者。
6. 其他經主管機關認定者。

(三)特殊採購、巨額採購認定標準：

1. 特殊採購：

(1)工程採購：

A. 興建構造物，地面高度超過50公尺或地面樓層超過15層者。

B. 興建構造物，單一跨徑在50公尺以上者。

C. 開挖深度在15公尺以上者。

D. 興建隧道，長度在1,000公尺以上者。

E. 於地面下或水面下施工者。

F. 使用特殊施工方法或技術者。

G. 古蹟構造物之修建或拆遷。

H. 其他經主管機關認定者。

(2)財物或勞務採購：

A. 採購標的之規格、製程、供應或使用性質特殊者。

B. 採購標的需要特殊專業或技術人才始能完成者。

C. 採購標的需要特殊機具、設備或技術始能完成者。

D. 藝術品或具有歷史文化紀念價值之古物。

E. 其他經主管機關認定者。

(3)混合性質之認定：

採購兼有工程、財物或勞務二種以上性質，而以其中之一認定其歸屬者，其他性質符合前二條情形之一，得以**該其他性質於該採購所占比例或相關部分訂定特定資格**。

(4)有關特殊採購之口訣參考：

古蹟高跨50尺、15層挖15尺、1,000公尺的隧道下面要特殊施工。

2. 巨額採購：

(1)工程採購：新臺幣2億元以上。

(2)財物採購：新臺幣1億元以上。

(3)勞務採購：新臺幣2,000萬元以上。

(四) **替代方案：**

1. 意義：

   為鼓勵廠商引進新技術、新產品及新工法，以提升國內技術水準，訂定允許廠商提出並使用可縮減工期、減省經費或提高效率之機替代方案機制。

2. 關聯法規：依採購法§35規定訂定之「**替代方案實施辦法**」。

3. 招標文件中須載明事項：

   (1) 機關允許廠商於截止投標期限前提出替代方案：

   A. 廠商得提出替代方案之技術、工法、材料或設備之項目。

   B. 替代方案應包括之內容。

   C. 替代方案標封於主方案經審查合於招標文件規定後，再予開封及審查。

   D. 替代方案不予審查之情形。

   E. 採用替代方案決標之條件。

   F. 以替代方案決標後得標廠商應遵循之事項。

   G. 得標廠商未能依替代方案履約之處置方式。

   H. 廠商提出替代方案應遵循之其他事項。

   (2) 廠商於得標後提出替代方案：

   A. 替代方案應包括之內容。

   B. 替代方案不予審查之情形。

   C. 採用替代方案之條件。

   D. 採用替代方案後，廠商應遵循之事項。

   E. 廠商未能依替代方案履約之處置方式。

   F. 廠商提出替代方案應遵循之其他事項。

4. 提出替代方案方式：

   (1) 廠商於截止投標期限前提出替代方案，替代方案應**單獨密封**，標封外標示其為替代方案，且每一項目以提出一個替代方案為限，並**須依招標文件之規定提出主方案**。

(2)廠商於得標後提出替代方案，應於使用前提出，並預留機關所定審查作業所需時間。其提出、審查、採用或不採用替代方案所費時間，不得因而延長履約期限；另機關審查替代方案所需費用，由廠商負擔。

5. 以替代方案決標：

(1)採用替代方案決標者，應不降低招標文件所規定之原有功能條件，且與主方案比較結果確能縮減工期、減省經費或提高效率。

(2)替代方案有下列情形之一者，應不予採用。但招標文件規定得協商更改之項目或廠商提出之替代方案，經綜合評估各有利弊情形，其總體效益更有利於機關者，不在此限：

A. 降低招標文件所規定之原有功能條件。

B. 延長主方案之工期。

C. 增加主方案之經費。

D. 降低主方案之效率。

E. 對機關辦理其他採購有造成類似前四款情形之一之虞。

F. 替代方案可縮減工期、減省經費、提高效率或其他效益之情形，低於招標文件所定條件。

G. 替代方案顯不可行。

6. 獎勵措施：

機關於招標文件中規定允許廠商於得標後提出替代方案且定有獎勵措施者，其獎勵額度，以不逾所減省契約價金之50%為限。所減省之契約價金，並應扣除機關為處理替代方案所增加之必要費用。

7. 未依替代方案履約之責任：

(1)機關應**終止或解除契約**，並得**追償損失**。但廠商願改以合於招標文件規定之主方案或其他對機關更有利之方式履約者，不在此限。

(2)改依主方案或其他方式履約者，機關為處理該方案所增加之必要費用，由廠商負擔。其履約期限之計算，應自**原契約開始履約日起算**，且**不得扣除履行替代方案所費時間**。

(五) 押標金及保證金及其他擔保：

1. 基本概念：

種類	定義	計算方式	繳納時間	繳納額度
押標金	指投標廠商為擔保其得標後會與機關簽訂合約，所繳納之金額。	(1) 定額 (2) 比率	截止投標前。	(1) 一定金額：押標金≦預算金額或預估採購總額之5%，且押標金≦5,000萬元。 (2) 一定比率：押標金≦標價的5%，且押標金≦5,000萬元。 (3) 採電子投標減收押標金10%。
履約保證金	保證廠商依契約規定履約之用。	(1) 定額 (2) 比率	(1) 查核金額以上應有14日以上合理期限。 (2) 決標次日起15日，以訂約前繳納為原則。 (3) 宜個案調整。	(1) 一定金額：履約保證金≦預算金額或預估採購總額之10%。 (2) 一定比率：履約保證金≦契約金額之10%。
預付款還款保證	保證廠商返還預先支領而尚未扣抵之預付款之用。係為防止廠商領得預付款後卷款潛逃，便要求廠商提供還款保證，例如由銀行出面擔保等。	定額	(1) 訂約後或開工前。 (2) 支領預付款前應先繳納預付款同額保證（勞務得除外）。	(1) 與預付款同額之保證。 (2) 不逾契約總價金額30%。

種類	定義	計算方式	繳納時間	繳納額度
保固保證金	保證廠商履行保固責任之用。	(1) 定額 (2) 比率	依招標文件規定。	(1) 保固保證金≦預算金額或預估採購總額3%。 (2) 保固保證金≦契約金額3%。
差額保證金	保證廠商標價偏低不會有降低品質、不能誠信履約或其他特殊情形之用。	定額	5日以上合理期限。	(1) 標價與底價之80%之差額。 (2) 標價與評審會建議金額之80%之差額。

2. 發還與否：

種類	發還	不予發還
押標金	(1) 機關對於廠商所繳納之押標金，應於決標後無息發還未得標之廠商。 (2) 廢標時，亦同。	(1) 以虛偽不實之文件投標。 (2) 借用他人名義或證件投標，或容許他人借用本人名義或證件參加投標。 (3) 冒用他人名義或證件投標。 (4) 得標後拒不簽約。 (5) 得標後未於規定期限內，繳足保證金或提供擔保。 (6) 對採購有關人員行求、期約或交付不正利益。 (7) 其他經主管機關認定有影響採購公正之違反法令行為者。

種類	發還	不予發還
履約保證金	履約保證金，除契約另有規定或有得不予發還之情形者外，於符合發還條件且無待解決事項後發還。	(1) 有採購法§50Ⅰ③至⑤、⑦情形之一，依同條Ⅱ前段得追償損失者，與追償金額相等之保證金。 (2) 違反採購法§65規定轉包者，全部保證金。 (3) 擅自減省工料，其減省工料及所造成損失之金額，自待付契約價金扣抵仍有不足者，與該不足金額相等之保證金。 (4) 因可歸責於廠商之事由，致部分終止或解除契約者，依該部分所占契約金額比率計算之保證金；全部終止或解除契約者，全部保證金。 (5) 查驗或驗收不合格，且未於通知期限內依規定辦理，其不合格部分及所造成損失、額外費用或懲罰性違約金之金額，自待付契約價金扣抵仍有不足者，與該不足金額相等之保證金。 (6) 未依契約規定期限或機關同意之延長期限履行契約之一部或全部，其逾期違約金之金額，自待付契約價金扣抵仍有不足者，與該不足金額相等之保證金。 (7) 須返還已支領之契約價金而未返還者，與未返還金額相等之保證金。 (8) 未依契約規定延長保證金之有效期者，其應延長之保證金。 (9) 其他因可歸責於廠商之事由，致機關遭受損害，其應由廠商賠償而未賠償者，與應賠償金額相等之保證金。

種類	發還	不予發還
預付款還款保證	預付款還款保證，得依廠商已履約部分所占進度或契約金額之比率遞減，或於驗收合格後一次發還。	廠商未依契約規定履約或契約經終止或解除者，機關得就預付款還款保證尚未遞減之部分加計利息隨時要求返還或折抵機關尚待支付廠商之價金。
保固保證金	保固保證金之發還，得以保固期間內完成保固事項或階段為條件，一次或分次發還，由機關視案件性質及實際需要，於招標文件中訂明。	保固保證金及其孳息得不予發還之情形，準用押標金保證金暨其他擔保作業辦法§20 II ②至⑨之規定。
差額保證金	同履約保證金相關規定。	

3. 得免收押標金、保證金之情形：
   (1)勞務採購，得免收押標金、保證金。
   (2)未達公告金額之工程、財物採購，得免收押標金、保證金。
   (3)以議價方式辦理之採購，得免收押標金。
   (4)依市場交易慣例或採購案特性，無收取押標金、保證金之必要或可能者，如：
      A. 機關直接向國外訂購圖書資料。
      B. 中油公司油氣產品採購。
      C. 於供直接轉售之財物採購。
      D. 期貨、基金、股票等金融商品之採購。
      E. 租賃辦公廳舍。

4. 連帶保證、獎勵優惠：

(1) 未達公告金額之採購，機關得於招標文件中規定得標廠商應繳納之履約保證金或保固保證金，得以符合招標文件所定投標廠商資格條件之其他廠商之履約及賠償連帶保證代之。

(2) 公告金額以上之採購，機關得於招標文件中規定得標廠商提出符合招標文件所定投標廠商資格條件之其他廠商之履約及賠償連帶保證者，其應繳納之履約保證金或保固保證金得予減收（減收額度，以不逾履約保證金或保固保證金額度之50%為限）。

(3) 機關應於招標文件中規定，同一廠商同時作為各機關採購契約之連帶保證廠商者，以二契約為限。並應將連帶保證廠商及相關資料傳輸至主管機關指定之資料庫予以公告。

(4) 優良廠商指經主管機關或相關中央目的事業主管機關就其主管法令所適用之廠商，依其所定獎勵措施、獎勵期間及政府採購契約履約成果評定為優良廠商，並於評定後3個月內檢附相關資料，報主管機關，經認定而於指定之資料庫公告，且在獎勵期間內者；而得標廠商得依優良廠商之獎勵優惠扣抵履約保證金及保固金之50%。

(5) 全球化廠商，其押標金、履約保證金及保固保證金金額減收30%。

精選試題

( ) **1** 依機關辦理公開招標，其公告自刊登政府採購公報日起至截止投標日止之等標期，除招標期限標準、我國締結之條約或協定另有規定者外，巨額之採購不得少於幾日？ (A)7日 (B)14日 (C)21日 (D)28日。

解 **(D)**。 依招標期限標準第2條，機關辦理公開招標，其公告自刊登政府採購公報日起至截止投標日止之等標期，應視案件性質與廠商準備及遞送投標文件所需時間合理訂定之。前項等標期，除本標準或我國締結之條約或協定另有規定者外，不得少於下列期限：

(1) 未達公告金額之採購：7日。

(2) 公告金額以上未達查核金額之採購：14日。

(3) 查核金額以上未達巨額之採購：21日。

(4) 巨額之採購：28日。

依本法第42條第2項規定辦理後續階段之邀標，其等標期由機關視需要合理訂定之。但不得少於7日。

【102年經濟部所屬新進甄試】

( ) **2** 依機關辦理採購，於等標期截止前變更或補充招標文件內容者，應視需要延長等標期。前項變更或擴充，除非屬重大改變，且原定截止日前幾日公告或書面通知各廠商者，得免延長等標期？(A)5日　(B)7日　(C)10日　(D)14日。

解 **(A)**。依招標期限標準第7條，機關於等標期截止前變更或補充招標文件內容者，應視需要延長等標期。前項變更或補充，其非屬重大改變，且於原定截止日前5日公告或書面通知各廠商者，得免延長等標期。

【102年經濟部所屬新進甄試】

( ) **3** 下列何者屬於投標廠商的特定資格？　(A)公會的會員證　(B)具有符合國家品質管理驗證文件　(C)所得稅或營業稅之納稅證明　(D)曾經完成與招標標的類似之製造、供應或承做之文件。

解 **(B)**。依投標廠商資格與特殊或巨額採購認定標準第5條第1項，機關辦理特殊或巨額採購，除依第二條規定訂定基本資格外，得視採購案件之特性及實際需要，就下列事項擇定投標廠商之特定資格，並載明於招標文件：

(1) 具有相當經驗或實績者。其範圍得包括於截止投標日前5年內，完成與招標標的同性質或相當之工程、財物或勞務契約，其單次契約金額或數量不低於招標標的預算金額或數量之2/5，或累計金額或數量不低於招標標的預算金額或數量，並得含採購機關（構）出具之驗收證明或啟用後功能正常之使用情形證明。

(2) 具有相當人力者。其範圍得包括投標廠商現有與承包招標標的有關之專業或一般人力證明。

(3) 具有相當財力者。其範圍得包括實收資本額不低於招標標的預算金額之1/10，或經會計師簽證或審計機關審定之上一會計年度或最近一年度財務報告及其所附報表，其內容合於規定者。

(4) 具有相當設備者。其範圍得包括完成與招標標的同性質或相當之工程、財物或勞務所需之自有設備。其尚無自有者，得以租賃、租賃承諾證明或採購中或得標後承諾採購證明代之。

(5) 具有符合國際或國家品質管理之驗證文件者。

(6) 其他經主管機關認定者。

【102年經濟部所屬新進甄試】

( ) **4** 依機關得於招標文件中規定投標廠商所繳納之押標金不予發還之情形，下列何者有誤？ (A)得標後拒不簽約 (B)廠商標價偏低，而未於機關通知期限內提出合理說明者 (C)在報價有效期內撤回報價 (D)冒用他人名義或證件投標。

解 **(#)**。本題經甄試單位109/1/10答案疑義處理情形說明，修正答案為(B)(C)。

依政府採購法第31條規定，廠商有下列情形之一者，其所繳納之押標金，不予發還；其未依招標文件規定繳納或已發還者，並予追繳：

(1) 以虛偽不實之文件投標。

(2) 借用他人名義或證件投標，或容許他人借用本人名義或證件參加投標。

(3) 冒用他人名義或證件投標。

(4) 得標後拒不簽約。

(5) 得標後未於規定期限內，繳足保證金或提供擔保。

(6) 對採購有關人員行求、期約或交付不正利益。

(7) 其他經主管機關認定有影響採購公正之違反法令行為。

【108年經濟部所屬新進甄試】

( ) **5** 依採購法第33條第3項規定，機關得於招標文件中規定允許廠商於開標前補正非契約必要之點之文件，下列何者非屬該項所稱非契約必要之點？ (A)原招標文件已標示得更改之項目 (B)已列入標價評比之選購項目 (C)參考性質之事項 (D)其他於契約成立無影響之事項。

解 **(B)**。所稱「開標前」係指所有投標文件（包括有資格標之情形）之啟封前，開標後任由廠商補正，對其他廠商並不公平。所稱「非契約必要之點」之涵蓋事項，採購法施行細則第32條規定，包括：

(1) 原招標文件已標示得更改之項目。

(2) 不列入標價評比之選購項目。

(3) 參考性質之事項。

(4) 其他於契約成立無影響事項。

【100年經濟部所屬新進甄試】

( ) **6** 押標金的額度，得為標價的一定比率，惟押標金不得逾新台幣多少元？ (A)1,000萬元 (B)2,000萬元 (C)2,500萬元 (D)5,000萬元。

解 **(D)**。依押標金保證金暨其他擔保作業辦法第9條，押標金之額度，得為一定金額或標價之一定比率，由機關於招標文件中擇定之。前項一定金額，以不逾預算金額或預估採購總額之5%為原則；一定比率，以不逾標價之5%為原則。但不得逾新臺幣5,000萬元。

【102年經濟部所屬新進甄試】

(　　) **7** 依政府採購法規定，追繳押標金，自不予開標、不予決標、廢標或決標日起逾幾年者，不得行使？ (A)三年 (B)十年 (C)十五年 (D)一年。

解 **(C)**。依政府採購法第31條第6項規定，追繳押標金，自不予開標、不予決標、廢標或決標日起逾15年者，不得行使。

【100年經濟部所屬新進甄試】

8 請引據政府採購法相關條文說明，於辦理何種採購得免收押標金或保證金。

解 依政府採購法第30條，機關辦理招標，應於招標文件中規定投標廠商須繳納押標金；得標廠商須繳納保證金或提供或併提供其他擔保。但有下列情形之一者，不在此限：

一、勞務採購，以免收押標金、保證金為原則。

二、未達公告金額之工程、財物採購，得免收押標金、保證金。

三、以議價方式辦理之採購，得免收押標金。

四、依市場交易慣例或採購案特性，無收取押標金、保證金之必要或可能。

押標金及保證金應由廠商以現金、金融機構簽發之本票或支票、保付支票、郵政匯票、政府公債、設定質權之金融機構定期存款單、銀行開發或保兌之不可撤銷擔保信用狀繳納，或取具銀行之書面連帶保證、保險公司之連帶保證保險單為之。

押標金、保證金與其他擔保之種類、額度、繳納、退還、終止方式及其他相關作業事項之辦法，由主管機關另定之。

【106年交通事業鐵路晉高員】

9 機關辦理招標，應於招標文件中規定投標廠商須繳納押標金，但有哪些情形，則不在此限？

解 (一)依政府採購法第30條規定，機關辦理招標，應於招標文件中規定投標廠商須繳納押標金；得標廠商須繳納保證金或提供或併提供其他擔保。

(二)例外於有下列情形之一者，不在此限：

1. 勞務採購，以免收押標金、保證金為原則。
2. 未達公告金額之工程、財物採購，得免收押標金、保證金。
3. 以議價方式辦理之採購，得免收押標金。
4. 依市場交易慣例或採購案特性，無收取押標金、保證金之必要或可能。

(三)另有關押標金、保證金與其他擔保之種類、額度、繳納、退還、終止方式及其他相關作業事項之辦法，由主管機關另定押標金保證金暨其他擔保作業辦法規範之。

【109年桃園機場從業甄試】

10 A機關辦理勞務採購，於審標時發現甲投標廠商有借用其他廠商之證件參與投標，故通知甲投標廠商將對其追繳押標金，但甲投標廠商主張其投標時未附押標金，故A機關不得對甲投標廠商追繳押標金。請問：

(一)A機關對於其所辦理之勞務採購得否免收押標金？

(二)甲投標廠商之主張是否有理？請附理由說明之。

解 (一)依政府採購法第30條規定，機關辦理招標，應於招標文件中規定投標廠商須繳納押標金；得標廠商須繳納保證金或提供或併提供其他擔保。但有下列情形之一者，不在此限：

1. 勞務採購，以免收押標金、保證金為原則。
2. 未達公告金額之工程、財物採購，得免收押標金、保證金。
3. 以議價方式辦理之採購，得免收押標金。
4. 依市場交易慣例或採購案特性，無收取押標金、保證金之必要或可能。

是以A機關對於其所辦理之勞務採購得依此免收押標金。

(二)依政府採購法第31條第2、3項規定，廠商有下列情形之一者，其所繳納之押標金，不予發還；其未依招標文件規定繳納或已發還者，並予追繳：

1. 以虛偽不實之文件投標。
2. 借用他人名義或證件投標，或容許他人借用本人名義或證件參加投標。
3. 冒用他人名義或證件投標。
4. 得標後拒不簽約。
5. 得標後未於規定期限內，繳足保證金或提供擔保。
6. 對採購有關人員行求、期約或交付不正利益。
7. 其他經主管機關認定有影響採購公正之違反法令行為。

(三)前項追繳押標金之情形，屬廠商未依招標文件規定繳納者，追繳金額依招標文件中規定之額度定之；其為標價之一定比率而無標價可供計算者，以預算金額代之，故甲投標廠商之主張無理由。

【105年臺灣菸酒從業甄試】

焦點 4 特殊態樣

一、關聯條文

統包	政府採購法	§24 統包	Ⅰ 機關基於效率及品質之要求，得以統包辦理招標。 Ⅱ 前項所稱統包，指將**工程**或**財物**採購中之設計與施工、供應、安裝或一定期間之維修等併於同一採購契約辦理招標。 Ⅲ 統包實施辦法，由主管機關定之。

<table>
<tr><td>共同投標</td><td>政府採購法</td><td>§25
共同投標</td><td>Ⅰ 機關得視個別採購之特性，於招標文件中規定允許一定家數內之廠商共同投標。第一項所稱共同投標，指二家以上之廠商共同具名投標，並於得標後共同具名簽約，連帶負履行採購契約之責，以承攬工程或提供財物、勞務之行為。
Ⅱ 共同投標以能增加廠商之競爭或無不當限制競爭者為限。
Ⅲ 同業共同投標應符合公平交易法第十五條第一項但書各款之規定。
Ⅳ 共同投標廠商應於投標時檢附共同投標協議書。
Ⅴ 共同投標辦法，由主管機關定之。</td></tr>
<tr><td>委託專案管理</td><td>施行細則</td><td>§39
委託廠商專案管理</td><td>Ⅰ 機關辦理採購，得依本法將其對規劃、設計、供應或履約業務之專案管理，委託廠商為之。
Ⅱ 承辦專案管理之廠商，其負責人或合夥人不得同時為規劃、設計、施工或供應廠商之負責人或合夥人。
Ⅲ 承辦專案管理之廠商與規劃、設計、施工或供應廠商，不得同時為關係企業或同一其他廠商之關係企業。</td></tr>
<tr><td rowspan="2">委託機關代辦採購</td><td rowspan="2">施行細則</td><td>§40
專業機關代辦採購</td><td>Ⅰ 機關之採購，得洽由其他具有專業能力之機關代辦。
Ⅱ 上級機關對於未具有專業採購能力之機關，得命其洽由其他具有專業能力之機關代辦採購。</td></tr>
<tr><td>§42</td><td>Ⅰ 機關依本法第四十條規定洽由其他具有專業能力之機關代辦採購，依下列原則處理：
一、關於監辦該採購之上級機關，為洽辦機關之上級機關。但洽辦機關之上級機關得洽請代辦機關之上級機關代行其上級機關之職權。
二、關於監辦該採購之主（會）計及有關單位，為洽辦機關之單位。但代辦機關有類似單位者，洽辦機關得一併洽請代辦。</td></tr>
</table>

委託機關代辦採購	施行細則	§42	三、除招標文件另有規定外，**以代辦機關為招標機關**。 四、洽辦機關及代辦機關分屬中央及地方機關者，依洽辦機關之屬性認定該採購係屬中央或地方機關辦理之採購。 五、洽辦機關得行使之職權或應辦理之事項，得由代辦機關代為行使或辦理。 II 機關依**本法第五條**規定委託法人或團體代辦採購，**準用**前項規定。
共同供應契約	政府採購法	§93 共同供應契約	I 各機關得就具有共通需求特性之**財物**或**勞務**，與廠商簽訂共同供應契約。 II 共同供應契約之採購，其招標文件與契約應記載之事項、適用機關及其他相關事項之辦法，由主管機關另定之。

二、必考重點

本重點在選擇題或申論題皆會出現，頻出度雖不及招標方式，但對於一般採購與統包及共同投標的比較仍須掌握。

(一) 統包及共同投標：

1. 統包：
   (1) 定義：指將工程或財物採購中之設計、施工、供應、安裝或維修等併於同一採購契約辦理招標，亦即設計及施工均由得標廠商負責，但不包括監造。
   (2) 依據採購法第24條第3項訂定之「**統包實施辦法**」有規範機關與投標廠商於辦理統包採購時應遵守事項。
   (3) 一般採統包方式辦理採購，其甄選廠商之程序涉及審查廠商提出之設計、圖說、計畫內容之優劣，故以最有利標方式決標為宜。
   (4) 辦理統包採購案件時，於招標前須先評估：可否提升採購效率、可否確保採購品質以及並無增加經費之虞等三面向。

(5)一般採購與統包採購比較：

	一般採購	統包採購
優勢	A.權責劃分明確。 B.指揮統一。 C.工期控制較容易。 D.成本控制較容易。	A.增進採購效率及品質。 B.縮短工程執行時程。 C.提高工程品質及技術。 D.簡化管理。 E.減少介面整合作業。
劣勢	A.工期難以縮減。 B.品質較難確保。 C.工作團隊易對立。 D.低價搶標、惡性循環。	A.競標費用較高。 B.廠商責任大且風險高。 C.統包的責任常有爭議。 D.需求不明確時、涉及變更爭議大。

2. 共同投標：

(1)定義：係由2家以上廠商共同具名投標，得標後共同具名簽約、共同負履約責任，但採共同投標必須以能增加廠商之競爭或無不當限制競爭者為限。

(2)進行共同投標相關作業時，應依據採購法第25條第6項訂定之「**共同投標辦法**」辦理。

(3)共同投標之廠商負責人為同一人，尚無牴觸採購法相關規定。

(二)**專案管理及代辦採購：**

1. 專案管理：

(1)定義：機關辦理採購得將其對規劃、設計、供應或履約等業務之管理，以專案管理方式委託廠商代辦。

(2)機關依採購法§39規定辦理之專案管理委託係屬勞務採購；如係辦理工程採購之專案管理，係依「**機關委託技術服務廠商評選及計費辦法**」辦理。

(3)專案管理之廠商，其負責人或合夥人不得同時為規劃、設計、施工或供應廠商之負責人或合夥人，廠商間亦不得同時為關係企業或同一其他廠商之關係企業。

2. 代辦採購：

(1) 定義：機關因受限於組織功能，缺乏足夠之採購專業人員者，得洽由其他具有專業能力之機關代辦採購業務。

(2) 所謂代辦，指代辦採購之程序，不含實質規劃、設計等工作，代辦機關不得自行履行該採購案件之標的。

(三) **共同供應契約：**

係源自政府採購法第93條，規定各機關得就具有共通需求特性之財物或勞務，與廠商簽訂共同供應契約，另有訂定共同供應契約實施辦法。

採購上所稱之共同供應契約，指一機關為二以上機關具有共通需求特性之財物或勞務與廠商簽訂契約，使該機關及其他適用機關均得利用該共同供應契約辦理採購。對於廠商而言，與訂約機關簽訂共同供應契約後，即有義務依約供應採購標的予該契約之所有適用機關。

實務上主要訂約機關及項目如下：

訂約機關	採購項目
內政部警政署	警用裝備之採購，包括員警制服、警用武器、彈藥、防彈裝備及警用車輛等。
國防部	軍用武器、油料、物資及國防部所屬醫療機構之醫療衛材及藥品等。
教育部	所屬醫療機構之醫療衛材及藥品等。
行政院國軍退除役官兵輔導委員會	所屬醫療機構之醫療衛材及藥品等。
衛生福利部	一、全國預防接種及疾病防治所需各類疫苗。 二、行政院衛生署所屬醫療機構之醫療衛材及藥品等。
環境部	環保設備。
內政部消防署	消防車輛及消防器材。

訂約機關	採購項目
臺灣銀行股份有限公司	一、公務用機車、公務車輛及公務車輛租賃。 二、各項事務設備，如辦公桌、辦公椅、傳真機、影印機、投影機、冷氣機（窗型及分離式）、電視機、電冰箱、飲水機、辦公室公文櫃、屏風及影印機租賃（含二手影印機）、省水器材等。 三、共通性之電腦設備用品，包括個人電腦、筆記型電腦、印表機、電腦周邊設備及耗材、電腦軟體等。 四、公務機關（國防部除外）及學校之油料。 五、保險、清潔、保全、印刷服務、機關內部中英文雙語標示等。

精選試題

( ) **1** 機關基於效率及品質之要求，得以統包辦理招標，而下列何者不屬於可以併於同一採購契約（統包契約）內辦理招標？ (A)工程採購中之設計與施工、供應、安裝 (B)財物採購中之設計與施工、供應、安裝 (C)勞務採購中之施作、供應、或一定期間之維護 (D)財物採購中之設計與施工、供應、安裝或一定期間之維修。

解 **(C)**。依政府採購法第24條，機關基於效率及品質之要求，得以統包辦理招標。前項所稱統包，指將工程或財物採購中之設計與施工、供應、安裝或一定期間之維修等併於同一採購契約辦理招標。

【109年桃園機場從業甄試】

( ) **2** 機關於招標文件中，規定允許一定家數內之廠商共同投標者，以不超過幾家為原則？ (A)1家 (B)3家 (C)5家 (D)7家。

解 **(C)**。依共同投標辦法第4條第1項，機關於招標文件中規定允許一定家數內之廠商共同投標者，以不超過5家為原則。機關並得就共同投標廠商各成員主辦事項之金額，於其共同投標協議書所載之比率下限予以限制。

【102年經濟部所屬從業甄試】

( ) **3** 有關共同投標的敘述，下列何者錯誤？ (A)機關得視個別採購之特性，於招標文件中規定允許一定家數內之廠商共同投標 (B)二家以上之廠商共同具名投標，並於得標後共同具名簽約，連帶負履行採購契約之責 (C)共同投標，指以承攬工程或提供財物之行為為限 (D)共同投標廠商應於投標時檢附共同投標協議書。

解 **(C)**。依政府採購法第25條規定：

(1) 機關得視個別採購之特性，於招標文件中規定允許一定家數內之廠商共同投標。第一項所稱共同投標，指二家以上之廠商共同具名投標，並於得標後共同具名簽約，連帶負履行採購契約之責，以承攬工程或提供財物、勞務之行為。→(A)(B)

(2) 共同投標以能增加廠商之競爭或無不當限制競爭者為限。

(3) 同業共同投標應符合公平交易法第十五條第一項但書各款之規定。

(4) 共同投標廠商應於投標時檢附共同投標協議書。→(D)

(5) 共同投標辦法，由主管機關定之。

【109年桃園機場從業甄試】

4 請論述特殊投標方式：統包、共同投標、共同供應契約等三者之概念與內涵。

解 (一)所謂統包，依政府採購法第24條規定，為機關基於採購之效益及品質，將設計與施工、供應、安裝及一定時間之維修，併於同一採購契約辦理招標。具體實施辦法，有主管機關訂定之統包實施辦法規範之。

(二)所謂共同投標，依政府採購法第25條規定，為機關得視個別採購之特性，於招標文件中規定允許一定家數內之廠商共同投標。而2家以上廠商共同具名投標（投標時附共同投標協議書），於得標後共同具名簽約，負連帶履行契約之責，以承攬工程或提供財務、勞務之行為。共同投標以能增加廠商競爭或無不當限制競爭為限。另有主管機關訂定之共同投標辦法規範之。

(三)共同供應契約，依政府採購法第93條規定，為一機關為二家以上機關就具有共通需求特性之財物或勞務，與廠商簽訂共同供應契約，該機關及適用契約之機關，均得利用該契約辦理採購。另有主管機關訂定之共同供應契約實施辦法規範之。

【109年鐵路特考員級】

5 某機關因公務擬向共同供應契約廠商購置電腦主機及螢幕一批。請依據政府採購法及相關規定回答下列問題。

(一)何謂共同供應契約？

(二)機關應如何利用共同供應契約辦理綠色採購？

解 (一)依政府採購法第93條規定，各機關得就具有共通需求特性之財物或勞務，與廠商簽訂共同供應契約。是以所謂共同供應契約，係指一機關為二以上機關具有共通需求特性之財物或勞務與廠商簽訂契約，使該機關及其他適用機關均得利用該共同供應契約辦理採購。對於廠商而言，簽訂共同供應契約後，即有義務依約供應採購標的予該契約之所有適用機關。

(二)共同供應契約內項目，符合綠色採購者之產品，該等廠商均可提供相關資料予共同供應契約採購機關，據以在行政院公共工程委員會政府電子採購網上註記，機關便可利用此功能辦理綠色採購。而依據機關優先採購環境保護產品辦法之規定，機關訂購時，應先採購第一類環保產品；其次為第二類環保產品；再者採購第三類環保產品。

【106年財團法人台灣票據交換所法務人員】

Day 03 決標（§42、§45～§62）

焦點 1 開標

一、關聯條文

開標原則及例外	政府採購法	§45 開標作業 公開原則	**公開招標**及**選擇性招標**之開標，除法令另有規定外，應依招標文件公告之時間及地點公開為之。
	施行細則	§48	Ⅰ 本法第四十五條所稱開標，指依招標文件標示之時間及地點開啟廠商投標文件之標封，宣布投標廠商之名稱或代號、家數及其他招標文件規定之事項。有標價者，並宣布之。 Ⅱ 前項開標，應允許投標廠商之負責人或其代理人或授權代表出席。但機關得限制出席人數。 Ⅲ **限制性招標**之開標，準用前二項規定。
		§49	Ⅰ 公開招標及選擇性招標之開標，有下列情形之一者，招標文件得免標示開標之時間及地點： 一、依本法第二十一條規定辦理選擇性招標之**資格審查**，供建立合格廠商名單。 二、依本法第四十二條規定採**分段開標**，後續階段開標之時間及地點無法預先標示。 三、依本法第五十七條第一款規定，開標程序及內容應予保密。 四、依本法第一百零四條第一項第二款規定辦理之採購。 五、其他經主管機關認定者。 Ⅱ 前項第二款之情形，後續階段開標之時間及地點，由機關另行通知前一階段合格廠商。

開標時間	施行細則	§49-1	**公開招標**、**選擇性招標**及**限制性招標之比價**，其招標文件所標示之開標時間，為**等標期屆滿當日或次一上班日**。但採分段開標者，其第二段以後之開標，不適用之。
開標人員	施行細則	§50	Ⅰ 辦理開標人員之分工如下： 一、**主持開標人員**：主持開標程序、負責開標現場處置及有關決定。 二、**承辦開標人員**：辦理開標作業及製作紀錄等事項。 Ⅱ 主持開標人員，由機關首長或其授權人員指派適當人員擔任。 Ⅲ 主持開標人員得兼任承辦開標人員。 Ⅳ 承辦審標、評審或評選事項之人員，必要時得協助開標。 Ⅴ 有監辦開標人員者，其工作事項為監視開標程序。 Ⅵ **機關辦理比價、議價或決標，準用前五項規定**。
分段開標	政府採購法	§42 分段開標	Ⅰ 機關辦理**公開招標**或**選擇性招標**，得就**資格**、**規格**與**價格**採取分段開標。 Ⅱ 機關辦理分段開標，除第一階段應公告外，**後續階段之邀標**，**得免予公告**。
	施行細則	§44	Ⅰ 機關依本法第四十二條第一項辦理分段開標，得規定資格、規格及價格分段投標分段開標或一次投標分段開標。但**僅就資格投標者**，**以選擇性招標為限**。 Ⅱ 前項分段開標之順序，得依資格、規格、價格之順序開標，或將資格與規格或規格與價格合併開標。 Ⅲ 機關辦理分段投標，未通過前一階段審標之投標廠商，**不得參加後續階段之投標**；辦理一次投標分段開標，其已投標未開標之部分，原封發還。 Ⅳ 分段投標之**第一階段投標廠商家數**已達本法第四十八條第一項三家以上合格廠商投標之規定者，**後續階段之開標，得不受該廠商家數之限制**。 Ⅴ 採一次投標分段開標者，廠商應將各段開標用之投標文件分別密封。

開標紀錄	施行細則	§51	Ⅰ機關辦理開標時應製作紀錄，記載下列事項，由辦理開標人員會同簽認；有監辦開標人員者，亦應會同簽認： 一、有案號者，其**案號**。 二、招標**標的**之名稱及數量摘要。 三、投標**廠商名稱**。 四、有標價者，各投標廠商之**標價**。 五、**開標日期**。 六、其他必要事項。 Ⅱ流標時應製作紀錄，其記載事項，準用前項規定，並應記載流標原因。

※採購錯誤行為常見態樣

編號	行為態樣	違反法條
1	誤解開標之意義為開價格標。	採購法§45
2	開標時間未到即先開啟廠商標封審標。	
3	採分段開標，卻先辦理價格標後再審查資格或規格標。	施行細則§44
4	截止投標時間與開標時間相隔天數過長。	施行細則§49-1
5	開標紀錄記載不全。	施行細則§51

二、必考重點

本部分如公開開標原則涉及立法目的及適用客體、不予開標決標之情形以及給予個別廠商不予開決標情形等，屬於選擇題必考焦點。

(一) **公開開標原則定義**：指依招標文件標示之時間及地點開啟廠商投標文件之標封，宣布投標廠商之名稱或代號、家數及其他招標文件規定之事項，並宣布之程序。

(二) **公開招標與選擇性招標之開標以公開方式辦理為原則，例外於採購法施行細則§49規定得免標示開標時間地點之情形如下：**

政府採購法	§21	選擇性招標建立合格廠商名單。
	§42	分段開標，後階段開標的時間地點得免公告。 （也難以預先公告）
	§57	採行協商措施者，開標程序及內容應予保密。
	§104	軍事機關採購不適用採購法之情形。 （如辦理武器、彈藥、作戰物資或與國安或與國防目的有關且屬機密或極機密之採購）
	其他經主管機關認定者。	

(三) **開標時間**：公開招標、選擇性招標及限制性招標之比價，其招標文件所標示之開標時間，為等標期屆滿當日或次一上班日；其中限制性招標雖被規定在內，但該開標並不需要公開。

(四) **分段開標**：採購法規定機關得將廠商資格、規格、價格同時送達一次開標，亦可分次送達分階段辦理開標；但對於後者，並無於每階段投標前都公告之必要，故於採購法第42條第2項明定後續階段得免予公告。

精選試題

( ) **1** 機關以公開招標辦理採購，採不分段開標者，其招標文件標示之開標時間，下列何者正確？ (A)等標期屆滿後第5日 (B)等標期屆滿後第4日 (C)等標期屆滿後第3日 (D)等標期屆滿當日。

解 **(D)**。依政府採購法施行細則第49-1條，公開招標、選擇性招標及限制性招標之比價，其招標文件所標示之開標時間，為等標期屆滿當日或次一上班日。但採分段開標者，其第二段以後之開標，不適用之。

【105年經濟部所屬新進甄試】

( ) **2** 機關依規定採行協商措施時，下列何者並非其應採行之原則？(A)開標、投標、審標程序及內容均應予保密 (B)協商時應平等對待所有合於招標文件規定之投標廠商，不得錄影或錄音存證 (C)原招標文件已標示得更改項目之內容，始得納入協商 (D)協商結束後，應予參與協商之廠商依據協商結果，於一定期間內修改投標文件重行遞送之機會。

解 **(B)**。 依政府採購法第57條，機關依前二條之規定採行協商措施者，應依下列原則辦理：

(1) 開標、投標、審標程序及內容均應予保密。→(A)

(2) 協商時應平等對待所有合於招標文件規定之投標廠商，必要時並錄影或錄音存證。→(B)

(3) 原招標文件已標示得更改項目之內容，始得納入協商。→(C)

(4) 前款得更改之項目變更時，應以書面通知所有得參與協商之廠商。

(5) 協商結束後，應予前款廠商依據協商結果，於一定期間內修改投標文件重行遞送之機會。→(D)

【109年桃園機場從業甄試】

( ) **3** 機關依採購法第22條第1項第9款規定辦理評選資訊服務廠商，其投標廠商有幾家即可開標？ (A)1家 (B)2家 (C)3家 (D)6家。

解 **(A)**。 依政府採購法施行細則第19條，機關辦理限制性招標，邀請二家以上廠商比價，有二家廠商投標者，即得比價；僅有一家廠商投標者，得當場改為議價辦理。

【109年中央造幣廠新進甄試】

( ) **4** 某學校總務主任主持一開標案，經發現廠商之投標文件有下列何種情形時，應為不合格標？ (A)投標文件置於塑膠透明資料袋內並以膠帶密封者 (B)投標文件置於不透明標封袋內並以釘書針封裝者 (C)標封上標示廠商之名稱及地址 (D)投標文件以不透明紙箱封裝。

解 (A)。依政府採購法施行細則第29條，政府採購法第33條第1項所稱書面密封，指將投標文件置於不透明之信封或容器內，並以漿糊、膠水、膠帶、釘書針、繩索或其他類似材料封裝者。信封上或容器外應標示廠商名稱及地址。其交寄或付郵所在地，機關不得予以限制。

【109年中央造幣廠新進甄試】

( ) **5** 機關以公開招標辦理採購，採不分段開標者，其招標文件標示之開標時間，下列何者正確？ (A)不得於等標期屆滿當日 (B)與等標期間無關，得視個案情形決定之 (C)為等標期屆滿當日或次一上班日 (D)僅限等標期屆滿之次一上班日。

解 (C)。依政府採購法施行細則第49-1條，公開招標、選擇性招標及限制性招標之比價，其招標文件所標示之開標時間，為等標期屆滿當日或次一上班日。但採分段開標者，其第二段以後之開標，不適用之。

【105年國營事業新進職員甄試】

焦點2 審標

一、關聯條文

審標	政府採購法	§51 審標疑義之處理及結果通知	Ⅰ 機關應依招標文件規定之條件，審查廠商投標文件，對其內容有疑義時，得通知投標廠商提出說明。 Ⅱ 前項審查結果應通知投標廠商，對不合格之廠商，並應敘明其原因。
通知	施行細則	§18	Ⅰ 機關依本法對廠商所為之通知，除本法另有規定者外，得以**口頭**、**傳真**或**其他電子資料傳輸方式**辦理。 Ⅱ 前項口頭通知，必要時得作成紀錄。

文件內容處理	**施行細則**	§60	Ⅰ機關審查廠商投標文件，發現其內容有不明確、不一致或明顯打字或書寫錯誤之情形者，得通知投標廠商提出說明，以確認其正確之內容。 Ⅱ前項文件內明顯打字或書寫錯誤，**與標價無關**，機關得允許廠商更正。
審查結果通知		§61	Ⅰ機關依本法第五十一條第二項規定將審查廠商投標文件之結果通知各該廠商者，應於審查結果完成後儘速通知，最遲不得逾決標或廢標日**十日**。 Ⅱ前項通知，經廠商請求者，得以**書面**為之。

※採購錯誤行為常見態樣

編號	行為態樣	違反法條
1	未依招標文件之規定逐項確實審查，先以嚴格之規定排除競爭者，再故意放水或護航讓不合規定者通過審查。	採購法§51
2	投標文件審查結果，未通知投標廠商。	

二、必考重點

本部分概念單純，較難成為獨立考點，故主要係見於選擇題中，需記憶的點為哪些情形機關須通知。

(一) **審標之定義**：指招標機關針對廠商的投標文件進行審查，其目的在於決定得標之廠商，其程序進行於開標之後、決標之前。

(二) **審查通知相關**：

1. 機關對廠商之通知方式：除採購法另有規定，得以口頭、傳真或其他電子資料傳輸方式辦理。

2. 投標文件有內容不明確或錯誤時：得通知廠商提出說明以進一步確認，但如果僅係明顯打字或書寫錯誤，僅有與標價無關時，機關得允許廠商更正。
3. 審查結果通知：最遲不得超過決標（或廢標）日10天。

精選試題

( ) **1** 機關依採購法規定採行協商措施者，開標、投標、審標程序及內容均應予保密，且原招標文件已標示得更改項目之內容，始得納入協商。上開所稱審標，不包括評選及洽個別廠商協商。(A)○ (B)×。

解 **(B)**。依政府採購法施行細則第76條第1項，政府採購法第57條第1款所稱審標，包括評選及洽個別廠商協商。

【政府電子採購網採購法規題庫】

( ) **2** 機關辦理採購，下列敘述何者正確？ (A)依採購法第51條規定通知廠商說明，廠商未依通知期限辦理者，視同放棄，不得以該廠商為決標對象 (B)公告金額以上之招標，應於決標日起二十日內，將決標結果之公告刊登於政府採購公報，並以書面通知各投標廠商 (C)依招標文件規定審標，其審標結果之通知，應於審查結果完成後儘速通知，最遲不得逾決標或廢標日十日 (D)未達公告金額採購之招標，其依採購法第49條規定採公開取得書面報價方式辦理因屬詢價性質，得依採購法第34條第1項規定辦理。

解 **(C)**。

(A)依政府採購法第60條，機關辦理採購依第51條、第53條、第54條或第57條規定，通知廠商說明、減價、比減價格、協商、更改原報內容或重新報價，廠商未依通知期限辦理者，視同放棄。但並非就不得以該廠商為決標對象。

(B)依政府採購法第61條及施行細則第84條第3項，機關辦理公告金額以上採購之招標，除有特殊情形者外，應於決標後一定期間內，將決標結果之公告刊登於政府採購公報，並以書面通知各投標廠商。無法決標者，亦同。此處所稱決標後一定期間，為自決標日起三十日。

(C)依政府採購法施行細則第61條，機關依本法第五十一條第二項規定將審查廠商投標文件之結果通知各該廠商者，應於審查結果完成後儘速通知，最遲不得逾決標或廢標日十日。前項通知，經廠商請求者，得以書面為之。

(D)依政府採購法第34條第1項，機關辦理採購，其招標文件於公告前應予保密；但須公開說明或藉以公開徵求廠商提供參考資料者，不在此限。縱使透過公開取得書面報價方式詢價，亦不得依採購法第34條第1項規定辦理。

【政府電子採購網採購法規題庫】

( ) **3** 有關審標事宜，下列何者正確？ (A)廠商任何投標文件內明顯打字或書寫錯誤，機關得允許廠商更正 (B)投標廠商依招標文件規定檢附之型錄得於交貨時始予審查 (C)審標應公開為之 (D)審查結果應通知投標廠商，對不合格之廠商，並應敘明其原因。

解 **(D)**。

(A)依政府採購法施行細則第60條，機關審查廠商投標文件，發現其內容有不明確、不一致或明顯打字或書寫錯誤之情形者，得通知投標廠商提出說明，以確認其正確之內容。前項文件內明顯打字或書寫錯誤，與標價無關，機關得允許廠商更正。

(B)依政府採購法第51條第1項，機關應依招標文件規定之條件，審查廠商投標文件，對其內容有疑義時，得通知投標廠商提出說明。型錄亦屬招標文件一部分，另行政院公共工程委員會「政府採購錯誤行為態樣」亦列有「型錄須蓋代理廠商之章」、「型錄須為正本」、「限型錄上之規格必須與招標規格一字不差」及「不論產品大小都要有型錄」等與型錄有關之錯誤行為態樣，亦應注意。

(C)依政府採購法第45條規定，開標作業須遵守公開原則，並未要求審標程序。另依同法第34條規定招標文件公告前應予保密，審標並無應公開為之要求。

(D)依政府採購法第51條第2項規定，審查結果應通知投標廠商，對不合格之廠商，並應敘明其原因。

【政府電子採購網採購法規題庫】

( ) **4** 下列何者非屬政府採購錯誤行為態樣之一？ (A)允許投標廠商查看其他廠商之投標文件 (B)投標文件審查結果，未通知投標廠商 (C)廠商未依通知出席開標即視為無效標 (D)機關於招標文件規定廠商得請求釋疑之期限，為等標期之1/2。

解 **(D)**。

(A)依政府採購法第34條第4項，機關對於廠商投標文件，除供公務上使用或法令另有規定外，應保守秘密。

(B)依政府採購法第51條第2項，以及施行細則第61條，審查結果應通知投標廠商，對不合格之廠商，並應敘明其原因。機關依本法第51條第2項規定將審查廠商投標文件之結果通知各該廠商者，應於審查結果完成後儘速通知，最遲不得逾決標或廢標日10日。前項通知，經廠商請求者，得以書面為之。

(C)依政府採購法第60條，機關辦理採購依第51條、第53條、第54條或第57條規定，通知廠商說明、減價、比減價格、協商、更改原報內容或重新報價，廠商未依通知期限辦理者，視同放棄，但廠商並不因此成為無效標。

(D)依政府採購法施行細則第43條第1項，機關於招標文件規定廠商得請求釋疑之期限，至少應有等標期之1/4；其不足一日者以一日計。

【國防部軍備局工程營產中心招考政府採購法題庫】

( ) **5** 機關辦理採購，下列敘述何者正確？ (A)機關辦理採購依採購法第51條規定通知廠商說明，廠商未依通知期限辦理者，視同放棄，不得以該廠商為決標對象 (B)機關辦理公告金額以上採購之招標，應於決標日起20日內，將決標結果之公告刊登於政府採購公報，並以書面通知各投標廠商 (C)機關依招標文件規定審查廠商投標文件，其審查結果之通知，經廠商請求者，得以書面為之 (D)機關辦理採購，其因契約變更致原決標金額增加新台幣100萬元，如未另訂新契約者，免辦理決標公告。

解 **(C)**。

(A)依政府採購法第60條，機關辦理採購依第51條、第53條、第54條或第57條規定，通知廠商說明、減價、比減價格、協商、更改原報內容或重新報價，廠商未依通知期限辦理者，視同放棄。

(B)(C)依政府採購法第61條及施行細則第84條第3項，機關辦理公告金額以上採購之招標，除有特殊情形者外，應於決標後一定期間內，將決標結果之公告刊登於政府採購公報，並以書面通知各投標廠商。無法決標者，亦同。此處所稱決標後一定期間，為自決標日起三十日。

(D)依採購契約變更或加減價核准監辦備查規定一覽表附記5，機關辦理採購，其決標金額依政府採購法第61條（於政府採購公報刊登決標公告）或第62條（定期彙送決標資料）規定傳輸至本會資料庫後，如有契約變更或加減價之情形，致原決標金額增加者，該增加之金額，亦應依上揭規定辦理公告、彙送。

【政府電子採購網採購法規題庫】

焦點3 決標

一、關聯條文

底價訂定原則及例外	政府採購法	§46 底價之訂定及訂定時機	Ⅰ機關辦理採購，除本法另有規定外，應**訂定底價**。底價應依圖說、規範、契約並考量成本、市場行情及政府機關決標資料逐項編列，由機關首長或其授權人員核定。 Ⅱ前項底價之訂定時機，依下列規定辦理： 一、公開招標應於**開標前**定之。 二、選擇性招標應於**資格審查後之下一階段開標前**定之。 三、限制性招標應於**議價或比價**前定之。
		§47 得不訂底價情形	Ⅰ機關辦理下列採購，得不訂底價。但應於招標文件內敘明理由及決標條件與原則： 一、**訂定底價確有困難**之特殊或複雜案件。 二、以**最有利標決標**之採購。 三、**小額採購**。 Ⅱ前項第一款及第二款之採購，得規定廠商於投標文件內詳列報價內容。 Ⅲ小額採購之金額，在中央由主管機關定之；在地方由直轄市或縣（市）政府定之。但**均不得逾公告金額十分之一**。地方未定者，比照中央規定辦理。
	施行細則	§52	機關訂定底價，得基於技術、品質、功能、履約地、商業條款、評分或使用效益等差異，訂定不同之底價。
		§53	機關訂定底價，應由規劃、設計、需求或使用單位提出預估金額及其分析後，由承辦採購單位簽報機關首長或其授權人員核定。但**重複性採購**或**未達公告金額之採購**，得由承辦採購單位逕行簽報核定。

底價訂定原則及例外	**施行細則**	§54	Ⅰ 公開招標採**分段開標**者，其底價應於**第一階段開標前**定之。 Ⅱ 限制性招標之**比價**，其底價應於辦理比價之**開標前**定之。 Ⅲ 限制性招標之**議價**，訂定底價前應先參考廠商之報價或估價單。 Ⅳ 依本法**第四十九條**採公開取得三家以上廠商之書面報價或企劃書者，其底價應於進行**比價或議價前**定之。
		§54-1	機關辦理採購，依本法第四十七條第一項第一款及第二款規定不訂底價者，得於招標文件**預先載明契約金額或相關費率**作為決標條件。
決標	**政府採購法**	§48 不予開標決標之情形	Ⅰ 機關依本法規定辦理招標，除有下列情形之一不予開標決標外，有三家以上合格廠商投標，即應依招標文件所定時間開標決標： 一、**變更或補充**招標文件內容者。 二、發現有**足以影響**採購公正之違法或不當行為者。 三、依第八十二條規定**暫緩開標**者。 四、依第八十四條規定**暫停採購程序**者。 五、依第八十五條規定由招標機關**另為適法之處置**者。 六、因應**突發事故**者。 七、採購計畫**變更或取銷**採購者。 八、經主管機關認定之特殊情形。 Ⅱ 第一次開標，**因未滿三家而流標者**，第二次招標之等標期間得予縮短，並得不受前項三家廠商之限制。
	施行細則	§55	本法第四十八條第一項所稱三家以上合格廠商投標，指機關辦理公開招標，**有三家以上廠商投標**，且符合下列規定者：

決標	施行細則	§55	一、依本法第三十三條規定將投標文件送達於招標機關或其指定之場所。 二、無本法第五十條第一項規定不予開標之情形。 三、無第三十三條第一項及第二項規定不予開標之情形。 四、無第三十八條第一項規定不得參加投標之情形。
		§57	Ⅰ機關辦理公開招標，因投標廠商家數未滿三家而流標者，得發還投標文件。廠商要求發還者，機關**不得拒絕**。 Ⅱ機關於開標後因故廢標，廠商要求發還投標文件者，機關得保留其中一份，其餘發還，或僅保留影本。採分段開標者，尚未開標之部分應予發還。
	政府採購法	§52 決標之原則	Ⅰ機關辦理採購之決標，應依下列原則之一辦理，並應載明於招標文件中： 一、**訂有底價之採購**，以合於招標文件規定，且在底價以內之最低標為得標廠商。 二、**未訂底價之採購**，以合於招標文件規定，標價合理，且在預算數額以內之最低標為得標廠商。 三、以合於招標文件規定之最有利標為得標廠商。 四、採用**複數決標**之方式：機關得於招標文件中公告保留之採購項目或數量選擇之組合權利，但應合於最低價格或最有利標之競標精神。 Ⅱ機關辦理**公告金額**以上之**專業服務**、**技術服務**、**資訊服務**、**社會福利服務**或**文化創意服務**者，以**不訂底價之最有利標**為原則。 Ⅲ決標時得不通知投標廠商到場，其**結果應通知各投標廠商**。

決標	施行細則	§62	Ⅰ 機關採最低標決標者，二家以上廠商標價相同，且均得為決標對象時，其比減價格次數已達本法第五十三條或第五十四條規定之**三次限制**者，**逕行抽籤**決定之。 Ⅱ 前項標價相同，其比減價格次數**未達三次限制**者，應由該等廠商**再行比減價格一次**，以低價者決標。比減後之標價仍相同者，抽籤決定之。
		§63	機關採**最低標決標**，廠商之標價依招標文件規定之計算方式，有依投標標的之性能、耐用年限、保固期、能源使用效能或維修費用等之差異，就標價予以加價或減價以定標價之高低序位者，**以加價或減價後之標價決定最低標**。
		§64	Ⅰ 投標廠商之標價**幣別**，依招標文件規定在**二種以上**者，由機關擇其中一種或以新臺幣折算總價，以定標序及計算是否超過底價。 Ⅱ 前項折算總價，依辦理**決標前一辦公日**臺灣銀行外匯交易**收盤即期賣出匯率**折算之。
		§64-1	機關依本法第五十二條第一項第一款或第二款規定採最低標決標，其因履約期間數量不確定而於招標文件規定以招標標的之單價決定最低標者，並**應載明履約期間預估需求數量**。招標標的在二項以上而未採分項決標者，並應以**各項單價**及其預估需求數量之乘積加總計算，決定最低標。
	政府採購法	§53 超底價之決標	Ⅰ 合於招標文件規定之投標廠商之最低標價超過底價時，得洽該最低標廠商**減價一次**；減價結果仍超過底價時，得由所有合於招標文件規定之投標廠商**重新比減價格**，比減價格**不得逾三次**。 Ⅱ 前項辦理結果，最低標價仍超過底價而不逾預算數額，機關確有緊急情事需決標時，應經原底價核定人或其授權人員**核准**，且不得超過底價**百分之八**。但**查核金額以上**之採購，超過底價**百分之四**者，應先報經**上級機關**核准後決標。

決標	施行細則	§69	機關辦理減價或比減價格結果在底價以內時，除有本法第五十八條總標價或部分標價偏低之情形者外，應即宣布決標。
		§70	Ⅰ 機關於第一次比減價格前，應宣布最低標廠商減價結果；**第二次以後比減價格前**，應宣布前一次比減價格之最低標價。 Ⅱ 機關限制廠商比減價格或綜合評選之次數為**一次**或**二次**者，應於招標文件中規定或於**比減價格或採行協商措施前**通知參加比減價格或協商之廠商。 Ⅲ 參加比減價格或協商之廠商有下列情形之一者，機關得**不通知**其參加下一次之比減價格或協商： 一、未能減至機關所宣布之前一次減價或比減價格之最低標價。 二、依本法第六十條規定視同放棄。
		§71	Ⅰ 機關辦理**查核金額以上**之採購，擬決標之最低標價**超過底價百分之四未逾百分之八**者，得先**保留決標**，並應敘明理由連同底價、減價經過及報價比較表或開標紀錄等相關資料，報請**上級機關**核准。 Ⅱ 前項決標，上級機關派員**監辦**者，得由監辦人員於授權範圍內**當場**予以核准，或由監辦人員**簽報核准**之。
		§72	Ⅰ 機關依本法第五十三條第一項及第五十四條規定辦理減價及比減價格，參與之廠商應書明減價後之標價。 Ⅱ 合於招標文件規定之投標廠商僅有一家或採議價方式辦理採購，廠商標價超過底價或評審委員會建議之金額，經洽減結果，廠商**書面表示**減至底價或評審委員會建議之金額，或照底價或評審委員會建議之金額再減若干數額者，機關應予接受。**比減價格時，僅餘一家廠商書面表示減價者，亦同**。

決標	施行細則	§73	Ⅰ合於招標文件規定之投標廠商**僅有一家**或**採議價方式**辦理，**須限制減價次數**者，**應先通知廠商**。 Ⅱ前項減價結果，適用本法第五十三條第二項超過底價而不逾預算數額需決標，或第五十四條逾評審委員會建議之金額或預算金額應予廢標之規定。
最有利標決標	政府採購法	§56 最有利標之決標程序	Ⅰ決標依第五十二條第一項第三款規定辦理者，應依招標文件所規定之評審標準，就廠商投標標的之**技術**、**品質**、**功能**、**商業條款**或**價格**等項目，作**序位**或**計數**之綜合評選，評定最有利標。價格或其與綜合評選項目評分之商數，得做為單獨評選之項目或決標之標準。**未列入之項目**，**不得做為評選之參考**。評選結果無法依機關首長或評選委員會**過半數**之決定，評定最有利標時，得採行協商措施，再作綜合評選，評定最有利標。評定應附理由。綜合評選不得逾**三次**。 Ⅱ依前項辦理結果，仍無法評定最有利標時，應予**廢標**。 Ⅲ機關採最有利標決標者，應先報經**上級機關核准**。 Ⅳ**最有利標之評選辦法**，由主管機關定之。
無底價之減價程序	政府採購法	§54 未訂底價之決標	決標依第五十二條第一項第二款規定辦理者，合於招標文件規定之最低標價**逾評審委員會建議之金額或預算金額**時，得洽該最低標廠商**減價一次**。減價結果仍逾越上開金額時，得由所有合於招標文件規定之投標廠商**重新比減價格**。機關得就重新比減價格之次數予以限制，比減價格**不得逾三次**，辦理結果，最低標價仍逾越上開金額時，應予**廢標**。
	施行細則	§74	Ⅰ決標依本法第五十二條第一項第二款規定辦理者，**除小額採購外**，應成立**評審委員會**，其成員由機關首長或其授權人員就對於採購標的之價格具有專門知識之機關職員或公正人士派兼或聘兼之。 Ⅱ前項評審委員會之成立時機，**準用**本法第四十六條第二項有關底價之訂定時機。 Ⅲ第一項評審委員會，機關得以本法**第九十四條**成立之**評選委員會**代之。

無底價之減價程序	施行細則	§75	Ⅰ決標依本法第五十二條第一項第二款規定辦理且設有評審委員會者，應先**審查合於招標文件規定之最低標價**後，再由評審委員會提出**建議之金額**。但**標價合理**者，評審委員會**得不**提出建議之金額。 Ⅱ評審委員會提出建議之金額，機關依本法第五十四條規定辦理減價或比減價格結果在建議之金額以內時，除有本法第五十八條總標價或部分標價偏低之情形外，應即宣布決標。 Ⅲ第一項**建議之金額**，**於決標前**應予**保密**，**決標後**除有第三十五條之情形者外，應予公開。
特定廠商不予開標、決標	政府採購法	§50 不予投標廠商開標或決標之情形	Ⅰ投標廠商有下列情形之一，經機關於開標前發現者，其所投之標應不予開標；於開標後發現者，應不決標予該廠商： 一、**未依**招標文件之**規定**投標。 二、投標文件**內容不符合**招標文件之規定。 三、**借用或冒用他人**名義或證件投標。 四、以**不實之文件**投標。 五、不同投標廠商間之投標文件內容有**重大異常關聯**。 六、第一百零三條第一項**不得參加**投標或作為決標對象之情形。 七、**其他影響**採購**公正**之違反法令行為。 Ⅱ決標或簽約後發現得標廠商於決標前有第一項情形者，應**撤銷決標**、**終止契約**或**解除契約**，並**得追償**損失。但撤銷決標、終止契約或解除契約反不符公共利益，並經上級機關核准者，不在此限。 Ⅲ第一項不予開標或不予決標，致採購程序無法繼續進行者，機關得宣布廢標。

特定廠商不予開標、決標	施行細則	§58	Ⅰ 機關依本法第五十條第二項規定**撤銷決標**或**解除契約**時，得依下列方式之一續行辦理： 一、**重行辦理招標**。 二、原係採最低標為決標原則者，得以原決標價依決標前各投標廠商標價之順序，**自標價低者起，依序洽其他合於招標文件規定之未得標廠商減至該決標價後決標**。其無廠商減至該決標價者，得依本法第五十二條第一項第一款、第二款及招標文件所定決標原則辦理決標。 三、原係採最有利標為決標原則者，得召開評選委員會會議，依招標文件規定重行辦理評選。 四、原係採本法第二十二條第一項第九款至第十一款規定辦理者，其評選為優勝廠商或經勘選認定適合需要者有二家以上，得**依序遞補辦理議價**。 Ⅱ 前項規定，於廠商**得標後放棄**得標、**拒不簽約**或**履約**、**拒繳保證金**或**拒提供擔保**等情形致撤銷決標、解除契約者，準用之。
		§59	Ⅰ 機關發現廠商投標文件所標示之分包廠商，於**截止投標或截止收件期限前**屬本法第一百零三條第一項規定期間內不得參加投標或作為決標對象或分包廠商之廠商者，應不決標予該投標廠商。 Ⅱ 廠商投標文件所標示之分包廠商，**於投標後至決標前**方屬本法第一百零三條第一項規定期間內不得參加投標或作為決標對象或分包廠商之廠商者，得**依原標價以其他合於招標文件規定之分包廠商代之**，並**通知**機關。 Ⅲ 機關於決標前發現廠商有前項情形者，應通知廠商限期改正；逾期未改正者，應不決標予該廠商。

標價不合理	政府採購法	§58 標價不合理之處理	機關辦理採購採**最低標決標**時，如認為最低標廠商之**總標價**或**部分標價**偏低，**顯不合理**，有降低品質、不能誠信履約之虞或其他特殊情形，得**限期通知**該廠商提出**說明**或**擔保**。廠商未於機關通知期限內提出合理之說明或擔保者，得**不決標予該廠商**，並以**次低標廠商**為最低標廠商。
	施行細則	§79	本法第五十八條所稱**總標價偏低**，指下列情形之一： 一、訂有底價之採購，廠商之總標價**低於底價百分之八十**者。 二、未訂底價之採購，廠商之總標價經評審或評選**委員會認為偏低**者。 三、未訂底價且未設置評審委員會或評選委員會之採購，廠商之總標價**低於預算金額或預估需用金額之百分之七十**者。預算案尚未經立法程序者，以預估需用金額計算之。
		§80	本法第五十八條所稱**部分標價偏低**，指下列情形之一： 一、該部分標價有對應之底價項目可供比較，該部分標價低於**相同部分項目底價之百分之七十**者。 二、廠商之部分標價經評審或**評選委員會認為偏低**者。 三、廠商之部分標價低於其他機關**最近辦理相同採購決標價之百分之七十**者。 四、廠商之部分標價低於可**供參考之一般價格之百分之七十**者。
協商	政府採購法	§57 協商之原則	機關依前二條之規定採行協商措施者，應依下列原則辦理： 一、開標、投標、審標程序及內容均**應予保密**。 二、協商時**應平等對待**所有合於招標文件規定之投標廠商，必要時並錄影或錄音存證。

協商	**政府採購法**	§57 協商之原則	三、原招標文件已標示得更改項目之內容，始得納入協商。 四、前款得更改之項目變更時，**應以書面通知**所有得參與協商之廠商。 五、協商結束後，應予前款廠商依據協商結果，於一定期間內修改投標文件重行遞送之機會。
	施行細則	§76	Ⅰ本法第五十七條第一款所稱**審標**，**包括評選及洽個別廠商協商**。 Ⅱ本法第五十七條第一款應保密之內容，**決標後應即解密**。但有繼續保密之必要者，不在此限。 Ⅲ本法**第五十七條第一款**之適用範圍，**不包括**依本法第五十五條規定**採行協商措施前之採購作業**。
		§77	機關依本法第五十七條規定採行協商措施時，參與協商之廠商依據協商結果重行遞送之投標文件，其有**與協商無關**或**不受影響之項目**者，該項目應不予評選，並以重行遞送前之內容為準。
		§78	機關採行協商措施，應注意下列事項： 一、列出協商廠商之待協商**項目**，並指明其優點、缺點、錯誤或疏漏之處。 二、擬具協商**程序**。 三、參與協商**人數**之限制。 四、慎選協商**場所**。 五、執行保密**措施**。 六、與廠商**個別**進行協商。 七、**不得**將協商廠商投標文件內容、優缺點及評分，**透露**於其他廠商。 八、協商應作成**紀錄**。
最低標之協商	**政府採購法**	§55 最低標決標之協商	機關辦理以最低標決標之採購，經報上級機關核准，並於招標公告及招標文件內預告者，得於依前二條規定無法決標時，採行協商措施。

廠商放棄	政府採購法	§60 投標商之棄權	機關辦理採購依第五十一條、第五十三條、第五十四條或第五十七條規定，通知廠商説明、減價、比減價格、協商、更改原報內容或重新報價，廠商未依通知期限辦理者，**視同放棄**。
	施行細則	§83	Ⅰ 廠商依本法第六十條規定視同放棄説明、減價、比減價格、協商、更改原報內容或重新報價，其不影響該廠商成為合於招標文件規定之廠商者，仍得以該廠商為決標對象。 Ⅱ 依本法第六十條規定視同放棄而未決標予該廠商者，**仍應發還押標金**。
公告	政府採購法	§61 決標公告	機關辦理**公告金額以上**採購之招標，除有特殊情形者外，應於決標後一定期間內，將決標結果之公告刊登於政府採購公報，並以**書面通知**各投標廠商。無法決標者，亦同。
		§62 決標資料之彙送	機關辦理採購之決標資料，應定期彙送主管機關。
	施行細則	§84	Ⅰ 本法第六十一條所稱**特殊情形**，指符合下列情形之一： 一、為商業性轉售或用於製造產品、提供服務以供轉售目的所為之採購，其決標內容涉及**商業機密**，經機關首長或其授權人員核准者。 二、有本法**第一百零四條第一項第二款**情形者。 三、前二款以外之**機密採購**。 四、其他經**主管機關認定**者。 Ⅱ 前項第一款決標內容涉及商業機密者，機關得不將決標內容納入決標結果之公告及對各投標廠商之書面通知。僅部分內容涉及商業機密者，其餘部分仍應公告及通知。

公告	施行細則	§84	Ⅲ 本法第六十一條所稱決標後**一定期間**，為自**決標日起三十日**。 Ⅳ 依本法第六十一條規定未將決標結果之公告刊登於政府採購公報，或僅刊登一部分者，機關仍應將完整之決標資料傳送至主管機關指定之電腦資料庫，或依本法第六十二條規定定期彙送主管機關。
		§85	Ⅰ 機關依本法第六十一條規定將決標結果以書面通知各投標廠商者，其通知應包括下列事項： 一、有案號者，其**案號**。 二、決標**標的**之名稱及數量摘要。 三、得標**廠商名稱**。 四、決標**金額**。 五、決標**日期**。 Ⅱ 無法決標者，機關應以**書面通知**各投標廠商**無法決標之理由**。
		§86	Ⅰ 本法第六十二條規定之決標資料，機關應利用電腦蒐集程式傳送至**主管機關指定之電腦資料庫**。 Ⅱ 決標結果已依本法第六十一條規定於一定期間內將決標金額傳送至主管機關指定之電腦資料庫者，得免再行傳送。

※採購錯誤行為常見態樣

編號	行為態樣	違反法條
1	未更改招標文件內容而重行訂定之底價，除有正當理由外（例如匯率大幅波動影響底價之訂定），較廢標前合格廠商之最低標價為高。	採購法§46
2	開標後更改底價。	

編號	行為態樣	違反法條
3	訂定底價時機不符合規定，例如：議價前未參考該議價廠商之報價或估價即訂定底價。	採購法§46、施行細則§54
4	流標或廢標後大幅修改招標文件重行招標，卻仍依本法第四十八條第二項規定以第二次招標處理。	採購法§48、§50
5	繳納押標金之票據連號、所繳納之票據雖不連號卻由同一家銀行開具、押標金退還後流入同一戶頭、投標文件由同一處郵局寄出、掛號信連號、投標文件筆跡雷同、投標文件內容雷同、不同投標廠商投標文件所載負責人為同一人。	
6	代表不同廠商出席會議之人員為同一廠商之人員。	
7	不同投標廠商提出由同一廠商具名之文件，例如授權各該不同廠商對同一案件投標。部分投標廠商未繳押標金。	
8	廠商標封內為空白文件、無關文件或空無一物。	
9	明顯不符合資格條件之廠商參與投標。	
10	廠商間相互約束活動之行為，例如：彼此協議投標價格、限制交易地區、分配工程、提高標價造成廢標、不為投標、不越區競標、訂定違規制裁手段、為獲得分包機會而陪標。	
11	廠商間彼此製造競爭假象，誤導招標機關而取得交易機會。	
12	不同投標廠商之領標網路位址（IP）相同。	
13	對於圍標事證缺乏警覺性。	
14	廠商未依通知出席開標即視為無效標。	採購法§50、§60
15	代表廠商出席會議之人員為未得標廠商之人員。	採購法§50、§65、§66、§87、§101

編號	行為態樣	違反法條
16	訂有底價之採購，廠商報價已在底價之內（包括平底價），機關未予決標，而要求廠商減價。	採購法§52、施行細則§69、§72
17	決定最有利標後再洽廠商減價。	採購法§56、最有利標評選辦法
18	決定最有利標時未經評選委員會過半數之決定或機關首長之決定。	採購法§56、採購評選委員會審議規則§9
19	未依採購法第五十七條第一款規定秘密開標審標。	採購法§57
20	不考慮廠商單價是否合理而強以機關預算單價調整廠商單價。	採購法§58
21	標價偏低，未經分析逕行決標，或未通知廠商說明即逕通知繳納差額保證金，或未繳納差額保證金前即決標而於決標後通知繳納差額保證金。	
22	標價偏低，通知廠商提出繳納差額保證金時，允許以押標金或將繳納之切結書代替繳納行為。	
23	標價偏低，通知廠商提出說明時，未注意該廠商與其他廠商間是否有異常或不正當之行為，而給予與次低標串通之可乘之機。	
24	對於廠商自稱報價錯誤之處置失當，例如：廠商只含糊自稱報價錯誤，機關未探究錯誤之情形是否屬實及是否有採購法第五十八條之情形，逕不決標予該廠商，予不肖廠商轉手予次低標獲取利差之機會。	
25	議價案未於議價前參考廠商之報價或估價單訂底價。	施行細則§54
26	未保留至少一份未得標廠商已開標之文件。	施行細則§57
27	未保留至少一份得標廠商遞送之資格文件影本。	
28	除應保留之投標文件外，拒絕發還其他投標資料。	

編號	行為態樣	違反法條
29	未依採購法第六十一條及第六十二條刊登或傳輸決標資訊，或傳輸之資料錯誤或不完整，例如：以單價決標時未傳輸預估總價；未登載廠商是否為中小企業；採限制性招標於決標後未依採購法第六十一條及第六十二條刊登或傳輸決標資訊；未登載採限制性招標所依據之法條；得標廠商為外國廠商卻登載係我國之中小企業；未公告底價或未敘明不公開底價之理由；未依規定公告決標金額；未登載決標原則。	採購法§61、§62、施行細則§84、公報發行辦法§13～§15
30	評選優勝者或評定最有利標之評審項目，除非是固定費率或公布決標價格者外，未將價格納入；或雖將價格納入，但卻單以比較入圍廠商標價之高低為評分基礎，未分析各該廠商標價相對於其他項目評分之合理性。	最有利標評選辦法
31	評選優勝者或評定最有利標之評審項目不當或配分與重要性不平衡，例如：規定廠商簡報，十分鐘之簡報，其配分即占20%。	

二、必考重點

決標有**訂有底價之最低標、未定底價之最低標、異質最低標、最有利標、準用最有利標、取最有利標精神、複數決標、最高標等方式**，本部分在選擇題及申論題皆會出現，另需注意重要法規「**最有利標評選辦法**」。

(一) 底價之訂定：

1. 原則：

(1) 事實上採購法係以最低標為決標原則，故需針對底價先進行相關規範的制定；底價由機關首長或其授權人員核定，免報上級關核准。

(2) 實務上多係由規劃、設計、需求或使用單位提出預估金額及其分析後，由承辦採購單位簽報機關首長或其授權人員核定。

2. 採購案底價訂定之時機：

<table>
<tr><th>法條依據</th><th>招標類型</th><th>訂定時機</th></tr>
<tr><td rowspan="3">政府採購法§46
Ⅰ 機關辦理採購，除本法另有規定外，應訂定底價。底價應依圖說、規範、契約並考量成本、市場行情及政府機關決標資料逐項編列，由機關首長或其授權人員核定。
Ⅱ 前項底價之訂定時機，依下列規定辦理：
一、公開招標應於開標前定之。
二、選擇性招標應於資格審查後之下一階段開標前定之。
三、限制性招標應於議價或比價前定之。</td><td>公開招標</td><td>開標前</td></tr>
<tr><td>選擇性招標</td><td>資格審查後、
下階段開標前</td></tr>
<tr><td>限制性招標</td><td>議價或比價前</td></tr>
<tr><td rowspan="4">政府採購法施行細則§54
Ⅰ 公開招標採分段開標者，其底價應於第一階段開標前定之。
Ⅱ 限制性招標之比價，其底價應於辦理比價之開標前定之。
Ⅲ 限制性招標之議價，訂定底價前應先參考廠商之報價或估價單。
Ⅳ 依本法第四十九條採公開取得三家以上廠商之書面報價或企劃書者，其底價應於進行比價或議價前定之。</td><td>公開招標採分段開標</td><td>第一階段開標前</td></tr>
<tr><td>限制性招標之比價</td><td>辦理比價之開標前</td></tr>
<tr><td>限制性招標之議價</td><td>辦理議價之開標前，並且定底價前，應先參考廠商報價或估價單</td></tr>
<tr><td>未達公告金額之採購、採公開取得3家以上廠商之書面報價（或企劃書）</td><td>進行比價或議價前</td></tr>
</table>

3. 例外採購案得不訂底價情形：

<table>
<tr><th>法條依據</th><th colspan="2">事由</th></tr>
<tr><td rowspan="3">政府採購法§47
Ⅰ機關辦理下列採購，得不訂底價。但應於招標文件內敘明理由及決標條件與原則：
一、訂定底價確有困難之特殊或複雜案件。
二、以最有利標決標之採購。
三、小額採購。
Ⅱ前項第一款及第二款之採購，得規定廠商於投標文件內詳列報價內容。
Ⅲ小額採購之金額，在中央由主管機關定之；在地方由直轄市或縣（市）政府定之。但均不得逾公告金額十分之一。地方未定者，比照中央規定辦理。</td><td>訂定底價確有困難之特殊或複雜案件</td><td rowspan="2">政府採購法施行細則§54-1
得於招標文件預先載明契約金額或相關費率作為決標條件。</td></tr>
<tr><td>以最有利標決標之採購</td></tr>
<tr><td colspan="2">小額採購</td></tr>
<tr><td>政府採購法§52
機關辦理公告金額以上之專業服務、技術服務、資訊服務、社會福利服務或文化創意服務者，以不訂底價之最有利標為原則。</td><td colspan="2">公告金額以上之專業服務、技術服務、資訊服務、社會福利服務或文化創意服務者</td></tr>
</table>

(二) **決標：**

1. 定義：指招標機關依審標結果，決定得標廠商。
2. 決標原則：
   (1) 各決標方式特性：
      A. 最低標：
         (A) 採購作業較便捷，對機關準備招標及廠商投標都方便、迅速。
         (B) 部分廠商可能低價搶標，得標後影響履約品質或未能順利履約。
         (C) 除減價程序外，廠商無法任意變更或補充其投標文件。

B. 最有利標：

(A) 依招標文件規定之評審標準作綜合評選，以擇定最佳決標對象。機關可在既定之預算規模下，選擇較佳廠商及標的。

(B) 鼓勵廠商從事非價格之競爭，避免惡性低價搶標。

(C) 於評選結果無法評定最有利標時，可透過協商機制，洽評選及格廠商依招標文件之規定協商後，於一定期間內就得協商之項目，修改其投標文件；廠商就協商事項重行遞送投標文件後，再進行綜合評選。

(D) 依採購法§56，適用最有利標案件應報上級機關核准。

(2) 各決標方式作法：

	採購法§52各項	後續作法
1	訂有底價， 在底價之內 最低標	(1) 得洽最低標廠商減價1次，減價後仍超過底價時，得由所有合於招標文件規定之投標廠商重新比減價格，比減價格不得逾3次： A. 合於招標文件規定之投標廠商有多數者→施行細則§69、§70 B. 合於招標文件規定之投標廠商僅有一家或採議價辦理採購者→施行細則§72、§73 (2) 2家以上廠商標價相同時→施行細則§62
2	未訂底價， 在預算數額以內 最低標	(1) 訂定底價確有困難之特殊或複雜案件，以合於招標文件規定，標價合理，且在預算數額以內之最低標為得標廠商。 (2) 合於招標文件之最低標價超過評審委員會建議之金額或預算金額時，得洽該最低標廠商減價1次： A. 合理標價之認定→施行細則§74、§75 B. 廠商標價偏低時→施行細則§58、§79、§80

	採購法§52各項	後續作法
3	最有利標（注意核心法規：最有利標評選辦法）	(1) 適用最有利標： A. 招標前需先（逐案）檢討確有異質而不宜採最低標之具體事由，報經上級機關核准。 B. 依最有利標評選辦法§11規定，應使用總評分法、評分單價法、序位法或其他經主管機關認定之方式進行評定。 (2) 準用最有利標： A. 依採購法§22Ⅰ⑨～⑪規定以限制性招標辦理之專業服務、技術服務、資訊服務、設計競賽之評選、房地產之勘選，及§39專案管理廠商之評選，公告金額以上者，其評選準用最有利標評選辦法§11規定進行評定。 B. 無須於招標前報上級機關核准，但仍需報機關首長或其授權人員核准。 (3) 參考最有利標（取最有利標精神）： A. 確認採購標的屬適合採最有利標精神，且採購金額未達公告金額，經報機關首長或其授權人員核准者。 B. 第一次招標投標廠商合格家數須達3家，但得於招標前簽報機關首長或其授權人員核准，未達3家時得當場改為限制性招標比價或議價。 C. 有別前二者召開評選會議，本作業需自行成立評審小組，召開評審會議辦理。
4	複數決標	採購標的項數繁多貨數量龐大，無法由1家廠商完全提供，此時機關得於招標文件公告保留採購項目或數量選擇之組合權利，也能達到提高採購效能、防堵廠商壟斷或圍標的目的，但仍應合於最有利標或最低價之決標精神。

(3)決標方式之選擇：

A. 法令有要求：

(A)專業服務、技術服務、資訊服務、社會福利服務、文化創意服務等公告金額以上採購案件，以不訂底價之**最有利標**為原則。

(B)其餘採購案，決標方式由採購機關自行決定。

B. 最低標：

(A)金額小。

(B)案情簡單，有明確履約依據。

(C)履約期限較短。

(D)緊急採購案件。

(E)市場普遍銷售之標的。

(F)以前類似案件多採最低標，尚無明顯不良情形。

C. 評分及格最低標：兼採最低標及最有利標競爭機制。

D. 最有利標：

(A)金額大。

(B)案情複雜。

(C)不同廠商之標的難訂統一比較規範。

(D)巨額工程。

(E)以前類似案件採最低標或評分及格最低標，曾發生不良情形者。

3. 超底價之決標：

法條依據	情境	措施
政府採購法§53 Ⅰ合於招標文件規定之投標廠商之最低標價超過底價時，得洽該最低標廠商減價一次；減價結果仍超過底價時，得由所有合於招標文件規定之投標廠商重新比減價格，比減價格不得逾三次。	最低標價超過底價	洽該最低標廠商減價1次
	減價結果仍超過底價	所有合於招標文件規定之投標廠商重新比減價格，比減價格不得逾3次

法條依據	情境	措施	
Ⅱ前項辦理結果，最低標價仍超過底價而不逾預算數額，機關確有緊急情事需決標時，應經原底價核定人或其授權人員核准，且不得超過底價百分之八。但查核金額以上之採購，超過底價百分之四者，應先報經上級機關核准後決標。	標價還是超過底價，但未超過預算數額	未達查核金額之採購	原底價核定人或其授權人員核准，且不得超過底價8%
		查核金額以上之採購	超過底價4%，應先報經上級機關核准後，才能決標

(三) **不予開標決標之情形：**

1. 通案不予開標（採購法§48 Ⅰ）。
2. 個別不予開標（採購法§50）：

較常考出	說明
①未依招標文件規定投標	依採購法施行細則§59處理。
②投標文件內容不符合招標文件之規定	但機關需先自我檢視招標文件規定是否有無效之情形。
⑤不同投標廠商間之投標文件內容有重大異常關聯	目的為防止假性競爭。常見情況有不同投標廠商的投標文件筆跡相同、押標金由同一人繳納、廠商地址或電話號碼相同等情形。
⑥第103條第1項不得參加投標或作為決標對象之情形	過去曾有不良紀錄而遭刊登於採購公報者，一定期間內不得參與投標或作為決標對象。

3. 何謂異常關聯：

依行政院公共工程委員會91年11月27日工程企字第09100516820號令，機關辦理採購有下列情形之一者，得依政府採購法第50條第1項第5款「不同投標廠商間之投標文件內容有重大異常關聯者」處理：

(1)投標文件內容由同一人或同一廠商繕寫或備具者。
(2)押標金由同一人或同一廠商繳納或申請退還者。
(3)投標標封或通知機關信函號碼連號，顯係同一人或同一廠商所為者。
(4)廠商地址、電話號碼、傳真機號碼、聯絡人或電子郵件網址相同者。
(5)其他顯係同一人或同一廠商所為之情形者。

精選試題

1 依政府採購法規定，何謂最有利標，請說明之。

解 (一)依政府採購法第56條規定，所謂最有利標係指讓機關能依招標文件所規定之評審標準，就廠商投標標的之技術、品質、功能、商業條款或價格等項目，作綜合評選，得標者是為分數高、產品品質好、功能強，價格雖高但屬合理之廠商。舊法最有利標限於採購案件須為異質採購及不宜採最低標辦理之條件，108年修法已刪除，目的是讓機關在既定預算下，買到最好之標的，也鼓勵廠商從事非價格之競爭，避免惡性低價搶標情形發生。

(二)最有利標辦理須按最有利標評選辦法進行，並其制度分別有適用、準用及參考之情形：

1. 適用最有利標：
(1)公開招標：第一次開標，需有3家以上廠商投標。
(2)評選出最優勝廠商後，依最優勝廠商標價決標，無須議價。
(3)需經上級機關核准。

2. 準用最有利標：
(1)限制性招標：第一次開標，不受3家廠商之限制。
(2)評選出最優勝廠商後，洽最優勝廠商議價後，再行決標。
(3)由機關首長或其授權人員核准。

3. 參考最有利標精神作業程序：
(1)未達公告金額：依「中央機關未達公告金額採購招標辦法」第2條第1項第3款以公開取得書面報價或企劃書。

(2) 規定評分標準：於招標文件內載明將考量廠商投標內容之整體表現（須併提供評審項目及其權重或配分），擇最符合需要者議價，或擇2家以上最符合需要者依序議價或比價。

(3) 無須報上級機關核准。

(4) 免成立採購評選委員會。

(5) 免成立工作小組（由機關決定）。

(6) 擇符合需要者之程序、標準、評審小組之組成及分工，均由機關依權責自行核定。

【109年桃園機場從業甄試】

2 請簡要說明政府採購法規定之決標方式或原則。

解 因機關辦理採購之目的及需求各異，欲達成之採購功能及品質之要求亦非一致，就決標原則之擇定，應由各機關視個案性質及實際需要擇適當方式辦理。

(一)依政府採購法第52條規定，機關辦理採購之決標，應依下列原則之一辦理，並應載明於招標文件中：

1. 最低標：訂有底價之採購，以合於招標文件規定，且在底價以內之最低標為得標廠商。
2. 評分及格最低標：未訂底價之採購，以合於招標文件規定，標價合理，且在預算數額以內之最低標為得標廠商。
3. 最有利標：以合於招標文件規定之最有利標為得標廠商。
4. 採用複數決標之方式：機關得於招標文件中公告保留之採購項目或數量選擇之組合權利，但應合於最低價格或最有利標之競標精神。

(二)因為採購法對於最低標、最有利標之選擇，除政府採購法第52條第2項對於部分服務類別明定以最有利標為原則外，其他採購案之決標方式係由主辦機關決定；對於依採購法第56條規定辦理最有利標，並有報上級機關核准之程序。

【105年臺灣港務股份有限公司第2次從業人員】

3 請依政府採購法規定，政府機關辦理採購，底價之訂定及訂定時機各為何？又不訂底價之原則為何？

解 (一)依政府採購法施行細則第52條規定，機關訂定底價，得基於技術、品質、功能、履約地、商業條款、評分或使用效益等差異，訂定不同之底價；而方式則依同細則第53條，由規劃、設計、需求或使用單位提出預估金額及其分析後，由承辦採購單位簽報機關首長或其授權人員核定。但重複性採購或未達公告金額之採購，得由承辦採購單位逕行簽報核定。

(二)至底價訂定時機，依政府採購法施行細則第54條規定：

1. 公開招標採分段開標者，其底價應於第一階段開標前定之。
2. 限制性招標之比價，其底價應於辦理比價之開標前定之。
3. 限制性招標之議價，訂定底價前應先參考廠商之報價或估價單。
4. 依採購法第49條採公開取得3家以上廠商之書面報價或企劃書者，其底價應於進行比價或議價前定之。

(三)而依政府採購法第47條規定，機關辦理下列採購，得不訂底價。但應於招標文件內敘明理由及決標條件與原則：

1. 訂定底價確有困難之特殊或複雜案件。
2. 以最有利標決標之採購。
3. 小額採購。

【105年高考三級審計】

4 採最低標決標，廠商報價總價1,850萬元低於底價2,500萬元，機關如認為標價偏低，於通知廠商提出說明後，決定以要求繳納差額保證金之方式為之。請問，依據政府採購法，差額保證金之額度應為何？

解 (一)依政府採購法（以下簡稱採購法）第58條規定，機關辦理採購採最低標決標時，如認為最低標廠商之總標價或部分標價偏低，顯不合理，有降低品質、不能誠信履約之虞或其他特殊情形，得限期通知該廠商提出說明或擔保。廠商未於機關通知期限內提出合理之說明或擔保者，得不決標予該廠商，並以次低標廠商為最低標廠商。條文內容所謂「擔保」，實務上便係以「差額保證金」呈現，目的在於保證廠商的標價偏低不會有降低品質及不能誠信履約或其他特殊狀況。

(二)至「差額保證金之額度」，依押標金保證金暨其他擔保作業辦法第30條之規定，分述如下：

1. 總標價偏低者，擔保金額為總標價與底價之80%之差額，或為總標價與採購法第54條評審委員會建議金額之80%之差額。
2. 部分標價偏低者，擔保金額為該部分標價與該部分底價之70%之差額。該部分無底價者，以該部分之預算金額或評審委員會之建議金額代之。

【105年鐵路特考員級】

5 A機關依政府採購法辦理公開招標，招標文件載明得於開標當日辦理決標，廠商未到場說明或減價者視同放棄。開標結果，七家投標廠商均合格，惟報價最低且均得為決標對象者之兩家均未到場，主持人得否以兩家放棄比減價格，抽籤後辦理決標？請依政府採購法說明之。

解 (一)依政府採購法施行細則第62條第2項規定，標價相同，其比減價格次數未達3次限制者，應由該等廠商再行比減價格1次，以低價者決標。比減後之標價仍相同者，抽籤決定之。

(二)本題所稱2家標價相同之最低標廠商均得為決標對象，機關應依上開規定由該2家廠商再行比減價格1次，然而因均未到場，依招標文件規定，視同放棄比減權利，故主持人得以抽籤決定得標廠商。

【105年鐵路特考員級】

Day 04 履約管理 (§63～§70)

焦點1 契約訂立及政策變更

一、關聯條文

契約要項	政府採購法	§63 採購契約範本之訂定及損害責任	I 各類採購契約以採用主管機關訂定之範本為**原則**，其要項及內容由主管機關參考國際及國內慣例定之。 II 採購契約應訂明一方執行錯誤、不實或管理不善，致他方遭受損害之責任。
政策變更		§64 採購契約之終止或解除	採購契約**得訂明**因政策變更，廠商依契約繼續履行反而不符公共利益者，機關得報經**上級機關核准**，**終止**或**解除部分**或**全部**契約，並**補償**廠商因此所生之損失。

※採購錯誤行為常見態樣

編號	行為態樣	違反法條
1	未使用工程會之範本，致錯漏頻生。	採購法§63、採購契約要項§1
2	未確實辦理履約管理，例如：廠商使用非法運輸工具；使用非法外勞；未落實勞工安全；亂倒廢棄物；不宜雨天施工者未予制止。	採購法§3、§63、§70、§70-1
3	查驗或驗收作業不實，例如：依廠商建議之區域鑽心取樣。	採購法§63、§70、§72

二、必考重點

本部分契約要項及政策變更的處理方式，過去多在司法三等時，將採購法第63條授權訂定之《採購契約要領》以申論題方式考出，此外仍係以選擇題型為主。但112年鐵路員級特考申論題中開始出現，要求說明採購契約要項之內容及功能，故特此說明：

(一)契約要項：

1. 功能：

(1)依政府採購法第63條第1項：「各類採購契約以採用主管機關訂定之範本為原則，其要項及內容由主管機關參考國際及國內慣例定之。」

(2)由此可知，《採購契約要項》之訂定，乃係作為各機關進行採購作業時參考，以具公平合理及公共利益等目的者，方得做為範本原則使用；另要項及內容參考國內外慣例始定之，亦是為能將一般性或共通性事項進行統一制定，範本功能便係體現於此。

(3)是以《採購契約要項》明文雖屬參考性質，但實務上倘與該要項有出入、又無合理解釋時，多會被認定為錯誤態樣，爰機關甚難不予採用該要項，故應予載明不宜省略；但機關視採購特性及實際需要，於個別案件適合者，仍可納入周全，並不受限排除。

(4)另契約範本中的權利及責任條款，主要約定了一方執行錯誤、不實或管理不善，致他方遭受損害之責任，屬於實務上較易發生爭議之部分。

2. 內容：

(1)總則：訂定契約目的、契約得載明事項、契約文件內容等。

(2)履約管理：分包協調和履約相關責任等。

(3)契約變更：變更方式和條件。

(4)查驗及驗收：驗收方式及相關費用負擔。

(5)契約價金：價金金額、給付方式和條件。

(6)履約期限：期限訂定和計算。

(7)遲延：逾期認定、違約金計算等。

(8)履約標的：標的瑕疵處理和保固維修。

(9)權利及責任：智慧財產權、第三人損賠請求權和相關賠償責任。

(10)保險：保險種類和未保險之責任。

(11)契約終止解除或暫停執行：終止、解除或暫停執行之情形、相關補償。

(12)爭議處理：履約爭議之處理、受理處理之機關和訴訟等。

(13)附則：繳納代金證明。

3. 項目：

工程採購契約範本	財物採購契約範本	勞務採購契約範本
(1)契約文件及效力 (2)履約標的 (3)契約價金之給付 (4)契約價金之調整 (5)契約價金之給付條件 (6)稅捐 (7)履約期限 (8)材料機具及設備 (9)施工管理 (10)監工作業 (11)工程品管 (12)災害處理 (13)保險 (14)保證金 (15)驗收 (16)保固 (17)遲延履約 (18)權利及責任 (19)其他	(1)契約文件及效力 (2)履約標的 (3)契約價金之給付 (4)契約價金之調整 (5)契約價金之給付條件 (6)稅捐 (7)履約期限 (8)履約管理 (9)履約標的品管 (10)保險 (11)保證金 (12)驗收 (13)保固 (14)遲延履約 (15)權利及責任 (16)契約變更及轉讓 (17)契約終止解除及暫停執行 (18)爭議處理 (19)其他	(1)契約文件及效力 (2)履約標的 (3)契約價金之給付 (4)契約價金之調整 (5)契約價金之給付條件 (6)稅捐 (7)履約期限 (8)履約管理 (9)履約標的品管 (10)保險 (11)保證金 (12)驗收 (13)遲延履約 (14)權利及責任 (15)契約變更及轉讓 (16)契約終止解除及暫停執行 (17)爭議處理 (18)其他

(二)政策變更：

1. 對於行政程序法有一定程度熟悉者，可使用該法§147情事變更原則理解相關概念。
2. 公平利益為政府採購追求的重要目的，實務上常見的情形如跨年度的延續型計畫案，因未必每年度皆能在固定項目編列足額預算，故操作上便會於簽文內加註，如：「本採購案以後年度所需經費如於完成法定程序中遭刪減或未獲通過，得依政府採購法第64條規定辦理」等文字。
3. 須注意行政院公共工程委員會89年5月15日（89）工程企字第89013106號函，因採購法§64造成廠商之損失，機關補償範圍不包括**所失利益**。

(三)開口契約：

1. 又稱「預約式契約」，指機關在一定期間內，以一定金額或數量為上限之預定採購，其發包時係以「各項單價」及其「預估需求數量」之乘積加總計算決標（決定最低標）。
2. 至廠商得標後於何時及如何履約，則具有執行彈性，須視機關之實際需要，以交辦單通知廠商施作或供應，其價金之給付採實作實算方式（即依簽約項目單價及實際施作或供應之數量）估驗計價，並於達到約定總金額或合約期間屆滿時結束之契約。
3. 依政府採購法施行細則第64條之1：「機關依本法第52條第1項第1款或第2款規定採最低標決標，其因履約期間數量不確定而於招標文件規定以招標標的之單價決定最低標者，並應載明履約期間預估需求數量。招標標的在二項以上而未採分項決標者，並應以各項單價及其預估需求數量之乘積加總計算，決定最低標。」
4. 開口契約優點：運作模式具有相當的彈性，並有分散風險、高時效性、降低成本、降低人力負荷等優點。
5. 履約方式：簽訂契約後，依機關實際需求，以開立通報單方式通知廠商進行履約。

精選試題

( ) **1** 採購契約得訂明因政策變更，廠商依契約繼續履行反而不符公共利益者，機關得報經上級機關核准，為下列何法律行為，並補償廠商因此所生之損失？ (A)終止或解除部分或全部契約 (B)只能終止全部契約 (C)只能解除部分或全部契約 (D)只能解除全部契約。

解 **(A)**。依政府採購法第64條，採購契約得訂明因政策變更，廠商依契約繼續履行反而不符公共利益者，機關得報經上級機關核准，終止或解除部分或全部契約，並補償廠商因此所生之損失。

【109年桃園機場從業甄試】

( ) **2** 政府採購法主管機關與各類採購契約範本之關連性如何？ (A)標準採購契約之檢討及審定，非主管機關之掌理事項 (B)各類採購契約以採用同業公會訂定之範本為原則 (C)各類採購契約，其要項及內容由主管機關參考國際及國內慣例定之 (D)政府採購契約的訂定，雙方立於對等地位，主管機關不必訂定範本。

解 **(C)**。依政府採購法第63條第1項，各類採購契約以採用主管機關訂定之範本為原則，其要項及內容由主管機關參考國際及國內慣例定之。

【106年鐵路特考佐級】

( ) **3** 機關辦理採購，下列何者錯誤？ (A)採購申訴審議判斷指名機關原採購行為違反法令，廠商得向招標機關請求償付其準備投標、異議及申訴所支出之必要費用 (B)採購契約得訂明採購機關解除契約，並補償廠商因此所生之損失 (C)委託規劃之契約，得訂明廠商規劃錯誤，致機關損害之責任 (D)廠商投標文件內記載金額為新臺幣100萬元整及新台幣玖拾萬元整，機關應以新臺幣玖拾萬元為準。

解 (C)。依採購契約要項第59點，委託規劃、設計、監造或管理之契約，廠商規劃設計錯誤、監造不實或管理不善，致機關遭受損害者，應負賠償責任。前項之損害，機關得視個案之特性及實際需要，於契約中明定其賠償之項目、範圍或上限，並得訂明其排除適用之情形。

【106年鐵路特考佐級】

4 請就行政院公共工程委員會頒布的工程採購契約範本，說明機關得以書面通知廠商終止契約或解除契約，且不補償廠商因此所生損失的情形？（請寫出5種）

解 依行政院公共工程委員會頒布的工程採購契約範本第21條，廠商履約有下列情形之一者，機關得以書面通知廠商終止契約或解除契約之部分或全部，且不補償廠商因此所生之損失：

1. 有採購法第50條第2項前段規定之情形者。
2. 有採購法第59條規定得終止或解除契約之情形者。
3. 違反不得轉包之規定者。
4. 廠商或其人員犯採購法第87條至第92條規定之罪，經判決有罪確定者。
5. 因可歸責於廠商之事由，致延誤履約期限。
6. 偽造或變造契約或履約相關文件，經查明屬實者。
7. 擅自減省工料情節重大者。
8. 無正當理由而不履行契約者。
9. 查驗或驗收不合格，且未於通知期限內依規定辦理者。
10. 有破產或其他重大情事，致無法繼續履約者。
11. 廠商未依契約規定履約，自接獲機關書面通知次日起10日內或書面通知所載較長期限內，仍未改正者。
12. 違反環境保護或職業安全衛生等有關法令，情節重大者。
13. 違反法令或其他契約規定之情形，情節重大者。

【109年桃園機場從業甄試】

5 依照行政院公共工程委員會「採購契約要項」之規定，契約文字應以中文書寫，其與外文文意不符者，除契約另有規定者外，以中文為準。但有那些情形，招標文件或契約允許以外文為準？

解 依採購契約要項第5點，契約文字應以中文書寫，其與外文文意不符者，除契約另有規定者外，以中文為準。但下列情形得以招標文件或契約所允許之外文為準：

(一)向國際組織、外國政府或其授權機構辦理之採購。

(二)特殊技術或材料之圖文資料。

(三)以限制性招標辦理之採購。

(四)依本法第一百零六條規定辦理之採購。

(五)國際組織、外國政府或其授權機構、公會或商會所出具之文件。

(六)其他經機關認定確有必要者。

【103年普考】

焦點2 轉包分包

一、關聯條文

轉包	政府採購法	§65 得標廠商不得轉包	Ⅰ 得標廠商應自行履行**工程**、**勞務**契約，**不得轉包**。 Ⅱ 前項所稱轉包，指將原契約中應自行履行之**全部**或其**主要部分**，由其他廠商**代為履行**。 Ⅲ 廠商履行**財物契約**，其需經一定履約過程，非以現成財物供應者，準用前二項規定。
轉包	施行細則	§87	本法第六十五條第二項所稱主要部分，指下列情形之一： 一、**招標文件標示**為主要部分者。 二、招標文件標示或依其他法規規定**應由得標廠商自行履行之部分**。

轉包	**政府採購法**	§66 違反不得轉包規定之處理及責任	Ⅰ 得標廠商違反前條規定轉包其他廠商時，機關得**解除**契約、**終止**契約或**沒收保證金**，並得要求**損害賠償**。 Ⅱ 前項轉包廠商與得標廠商對機關負**連帶履行**及**賠償責任**。再轉包者，亦同。
分包	**政府採購法**	§67 分包 及責任	Ⅰ 得標廠商得將採購分包予其他廠商。稱分包者，謂**非轉包**而將契約之部分由其他廠商代為履行。 Ⅱ 分包契約報備於採購機關，並經得標廠商就分包部分設定**權利質權**予分包廠商者，民法第五百十三條之**抵押權**及第八百十六條**因添附而生之請求權**，**及於**得標廠商對於機關之**價金或報酬請求權**。 Ⅲ 前項情形，分包廠商就其**分包部分**，與得標廠商**連帶負瑕疵擔保責任**。
	施行細則	§89	機關得視需要於招標文件中訂明得標廠商應將專業部分或達一定數量或金額之分包情形送機關**備查**。

※採購錯誤行為常見態樣

編號	行為態樣	違反法條
1	未規定主要部分卻刁難廠商分包。	採購法§65、§67、施行細則§87
2	對於轉包行為視若無睹（例如履約階段由未得標廠商代為履行契約之全部或其主要部分）。	採購法§65、§66、§101

二、必考重點

本部分為履約管理章節的出題焦點，有關轉包及分包的處理原則及限制需記牢，本部分的辦理原則是：得分包、禁止轉包；立法者的理由是分包機制有助於中小企業存續。再來就是注意廠商履約和連帶賠償責任問題。

	轉包	分包
履行	• 全部。 • 主要部分。 • 應自行履行部分。	• 部分他人履行。
權利	無	• 取得價金或報酬請求權。 • 分包契約載明由分包廠商就其分包部分開立付款憑證向採購機關請款者，採購機關可據以付款給分包廠商，但不得重複付款。
責任	• 機關得解除契約、終止契約。 • 或沒收保證金；全部保證金。 • 並得要求損害賠償。 • 連帶負履行及賠償責任，再轉包者亦同。 • 拒絕往來處分。	• 連帶負瑕疵擔保責任。 • 對分包廠商履約部分，得標廠商仍應負完全責任。 • 分包契約報備於採購機關，並經得標廠商就分包部分設定權利質權給分包廠商者，民法§513承攬人之法定抵押權及§816因添附效果而生的補償請求權，請求範圍及於得標廠商對於機關的價金或報酬請求權。

精選試題

( ) **1** 下列何者非屬原契約中應由得標廠商自行履行，而不得由其他廠商代為履行之主要部分？ (A)招標文件標示為主要部分者 (B)招標文件標示應由得標廠商自行履行之部分 (C)依其他法規規定應由得標廠商自行履行之部分 (D)財物契約中以現成財物供應之部分。

解 (D)。依政府採購法第65條：

「I得標廠商應自行履行工程、勞務契約，不得轉包。

II前項所稱轉包，指將原契約中應自行履行之全部或其主要部分，由其他廠商代為履行。

III廠商履行財物契約，其需經一定履約過程，非以現成財物供應者，準用前二項規定。」

依本條反面解釋，財物契約中以現成財物供應之部分，便屬得由其他廠商代為履行之主要部分。

【110年鐵路特考佐級】

( ) **2** 依政府採購法規定，關於轉包及分包之敘述，下列何者正確？(A)得標廠商應自行履行工程、財物，以及勞務契約，不得轉包 (B)廠商履行財物契約，其需經一定履約過程而非以現成財物供應者，不得分包 (C)得標廠商轉包其他廠商時，轉包廠商就其轉包部分，與得標廠商連帶負瑕疵擔保責任 (D)得標廠商違反規定轉包時，轉包廠商與得標廠商對機關負連帶履行及賠償責任。

解 (D)。

(A)依政府採購法第65條第1項規定，得標廠商應自行履行工程、勞務契約，不得轉包。

(B)依政府採購法第65條第3項規定，廠商履行財物契約，其需經一定履約過程，非以現成財物供應者，準用不得轉包規定。

(C)依政府採購法第66條第2項規定，轉包廠商與得標廠商對機關負連帶履行及賠償責任。再轉包者，亦同。

【110年鐵路特考佐級】

( ) **3** 得標廠商違法轉包其他廠商時，機關得主張之權利，下列何者錯誤？ (A)解除或終止契約 (B)得要求損害賠償 (C)不得沒收保證金 (D)轉包廠商與得標廠商對機關負連帶履行及賠償責任。

解 **(C)**。依政府採購法第66條規定，得標廠商違反前條規定轉包其他廠商時，機關得解除契約、終止契約或沒收保證金，並得要求損害賠償。前項轉包廠商與得標廠商對機關負連帶履行及賠償責任。再轉包者，亦同。

【109年桃園機場從業甄試】

4 請依政府採購法相關規定，何謂轉包？得標廠商得否轉包？轉包的法律效果為何？

解 (一)所謂轉包，依政府採購法第65條規定，係指將原契約中應自行履行之全部或其主要部分，由其他廠商代為履行。

(二)又依政府採購法第66條規定，得標廠商違反前條規定轉包其他廠商時，機關得解除契約、終止契約或沒收保證金，並得要求損害賠償。

(三)故依政府採購法規定，廠商違法轉包即應依採購法及契約規定負法律責任，且轉包廠商與得標廠商對機關負連帶履行及賠償責任；再轉包者，亦同。

【105年臺灣港務股份有限公司第2次從業人員】

5 甲廠商承攬乙機關卸貨港船務代理工作之採購案，該採購案完成驗收後，投標廠商丙公司函文乙機關舉發甲廠商有違反政府採購法禁止轉包之規定，乙機關在查證後，發現甲廠商確有將本案採購轉包予丁船務代理公司。依本案契約第5條有關轉包與分包之規定，其中第1款約定「本採購案主要部分之項目或應由廠商自行履約之部分為（違反者視同違反政府採購法第65條之規定）：(1)全部。」甲廠商主張本案之契約主體並未變更，履約品質與履約責任亦完全由得標廠商負責，在此條件下，雖然甲廠商有委由他人完成部分細項工作，此種情形應係屬分包行為，並未違反政府採購法第65條之規定，試問甲廠商之主張是否有理由？

解 (一)依政府採購法第65條第1項規定，得標廠商應自行履行工程、勞務契約，不得轉包。同條第2項，前項所稱轉包，指將原契約中應自行履行之全部或其主要部分，由其他廠商代為履行。又同法第67條第1項規定，得標廠商得將採購分包予其他廠商。稱分包者，謂非轉包而將契約之部分由其他廠商代為履行。同法施行細則第87條並規定，本法第65條第2項所稱主要部分，指招標文件標示為主要部分或應由得標廠商自行履行之部分。據此，本法禁止廠商轉包，惟對廠商分包行為並不禁止，合先敘明。

(二)依前揭規定，如招標文件標示為「主要部分」或「應由得標廠商自行履行部分」交由其他廠商代為履行者，即屬違法。惟今招標文件載明「本採購案主要部分之項目或應由廠商自行履約之部分為：全部。」且違反者視同違反政府採購法第65條之規定，則甲廠商不得交由其他廠商代為履行者之部分即為「全部」。

(三)綜上所述，甲廠商因違反本案契約第5條第1款約定，視同違反政府採購法第65條之規定。

【104年港務公司從業師級】

6 於工程採購案件，廠商將原契約中應自行履行之全部或其主要部分，由其他廠商代為履行者，機關應如何處置？請申論之。

解 依政府採購法第65條規定，得標廠商應自行履行工程、勞務契約，不得轉包。廠商如有違反時，機關得請求廠商負擔民事責任及行政責任：

(一)民事責任：

依採購法第66條規定，得標廠商違反前條規定轉包其他廠商時，機關得解除契約、終止契約或沒收保證金，並得要求損害賠償。轉包廠商與得標廠商對機關負連帶履行及賠償責任。再轉包者，亦同。

(二)行政責任：

依採購法第101條第1項第11款規定，違反第65條之規定轉包者。經機關依前開第11款規定而刊登政府採購公報者，將依同法第103條第2款規定予以「自刊登之次日起1年內，不得參加投標或作為決標對象或分包廠商」之停權處分。

【105年鐵路特考高員三級】

焦點3 價金請求及品質管理

一、關聯條文

價金請求權	政府採購法	§68 價金或報酬請求權得為權利質權之標的	得標廠商就採購契約對於機關之**價金**或**報酬請求權**，其**全部**或**一部**得為權利質權之標的。
品質管理	政府採購法	§70 工程採購品質管理及成立工程施工查核小組	Ⅰ機關辦理**工程**採購，**應**明訂廠商執行品質管理、環境保護、施工安全衛生之責任，並對重點項目訂定檢查程序及檢驗標準。 Ⅱ機關於廠商履約過程，得辦理**分段查驗**，其結果並得供驗收之用。 Ⅲ中央及直轄市、縣（市）政府應成立工程施工查核小組，定期查核所屬（轄）機關工程品質及進度等事宜。 Ⅳ工程施工查核小組之組織準則，由主管機關擬訂，報請行政院核定後發布之。其作業辦法，由主管機關定之。 Ⅴ**財物**或**勞務**採購**需經一定履約過程**，而非以現成財物或勞務供應者，準用第一項及第二項之規定。

品質管理	政府採購法	§70-1 編製符合職業安全衛生法規之圖說及規範	Ⅰ 機關辦理工程規劃、設計，應依工程規模及特性，分析潛在施工危險，編製符合**職業安全衛生**法規之安全衛生圖說及規範，並量化編列安全衛生費用。 Ⅱ 機關辦理工程採購，應將前項設計成果納入招標文件，並於招標文件規定廠商須依職業安全衛生法規，採取**必要之預防設備或措施**，實施安全衛生管理及訓練，使勞工免於發生職業災害，以確保施工安全。 Ⅲ 廠商施工場所依法令或契約應有之安全衛生設施欠缺或不良，致發生職業災害者，**除**應受**職業安全衛生相關法令處罰**外，機關應**依本法**及**契約**規定**處置**。

二、必考重點

(一) 價金或報酬請求權得為權利質權之標的：

1. 所謂質權，跟抵押權一樣都屬於擔保物權的一種。抵押權是針對不動產以及特定之動產（如船舶），而質權是針對一般動產和權利，有動產質權以及權利質權兩種形式，顧名思義，權利質權便係將**可讓與的債權及其他權利**作為擔保設定的標的。
2. 實務上常見的操作，例如得標廠商將其對機關的價金或報酬請求權，質押給金融機構辦理貸款，以利進行前期工程資金的籌措。

(二) 工程採購應執行品質管理：

1. 採購法§70授權訂定的相關法規為《**工程施工查核小組組織準則**》、《**工程施工查核小組作業辦法**》。
2. 查核主體：
   (1) 中央政府查核小組：採購法主管機關。
   (2) 部會查核小組：行政院所屬部會行處局署院。
   (3) 直轄市及縣（市）查核小組：各直轄市及縣（市）政府。

3. 得不預先通知查驗，不合格者：
   (1)限期改正（改善、拆除、重作、退貨）。
   (2)自行或使第三人改正。
   (3)暫停發放工程估驗款。
   (4)刊登政府採購公報。
   (5)減少契約價金；另除契約另有規定，得就不符項目，依契約價金、市價、額壞費用、所受損害或懲罰性違約金金額，計算減價額度。
   (6)請求損害賠償。
   (7)中止或解除契約。
4. 工程施工查核小組作業辦法§4：
   查核小組每年應辦理工程施工查核之件數比率，以不低於當年度100萬元以上工程案的10%為原則，應查核件數如下：

	每年未達原則件數，即全數查核
新臺幣5,000萬元以上	以20件以上為原則。
新臺幣1,000萬元以上未達5,000萬元	以15件以上為原則。
新臺幣100萬元以上未達1,000萬元	以10件以上為原則。

(三) **懲罰性違約金：**

1. 違約金有分**賠償性違約金及懲罰性違約金**，其效力各自不同。前者以違約金作為債務不履行所生損害之賠償總額；後者以強制債務之履行為目的，確保債權效力所定之強制罰，於債務不履行時，債權人除得請求支付違約金外，並得請求履行債務，或不履行之損害賠償。
2. 如在契約中只寫違約金三個字，沒有寫明是哪種違約金，則原則上法院會認定為賠償性違約金。
3. 是以政府採購法既係以預設採購案件完成為前提，則對於廠商違約時，除了請求賠償實際所受之損害和請求對方履行契約以外，還會再額外請求賠償的金額，這也就是用懲罰性違約金一詞的原因。

精選試題

( ) **1** 廠商不得將契約之部分或全部轉讓予他人。包括採購法第68條權利質權而生之債權所造成之轉讓。 (A)○ (B)×。

解 **(B)**。依採購契約要項第21點，廠商不得將契約之部分或全部轉讓予他人。但因公司合併、銀行或保險公司履行連帶保證、銀行因權利質權而生之債權或其他類似情形致有轉讓必要，經機關書面同意者，不在此限。

【109年政府電子採購網採購法規題庫】

( ) **2** 政府採購法於108年增訂第70條之1，明確規範機關辦理工程規劃、設計階段，應依工程規模及特性，分析潛在施工危險，編製符合職業安全衛生法規之安全衛生圖說及規範，並量化編列安全衛生費用。 (A)○ (B)×。

解 **(A)**。依政府採購法第70條之1，機關辦理工程規劃、設計，應依工程規模及特性，分析潛在施工危險，編製符合職業安全衛生法規之安全衛生圖說及規範，並量化編列安全衛生費用。機關辦理工程採購，應將前項設計成果納入招標文件，並於招標文件規定廠商須依職業安全衛生法規，採取必要之預防設備或措施，實施安全衛生管理及訓練，使勞工免於發生職業災害，以確保施工安全。廠商施工場所依法令或契約應有之安全衛生設施欠缺或不良，致發生職業災害者，除應受職業安全衛生相關法令處罰外，機關應依本法及契約規定處置。

【109年政府採購全生命週期概論題庫】

( ) **3** 政府採購法第70條規定：中央及直轄市、縣（市）政府應成立下列何種組織，定期查核所屬（轄）機關工程品質及進度等事宜？ (A)營造業審議委員會 (B)工程爭議處理小組 (C)工程施工查核小組 (D)採購申訴審議委員會。

解 **(C)**。依政府採購法第70條第3項，中央及直轄市、縣（市）政府應成立工程施工查核小組，定期查核所屬（轄）機關工程品質及進度等事宜。

【105年內政部營造業工地主任第二次評定考試】

( ) **4** 工程施工查核小組依採購法第70條規定進行查核時，以下何者敘述為錯誤？ (A)得通知工程主辦機關就指定之工程項目進行檢驗、拆驗或鑑定 (B)查核小組查核紀錄應於7個工作天內送工程主辦機關 (C)查核小組定期辦理查核，應預先通知赴工地進行查核，主動出示查核小組之書面通知及相關證明文件 (D)查核委員辦理查核時之迴避，準用採購法第15條第2項及第3項之規定。

解 **(C)**。

(A)依工程施工查核小組作業辦法第6條第1項，查核小組辦理查核時，得通知機關就指定之工程項目進行檢驗、拆驗或鑑定。

(B)依工程施工查核小組作業辦法第9條第2項，查核小組查核紀錄應於7個工作天內送機關，並應將查核結果及處理情形登錄於主管機關指定之資訊網路系統列管追蹤，並得隨時派員複查。

(C)依工程施工查核小組作業辦法第5條第1項，查核小組應依前條規定之查核件數，視工程推動情形安排查核時機，定期辦理查核，並得不預先通知赴工地進行查核。

(D)依工程施工查核小組組織準則第8條，查核委員辦理查核時之迴避，準用政府採購法第十五條第二項及第三項之規定。

【106年桃園機場從業甄試】

Day 05 驗收 （§71～§73）

焦點1 驗收程序

一、關聯條文

驗收方式（限期驗收）	政府採購法	§71 限期辦理驗收及指派驗收人員	Ⅰ 機關辦理**工程**、**財物**採購，應限期辦理驗收，並得辦理**部分驗收**。 Ⅱ 驗收時應由機關首長或其授權人員指派適當人員主驗，通知接管單位或使用單位會驗。 Ⅲ 機關**承辦採購單位之人員**不得為所辦採購之**主驗人**或樣品及材料之**檢驗人**。 Ⅳ 前三項之規定，於勞務採購**準用**之。
	施行細則	§92	Ⅰ 廠商應於**工程預定竣工日前**或**竣工當日**，將竣工日期書面通知監造單位及機關。除契約另有規定者外，機關應於收到該書面通知之日起**七日內**會同監造單位及廠商，依據契約、圖說或貨樣核對竣工之項目及數量，確定是否竣工；廠商未依機關通知派代表參加者，仍得予確定。 Ⅱ 工程竣工後，除契約另有規定者外，監造單位應於**竣工後七日內**，將竣工圖表、工程結算明細表及契約規定之其他資料，送請機關審核。**有初驗程序**者，機關應於收受全部資料之日起**三十日內**辦理初驗，並作成初驗紀錄。 Ⅲ 財物或勞務採購有初驗程序者，準用前二項規定。
		§93	採購之驗收，有初驗程序者，初驗合格後，除契約另有規定者外，機關應於**二十日內**辦理驗收，並作成驗收紀錄。
		§94	採購之驗收，無初驗程序者，除契約另有規定者外，機關應於接獲廠商通知備驗或可得驗收之程序完成後**三十日內**辦理驗收，並作成驗收紀錄。

驗收方式（限期驗收）	施行細則	§95	前三條所定期限，其有**特殊情形**必須延期者，應經機關首長或其授權人員**核准**。
		§90	Ⅰ 機關依本法第七十一條第一項規定辦理下列工程、財物採購之驗收，得由承辦採購單位備具書面憑證採書面驗收，免辦理現場查驗： 一、**公用事業**依一定費率所供應之財物。 二、**即買即用**或自供應至使用之期間甚為短暫，現場查驗有困難者。 三、**小額採購**。 四、**分批或部分驗收**，其驗收金額**不逾公告金額十分之一**。 五、經政府機關或公正第三人查驗，並有相關品質或數量之**證明文書**者。 六、其他經主管機關認定者。 Ⅱ 前項第四款情形於各批或全部驗收完成後，應將各批或全部驗收結果彙總填具結算驗收證明書。
		§90-1	勞務驗收，得以**書面**或**召開審查會**方式辦理；其書面驗收文件或審查會紀錄，得視為驗收紀錄。
		§91	Ⅰ 機關辦理驗收人員之分工如下： 一、**主驗人員**：主持驗收程序，抽查驗核廠商履約結果有無與契約、圖說或貨樣規定不符，並決定不符時之處置。 二、**會驗人員**：會同抽查驗核廠商履約結果有無與契約、圖說或貨樣規定不符，並會同決定不符時之處置。但採購事項單純者得免之。 三、**協驗人員**：協助辦理驗收有關作業。但採購事項單純者得免之。 Ⅱ **會驗人員**，為接管或使用機關（單位）人員。 Ⅲ **協驗人員**，為設計、監造、承辦採購單位人員或機關委託之專業人員或機構人員。 Ⅳ 法令或契約載有驗收時應辦理丈量、檢驗或試驗之方法、程序或標準者，應依其規定辦理。 Ⅴ 有**監驗人員**者，其工作事項為監視驗收程序。

驗收方式(限期驗收)	**施行細則**	§96	Ⅰ 機關依本法第七十二條第一項規定製作驗收之紀錄,應記載下列事項,由**辦理驗收人員會同簽認**。有監驗人員或有廠商代表參加者,亦應會同簽認: 一、有案號者,其**案號**。 二、驗收**標的**之名稱及數量。 三、**廠商名稱**。 四、**履約期限**。 五、完成**履約日期**。 六、**驗收日期**。 七、驗收**結果**。 八、驗收結果與契約、圖說、貨樣規定**不符者,其情形**。 九、其他必要事項。 Ⅱ 機關辦理驗收,廠商未依通知派代表參加者,**仍得為之**。驗收前之檢查、檢驗、查驗或初驗,亦同。
		§73 簽認結算驗收證明書	Ⅰ 工程、財物採購經驗收完畢後,應由**驗收**及**監驗**人員於結算驗收證明書上**分別簽認**。 Ⅱ 前項規定,於勞務驗收準用之。
		§101	Ⅰ **公告金額以上**之工程或財物採購,除符合第九十條第一項第一款或其他經主管機關認定之情形者外,應填具**結算驗收證明書**或其他類似文件。未達公告金額之工程或財物採購,得由機關視需要填具之。 Ⅱ 前項結算驗收證明書或其他類似文件,機關應於驗收完畢後**十五日**內填具,並經**主驗**及**監驗**人員**分別簽認**。但有特殊情形必須延期,經機關首長或其授權人員核准者,不在此限。

二、必考重點

本部分重點在於驗收之期限天數，多出在選擇題中；惟近年曾有將驗收相關人員的名稱定義考在申論題中，故主驗、會驗及協驗人員仍有成為記憶點的需要。

(一) 驗收的定義為，確認廠商是否依約完成工作，且限期辦理驗收，並得視需要進行部分驗收，以便先行使用。

(二) 驗收期限：

1. 有初驗程序：初驗合格後，除契約另有規定者外，機關應於20日內辦理驗收，並做成驗收紀錄。

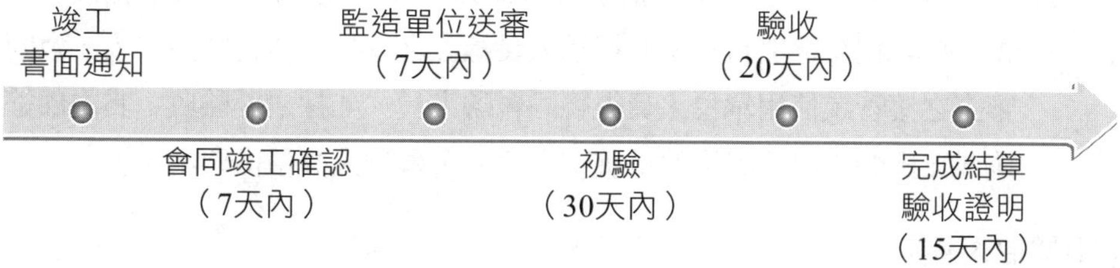

2. 無初驗程序：除契約另有規定外，機關應於接獲廠商通知備驗或可得驗收之程序完成後30日內辦理驗收。

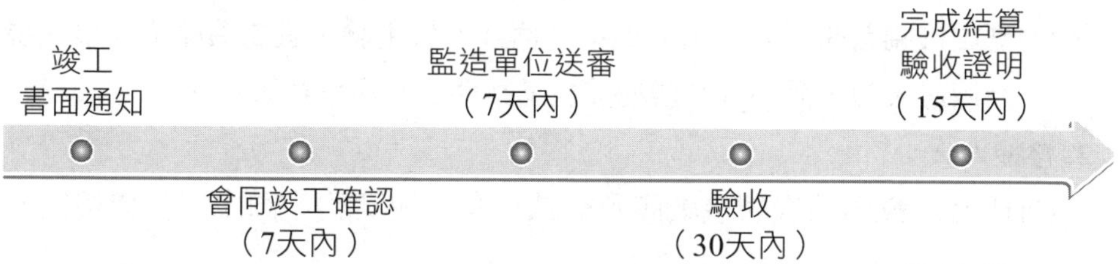

3. 初驗目的在於，先行確認履約是否達可驗收之標準。此除有助於後續正式驗收之程序順利進行，也可提早查驗採購的品項和數量；避免俟案件最終階段（或逼近使用需求之期限）不及調整改善或補救，只能透過減價收受辦理。

4. 特殊情形經核准後延期：有特殊情形必須延期者，應經機關首長或其授權人員核准，例如連假期間。

(三) **驗收方式：**

1. 工程、財物採購：

(1) 現場查驗：方法包括法令或契約載有驗收時應辦理丈量、檢驗或試驗之方法、程序或標準者，且必要時得拆驗或化驗；衍生的費用，視查驗結果是否與契約相符，不符即由廠商負擔，相符則否。

(2) 書面驗收。

2. 勞務採購：

(1) 現場查驗。

(2) 書面驗收。

(3) 審查會方式（工程會工程企字第09200274780號函釋：審查會紀錄，得視為驗收紀錄機關首長或其授權人員指派之主持人得視同主驗人，會同審查之接管或使用單位人員得視同會驗人員。如採書面驗收，其內部簽核或支出憑證之簽辦文件得載明主驗人、會驗人欄位供使用。）

(四) **驗收人員：**

1. 主驗人員：

(1) 任務：主持驗收程序，抽查驗核廠商履約結果有無與契約、圖說或貨樣規定不符，並決定不符時之處置。

(2) 應由機關首長或其授權人員指派適當人員主驗，宜為機關依人事法規進用之人員，而不宜為辦理該採購案件之基層承辦人員。

2. 會驗人員：

(1) 任務：會同抽查驗核廠商履約結果有無與契約、圖說或貨樣規定不符，並會同決定不符時之處置。

(2) 多由接管單位或使用單位出任，但採購事項單純則得免簽派。

3. 協驗人員：

(1) 任務：協助辦理驗收有關作業。

(2) 指設計、監造、承辦採購單位人員或機關委託之專業人員或機構人員，一樣於採購事項單純時得免設置。

4. 監驗人員：即監辦人員。由機關首長或其授權人員就機關內之政風、監查（察）、督察、檢核或稽核單位擇一指定之。
5. 廠商人員：機關辦理驗收，廠商未依通知派代表參加者，仍得為之。驗收前之檢查、檢驗、查驗或初驗，亦同。

精選試題

(　) **1** 以下何者不得採書面驗收，應辦理現場查驗？ (A)未達公告金額之工程採購，其採購金額逾公告金額十分之一者 (B)小額採購 (C)部分驗收其驗收金額不逾十萬元者 (D)即買即用或自供應至使用之期間甚為短暫，現場查驗有困難者物。

解 **(A)**。依政府採購法施行細則第90條第1項，機關依本法第71條第1項規定辦理下列工程、財物採購之驗收，得由承辦採購單位備具書面憑證採書面驗收，免辦理現場查驗：

一、公用事業依一定費率所供應之財物。

二、即買即用或自供應至使用之期間甚為短暫，現場查驗有困難者。

三、小額採購。

四、分批或部分驗收，其驗收金額不逾公告金額十分之一。

五、經政府機關或公正第三人查驗，並有相關品質或數量之證明文書者。

六、其他經主管機關認定者。

【107年台鐵營運甄試】

(　) **2** 機關依採購法第71條第1項規定辦理財物採購驗收，下列何者不是得採書面驗收，免辦理現場查驗之規定？ (A)即買即用 (B)分批驗收其驗收金額不逾公告金額 (C)小額採購 (D)公用事業依一定費率所供應之財物。

解 **(B)**。 依政府採購法施行細則第90條第1項，機關依本法第71條第1項規定辦理下列工程、財物採購之驗收，得由承辦採購單位備具書面憑證採書面驗收，免辦理現場查驗：

一、公用事業依一定費率所供應之財物。

二、即買即用或自供應至使用之期間甚為短暫，現場查驗有困難者。

三、小額採購。

四、分批或部分驗收，其驗收金額不逾公告金額十分之一。

五、經政府機關或公正第三人查驗，並有相關品質或數量之證明文書者。

六、其他經主管機關認定者。

【106年桃園機場從業甄試】

( ) **3** 工程或財物採購於驗收完畢後，何種金額以上案件，應填具結算驗收證明書或其他類似文件？ (A)小額採購 (B)巨額採購 (C)查核金額 (D)公告金額。

解 **(D)**。 依政府採購法施行細則第101條，公告金額以上之工程或財物採購，除符合第九十條第一項第一款或其他經主管機關認定之情形者外，應填具結算驗收證明書或其他類似文件。未達公告金額之工程或財物採購，得由機關視需要填具之。

【102年經濟部所屬從業甄試】

( ) **4** 機關依採購法第71條第1項規定辦理財物採購驗收時，下列何者不可以採書面驗收，或免辦理現場查驗？ (A)即買即用，現場查驗有困難者 (B)驗收金額達公告金額之分批驗收 (C)經政府機關或公正第三人查驗，並有相關品質或數量之證明文書者 (D)小額採購。

解 (B)。 依政府採購法施行細則第90條第1項，機關依本法第71條第1項規定辦理下列工程、財物採購之驗收，得由承辦採購單位備具書面憑證採書面驗收，免辦理現場查驗：

一、公用事業依一定費率所供應之財物。

二、即買即用或自供應至使用之期間甚為短暫，現場查驗有困難者。

三、小額採購。

四、分批或部分驗收，其驗收金額不逾公告金額十分之一。

五、經政府機關或公正第三人查驗，並有相關品質或數量之證明文書者。

六、其他經主管機關認定者。

【107年內政部營建署營造業工地主任評定考試】

5 表演活動，機關如現場查驗有困難者，應如何辦理驗收？

解 機關如現場查驗有困難者，可依採購法施行細則第90條之1規定，勞務驗收，得以書面或召開審查會方式辦理；其書面驗收文件或審查會紀錄，得視為驗收紀錄。

並採書面驗收者，其內部簽核或支出憑證之簽辦文件得載明主驗人、會驗人欄位供使用，並以其書面驗收文件，視為驗收紀錄。

【109年桃園機場從業甄試】

焦點2 驗收原則

一、關聯條文

驗收不符處理	政府採購法	§72 驗收紀錄及驗收結果不符之處理	Ⅰ 機關辦理驗收時應製作紀錄，由參加人員會同簽認。驗收結果與契約、圖說、貨樣規定不符者，應通知廠商**限期改善、拆除、重作、退貨或換貨**。其驗收結果不符部分非屬重要，而其他部分能先行使用，並經機關檢討認為確**有先行使用之必要**者，得經機關首長或其授權人員**核准**，就其他部分辦理驗收並支付部分價金。 Ⅱ 驗收結果與規定不符，而不妨礙安全及使用需求，亦無減少通常效用或契約預定效用，經機關檢討不必拆換或拆換確有困難者，得於必要時**減價收受**。其在**查核金額以上之採購**，應先報經**上級機關核准**；未達查核金額之採購，應經機關首長或其授權人員**核准**。 Ⅲ 驗收人對工程、財物隱蔽部分，於必要時得拆驗或化驗。
重為驗收	施行細則	§97	機關依本法第七十二條第一項通知廠商限期改善、拆除、重作或換貨，廠商於**期限內完成**者，機關應**再行辦理驗收**。 前項限期，契約未規定者，由**主驗人**定之。
部分驗收	施行細則	§98	Ⅰ 機關依本法第七十二條第一項辦理**部分驗收**，其所支付之部分價金，以**支付該部分驗收項目者為限**，並得視不符部分之情形酌予保留。 Ⅱ 機關依本法第七十二條第二項辦理減價收受，其減價計算方式，依契約規定。契約未規定者，得就不符項目，依契約價金、市價、額外費用、所受損害或懲罰性違約金等，計算減價金額。
部分驗收	施行細則	§99	機關辦理採購，有**部分先行使用之必要**或**已履約之部分**有減損滅失之虞者，應先就該**部分辦理驗收**或**分段查驗供驗收**之用，並得就該部分支付價金及起算保固期間。

二、必考重點

如果驗收合格就可以進入付款程序，所以本部分考點當然是在驗收不合格的時候該怎麼處理，務必區分清楚部分驗收跟減價收受差異，驗收最常見的考點也在此。

(一)**驗收與規定不符之處理：**

1. 原則：

(1)應通知廠商限期改善、拆除、重作、退貨或換貨，再行辦理驗收。

(2)契約未約定限期期間者，由主驗人決定相當期間。

(3)自行或使第三人為改正者，廠商須償還必要之費用。

2. 例外：

(1)部分驗收：

A. 驗收結果不符部分非屬重要，而其他部分能先行使用，並經機關檢討認為確有先行使用之必要者，得經機關首長或其授權人員核准，就其他部分辦理驗收並支付部分價金。

B. 部分驗收，其所支付之部分價金，以支付該部分驗收項目者為限，並得視不符部分之情形酌予保留。

(2)減價收受（減少報酬＋損害賠償）：

A. 驗收結果與規定不符，而不妨礙安全及使用需求，亦無減少通常效用或契約預定效用，經機關檢討不必拆換或拆換確有困難者，得於必要時減價收受。

B. 注意減價收受的5個要件：

(A)驗收結果與規定不符。

(B)不妨礙安全及使用需求。

(C)無減少通常效用或契約預定效用。

(D)經機關檢討不必拆換或拆換確有困難者。

(E)必要時。

C. 減價收受，其減價計算方式，依契約規定；契約未規定者，得就不符項目，依契約價金、市價、額外費用、所受損害或懲罰性違約金等，計算減價金額。

(二) 部分驗收先行使用之處理：

1. 不可歸責於廠商：

   機關辦理採購，有部分先行使用之必要或已履約之部分有減損滅失之虞者，應先就該部分辦理驗收或分段查驗供驗收之用，並得就該部分支付價金及起算保固期間。

2. 可歸責於廠商：

   部分驗收並支付部分價金，以支付該部分驗收項目者為限，並得視不符部分之情形酌予保留。

精選試題

( ) **1** 驗收結果與規定不符，而不妨礙安全及使用需求，亦無減少通常效用或契約預定效用，經機關檢討不必拆換或拆換確有困難者，得於必要時為何種妥適之措施？ (A)重新招標 (B)仍應對廠商請求拆換 (C)減價收受 (D)立即停工。

解 **(C)**。依採購法第72條第2項，驗收結果與規定不符，而不妨礙安全及使用需求，亦無減少通常效用或契約預定效用，經機關檢討不必拆換或拆換確有困難者，得於必要時減價收受。其在查核金額以上之採購，應先報經上級機關核准；未達查核金額之採購，應經機關首長或其授權人員核准。

【109年桃園機場從業甄試】

( ) **2** 有關機關辦理驗收事項之敘述，下列何者正確？ (A)機關承辦採購單位之人員，可為所辦採購之檢驗人，但不可擔任主驗人 (B)採購事項單純者，免會驗人員 (C)部分驗收不符，但機關認為其他部分能先行使用，仍不得先行使用，並俟完全驗收完竣，付款後方得使用 (D)驗收結果與規定不符，政府採購法規定並無減價收受之可能，以確保契約及圖說之執行。

解 **(B)**。

(A)依政府採購法第71條第3項，機關承辦採購單位之人員不得為所辦採購之主驗人或樣品及材料之檢驗人。

(B)依政府採購法施行細則第91條第2項第2款，會驗人員為會同抽查驗核廠商履約結果有無與契約、圖說或貨樣規定不符，並會同決定不符時之處置。但採購事項單純者得免之。

(C)依政府採購法第72條第1項後段，其驗收結果不符部分非屬重要，而其他部分能先行使用，並經機關檢討認為確有先行使用之必要者，得經機關首長或其授權人員核准，就其他部分辦理驗收並支付部分價金。

(D)依政府採購法第72條第2項，驗收結果與規定不符，而不妨礙安全及使用需求，亦無減少通常效用或契約預定效用，經機關檢討不必拆換或拆換確有困難者，得於必要時減價收受。其在查核金額以上之採購，應先報經上級機關核准；未達查核金額之採購，應經機關首長或其授權人員核准。

【101年專技高考建築師】

3 廠商履約結果經機關驗收不符時，在何種條件下，機關得為減價收受？又機關對於廠商減價收受之請求得否拒絕？減價收受之金額應如何計算？

解 (一)依政府採購法第72條第2項規定，驗收結果與規定不符，而不妨礙安全及使用需求，亦無減少通常效用或契約預定效用，經機關檢討不必拆換或拆換確有困難者，得於必要時減價收受。其在查核金額以上之採購，應先報經上級機關核准；未達查核金額之採購，應經機關首長或其授權人員核准。

(二)承前所述，機關在發生承商所交標的不符驗收規範時，必須先依政府採購法第72條第1項規定，通知廠商限期改善、拆除、重作、退貨或換貨，如仍不符，方能在第2項規定的

「不妨礙安全及使用需求，亦無減少通常效用或契約預定效用」、「經檢討不必拆換或拆換確有困難者」之範圍內為減價收受與否之裁量，是以機關對於廠商減價收受之請求仍得拒絕。

(三)依政府採購法施行細則第98條第2項，機關依採購法第72條第2項辦理減價收受，其減價計算方式，依契約規定。契約未規定者，得就不符項目，依契約價金、市價、額外費用、所受損害或懲罰性違約金等，計算減價金額。

【105年臺灣菸酒從業甄試】

( ) **4** 關於政府採購案件之驗收，下列敘述何者正確？ (A)機關辦理財物採購，應限期辦理驗收，且不得部分驗收 (B)機關承辦採購單位之人員為主辦採購之主驗人 (C)會驗人員為接管或使用單位之人員 (D)即買即用之財物採購，不論現場查驗有無困難，均得採書面驗收。

解 **(C)**。(A)(B)(C)依政府採購法第71條規定：

「I機關辦理工程、財物採購，應限期辦理驗收，並得辦理部分驗收。

II驗收時應由機關首長或其授權人員指派適當人員主驗，通知接管單位或使用單位會驗。

III機關承辦採購單位之人員不得為所辦採購之主驗人或樣品及材料之檢驗人。

IV前三項之規定，於勞務採購準用之。」

(D)依政府採購法施行細則第90條第1項第2款規定，機關依本法第七十一條第一項規定辦理下列工程、財物採購之驗收，得由承辦採購單位備具書面憑證採書面驗收，免辦理現場查驗：二、即買即用或自供應至使用之期間甚為短暫，現場查驗有困難者。

【111年鐵路特考佐級】

5 依政府採購法規定，何謂減價收受？減價收受之要件為何？

解 (一)減價收受之定義：指在驗收結果與契約訂定之要求條件不符時，以扣減契約價金方式受領廠商所提出之給付。依政府採購法第72條規定，驗收結果與規定不符，而不妨礙安全及使用需求，亦無減少通常效用或契約預定效用，經機關檢討不必拆換或拆換確有困難者，得於必要時減價收受。

(二)減價收受之要件：

1. 須驗收結果與規定不符。
2. 其不符須不妨礙安全及使用需求，亦無減少通常效用或契約預定效用。
3. 須經機關檢討不必拆換或拆換確有困難者。
4. 須有其必要。
5. 查核金額以上之採購，應先報經上級機關核准；未達查核金額之採購，應經機關首長或其授權人員核准。

(三)另有關其減價計算之方式，依政府採購法施行細則第98條，其減價計算方式，依契約規定，契約未規定者，得就不符項目，依契約價金、市價、額外費用、所受損害或懲罰性違約金等，計算減價金額。

【109年桃園機場從業甄試】

焦點3 驗收付款

一、關聯條文

採購付款審核	政府採購法	§73-1 機關工程採購付款及審核程序	Ⅰ 機關辦理工程採購之付款及審核程序，除契約另有約定外，應依下列規定辦理： 一、**定期估驗**或**分階段付款**者，機關應於廠商提出估驗或階段完成之證明文件後，**十五日內完成審核**程序，並於接到廠商提出之請款單據後，**十五日內付款**。 二、**驗收付款**者，機關應於驗收合格後，填具結算驗收證明文件，並於**接到廠商請款單據**後，**十五日內付款**。 三、前二款付款期限，應**向上級機關申請**核撥補助款者，**為三十日**。 Ⅱ 前項各款所稱日數，係指**實際工作日**，不包括例假日、特定假日及退請受款人補正之日數。 Ⅲ 機關辦理付款及審核程序，如發現廠商有文件不符、不足或有疑義而需補正或澄清者，應**一次通知**澄清或補正，不得分次辦理。 Ⅳ 財物及勞務採購之付款及審核程序，準用前三項之規定。

※採購錯誤行為常見態樣

編號	行為態樣	違反法條
1	未規定主要部分卻刁難廠商分包。	採購法§65、 §67、 施行細則§87
2	對於轉包行為視若無睹（例如履約階段由未得標廠商代為履行契約之全部或其主要部分）。	採購法§65、 §66、§101

二、必考重點

(一) 機關辦理採購之付款及審核程序，除契約另有約定外，應於廠商提出估驗或階段性完成之證明文件後，15日內完成審核程序；如發現廠商有不符、不足或有疑義而需補正澄清者，應一次澄清或補正，不得分次辦理。

(二) 審過後通知廠商可提出請款單據，於接獲該請款單據後15日內付款，如係向上級機關申請核撥補助款者為30日；如有無法依約付款情形時，需支付廠商遲延利息。

精選試題

( ) **1** 依採購法第73條之1規定，機關辦理工程採購驗收付款，除契約另有約定外，應於驗收合格後，填具結算驗收證明文件，並於接到廠商請款單據後，20日內付款。上開付款期限，屬應向上級機關申請核發補助款者，為30日。 (A)○ (B)×。

解 **(B)**。依採購法第73條之1第1項，機關辦理工程採購之付款及審核程序，除契約另有約定外，應依下列規定辦理：

一、定期估驗或分階段付款者，機關應於廠商提出估驗或階段完成之證明文件後，15日內完成審核程序，並於接到廠商提出之請款單據後，15日內付款。

二、驗收付款者，機關應於驗收合格後，填具結算驗收證明文件，並於接到廠商請款單據後，15日內付款。

三、前二款付款期限，應向上級機關申請核撥補助款者，為30日。

【109年政府電子採購網採購法規題庫】

(　　) **2** 依照政府採購法之規定，以下有關機關辦理工程採購之付款及審核程序，何者為非？

(A)定期估驗或分階段付款者，機關應於廠商提出估驗或階段完成之證明文件後，十五日內完成審核程序

(B)驗收付款者，機關應於驗收合格後，填具結算驗收證明文件，並於接到廠商請款單據後，十五日內付款

(C)機關辦理付款及審核程序，如發現廠商有文件不符、不足或有疑義而需補正或澄清者，應儘量一次通知澄清或補正，除有特殊之情形者外，不得分次辦理

(D)財物及勞務採購之付款及審核程序採定期估驗或分階段付款者，機關應於廠商提出估驗或階段完成之證明文件後完成審核程序，並於接到廠商提出之請款單據後，十五日內付款。

解 **(C)**。依政府採購法第73條之1，機關辦理工程採購之付款及審核程序，除契約另有約定外，應依下列規定辦理：

一、定期估驗或分階段付款者，機關應於廠商提出估驗或階段完成之證明文件後，十五日內完成審核程序，並於接到廠商提出之請款單據後，十五日內付款。→(A)、(D)

二、驗收付款者，機關應於驗收合格後，填具結算驗收證明文件，並於接到廠商請款單據後，十五日內付款。→(B)

三、前二款付款期限，應向上級機關申請核撥補助款者，為三十日。

前項各款所稱日數，係指實際工作日，不包括例假日、特定假日及退請受款人補正之日數。

機關辦理付款及審核程序，如發現廠商有文件不符、不足或有疑義而需補正或澄清者，應一次通知澄清或補正，不得分次辦理。→(C)

財物及勞務採購之付款及審核程序，準用前三項之規定。

【109年政府電子採購網採購法規題庫】

(　　) **3** 機關辦理工程採購之估驗計價付款期限，下列敘述何者正確？
(A)依行政院主計總處之「公款支付時限及處理應行注意事項」辦理
(B)依個案契約約定辦理；契約未約定者，依採購法第73條之1規定辦理
(C)契約不得約定機關應於15工作天內完成審核並付款予廠商
(D)依採購法規定，不論是否涉及向上級機關申請核撥補助款者，期限均相同。

解 **(B)**。依採購法第73條之1第1項，機關辦理工程採購之付款及審核程序，除契約另有約定外，應依下列規定辦理：

一、定期估驗或分階段付款者，機關應於廠商提出估驗或階段完成之證明文件後，十五日內完成審核程序，並於接到廠商提出之請款單據後，十五日內付款。

二、驗收付款者，機關應於驗收合格後，填具結算驗收證明文件，並於接到廠商請款單據後，十五日內付款。

三、前二款付款期限，應向上級機關申請核撥補助款者，為三十日。

【109年政府電子採購網採購法規題庫】

Day 06

爭議處理 (§74～§86)

焦點 1 基本概念

一、關聯條文

異議及申訴之適用	政府採購法	§74 廠商與機關間招標、審標、決標爭議之處理	廠商與機關間關於**招標**、**審標**、**決標**之爭議，得依本章規定提出**異議**及**申訴**。

※採購錯誤行為常見態樣

編號	行為態樣	違反法條
1	違反法規規定，例如：對於機關之決定不得異議。	採購法§74
2	漠視廠商之異議或合理、善意之建議。	採購法§75、§84、 施行細則§105-1

二、必考重點

本部分僅在闡述爭議處理適用範圍及常見爭議類型，因機關辦理採購，從確定規格需求、訂定招標文件、辦理招標到決標確定契約對象，期間內各項作為及決定，都與廠商能否取得標案息息相關，則一旦辦理過程發生瑕疵，採購的公正性遭受質疑，爭議便在所難免。

近年因司法程序公開透明化，實務界從業人員對於相關訴訟案件不再陌生，學術界更是有諸多公法學者從行政法學立場提出針對性見解，是以政府採購之爭議處理逐漸成為近年熱門考點章節。

考點包括如何提起異議及申訴的法律要件、調解程序及方案、申訴審議程序、審議判斷以及協議不成時之處理等。

(一) 傳統二分法係以決標訂約為界：

不同階段爭議處理

決標前爭議	契約爭議
未達公告金額：異議 公告金額以上：異議、申訴、行政訴訟	爭議處理：調解、仲裁、民事訴訟

招標 開標 審標 決標 訂約 履約 驗收 保固

(二) 廠商僅能對採購案之招標、審標、決標行為之爭議，提出異議及申訴，其他採購階段之爭議不得透過此二管道提出。

(三) 常見爭議類型：

1. 廠商認為機關違反法令程序致影響其權利或利益。
2. 招標文件規定或補正要求。
3. 評選委員會之決議。
4. 停權處分。

精選試題

( ) **1** 依政府採購法規定，下列何者並非該法爭議處理之對象？
(A)招標 (B)審標 (C)決標 (D)驗收。

解 **(D)**。依政府採購法第74條，廠商與機關間關於招標、審標、決標之爭議，得依本章規定提出異議及申訴。

【109年桃園機場從業甄試】

( ) **2** 下列何種政府採購爭議不屬於公法上之爭議？ (A)招標爭議 (B)審標爭議 (C)決標爭議 (D)驗收爭議。

解 **(D)**。依法務部105年10月31日法律字第10503515540號函釋：「認為本法立法政策係將機關之招標、審標、決標等訂約前之決定擬制視為行政處分」，是故招標、審標、決標行為係執行公權力之行為，屬公法律性質，更進一步認定為行政處分，亦即廠商與機關間關於招標、審標、決標之爭議，係屬公法上之爭議，依行政訴訟法規定救濟；惟訂約後之履約、驗收行為，屬私法事件，依調解或仲裁程序解決。

【107年內政部營建署營造業工地主任第二類科】

3 依政府採購法規定，對招標、審標、決標不服之救濟機制為何？

解 (一)採購行為之法律性質：

1. 有關政府採購法規定的招標之公告以及審標、決（廢）標結果之辦理決定，早年多認為均非屬行政處分，否則即可以訴願制度為其救濟，而毋庸另創異議、申訴制度。
2. 近年經法務部函釋，招標、審標、決標行為係執行公權力之行為，屬公法律性質，更進一步認定為行政處分，亦即廠商與機關間關於招標、審標、決標之爭議，係屬公法上之爭議，依行政訴訟法規定救濟；惟訂約後之履約、驗收行為，屬私法事件，依調解或仲裁程序解決。

(二)對招標、審標、決標不服之救濟機制，包括疑義、異議、申訴、行政訴訟等：

1. 疑義：機關對於廠商針對招標文件提出疑義，依政府採購法第41條，應以書面答復廠商，必要時得公告之；涉及變更或補充招標文件內容者或機關自行變更或補充招標文件內容者，除選擇性招標之規格標與價格標及限制性招標得以書面通知各廠商外，應另行公告，並視需要延長等標期。
2. 異議：廠商對於機關辦理採購，認為違反法令或我國所締結之條約、協定，致損害其權利或利益者，得依政府採購法第75條規定方式及期限內，以書面向招標機關提出異議。招標機關應自收受異議之次日起15日內為適當之處理，並將處理結果以書面通知提出異議之廠商。其處理結果涉及變更或補充招標文件內容者，除選擇性招標之規格標與價格標及限制性招標應以書面通知各廠商外，應另行公告，並視需要延長等標期。
3. 申訴：依政府採購法第76條規定，廠商對於公告金額以上採購異議之處理結果不服，或招標機關逾前條第二項所定期限不為處理者，得於收受異議處理結果或期限屆滿之次日起15日內，依其屬中央機關或地方機關辦理之採購，以書面分別向主管機關、直轄市或縣（市）政府所設之採購申訴審議委員會申訴。地方政府未設採購申訴審議委員會者，得委請中央主管機關處理。依政府採購法第78條規定，採購申訴審議委員會應於收受申訴書之次日起40日內完成審議，並將判斷以書面通知廠商及機關。必要時得延長40日。
4. 行政訴訟：依政府採購法第83條規定，前條之審議判斷，視同訴願決定。故依採購申訴審議規則第22條，如不服審議判斷，得於審議判斷書送達之次日起2個月內，向行政法院提起行政訴訟。

【109年桃園機場從業甄試】

4 試說明我國政府採購法上採購爭議處理機制之主要內容及其特色。

解 爭議處理包括二大部分，其一，廠商對政府機關辦理採購（招標、審標、決標）行為之爭議以及停權（不良廠商之刊登）爭議，得依政府採購法（以下簡稱採購法）第75、76條提出「異議及申訴」，以使其權益可獲得適當的確保；政府機關也會因此一規定使因採購所衍生之爭議得以早日解決，有利於採購事務之順利推動。其二，當機關與廠商有契約關係後，在履約過程中，機關與廠商難免會有不同之見解與爭執，其因而影響採購進行，因此採購法乃於第85條之1至第85條之4設計了「調解」機制，由採購申訴審議委員會就兩造爭議問題加以調解，並準用民事訴訟法之程序及效力。

其一程序是先向招標機關提出異議，如對處理結果不服，則可向申訴會提出申訴，委員會須對申訴案件做出審議判斷，審議判斷的效力依其性質視同訴願決定或調解方案。審議判斷如指明機關確有違法，機關應另為適法處置，或依申訴審議委員會之建議辦理，必要時，委員會得通知招標機關暫停採購作業，以維商機。

其二有關履約爭議之處理，依採購法第85條之1第1項規定，機關與廠商因履約爭議未能達成協議者，除訂有仲裁條款者得向仲裁機構提付仲裁外，亦得向採購申訴審議委員會申請調解，作為替代訴訟之解決方案，提供較為迅速、經濟並具法律拘束力之準司法救濟途徑。

【102年調查人員特考三等】

焦點 2 異議程序

一、關聯條文

<table>
<tr><td rowspan="3">提出異議之事由及期限</td><td>政府採購法</td><td>§75
廠商向招標機關提出書面異議</td><td>Ⅰ 廠商對於機關辦理採購，認為違反法令或我國所締結之條約、協定（以下合稱法令），致損害其權利或利益者，得於下列期限內，以書面向招標機關提出異議：
一、對招標文件規定提出異議者，為自公告或邀標之次日起等標期之四分之一，其尾數不足一日者，以一日計。但不得少於十日。
二、對招標文件規定之釋疑、後續說明、變更或補充提出異議者，為接獲機關通知或機關公告之次日起十日。
三、對採購之過程、結果提出異議者，為接獲機關通知或機關公告之次日起十日。其過程或結果未經通知或公告者，為知悉或可得而知悉之次日起十日。但至遲不得逾決標日之次日起十五日。
Ⅱ 招標機關應自收受異議之次日起十五日內為適當之處理，並將處理結果以書面通知提出異議之廠商。其處理結果涉及變更或補充招標文件內容者，除選擇性招標之規格標與價格標及限制性招標應以書面通知各廠商外，應另行公告，並視需要延長等標期。</td></tr>
<tr><td rowspan="2">施行細則</td><td>§104</td><td>本法第七十五條第一項第二款及第三款所定期限之計算，其經機關通知及公告者，廠商接獲通知之日與機關公告之日不同時，以日期在後者起算。</td></tr>
<tr><td>§104-1</td><td>Ⅰ 異議及申訴之提起，分別以受理異議之招標機關及受理申訴之採購申訴審議委員會收受書狀之日期為準。
Ⅱ 廠商誤向非管轄之機關提出異議或申訴者，以該機關收受之日，視為提起之日。</td></tr>
</table>

提出異議之事由及期限	施行細則	§105	異議逾越法定期間者，應**不予受理**，並以**書面通知**提出異議之廠商。
		§105-1	招標機關處理異議為不受理之決定時，仍得評估其事由，於認其異議有理由時，**自行撤銷或變更**原處理結果或**暫停**採購程序之進行。
提出異議方式		§102	Ⅰ 廠商依本法第七十五條第一項規定以**書面**向**招標機關**提出異議，應以**中文書面**載明下列事項，由**廠商簽名或蓋章**，提出於**招標機關**。其附有外文資料者，應就異議有關之部分備具中文譯本。但招標機關得視需要通知其檢具其他部分之中文譯本： 一、廠商之名稱、地址、電話及負責人之姓名。 二、有代理人者，其姓名、性別、出生年月日、職業、電話及住所或居所。 三、異議之事實及理由。 四、受理異議之機關。 五、年、月、日。 Ⅱ 前項廠商在我國無住所、事務所或營業所者，**應**委任在我國有住所、事務所或營業所之代理人為之。 Ⅲ 異議不合前二項規定者，招標機關得不予受理。但其情形可補正者，應定期間命其補正；逾期不補正者，不予受理。
		§103	機關處理異議，**得**通知提出異議之廠商到指定場所陳述意見。

※採購錯誤行為常見態樣

編號	行為態樣	違反法條
1	違反法規規定，例如：對於機關之決定不得異議。	採購法§74
2	漠視廠商之異議或合理、善意之建議。	採購法§75、§84、施行細則§105-1

二、必考重點

異議是申訴的前置程序，是廠商對機關有招標、審標或決標爭議時的救濟途徑第一階段，考點在於得提出異議之事由及期限。

(一) 要件：

1. 廠商認（主張）機關辦理採購案件有違反法令（政府採購相關法令）或我國所締結之條約、協定，致損害其（權利保護要件）權利或利益者。
2. 而廠商如係因自身資格，並非招標規格需求或投標文件規定，被排除而無法參與投標時，則因其尚未有受損之權益，其提出異議係為無理由。
3. 但機關如認廠商有採購法§101各款情事，將其刊登於政府採購公報上，則廠商於投標時接獲此通知時，認為機關有違法或不實之處，得向該機關提出異議。

(二) 方式：

1. 書面為之。縱廠商係於標案現場以口頭向採購機關人員表示不服，仍不符合採購法所稱之異議。

2. 期限內為之：

(1) 對招標文件規定提出異議者：

自公告或邀標之次日起等標期之1/4，其尾數不足1日者，以1日計；但考量有部分採購案件等標期較短，故仍有規定至少要10日以上。

(2) 對招標文件規定之釋疑、後續說明、變更或補充提出異議者：

為接獲機關通知或機關公告之次日起10日。

(3) 對採購之過程、結果提出異議者：

A. 過程或結果未經通知或公告者，為知悉或可得而知悉之次日起10日，但至遲不得逾決標日之次日起15日。

B. 接獲機關通知或機關公告之次日起10日。

3. 逾越法定期間之異議：

(1) 機關不予受理，並以書面通知異議之廠商。

(2) 機關仍得評估異議之事由，如認異議有理由時，自行撤銷、變更處理結果或暫停採購程序之進行，此為行政自我審查概念。

(三) **機關處理：**

1. 招標機關應自收受異議之次日起15日內為適當之處理，並將處理結果以書面通知提出異議之廠商。

2. 其處理結果涉及變更或補充招標文件內容者，除選擇性招標之規格標與價格標及限制性招標應以書面通知各廠商外，應另行重新公告招標，並視需要延長等標期。

3. 異議處理結果應附記救濟教示條款，如載明：「廠商對於採購異議之處理結果不服，得於收受異議處理結果之次日起15日內，以書面向採購申訴審議委員會申訴」等語，否則依行政程序法§98處理。

(四) **異議流程**（出處：工程會>政府採購>政府採購爭議處理>申訴調解之書類表格與流程>異議申訴流程圖）：

異議處理流程

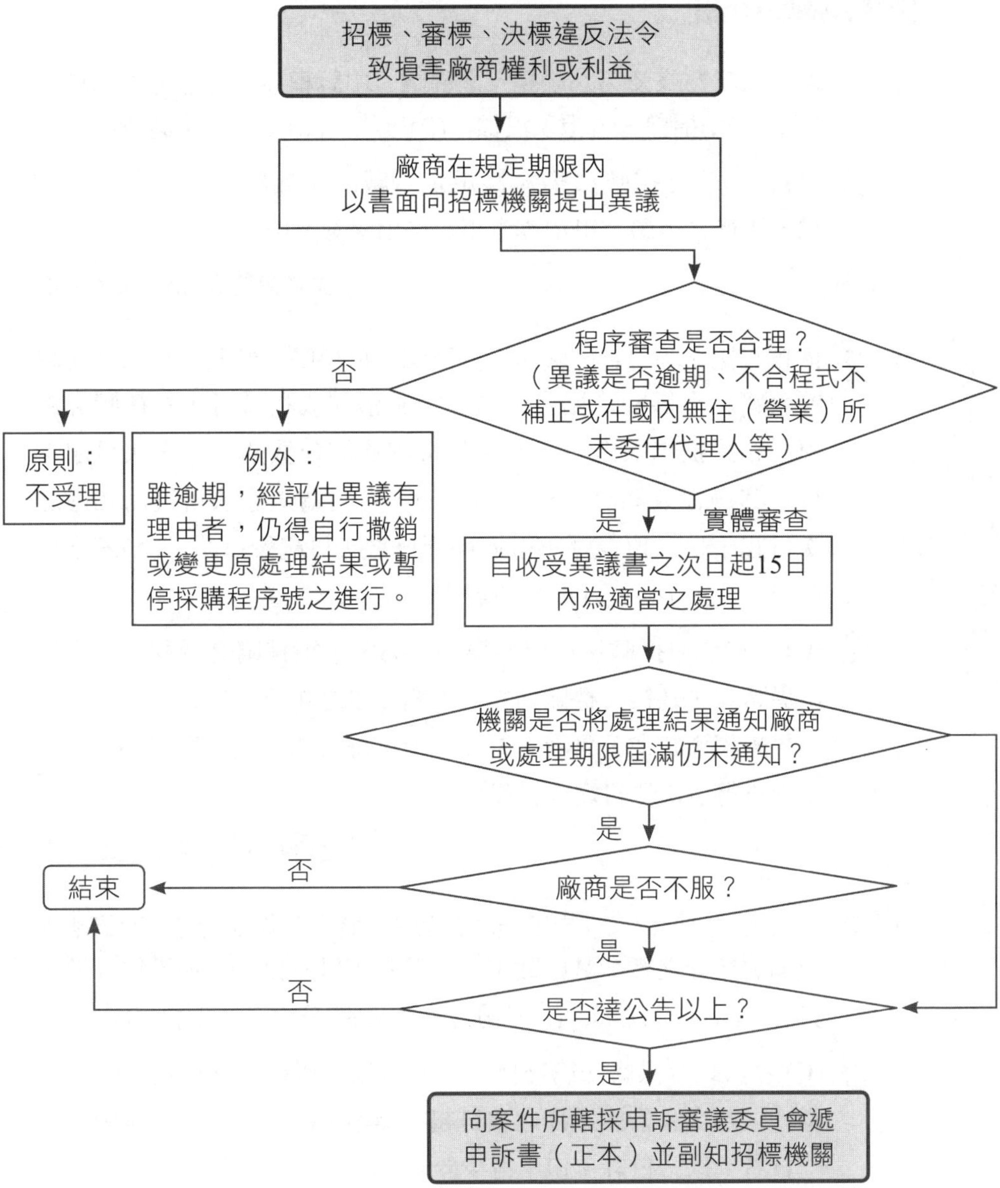
招標、審標、決標違反法令
致損害廠商權利或利益
廠商在規定期限內
以書面向招標機關提出異議
程序審查是否合理？
（異議是否逾期、不合程式不
補正或在國內無住（營業）所
未委任代理人等）
否
原則：
不受理
例外：
雖逾期，經評估異議有
理由者，仍得自行撤銷
或變更原處理結果或暫
停採購程序號之進行。
是
實體審查
自收受異議書之次日起15日
內為適當之處理
機關是否將處理結果通知廠商
或處理期限屆滿仍未通知？
是
廠商是否不服？
否
結束
是
是否達公告以上？
否
是
向案件所轄採申訴審議委員會遞
申訴書（正本）並副知招標機關

精選試題

( ) **1** 採購法第75條及第76條規定之異議、申訴程序，係在處理何種爭議？ (A)招標、審標、決標 (B)履約 (C)保固 (D)驗收。

解 **(A)**。依政府採購法第74條規定，廠商與機關間關於招標、審標、決標之爭議，得依本章規定提出異議及申訴。

【102年經濟部所屬新進甄試】

( ) **2** 依政府採購法規定，廠商對於機關辦理採購，認為違反法令或我國所締結之條約、協定，致損害其權利或利益者，對採購之過程、結果提出異議者，為接獲機關通知或機關公告之次日起十日。其過程或結果未經通知或公告者，為知悉或可得而知悉之次日起十日。但至遲不得逾決標日之次日起幾日？ (A)三十日 (B)二十日 (C)十五日 (D)十日。

解 **(C)**。依政府採購法第75條第1項第3款，對採購之過程、結果提出異議者，為接獲機關通知或機關公告之次日起10日。其過程或結果未經通知或公告者，為知悉或可得而知悉之次日起10日。但至遲不得逾決標日之次日起15日。

【109年桃園機場從業甄試】

( ) **3** 承前題，對招標文件規定提出異議者，為自公告或邀標之次日起等標期之幾分之幾？其尾數不足一日者，以一日計，但不得少於十日。 (A)二分之一 (B)三分之二 (C)四分之一 (D)五分之三。

解 **(C)**。依政府採購法第75條第1項第1款，對招標文件規定提出異議者，為自公告或邀標之次日起等標期之四分之一，其尾數不足一日者，以一日計。但不得少於十日。

【109年桃園機場從業甄試】

( ) **4** 廠商對於機關辦理之採購提出異議逾法定期限時，機關對於異議之處置，何者為是？ (A)移受理申訴之機關 (B)應為實體審查 (C)應不予受理 (D)移上級機關。

解 **(C)**。依政府採購法施行細則第105條，異議逾越法定期間者，應不予受理，並以書面通知提出異議之廠商。

【109年中央造幣廠新進甄試】

( ) **5** 廠商對於機關辦理採購，認為違反法令致損害其權利或利益者，得於一定期限內以書面向招標機關提出異議；如對招標文件規定提出異議，且假設等標期為28日，則應自公告之次日起多少天內提出異議？ (A)14 (B)10 (C)7 (D)4。

解 **(B)**。依政府採購法第75條第1項第1款，廠商對於機關辦理採購，認為違反法令或我國所締結之條約、協定（以下合稱法令），致損害其權利或利益者，得於下列期限內，以書面向招標機關提出異議：一、對招標文件規定提出異議者，為自公告或邀標之次日起等標期之四分之一，其尾數不足一日者，以一日計。但不得少於十日。

【108年專技高考建築師】

焦點 3 申訴程序

一、關聯條文

申訴提出及受理單位	政府採購法	§76 採購申訴	Ⅰ 廠商對於**公告金額以上**採購異議之處理結果不服，或**招標機關逾前條第二項所定期限不為處理**者，得於收受異議處理結果或期限屆滿之次日起**十五日內**，依其屬中央機關或地方機關辦理之採購，以**書面**分別向主管機關、直轄市或縣（市）政府所設之**採購申訴審議委員會**申訴。地方政府未設採購申訴審議委員會者，得委請中央主管機關處理。 Ⅱ 廠商誤向該管採購申訴審議委員會以外之機關申訴者，以**該機關收受之日**，視為提起申訴之日。 Ⅲ 第二項收受申訴書之機關應於收受之次日起**三日**內將申訴書移送於該管採購申訴審議委員會，並通知申訴廠商。 Ⅳ 爭議屬第三十一條規定不予發還或追繳押標金者，不受第一項公告金額以上之限制。
申訴書內容	政府採購法	§77 申訴書應載明事項	Ⅰ 申訴應具**申訴書**，載明下列事項，由申訴廠商簽名或蓋章： 一、申訴廠商之名稱、地址、電話及負責人之姓名、性別、出生年月日、住所或居所。 二、原受理異議之機關。 三、申訴之事實及理由。 四、證據。 五、年、月、日。 Ⅱ 申訴得委任代理人為之，代理人應檢附委任書並載明其姓名、性別、出生年月日、職業、電話、住所或居所。 Ⅲ 民事訴訟法第七十條規定，於前項情形準用之。

處理期限	**政府採購法**	§78 申訴之審議及完成審議之期限	Ⅰ 廠商提出申訴，應同時繕具**副本送招標機關**。機關應自收受申訴書副本之次日起**十日**內，以書面向該管採購申訴審議委員會陳述意見。 Ⅱ 採購申訴審議委員會應於收受申訴書之次日起**四十日**內完成審議，並將判斷以書面通知廠商及機關。必要時得**延長四十日**。
不受理申訴		§79 申訴之不予受理及補正	申訴**逾越法定期間**或**不合法定程式**者，不予受理。但其情形可以補正者，應定期間命其補正；逾期不補正者，不予受理。
撤回		§81 撤回申訴	申訴提出後，廠商得於**審議判斷送達前**撤回之。申訴經撤回後，不得再行提出同一之申訴。
委員會		§86 採購申訴審議委員會之設置	Ⅰ 主管機關及直轄市、縣（市）政府為處理中央及地方機關採購之廠商申訴及機關與廠商間之履約爭議調解，分別設採購申訴審議委員會；置**委員七人至三十五人**，由主管機關及直轄市、縣（市）政府聘請具有法律或採購相關專門知識之公正人士擔任，其中**三人**並得由主管機關及直轄市、縣（市）政府**高級人員派兼**之。但派兼人數不得超過全體委員人數**五分之一**。 Ⅱ 採購申訴審議委員會應公正行使職權。採購申訴審議委員會組織準則，由主管機關擬訂，報請行政院核定後發布之。

二、必考重點

申訴作為廠商對機關有招標、審標或決標爭議時的救濟途徑第二階段，需注意的包括異議前置主義、招標金額之限制、得提起申訴之期限以及申訴受理單位等重點。

(一) **重要法規：《採購申訴審議規則》、《採購申訴審議委員會組織準則》**。

(二) **提出要件：**

1. 申訴標的案件須為公告金額以上之採購案件；亦即廠商對於未達公告金額的較小採購案件，依本法其救濟途徑僅能止於異議程序。
2. 廠商經提出異議程序後，對於機關的異議處理結果不服或機關逾15日不為處理時，始得以書面方式提起申訴。
3. 提出申訴的期限：
   (1) 對機關異議處理結果不服時，為收受異議處理結果之次日起15日內。
   (2) 在機關逾期不為處理時，為處理期限（15日）屆滿之次日起15日內。
   (3) 廠商提出時間點，以受理異議或申訴之機關收受書狀之日為準；如誤向其他機關表明不服者，以該機關收受之日視為提起之日，此與訴願法§14係同一立法概念。
   (4) 收受申訴書之機關，應於收受日次日起3日內移送該管採購申訴委員會，並通知申訴廠商。

(三) **受理申訴單位：**

1. 採購申訴審議委員會（以下簡稱申訴會）：
   (1) 在中央為行政院公共工程委員會所設採購申訴會。
   (2) 在地方為各直轄市或縣（市）政府所設採購申訴會。
   (3) 地方政府未設相關申訴處理單位者，得委請中央主管機關處理。
2. 委員會之設置：
   置委員7人至35人，由主管機關及地方政府聘請具法律或採購相關專門知識之公正人士擔任，其中3人得由主管機關及地方政府高級人員派兼之，但派兼人數不得超過全體委員人數1/5。

(四) **撤回申訴：**

1. 申訴提出後，廠商得於審議判斷送達前撤回，但經撤回後，不得再行提出同一之申訴。
2. 廠商提出申訴時，應繳納審議費（新臺幣3萬元）、鑑定費及其他必要費用：
   (1) 未繳納者，由申訴會通知限期補繳，逾期未補繳者，不受理其申請。
   (2) 廠商撤回申訴者，已繳審議費用不予退還，但於第1次預審會議期日前撤回者，無息退還1/2；另已繳納而尚未發生之鑑定費及其他必要費用，應予退還。
   (3) 申訴事件經申訴會為不受理之決議者，免予收費。已繳費者，申訴會無息退還所繳審議費之全額。但已通知預審會議期日者，收取審議費新臺幣5,000元。

(五) **申訴流程圖**（出處：工程會>政府採購>政府採購爭議處理>申訴調解之書類表格與流程>申訴案件辦理流程圖）：

行政院公共工程委員會採購申訴審議委員會辦理申訴案件管控流程

說明：

一、按政府採購法第78條第2項規定，申訴事件自收受申訴書之次日起40日內完成審議。必要時得延長40日。

二、申訴時間之起算情形有三：

1. 申訴廠商書面申請且繳納審議費，不須再補正文件者，自申請之次日起算。
2. 申訴廠商未繳費或申訴書尚未補正者，自補繳及補正之次日起算。
3. 申訴期間，申訴廠商續以書面補具理由，自最後收受理由書之次日起算。

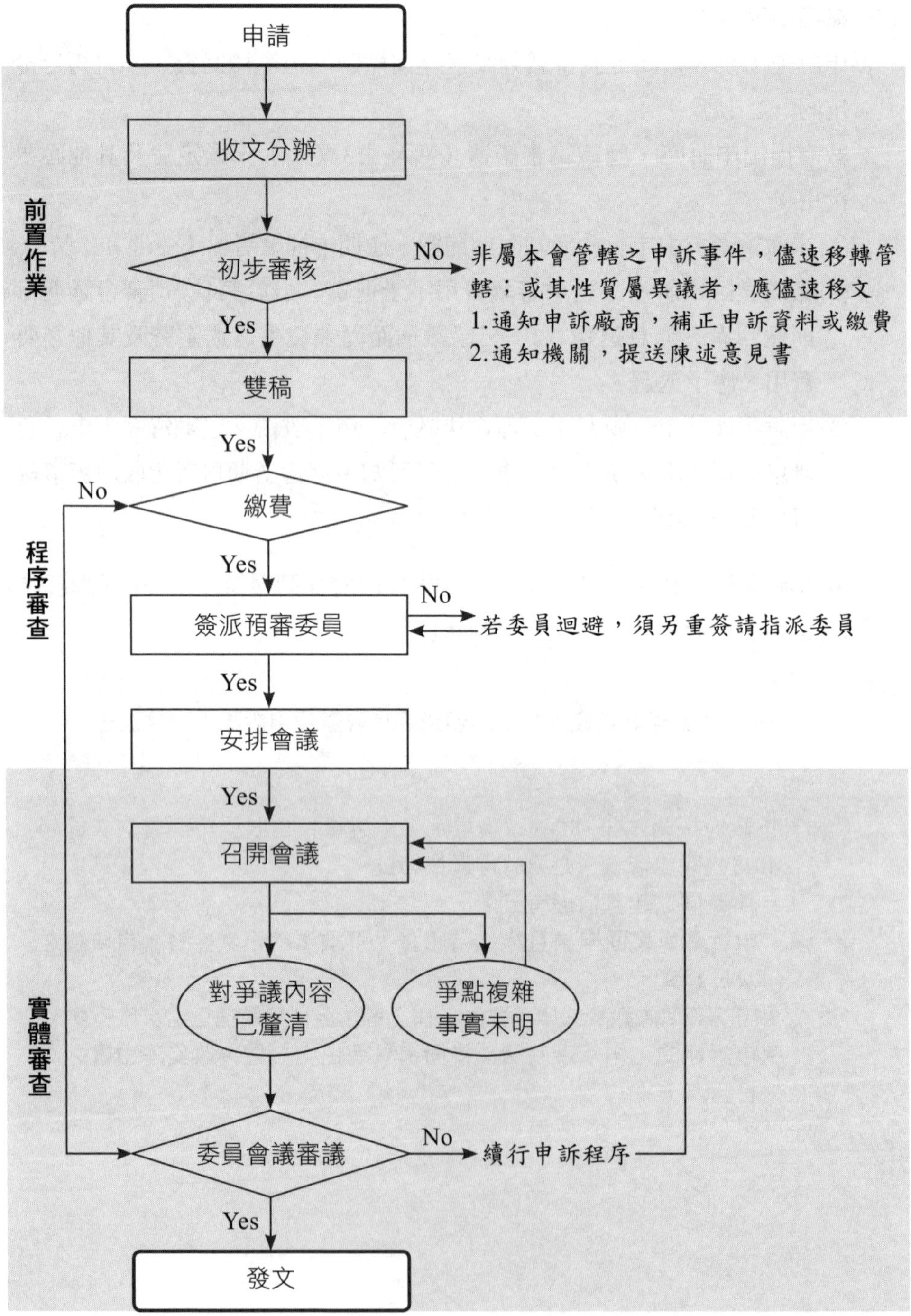
申請
前置作業
收文分辨
初步審核
No
非屬本會管轄之申訴事件，儘速移轉管轄；或其性質屬異議者，應儘速移文
1.通知申訴廠商，補正申訴資料或繳費
2.通知機關，提送陳述意見書
Yes
雙稿
Yes
No
繳費
程序審查
Yes
簽派預審委員
No
若委員迴避，須另重簽請指派委員
Yes
安排會議
Yes
召開會議
實體審查
對爭議內容已釐清
爭點複雜事實未明
委員會議審議
No
續行申訴程序
Yes
發文

精選試題

( ) **1** 機關辦理採購，下列何者為非？ (A)申訴事件，在為實體審查前，應先繳納審議費用 (B)關於招標文件之申訴事件，未投標之廠商亦得提出 (C)申訴事件，應先為實體審查，其無不受理之情形者，再為程序審查 (D)廠商誤向非管轄之機關申訴者，以該機關收受之日，視為提起申訴之日。

解 **(C)**。依採購申訴審議規則第10條，對於申訴事件，應先為程序審查，其無不受理之情形者，再進而為實體審查。

【109年桃園機場從業甄試】

( ) **2** 依政府採購法規定，廠商對於公告金額以上採購異議之處理結果不服，或招標機關逾法定期限不為處理者，得於收受異議處理結果或期限屆滿之次日起幾日內？依其屬中央機關或地方機關辦理之採購，以書面分別向主管機關、直轄市或縣（市）政府所設之採購申訴審議委員會申訴。 (A)15日 (B)20日 (C)30日 (D)60日。

解 **(A)**。依政府採購法第76條，廠商對於公告金額以上採購異議之處理結果不服，或招標機關逾前條第二項所定期限不為處理者，得於收受異議處理結果或期限屆滿之次日起十五日內，依其屬中央機關或地方機關辦理之採購，以書面分別向主管機關、直轄市或縣（市）政府所設之採購申訴審議委員會申訴。地方政府未設採購申訴審議委員會者，得委請中央主管機關處理。

【109年桃園機場從業甄試】

( ) **3** 廠商對於招標機關依政府採購法第31條規定不予發還或追繳押標金爭議，得向採購申訴審議委員會申訴之門檻為： (A)公告金額以上 (B)查核金額以上 (C)不論金額大小 (D)公告金額十分之一以上。

解 (C)。依政府採購法第76條第4項，爭議屬第31條規定不予發還或追繳押標金者，不受第1項公告金額以上之限制。

【109年中央造幣廠新進甄試】

(　　) **4** 目前臺東縣政府未設採購申訴審議委員會，對於臺東縣政府所屬之機關、學校辦理之採購如發生爭議，臺東縣政府得如何處理？ (A)委請臺北市政府採購申訴審議委員會處理　(B)委請政府採購法主管機關所設之採購申訴審議委員會處理　(C)委請高雄市政府採購申訴審議委員會處理　(D)由臺東縣議會處理。

解 (B)。依政府採購法第76條第1項後段，地方政府未設採購申訴審議委員會者，得委請中央主管機關處理。

【109年中央造幣廠新進甄試】

(　　) **5** 申訴廠商於第1次預審會議期日前撤回採購申訴者，所繳審議費？ (A)不予退還　(B)無息退還二分之一　(C)無息退還三分之一　(D)無息退還全部。

解 (B)。依採購申訴審議收費辦法第8條，廠商撤回申訴者，已繳審議費用不予退還。但於第一次預審會議期日前撤回者，無息退還二分之一。

【109年中央造幣廠新進甄試】

(　　) **6** 機關辦理採購，下列何者為非？ (A)申訴事件，在為實體審查前，應先繳納審議費用　(B)關於招標文件之申訴事件，未投標之廠商亦得提出　(C)申訴事件，應先為實體審查，其無不受理之情形者，再為程序審查　(D)廠商誤向非管轄之機關申訴者，以該機關收受之日，視為提起申訴之日。

解 (B)。依採購申訴審議規則第10條，對於申訴事件，應先為程序審查，其無不受理之情形者，再進而為實體審查。

【109年中央造幣廠新進甄試】

7 於小額採購案件，廠商對於機關依政府採購法第101條所為之通知而提出異議，對機關之異議處理結果不服，或機關逾收受異議之次日起15日期限不為處理者，廠商得依據政府採購法何種程序為救濟？

解 ※依行政院公共工程委員會111年12月23日工程企字第1110100798號令，小額採購為新臺幣15萬元以下之採購；原88年4月2日工程企字第8804490號所認小額採購為新臺幣10萬元以下之採購，不再援用。

(一)依行政院公共工程委員會民國111年12月23日工程企字第1110100798號令，小額採購為新臺幣15萬元以下之採購，又其採購辦理方式，依中央機關未達公告金額採購招標辦法第5條規定，得不經公告程序，逕洽廠商採購，免提供報價或企劃書。爰該廠商如有「對於機關依政府採購法第101條所為之通知而提出異議，對機關之異議處理結果不服，或機關逾收受異議之次日起15日期限不為處理」之情形，其所適用之救濟程序，是否與其他公告金額以上案件相同，不無疑義。

(二)經查政府採購法（以下簡稱採購法）第102條第2項已明定：「廠商對前項異議之處理結果不服，或機關逾收受異議之次日起15日內不為處理者，無論該案件是否逾公告金額，得於收受異議處理結果或期限屆滿之次日起15日內，以書面向該管採購申訴審議委員會申訴。」同條第4項並規定：「第1項及第2項關於異議及申訴之處理，準用第六章之規定。」

(三)綜上，本題小額採購案件之廠商，所適用之救濟程序，應依前開「無論該案件是否逾公告金額」之規定，得於收受異議處理結果或期限屆滿之次日起15日內，以書面向該管採購申訴審議委員會申訴，相關程序並準用採購法第六章之規定。

【105年鐵路特考員級】

焦點4 審議判斷

一、關聯條文

審議原則	政府採購法	§80 申訴審議程序	Ⅰ 採購申訴得僅就**書面**審議之。 Ⅱ 採購申訴審議委員會得依職權或申請，通知申訴廠商、機關到指定場所陳述意見。 Ⅲ 採購申訴審議委員會於審議時，得囑託具專門知識經驗之機關、學校、團體或人員鑑定，並得通知相關人士說明或請機關、廠商提供相關文件、資料。 Ⅳ 採購申訴審議委員會辦理審議，得先行向廠商收取**審議費**、**鑑定費及其他必要之費用**；其收費標準及繳納方式，由主管機關定之。 Ⅴ **採購申訴審議規則**，由主管機關擬訂，報請行政院核定後發布之。
審議判斷		§82 審議判斷應載明內容	Ⅰ 採購申訴審議委員會審議判斷，應以**書面**附事實及理由，指明招標機關原採購行為有無違反法令之處；其有違反者，並**得建議**招標機關處置之方式。 Ⅱ 採購申訴審議委員會於完成審議前，必要時得通知招標機關暫停採購程序。 Ⅲ 採購申訴審議委員會為第一項之建議或前項之通知時，**應考量公共利益**、**相關廠商利益**及**其他有關情況**。
效力		§83 審議判斷之效力	審議判斷，視同**訴願決定**。
機關措施		§84 招標機關對異議或申訴得採取之措施	Ⅰ 廠商提出異議或申訴者，招標機關評估其事由，認其異議或申訴有理由者，應**自行撤銷**、**變更原處理結果**，或**暫停採購程序之進行**。但為應緊急情況或公共利益之必要，或其事由無影響採購之虞者，不在此限。 Ⅱ 依廠商之申訴，而為前項之處理者，招標機關應將其結果**即時通知**該管採購申訴審議委員會。

機關處理	**政府採購法**	§85 招標機關對審議判斷之處置程序	Ⅰ 審議判斷指明原**採購行為違反法令**者，招標機關應自收受審議判斷書之次日起**二十日**內另為適法之處置；期限屆滿未處置者，廠商得自期限屆滿之次日起**十五日**內向採購申訴審議委員會申訴。 Ⅱ 採購申訴審議委員會於審議判斷中建議招標機關處置方式，而招標機關**不依建議辦理**者，應於收受判斷之次日起**十五日內**報請**上級機關核定**，並由上級機關於收受之次日起**十五日內**，以**書面**向採購申訴審議委員會及廠商**說明理由**。 Ⅲ 審議判斷指明原採購行為違反法令，廠商得向招標機關請求償付其準備投標、異議及申訴所支出之必要費用。

二、必考重點

本部分主要闡述審議程序本身、機關應如何處理以及法律效果，實務上不論是行政、訴訟、救濟等，都講究先程序後實體，蓋因「程序不合，實體不究」（意即程序錯了，也不用討論實體了）；是以準備選擇題時自應注意天數、條件等細節性事項；準備申論題時，則需熟悉申訴審議程序流程，能以自己的文字進行闡述為目的。

(一) 申訴審議程序：

1. 程序審查：

(1) 申訴會對於申訴案件，會先確認有無程序不合法，得不受理之情形；申訴案件提起程序不合法時，如可補正，應訂相當期間通知申訴廠商補正；無法補正者，自應為不受理決定。

(2) 以下屬於申訴會應為不受理決議之情形：

A. 採購事件未達公告金額。但廠商因停權所為申訴之事件，不在此限。

B. 申訴逾越法定期間。

C. 申訴不合法定程式不能補正，或經通知限期補正屆期未補正。

D. 申訴事件不屬收受申訴書之申訴會管轄而不能依法移送者。

E. 對於已經審議判斷或已經撤回之申訴事件復為同一之申訴。

F. 招標機關自行依申訴廠商之請求，撤銷或變更其處理結果。

G. 申訴廠商不適格。

H. 採購履約爭議提出申訴，未申請改行調解程序。

I. 非屬政府採購事件。

J. 其他不予受理之情事。

2. 實體審查：

(1) 申訴案件通過程序審查後，申訴會主任委員指定委員1至3人為預審委員，開始實體審查；審議時，另可再按事件需要選任諮詢委員1至3人備詢用。

(2) 審議時，申訴會可因案情簡易、事證明確，以書面審議；亦得依職權或申請，通知申訴廠商、招標機關及利害關係人到場陳述意見。

(3) 申訴審議期限為收受申訴書之次日起40日，必要時得延長40日。

3. 陳述意見：

(1) 廠商提出申訴時，應同時繕具副本，連同相關文件送招標機關。

(2) 招標機關應自收受該副本之次日起10日內，以書面檢具相關文件向申訴會陳述意見。

(3) 招標機關未依規定期限向申訴會陳述意見者，申訴會得以函文催促或逕為審議。

(二) **審議判斷：**

1. 申訴會應考量公共利益、相關廠商利益及其他有關情況，作成「審議判斷」，後以書面方式附事實及理由，說明系爭採購行為有無違法之處。

2. 如審議結果認該採購行為有違法之處，申訴會得建議機關處置方式，廠商此時亦取得因投標、異議、申訴等必要支出費用之賠付請求權基礎。

3. 機關如不願接受申訴會建議處置方式，於收受審議判斷書之次日起15日內報請上級機關核定，由上級機關於收受之次日起15日內，向申訴會及廠商書面說明理由。

4. 另在完成審議前，申訴會經考量公共利益、相關廠商利益及其他有關情況後，可於必要時通知機關暫停採購程序；優點是可保障廠商實質利益，缺點是影響採購程序及行政進度。

(三) **審議救濟**：申訴審議判斷之效力視同訴願決定，申訴廠商如對此不服，可在審議判斷書送達之次日起2個月內，向有管轄權之行政法院提起行政訴訟。

精選試題

( ) **1** 依政府採購法，下列何者有誤： (A)申訴審議判斷指明原採購行為違反法令者，招標機關應自收受審議判斷書之次日起20日內另為適法之處置 (B)申訴審議判斷指明原採購行為違反法令者，廠商得向招標機關請求償付其準備投標、異議及申訴所支出之必要費用 (C)申訴提出後，廠商得於審議判斷送達前撤回之 (D)申訴經撤回後，得再行提出同一之申訴。

解 **(D)**。依政府採購法第81條，申訴提出後，廠商得於審議判斷送達前撤回之。申訴經撤回後，不得再行提出同一之申訴。

【109年中央造幣廠新進甄試】

( ) **2** 依政府採購法規定，招標機關原採購行為如經採購申訴審議委員會之審議判斷指明違反法令者，招標機關應自收受審議判斷書之次日起幾日內另為適法之處置？ (A)20日 (B)30日 (C)40日 (D)50日。

解 **(A)**。依政府採購法第85條第1項前段，審議判斷指明原採購行為違反法令者，招標機關應自收受審議判斷書之次日起二十日內另為適法之處置。

【109年桃園機場從業甄試】

(　) **3** 依政府採購法規定，採購申訴審議委員會於審議判斷中建議招標機關處置方式，而招標機關不依建議辦理者，應於收受判斷之次日起幾日內報請上級機關核定？並由上級機關於收受之次日起幾日內，以書面向採購申訴審議委員會及廠商說明理由？(A)三十日；二十日　(B)三十日；十五日　(C)二十日；十五日　(D)十五日；十五日。

解 **(D)**。依政府採購法第85條第2項，採購申訴審議委員會於審議判斷中建議招標機關處置方式，而招標機關不依建議辦理者，應於收受判斷之次日起十五日內報請上級機關核定，並由上級機關於收受之次日起十五日內，以書面向採購申訴審議委員會及廠商說明理由。

【109年桃園機場從業甄試】

(　) **4** 採購申訴審議委員會之審議判斷，下列何者有誤？　(A)審議判斷應指明招標機關原採購行為有無違反法令之處　(B)審議判斷指明原採購行為違反法令者，招標機關應另為適法之處置　(C)審議判斷視同訴願決定　(D)審議判斷中建議招標機關處置方式，而招標機關不依建議辦理者，應由招標機關於收受判斷之次日起15日內以書面向採購申訴審議委員會說明理由。

解 **(D)**。依政府採購法第85條第2項，採購申訴審議委員會於審議判斷中建議招標機關處置方式，而招標機關不依建議辦理者，應於收受判斷之次日起十五日內報請上級機關核定，並由上級機關於收受之次日起十五日內，以書面向採購申訴審議委員會及廠商說明理由。

【103年經濟部所屬新進甄試】

5 A廠商參加B機關「標購95年心臟電擊去顫器一批」採購事件，不服機關所為異議處理結果，於法定期間向C政府採購申訴審議委員會提起申訴。經C政府採購申訴審議委員會審查系爭採購申訴案，前經B招標機關以函撤銷原處分。C政府採購申訴審議委員會判斷「申訴不受理」。請依政府採購法第84條說明招標機關可自行撤銷之規定為何？

解 (一)依政府採購法（以下簡稱採購法）第84條第1項規定：

1. 廠商提出異議或申訴者，招標機關評估其事由，認其異議或申訴有理由者，應自行撤銷、變更原處理結果，或暫停採購程序之進行。但為應緊急情況或公共利益之必要，或其事由無影響採購之虞者，不在此限。
2. 蓋因有關招標、審標、決標、履約、驗收採購程序如何進行，本屬招標機關權責，當廠商提出異議或申訴時，招標機關如認異議或申訴有理由，應自行撤銷、變更原處理結果或暫停採購程序的進行，惟情況緊急、基於公共利益的必要或異議、申訴事由無影響採購之虞，則仍可繼續原採購行為。以上決定，應由招標機關自行評估為之，並自負其責。

(二)採購法第84條第2項並規定：

1. 依廠商之申訴，而為前項之處理者，招標機關應將其結果即時通知該管採購申訴審議委員會。即當廠商在申訴程序中，招標機關如經評估後自行撤銷、變更原處理結果或暫停採購程序的進行時，應將其結果即時通知該管申訴會，俾作成不受理的審議判斷。
2. 採購申訴審議規則第11條第6款亦明定，申訴事件有下列情形之一者，應提申訴會委員會議為不受理之決議：六、招標機關自行依申訴廠商之請求，撤銷或變更其處理結果者。

(三)本案既經A廠商向C政府採購申訴審議委員會提起申訴，B招標機關得依前述採購法第84條第1項之規定，評估其事由，若認其異議或申訴有理由者，應自行撤銷、變更原處理結果，或暫停採購程序之進行。此時B招標機關並應依同法同條第2項規定，即時通知該管採購申訴審議委員會。C政府採購申訴審議委員會於收到前述通知後，即應依前述採購申訴審議規則第11條第6款之規定，為申訴不受理之決議。故本題所述C政府採購申訴審議委員會所作「申訴不受理」之判斷，應屬合法。

【104年鐵路特考高員三級】

焦點 5 調解仲裁

一、關聯條文

履約爭議處理	**政府採購法**	§85-1 履約爭議處理方式	Ⅰ 機關與廠商因**履約爭議**未能達成協議者，得以下列方式之一處理： 一、向採購申訴審議委員會申請**調解**。 二、向仲裁機構提付**仲裁**。 Ⅱ 前項調解屬廠商申請者，**機關不得拒絕**。**工程及技術服務採購之調解**，採購申訴審議委員會應提出調解建議或調解方案；其因機關不同意致調解不成立者，廠商提付仲裁，**機關不得拒絕**。 Ⅲ 採購申訴審議委員會辦理調解之程序及其效力，除本法有特別規定者外，準用**民事訴訟法**有關調解之規定。 Ⅳ **履約爭議調解規則**，由主管機關擬訂，報請行政院核定後發布之。
申請調解費用		§85-2 申請調解費用之收取	申請調解，應繳納**調解費**、**鑑定費**及**其他必要之費用**；其收費標準、繳納方式及數額之負擔，由主管機關定之。
調解成立		§85-3 書面調解建議	Ⅰ 調解經**當事人合意**而**成立**；當事人**不能合意**者，調解**不成立**。 Ⅱ 調解過程中，調解委員得依職權以**採購申訴審議委員會名義**提出**書面調解建議**；**機關不同意**該建議者，應先**報請上級機關核定**，並以**書面**向採購申訴審議委員會及廠商**說明理由**。

調解異議	政府採購法	§85-4 調解方案及異議之提出	Ⅰ 履約爭議之調解，當事人**不能合意但已甚接近**者，採購申訴審議委員會應斟酌一切情形，並徵詢調解委員之意見，求兩造利益之平衡，於不違反兩造當事人之主要意思範圍內，以**職權**提出**調解方案**。 Ⅱ 當事人或參加調解之利害關係人對於前項方案，得於送達之次日起**十日內**，向採購申訴審議委員會提出**異議**。 Ⅲ 於前項期間內提出異議者，視為**調解不成立**；其未於前項期間內提出異議者，視為已依該方案調解成立。 Ⅳ **機關**依前項規定提出異議者，準用前條第二項之規定。

二、必考重點

針對履約爭議使用調解制度，顯見立法者將該階段之爭議定性為民事糾紛，故而準用了民事訴訟調解制度。本部分重點在於機關須注意事項及調解要件，故除採購法本文外，亦需一併注意依採購法§85-1Ⅳ規定訂定之《**採購履約爭議調解規則**》。

(一) 調解程序：

1. 範圍：履約、驗收、保固皆在調解範圍內。
2. 要件：
   (1) 機關與廠商發生履約爭議時，應先進行協議，不成始得申請調解。
   (2) 廠商、機關均得申請調解。
   (3) 機關主動提起調解後，須經廠商同意，否則應為調解不受理決議。
   (4) 廠商提出調解申請，機關原則不得拒絕。

(5) 例外於廠商有調解應不受理事項且無法補正者：

A. 當事人不適格。

B. 已提起仲裁、申（聲）請調解或民事訴訟。但其程序已依法合意停止者，不在此限。

C. 曾經法定機關調解未成立。

D. 曾經法院判決確定。

E. 申請人係無行為能力或限制行為能力人，未由法定代理人合法代理。

F. 由代理人申請調解，其代理權有欠缺。

G. 申請調解不合程式。

H. 經限期補繳調解費，屆期未繳納。

I. 廠商不同意調解。

J. 送達於他造當事人之通知書，應為公示送達或於外國為送達。

K. 非屬政府採購事件。

L. 其他應不予受理之情事。

(6) 申請調解的書狀，內容須包括請求調解之事項、調解標的之法律關係和爭議情形及證據，併按對造人數同時寄送副本；後續與一般訴訟程序類似，對造應於收受該申請書副本之次日起15日內，亦以書面方式陳述意見予申訴會，且副本給申請人。

3. 調解過程中處置：

(1) 當事人未到場：一造或兩造未到場時，調解委員得視為調解不成立或另訂調解日。

(2) 許可或通知第三人參加：有利害關係之第三人，經調解委員許可或通知後可參加調解，但不受調解之拘束。

(3) 調查證據：申訴會的調解委員進行調解，於必要時得調查證據。

(4)調解建議／調解方案：

	調解建議	調解方案
意義	雙方歧見較大，但調解委員認有成立調解之可能時。	當事人不能合意，但已甚接近時。
提出	調解過程中，調解委員審酌平允解決辦法，依職權以申訴會名義提出書面調解建議。	採購申訴審議委員會可在不違兩造當事人之主要意思範圍內，以職權提出調解方案。
考慮期間	調解建議提出後會先送雙方當事人，讓雙方有時間考量，同時定合理期限命雙方回覆是否同意。	兩造當事人若未在收到調解方案10日內提出異議，即視為成立調解；反之，則調解不成立。

(二)**調解效力**：

1. 調解經成立者，與確定判決有同一效力。
2. 調解不成立者，申訴會將給予兩造調解不成立證明書，兩造據此可依契約約定或其他法定程序救濟。
3. 調解之申請，申請人可撤回，經撤回者視為未申請調解。

(三)**提付仲裁**：

1. 仲裁協議：

   透過爭議雙方當事人的合意，將爭議委由中立的仲裁人或仲裁委員會，由該仲裁人或仲裁委員會作成對當事人具有法定拘束力之仲裁判斷，後簽訂仲裁協議書，以機關指定之仲裁處所為其仲裁處所的機制。

2. 調解不成立後強制：

   工程及技術服務採購之調解，申訴會應提出調解建議或調解方案；其因機關不同意致調解不成立者，廠商提付仲裁，機關不得拒絕。

(四)履約爭議處理之比較：

	調解	仲裁	訴訟
申請人	兩造均可提起，但廠商（含連帶保證廠商）申請時，機關不得拒絕。	兩造均可提起（惟須有仲裁協議條款或書面），但大多由廠商提起。	兩造均可起訴。
標的	不限於金額或展期，範圍較廣（如減價驗收、請求繼續履約或終止契約等）。	大多為金額或展期請求。	大多為金額請求。
期間	4至6個月	6至9個月	多以年計
費用（含律師委任費）	最低	較低	較高
專門知識	委員即擁有；且有諮詢委員、專家學者參與，必要時亦得委外鑑定。	可選任具專門知識之仲裁人；仲裁過程亦可委外鑑定。	須仰賴鑑定機關。
處理方式	得不公開	秘密審理	公開審理
審理過程	可由律師或當事人自己為意見陳述。	多由律師代理，但當事人仍可自行表達意見。	具技術性，但大抵由律師代為攻防。
審理結果	較符業界期待，而機關也易於接受。	較符業界期待，但機關常提起撤銷仲裁判斷之訴。	可能衍伸其他結果。
效力	調解成立確定者，與法院確定判決有同一效力（內容適於強制執行者可聲請強制執行，毋待法院裁定）；調解不成立者，可另行提付仲裁或起訴。	一審終結。 於當事人間，與法院確定判決有同一效力（須聲請法院裁定後始得強制執行，但亦可事先約定不待法院裁定）。	最終確定判具既判力及執行力（強制執行）。

精選試題

( ) **1** 依採購法第85條之1第2項後段規定廠商提付仲裁機關不得拒絕，一般稱為何種機制？ (A)先仲後調 (B)先調後仲 (C)仲調合一 (D)仲調合併。

解 **(B)**。依政府採購法第85-1條，機關與廠商間的工程及技術服務採購之調解，採購申訴審議委員會應提出調解建議或調解方案；其因機關不同意致調解不成立者，廠商提付仲裁，機關不得拒絕，是為先調解後仲裁。

【106年身障事務員】

( ) **2** 有關調解程序之敘述，下列何者錯誤？ (A)調解經當事人合意而成立；當事人不能合意者，調解不成立 (B)調解過程中，調解委員得依職權以採購申訴審議委員會名義提出書面調解建議 (C)履約爭議之調解，當事人不能合意但已甚接近者，採購申訴審議委員會應斟酌一切情形，並徵詢調解委員之意見，求兩造利益之平衡，於不違反兩造當事人之主要意思範圍內，以職權提出調解方案 (D)當事人或參加調解之利害關係人對於職權提出調解方案，得於送達之次日起二十日內，向採購申訴審議委員會提出異議。

解 **(D)**。依政府採購法第85條之4第2項，當事人或參加調解之利害關係人對於前項方案，得於送達之次日起十日內，向採購申訴審議委員會提出異議。

【109年桃園機場從業甄試】

( ) **3** 機關與廠商因履約爭議未能達成協議者，得以下列方式處理之？ (A)只得向採購申訴審議委員會申請調解 (B)應於協議不成十五日內，向仲裁機構提付仲裁 (C)向採購申訴審議委員會申請調解或向仲裁機構提付仲裁 (D)先經地方法院民事庭申請調解。

解 (C)。依政府採購法第85條之1規定，機關與廠商因履約爭議未能達成協議者，得以下列方式之一處理：

一、向採購申訴審議委員會申請調解。

二、向仲裁機構提付仲裁。

前項調解屬廠商申請者，機關不得拒絕。工程及技術服務採購之調解，採購申訴審議委員會應提出調解建議或調解方案；其因機關不同意致調解不成立者，廠商提付仲裁，機關不得拒絕。

採購申訴審議委員會辦理調解之程序及其效力，除本法有特別規定者外，準用民事訴訟法有關調解之規定。

履約爭議調解規則，由主管機關擬訂，報請行政院核定後發布之。

【109年桃園機場從業甄試】

( ) **4** 就採購履約爭議調解，下列何者為正確？ (A)調解程序以不公開為原則 (B)調解過程中，採購程序應暫停 (C)機關得拒絕廠商申請之調解 (D)就調解事件有利害關係之第三人，請求參加調解程序時，機關不得拒絕。

解 (A)。依採購履約爭議調解規則第12條，調解程序於申訴會行之；必要時，亦得於其他適當處所行之。前項調解，以不公開為原則。

【109年中央造幣廠新進甄試】

5 何謂「先調後仲機制」？請依政府採購法第85條之1規定說明其適用要件。

解 (一)先調後仲機制：

1. 適用範圍：依政府採購法第85-1條第1項，機關與廠商因履約爭議未能達成協議者，得向採購申訴審議委員會申請調解或向仲裁機構提付仲裁。

2. 工程及技術服務採購：調解階段，採購申訴審議委員會應提出調解建議或調解方案；其因機關不同意致調解不成立者，廠商提付仲裁，機關不得拒絕。
3. 是以工程採購調解經採購申訴審議委員會提出調解建議或調解方案，因機關不同意，導致調解不成立時，廠商得提付仲裁，機關不得拒絕，此即所謂「先調後仲」機制。

(二)政府採購法第85-1條相關要件：

1. 須是因工程採購所生的履約爭議：本條已有規定，廠商得先調後仲的採購案，僅限工程及技術服務採購，並不包括財物及勞務採購。
2. 廠商需先依法申請調解：本條係以調解為前置程序，而調解係由廠商或機關發動在所不問。採購案件調解之程序或效力，準用民事訴訟法規定。
3. 採購申訴審議委員會須提出調解建議或方案：調解過程中，調解委員得審酌雙方提出事證後，依職權以採購申訴審議委員會名義提出書面調解建議；如雙方尚未能合意，但在不違反當事人主要意思範圍內，以職權提出調解方案。
4. 須因機關不同意調解建議或方案以致調解不成立：機關不同意調解建議或方案者，應先報請上級機關核定，並以書面向採購申訴審議委員會和廠商說明理由。
5. 廠商於調解不成立後提付仲裁：本條規定因機關不同意致調解不成立者，廠商提付仲裁，機關不得拒絕；惟反面解釋當機關提付仲裁時，需徵得廠商同意。

【104年鐵路特考員級】

焦點6 停權救濟

一、關聯條文

不良廠商處理	政府採購法	§101 應通知廠商並刊登政府採購公報之違法、違約情形	Ⅰ 機關辦理採購，發現廠商有下列情形之一，應將其事實、理由及依第一百零三條第一項所定期間**通知廠商**，並附記如未提出異議者，將刊登政府採購公報： 一、**容許他人借用**本人名義或證件參加投標者。 二、**借用或冒用**他人名義或證件投標者。 三、擅自**減省工料**，情節重大者。 四、以**虛偽不實**之文件投標、訂約或履約，情節重大者。 五、受**停業處分**期間仍參加投標者。 六、犯第八十七條至第九十二條之罪，**經第一審為有罪判決**者。 七、得標後**無正當理由**而不訂約者。 八、查驗或驗收**不合格**，情節重大者。 九、驗收後**不履行保固責任**，情節重大者。 十、因可歸責於廠商之事由，**致延誤履約期限**，情節重大者。 十一、違反第六十五條規定**轉包**者。 十二、因可歸責於廠商之事由，致**解除或終止契約**，情節重大者。 十三、**破產程序**中之廠商。 十四、**歧視**性別、原住民、身心障礙或弱勢團體人士，情節重大者。 十五、對採購有關人員**行求**、**期約**或**交付不正利益**者。 Ⅱ 廠商之**履約連帶保證廠商**經機關通知履行連帶保證責任者，適用前項規定。

不良廠商處理	**政府採購法**	§101 應通知廠商並刊登政府採購公報之違法、違約情形	Ⅲ 機關為第一項通知前，應給予廠商口頭或書面陳述意見之機會，機關並應成立採購工作及審查小組認定廠商是否該當第一項各款情形之一。 Ⅳ 機關審酌第一項所定情節重大，應考量機關所受損害之輕重、廠商可歸責之程度、廠商之實際補救或賠償措施等情形。
	施行細則	§109-1	Ⅰ 機關依本法第一百零一條第三項規定給予廠商陳述意見之機會，應以**書面告知**，廠商於送達之次日起**十日內**，以書面或口頭向機關陳述意見。 Ⅱ 廠商依本法第一百零一條第三項規定以口頭方式向機關陳述意見時，應至機關指定場所陳述，機關應以文字、錄音或錄影等方式**記錄**。 Ⅲ 機關依本法第一百零一條第一項規定將其事實、理由及依第一百零三條第一項所定期間通知廠商時，應附記廠商如認為機關所為之通知違反本法或不實者，得於接獲通知之次日起**二十日內**，以**書面**向招標機關提出異議；未提出異議者，將刊登**政府採購公報**。 Ⅳ 機關依本法第一百零二條規定將異議處理結果以書面通知提出異議之廠商時，應附記廠商如對該處理結果不服，得於收受異議處理結果之次日起**十五日內**，以**書面**向採購申訴審議委員會提出**申訴**。
		§110	廠商有本法第一百零一條第一項第六款之情形，經**判決無罪確定**者，自判決確定之日起，得參加投標及作為決標對象或分包廠商。
	政府採購法	§102 廠商得對機關前條通知之情事提出異議及申訴	Ⅰ 廠商對於機關依前條所為之通知，認為違反本法或不實者，得於接獲通知之次日起**二十日內**，以**書面**向該機關提出異議。 Ⅱ 廠商對前項異議之**處理結果不服**，或**機關逾收受異議之次日起十五日內不為處理**者，無論該案件是逾公告金額，得於收受異議處理結果或期限屆滿之次日起**十五日**內，以**書面**向該管採購申訴審議委員會申訴。

不良廠商處理	**政府採購法**	§102 廠商得對機關前條通知之情事提出異議及申訴	Ⅲ 機關依前條通知廠商後，廠商未於規定期限內提出異議或申訴，或經提出申訴結果不予受理或審議結果指明不違反本法或並無不實者，機關應即將廠商名稱及相關情形**刊登政府採購公報**。 Ⅳ 第一項及第二項關於異議及申訴之處理，準用第六章之規定。
		§103 停權廠商不得參加投標或作為決標對象或分包廠商之期限	Ⅰ 依前條第三項規定刊登於政府採購公報之廠商，於下列期間內，不得**參加投標**或**作為決標對象**或**分包廠商**： 一、有第一百零一條第一項**第一款至第五款**、**第十五款**情形或**第六款判處有期徒刑者**，自刊登之次日起**三年**。但經判決撤銷原處分或無罪確定者，應註銷之。 二、有第一百零一條第一項**第十三款**、**第十四款**情形或**第六款判處拘役**、**罰金或緩刑者**，自刊登之次日起**一年**。但經判決撤銷原處分或無罪確定者，應註銷之。 三、有第一百零一條第一項**第七款至第十二款**情形者，於通知日起**前五年內**未被任一機關刊登者，自刊登之次日起**三個月**；已被任一機關**刊登一次**者，自刊登之次日起**六個月**；已被任一機關刊登累計**二次以上**者，自刊登之次日起**一年**。但經判決撤銷原處分者，應註銷之。 Ⅱ 機關因**特殊需要**，而有向前項廠商採購之必要，經**上級機關核准**者，不適用前項規定。 Ⅲ 本法中華民國一百零八年四月三十日修正之條文施行前，已依第一百零一條第一項規定通知，但處分尚未確定者，適用修正後之規定。

不良廠商處理	施行細則	§112-1	Ⅰ 本法第一百零三條第一項第三款所定通知日，為機關通知廠商有本法第一百零一條第一項各款情形之一之**發文日期**。 Ⅱ 本法第一百零三條第二項所稱特殊需要，指符合下列情形之一，且基於**公共利益**考量確有必要者： 一、有本法第二十二條第一項第一款、第二款、第四款或第六款情形之一者。 二、依本法第五十三條或第五十四條規定辦理減價結果，廢標二次以上，且未調高底價或建議減價金額者。 三、依本法第一百零五條第一項第一款或第二款辦理者。 四、其他經主管機關認定者。

※採購錯誤行為常見態樣

編號	行為態樣	違反法條
1	有採購法第一百零一條第一項各款情形之一而未通知廠商將刊登政府採購公報及刊登期間；通知前未給予廠商口頭或書面陳述意見之機會；未成立採購工作及審查小組認定廠商是否該當第一項各款情形之一；通知時未附記救濟程序及期限或附記錯誤；或答復異議時未附記救濟程序及期限；審酌同條第一項所定情節重大，未考量機關所受損害輕重、廠商可歸責程度、實際補救或賠償措施等情形。	採購法§101～§103、施行細則§109-1

二、必考重點

(一)停權處分：

1. 意義：

   對廠商有違法或重大違約情形時，機關應將其情形通知廠商，並經異議及申訴之處理程序後，視其結果刊登於政府採購公報，作為各機關辦理其他採購案時，於招標文件規定該等廠商不得參加投標或作為決標對象或分包廠商之依據，以杜絕不良廠商，建立良性競爭環境。

2. 效果：

   廠商一定期限（3個月至3年）內不得參加投標、或不得作為決標對象、或不得為分包廠商。

3. 要件：

   (1)有違反採購法§101規定之情形。

   (2)經機關通知未提出異議、申訴；或提出異議、申訴遭駁回者。

   (3)刊登政府採購公報（政府採購公告及公報發行辦法）。

4. 性質：

   為行政罰，裁處權因3年期間之經過而消滅。裁處權時效之起算，自違反行政法上義務之行為終了時起算。但行為之結果發生在後者，自該結果發生時起算。

(二)拒絕往來廠商處分救濟方式：

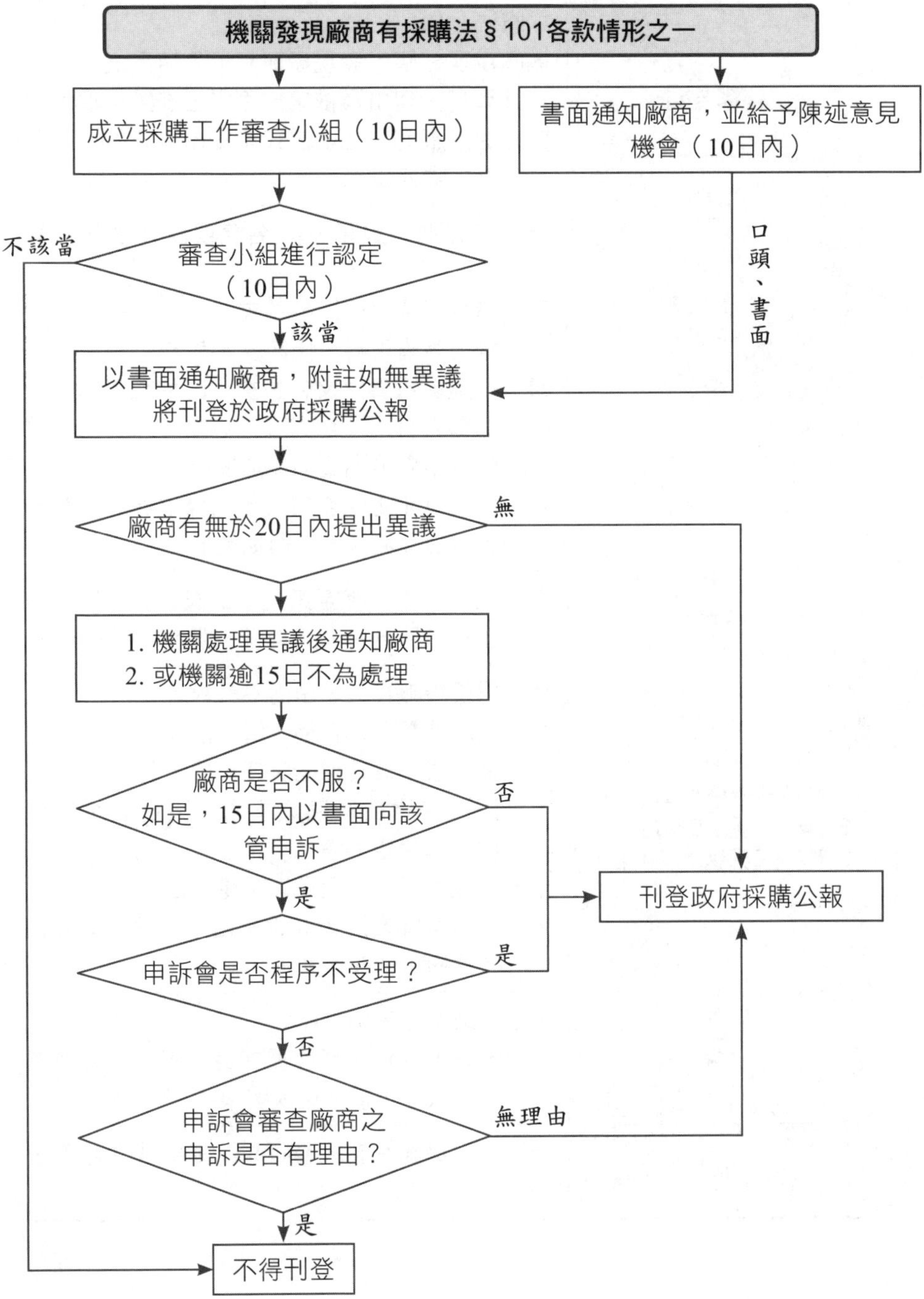

(三)停權時間：

停權時間	採購法§101： 機關辦理採購，發現廠商有下列情形之一，應將其事實、理由及依第一百零三條第一項所定期間通知廠商，並附記如未提出異議者，將刊登政府採購公報：
3年	一、容許他人借用本人名義或證件參加投標者。 二、借用或冒用他人名義或證件投標者。 三、擅自減省工料，情節重大者。 四、以虛偽不實之文件投標、訂約或履約，情節重大者。 五、受停業處分期間仍參加投標者。 六、犯第八十七條至第九十二條之罪，經第一審為有罪判決者（有期徒刑）。
1年	六、犯第八十七條至第九十二條之罪，經第一審為有罪判決者（拘役、罰金或緩刑）。
1.未曾被處分：3個月。 2.5年內1犯：6個月。 3.5年內2犯以上：1年。	七、得標後無正當理由而不訂約者。 八、查驗或驗收不合格，情節重大者。 九、驗收後不履行保固責任，情節重大者。 十、因可歸責於廠商之事由，致延誤履約期限，情節重大者。 十一、違反第六十五條規定轉包者。 十二、因可歸責於廠商之事由，致解除或終止契約，情節重大者。
1年	十三、破產程序中之廠商。 十四、歧視性別、原住民、身心障礙或弱勢團體人士，情節重大者。
3年	十五、對採購有關人員行求、期約或交付不正利益者。

(四) **停權事由及時間之口訣參考：**三一五

1. 三句：借名投標又減料、虛偽停業還行賄、有期徒刑罰三年。
2. 一句：破產歧視罰一年。
3. 五句：不合格就不訂、不保固就轉包、履約遲就解約、沒犯過三個月、五年再犯就加倍。

精選試題

( ) **1** 實務見解認為政府採購法第 101 條之停權處分之裁處權時效，下列何者正確？ (A)3年 (B)5年 (C)15年 (D)1年。

解 **(A)**。 最高行政法院101年度6月份第1次庭長法官聯席會議[關於政府採購法因第101條各款而被登載於政府公報，此一刊登之行為是否為行政罰？]決議文（部分節錄）：

「機關因廠商有政府採購法第101條第1項各款情形，依同法第102條第3項規定刊登政府採購公報，即生同法第103條第1項所示於一定期間內不得參加投標或作為決標對象或分包廠商之停權效果，為不利之處分。其中第3款、第7款至第12款事由，縱屬違反契約義務之行為，既與公法上不利處分相連結，即被賦予公法上之意涵，如同其中第1款、第2款、第4款至第6款為參與政府採購程序施用不正當手段，及其中第14款為違反禁止歧視之原則一般，均係違反行政法上義務之行為，予以不利處分，具有裁罰性，自屬行政罰，應適用行政罰法第27條第1項所定3年裁處權時效。其餘第13款事由，乃因特定事實予以管制之考量，無違反義務之行為，其不利處分並無裁罰性，應類推適用行政罰裁處之3年時效期間。」

【106年鐵路特考佐級】

( ) **2** 機關辦理採購，下列何者不是採購法第101條規定得刊登政府採購公報之情形：
(A)擅自減省工料，情節重大者
(B)以虛偽不實之文件投標、訂約或履約，情節重大者
(C)重整程序中之廠商
(D)得標後無正當理由而不訂約者。

解 **(C)**。依政府採購法第101條規定，機關辦理採購，發現廠商有下列情形之一，應將其事實、理由及依第103條第項所定期間通知廠商，並附記如未提出異議者，將刊登政府採購公報：
(1) 容許他人借用本人名義或證件參加投標者。
(2) 借用或冒用他人名義或證件投標者。
(3) 擅自減省工料，情節重大者。→(A)
(4) 以虛偽不實之文件投標、訂約或履約，情節重大者。→(B)
(5) 受停業處分期間仍參加投標者。
(6) 犯第87條至第92條之罪，經第一審為有罪判決者。
(7) 得標後無正當理由而不訂約者。→(D)
(8) 查驗或驗收不合格，情節重大者。
(9) 驗收後不履行保固責任，情節重大者。
(10) 因可歸責於廠商之事由，致延誤履約期限，情節重大者。
(11) 違反第六十五條規定轉包者。
(12) 因可歸責於廠商之事由，致解除或終止契約，情節重大者。
(13) 破產程序中之廠商。→(C)
(14) 歧視性別、原住民、身心障礙或弱勢團體人士，情節重大者。
(15) 對採購有關人員行求、期約或交付不正利益者。

【109年台鐵營運甄試】

( ) **3** 共同投標廠商有採購法第101條各款所列情形，依採購法第102條第3項應刊登政府採購公報者，應如何刊登？

(A)一律刊登全體成員名單

(B)視可歸責之事由，對各該應負責任之成員個別刊登

(C)刊登代表廠商名稱

(D)以上皆非。

解 **(B)**。依共同投標辦法第16條，共同投標廠商之成員有本法第一百零一條第一項各款情形之一者，機關應視可歸責之事由，對各該應負責任之成員個別為通知。

【101年經濟部所屬新進甄試】

4 刊登政府採購公報之法定事由有哪些？廠商若遭到刊登政府採購公報後，發生何種法律效果？

解 (一)依政府採購法第101條規定，機關辦理採購，發現廠商有下列情形之一，應將其事實、理由及依第103條第1項所定期間通知廠商，並附記如未提出異議者，將刊登政府採購公報：

1. 容許他人借用本人名義或證件參加投標者。
2. 借用或冒用他人名義或證件投標者。
3. 擅自減省工料，情節重大者。
4. 以虛偽不實之文件投標、訂約或履約，情節重大者。
5. 受停業處分期間仍參加投標者。
6. 犯第87條至第92條之罪，經第一審為有罪判決者。
7. 得標後無正當理由而不訂約者。
8. 查驗或驗收不合格，情節重大者。
9. 驗收後不履行保固責任，情節重大者。
10. 因可歸責於廠商之事由，致延誤履約期限，情節重大者。
11. 違反第六十五條規定轉包者。

12. 因可歸責於廠商之事由，致解除或終止契約，情節重大者。
13. 破產程序中之廠商。
14. 歧視性別、原住民、身心障礙或弱勢團體人士，情節重大者。
15. 對採購有關人員行求、期約或交付不正利益者。

(二)登於政府採購公報之廠商，依政府採購法第103條規定，於下列期間內，不得參加投標或作為決標對象或分包廠商：

1. 有第101條第1項第1至5款、第15款情形或第6款判處有期徒刑者，自刊登之次日起3年。但經判決撤銷原處分或無罪確定者，應註銷之。
2. 有第101條第1項第13款、第14款情形或第6款判處拘役、罰金或緩刑者，自刊登之次日起1年。但經判決撤銷原處分或無罪確定者，應註銷之。
3. 有第101條第1項第7至12款情形者，於通知日起前5年內未被任一機關刊登者，自刊登之次日起3個月；已被任一機關刊登1次者，自刊登之次日起6個月；已被任一機關刊登累計2次以上者，自刊登之次日起1年。但經判決撤銷原處分者，應註銷之。

【105年鐵路特考高員三級】

5 機關辦理工程採購，發現廠商有延誤履約期限情節重大，應將其事實及理由通知廠商，並附記如未提出異議者，將依政府採購法第101條規定刊登政府採購公報，又如機關未於招標文件載明何謂延誤履約期限情節重大，機關應如何認定，依不同採購金額是否有不同之標準，請分別敘明之。

解 (一)依政府採購法（以下簡稱採購法）第101條第1項第10款規定，機關辦理採購，發現廠商有因可歸責於廠商之事由，致延誤履約期限，情節重大者。應將其事實及理由通知廠商，並附記如未提出異議者，將刊登政府採購公報，並依同法第

103條第2款規定予以「自刊登之次日起1年內，不得參加投標或作為決標對象或分包廠商」之停權處分。故知機關欲依該款規定作成停權處分者，須同時符合須有因可歸責於廠商之事由、須因而致延誤履約期限、情節須重大等3項要件，始得為之。

(二)承上，所稱「延誤履約期限情節重大」者，機關固得於招標文件載明其情形，惟如本題所述未載明者，機關應按以下方式認定：

1. 依政府採購法施行細則第111條第1項之規定，於巨額工程採購，指履約進度落後10%以上；於其他採購，指履約進度落後20%以上，且日數達10日以上。

2. 前開「履約進度」百分比之計算，並應依同條第2項之規定，採下列方式辦理：屬尚未完成履約而進度落後已達前項百分比者，機關應先通知廠商限期改善；屆期未改善者，依逾期日數計算之。屬已完成履約而逾履約期限者，依逾期日數計算之。

(三)又由前述採購法施行細則第111條第1項之規定可知，對於「延誤履約期限情節重大」之認定上，依採購金額之不同，有不同之標準：

1. 於巨額工程採購（金額達2億元者），指履約進度落後10%以上。

2. 其他採購，指履約進度落後20%以上，且日數達10日以上。

【105年鐵路特考高員三級】

Day 07 罰則 （§87～§92）

焦點1 概述

一、關聯條文

對法人之處罰	政府採購法	§92 廠商連帶處罰	廠商之代表人、代理人、受雇人或其他從業人員，因執行業務犯本法之罪者，除依該條規定**處罰其行為人**外，對該**廠商**亦科以該條之罰金。

二、必考重點

本部分僅有6條文，但卻是違反採購法時定性違法行為之準則核心，其中最常考出的是存在於公開招標中的圍標罪及綁標罪，另提醒有部分犯罪行為是不處罰未遂犯；最後強調依採購法§92規定，採購法是採兩罰規定，除行為人外，所屬廠商亦應負刑事責任。

精選試題

( ) 甲公司之受僱人於採購程序中犯採購法87條第1項之圍標罪，甲公司應否負刑事責任？ (A)刑法只處罰行為人，因此甲公司不負刑責 (B)甲公司應負刑責但僅處罰金刑 (C)甲公司應負刑責，但由該公司之負責人代受刑事處罰 (D)甲公司與負責人均無刑事責任。

解 (B)。依政府採購法第92條，廠商之代表人、代理人、受雇人或其他從業人員，因執行業務犯本法之罪者，除依該條規定處罰其行為人外，對該廠商亦科以該條之罰金。

【107年合作金庫甄試】

焦點2 圍標

一、關聯條文

圍標	政府採購法	§87 強迫投標廠商違反本意之處罰	Ⅰ 意圖**使廠商不為投標、違反其本意投標，或使得標廠商放棄得標**、**得標後轉包或分包**，而施強暴、脅迫、藥劑或催眠術者，處一年以上七年以下有期徒刑，得併科新臺幣三百萬元以下罰金。 Ⅱ 犯前項之罪，因而**致人於死**者，處無期徒刑或七年以上有期徒刑；**致重傷**者，處三年以上十年以下有期徒刑，各得併科新臺幣三百萬元以下罰金。 Ⅲ 以詐術或其他非法之方法，使廠商**無法投標**或**開標發生不正確結果者**，處五年以下有期徒刑，得併科新臺幣一百萬元以下罰金。 Ⅳ **意圖**影響決標價格或獲取不當利益，而以契約、協議或其他方式之**合意**，使廠商**不為投標**或**不為價格之競爭**者，處六月以上五年以下有期徒刑，得併科新臺幣一百萬元以下罰金。 Ⅴ **意圖**影響採購結果或獲取不當利益，而**借用他人名義或證件投標者**，處三年以下有期徒刑，得併科新臺幣一百萬元以下罰金。容許他人借用本人名義或證件參加投標者，亦同。 Ⅵ 第一項、第三項及第四項之**未遂犯罰之**。

※採購錯誤行為常見態樣

編號	行為態樣	違反法條
1	遇有犯採購法第八十七條至第九十二條罪之嫌者未通知檢警調單位。	採購法§87～§92

二、必考重點

圍標是指串通招標投標之聯合行為，係招標者與投標間或投標者與投標者間，在招標前對招標投標事項進行串通，以不正當手段排擠競爭者，或者損害招標機關利益之行為，其中強制、詐術、合意等三項亦有處罰未遂犯之規定。

(一) **強制（加重）：**

規範在本條文第1項及第2項，無論行為人著手施行之手段或行為，係屬強暴、脅迫、藥劑或催眠，皆不用達使被害人不能抗拒或完全喪失決定意思之自由，只須對被害人自由意志發生相當影響，而後不為投標、或違反本意投標又放棄得標、或於得標後為轉包或分包即已足。

而加重結果之處罰規定，在於考量被害人死亡或重傷之結果與行為人之強制行為具因果關係，而行為人所圖是否有實現在所不論。

(二) **詐術：**

由於透過詐術、藥劑、催眠或其他不法之方法使廠商無法投標或開標發生不正確結果者，其行為較前兩項惡性為輕；且使人無法投標，相較前項壓迫自由意志和影響身心程度有別，故科刑較輕。

(三) **合意：**

本條明定以契約、協議或其他方式之合意圍標，雖情節惡性皆不如前三項，但仍嚴重影響政府機關辦理採購案件，顯然侵害公法益，故參與之各方仍須處罰。

(四) **借牌／容許借牌：**

本項處罰借用他人名義或證件投標以及容許他人借用自己名義或證件參與投標之行為人。

(五) **以下列舉常見圍標態樣供選擇題作答參考用：**

1. 廠商所投標封內為空白文件、無關文件或空無一物。
2. 投標文件筆跡、內容雷同。
3. 投標文件由同一處郵局寄出、掛號信連號。

4. 未繳納押標金。繳納押標金之票據連號、票據雖不連號卻由同一家銀行開具、押標金退還後流入同一戶頭。
5. 廠商地址、電話號碼、傳真機號碼、聯絡人或電子郵件網址相同。
6. 偽造外國廠商簽名、變造外國廠商文件。
7. 不同投標廠商提出由同一廠商具名之文件，例如授權各該不同廠商對同一案件投標。
8. 投標金額超出公告之預算金額。
9. 代表不同廠商出席會議之人員為同一廠商之人員。
10. 以不具經驗之新手出席減價會議。
11. 明顯不符合資格條件之廠商參與投標。
12. 廠商間彼此製造競爭假象，誤導招標機關而取得交易機會。
13. 不肖人士蒐集領標廠商名稱、家數。
14. 領投標期間機關門口有不明人士徘徊。
15. 廠商間相互約束活動之行為，例如：彼此協議限制交易地區、分配工程、提高標價造成廢標、不為投標、不越區競標、訂定違規制裁手段、為獲得分包機會而陪標。
16. 強迫其他廠商，違反本意投標、放棄投標或撤回已投標件。
17. 標價偏低時，最低標與次低標不法合意，讓售得標權。

(六) 實務上，對於圍標最基本的對策就是「允許電子領投標」。

精選試題

(　) **1** 下列何者不屬於圍標的法律構成要件？ (A)圍標者之間以契約、協議進行合意 (B)使圍標者之間不為投標或不為價格之競爭 (C)意圖影響決標價格或獲取不當利益 (D)投標者之間彼此十分熟稔。

解 **(D)**。依政府採購法第87條第4項前段，意圖影響決標價格或獲取不當利益，而以契約、協議或其他方式之合意，使廠商不為投標或不為價格之競爭者。

【102年經濟部所屬從業甄試】

(　) **2** 下列何者可能有圍標之嫌，於開標時宜注意之（多選）？ (A)投標廠商間彼此熟識 (B)不同投標廠商，於同一標案之公開比減價格前，討論或向對方展示減價之金額 (C)同一人代表2家公司出席開標 (D)不同投標廠商所繳納之押標金，疑似由同一人出具。

解 **(B)(C)(D)**。

(1) 依政府採購法第87條第4項前段：意圖影響決標價格或獲取不當利益，而以契約、協議或其他方式之合意，使廠商不為投標或不為價格之競爭者。

(2) 而「不同投標廠商，於同一標案之公開比減價格前，討論或向對方展示減價之金額」、「同一人代表2家公司出席開標」、「不同投標廠商所繳納之押標金，疑似由同一人出具」等，皆係有高度可能為圍標之行為。

【107年台鐵營運甄試】

焦點 3 綁標

一、關聯條文

綁標	政府採購法	§88 受託辦理採購人員意圖私利之處罰	Ⅰ **受機關委託**提供採購規劃、設計、審查、監造、專案管理或代辦採購廠商之人員，**意圖**為私人不法之利益，對技術、工法、材料、設備或規格，為違反法令之限制或審查，**因而獲得利益**者，處一年以上七年以下有期徒刑，得併科新臺幣三百萬元以下罰金。其**意圖**為私人不法之利益，對廠商或分包廠商之資格為違反法令之限制或審查，**因而獲得利益**者，亦同。 Ⅱ 前項之**未遂犯罰之**。

二、必考重點

綁標並非法律上之正式用語，是指在規劃設計過程藉由限定廠商資格、指定特殊產品規格、品質或特殊施工法、規定不合理之履約期限或鉅額押標金等方式，以限制競爭，排除其他廠商參與競標。本條有處罰未遂犯。

以下列舉常見綁標態樣供選擇題作答參考用：

(一) **藉採購為特殊或鉅額，任意限制投標廠商資格：**

1. 土木業即可承作之工程卻設定須具備乙級或甲級營造廠方可投標。
2. 採購標的總金額100萬元卻要求廠商投標資格為須具備1,000萬元以上資本額。

(二) **刻意製造投標障礙，使其他廠商難以與特定廠商競標：**

1. 指定使用特殊規格之產品；或雖規定可使用同級品，但市場上並無同級品。
2. 並非深開挖工程，亦無完工時程之壓力，硬性規定必須採用雙順打施工法。

3. 依業界評估，必須2年始能完成設計或完工之設計案或開發案，強行規定須在1年內履約完竣。

(三)**於無必要理由時，規定投標文件須附具：**

會員證、原廠製造證明、進口證明、原廠代理證明、原廠授權書、原廠保固維修授意書、正字標記或ISO9000系列驗證等。

精選試題

(　) 下列何種行為涉嫌綁標？ (A)以國際或國家標準訂定招標文件 (B)公告金額以上之採購，招標文件提及特定的商標或商品 (C)在招標文件上並未限制競爭 (D)無法以精確的方式說明招標要求，而在招標文件加註「或同等品」字樣。

解 **(B)**。 綁標非法律上之用語，係指在規劃設計過程藉由限定廠商資格、指定特殊產品規格、品質或特殊施工法、規定不合理之履約期限或鉅額押標金等方式，以限制競爭，排除其他廠商參與競標。

【102年經濟部所屬從業甄試】

焦點 4 洩密

一、關聯條文

洩密	**政府採購法**	§89 受託辦理採購人員洩密之處罰	Ⅰ **受機關委託**提供採購規劃、設計或專案管理或代辦採購廠商之人員，**意圖**為私人不法之利益，洩漏或交付關於採購應秘密之文書、圖畫、消息、物品或其他資訊，**因而獲得利益者**，處五年以下有期徒刑、拘役或科或併科新臺幣一百萬元以下罰金。 Ⅱ 前項之**未遂犯罰之**。

二、必考重點

本條重點在處罰受機關委託提供採購規劃、設計或專案管理或代辦採購廠商之人員，意圖為私人不法利益，洩漏或交付關於採購應保密之資料，因而獲益者。本條有處罰未遂犯。

精選試題

( ) 關於政府採購法之刑罰規定，下列敘述何者正確？ (A)廠商之代表人、代理人、受雇人或其他從業人員，因執行業務犯政府採購法之罪者，除依各該條規定處罰其行為人外，對該廠商亦科以各該條之罰金 (B)機關辦理採購人員若辦理採購洩密者，應依政府採購法第89條洩密罪處罰 (C)以暴力迫使其他廠商不參標者，應依政府採購法第91條處罰之 (D)政府採購法第87條第1項之暴力圍標為結果犯，若受暴力脅迫之廠商未改變其本意，則不處罰未遂行為。

解 **(A)**。

(A)依政府採購法第92條，廠商之代表人、代理人、受雇人或其他從業人員，因執行業務犯本法之罪者，除依該條規定處罰其行為人外，對該廠商亦科以該條之罰金。

(B)依政府採購法第89條，係懲處受機關委託人員之洩密行為。

(C)應依政府採購法第87條，意圖使廠商不為投標、違反其本意投標，或使得標廠商放棄得標、得標後轉包或分包，而施強暴、脅迫、藥劑或催眠術者，處一年以上七年以下有期徒刑，得併科新臺幣三百萬元以下罰金。

(D)依政府採購法第87條第5項，第一項、第三項及第四項之未遂犯罰之。

【106年鐵路特考佐級】

焦點 5 妨害

一、關聯條文

強制決定	政府採購法	§90 強制採購人員違反本意之處罰	Ⅰ **意圖**使機關規劃、設計、承辦、監辦採購人員或受機關委託提供採購規劃、設計或專案管理或代辦採購廠商之人員，就與採購有關事項，不為決定或為違反其本意之決定，而施強暴、脅迫者，處一年以上七年以下有期徒刑，得併科新臺幣三百萬元以下罰金。 Ⅱ 犯前項之罪，因而**致人於死**者，處無期徒刑或七年以上有期徒刑；**致重傷**者，處三年以上十年以下有期徒刑，各得併科新臺幣三百萬元以下罰金。 Ⅲ 第一項之**未遂犯罰之**。
強制洩密	政府採購法	§91 強制採購人員洩密之處罰	Ⅰ **意圖**使機關規劃、設計、承辦、監辦採購人員或受機關委託提供採購規劃、設計或專案管理或代辦採購廠商之人員，洩漏或交付關於採購應秘密之文書、圖畫、消息、物品或其他資訊，而施強暴、脅迫者，處五年以下有期徒刑，得併科新臺幣一百萬元以下罰金。 Ⅱ 犯前項之罪，因而**致人於死**者，處無期徒刑或七年以上有期徒刑；**致重傷**者，處三年以上十年以下有期徒刑，各得併科新臺幣三百萬元以下罰金。 Ⅲ 第一項之**未遂犯罰之**。

二、必考重點

(一) 兩者的保護範圍：

1. 機關採購人員（含規劃、設計、承辦、監辦採購人員）。
2. 受機關委託提供採購規劃、設計或專案管理廠商之人員。
3. 受機關委託代辦採購之廠商人員。

(二) **強制決定：**

1. 定義：意圖使辦理採購業務人員，就與採購有關事項，不為決定或違反其本意之決定，施以強暴脅迫者。
2. 注意：本罪之成立不以辦理採購業務人員有無不為決定或違反本意決定之結果為必要，亦不論行為人有無圖利之主觀意圖。

(三) **強制洩密：**

1. 定義：意圖使辦理採購業務人員，洩漏或交付關於採購應秘密之資料等，施以強暴脅迫者。
2. 注意：本罪之成立不以相關人員實際洩漏或交付為必要，且不限定在招標階段以前，即便在履約階段亦有可能發生（例如履約中進行契約變更，相關變更設計亦有須保密之底價資訊）。

(四) 強制採購業務相關人員決定和洩密，皆有處罰未遂犯。

精選試題

( ) **1** 有關意圖使機關規劃、設計、承辦、監辦採購人員或受機關委託提供採購規劃、設計或專案管理或代辦採購廠商之人員，就與採購有關事項，不為決定或為違反其本意之決定，而施強暴、脅迫者，以下之敘述何者為是？ (A)處三年以上七年以下有期徒刑，得併科新台幣三百萬元以下罰金 (B)處一年以上七年以下有期徒刑，得併科新台幣三百萬元以下罰金 (C)處一年以上七年以下有期徒刑，得併科新台幣五百萬元以下罰金 (D)處一年以上五年以下有期徒刑，得併科新台幣五百萬元以下罰金。

解 **(B)**。依政府採購法第90條第1項，意圖使機關規劃、設計、承辦、監辦採購人員或受機關委託提供採購規劃、設計或專案管理或代辦採購廠商之人員，就與採購有關事項，不為決定或為違反其本意之決定，而施強暴、脅迫者，處一年以上七年以下有期徒刑，得併科新臺幣三百萬元以下罰金。

【107年桃園大眾捷運公司】

( ) **2** 依據政府採購法，下列敘述何者正確？ (A)受機關委託提供採購規劃、設計、審查、監造、專案管理或代辦採購廠商之人員，意圖為私人不法之利益，對技術、工法、材料、設備或規格，為違反法令之限制或審查，因而獲得利益者；或其意圖為私人不法之利益，對廠商或分包廠商之資格為違反法令之限制或審查，因而獲得利益者，與上述之未遂犯皆罰之 (B)受機關委託提供採購規劃、設計或專案管理或代辦採購廠商之人員，意圖為私人不法之利益，洩漏或交付關於採購應秘密之文書、圖畫、消息、物品或其他資訊，因而獲得利益者之未遂犯；或意圖使機關規劃、設計、承辦、監辦採購人員或受機關委託提供採購規劃、設計或專案管理或代辦採購廠商之人員，就與採購有關事項，不為決定或為違反其本意之決定者之未遂犯不罰 (C)機關辦理評選，應成立六人至十八人評選委員會，專家學者人數不得少於二分之一，其名單由主管機關會同教育部、考選部及其他相關機關建議之 (D)政府採購法所稱工程，指包括建築、土木、水利、環境、交通、機械、電氣、化工等之新建、增建、改建、修建、拆除與相關之技術服務或其他經主管機關認定者。

解 **(A)**。

(A)依政府採購法第88條，受機關委託提供採購規劃、設計、審查、監造、專案管理或代辦採購廠商之人員，意圖為私人不法之利益，對技術、工法、材料、設備或規格，為違反法令之限制或審查，因而獲得利益者，處一年以上七年以下有期徒刑，得併科新臺幣三百萬元以下罰金。其意圖為私人不法之利益，對廠商或分包廠商之資格為違反法令之限制或審查，因而獲得利益者，亦同。前項之未遂犯罰之。

(B)依政府採購法第90、91條規定，強制採購人員違反本意以及強制採購人員洩密，皆處罰未遂犯。

(C)依採購評選委員會組織準則第4條第1項，本委員會置委員五人以上，由機關就具有與採購案相關專門知識之人員派兼或聘兼之，其中專家、學者人數不得少於三分之一。另同條第3項規定，第一項專家、學者，由機關需求或承辦採購單位參考主管機關會同教育部、考選部及其他相關機關所建立之建議名單，或自行提出建議名單以外，具有與採購案相關專門知識之人員，簽報機關首長或其授權人員核定。

(D)政府採購法所稱工程，依該法第7條第1項，指在地面上下新建、增建、改建、修建、拆除構造物與其所屬設備及改變自然環境之行為，包括建築、土木、水利、環境、交通、機械、電氣、化工及其他經主管機關認定之工程。並無技術服務。

【106年專技高考】

Day 08 附則 (§93-1～§112)

焦點 1 電子化採購

一、關聯條文

採購電子化	政府採購法	§93-1 電子化採購	I 機關辦理採購，得以**電子化方式**為之，其電子化資料並**視同正式文件**，得免另備書面文件。 II 前項以電子化方式採購之招標、領標、投標、開標、決標及費用收支作業辦法，由主管機關定之。

二、必考重點

(一) 定義：政府採購之招、領、投、開、決標及價金支付等可經由網際網路以電子方式辦理，其電子文件並視同正式文件，免另備書面文件。

(二) 重要法規為《**電子採購作業辦法**》：

1. 電子化辦理採購，依規定應簽名或簽章者，應以電子簽章為之。
2. 電子開、決標得免公開為之，並得不通知廠商到場。
3. 押標金及保證金，得以主管機關核定之電子化方式繳納。

精選試題

( ) **1** 機關及廠商以電子化方式辦理採購，依規定應簽名或蓋章者：(A)應以電子簽章為之 (B)得以電子簽章為之 (C)存成磁片並在其上加蓋關防 (D)以政府採購卡為之。

解 **(A)**。依電子採購作業辦法第3條，機關及廠商以電子化方式辦理採購，依規定應簽名或蓋章者，應以電子簽章為之。

【107年桃園大眾捷運公司】

焦點2 評選委員會

一、關聯條文

評選委員會	**政府採購法**	§94 評選委員會之設置	Ⅰ 機關辦理評選，應成立**五人以上**之評選委員會，專家學者人數不得少於**三分之一**，其名單由主管機關會同教育部、考選部及其他相關機關建議之。 Ⅱ 前項所稱專家學者，**不得為**政府機關之**現職人員**。 Ⅲ **評選委員會組織準則**及**審議規則**，由主管機關定之。

※採購錯誤行為常見態樣

編號	行為態樣	違反法條
1	依採購法第二十二條第一項第九款、第十款及第五十六條辦理評選（不論金額大小），未於開標前成立評選委員會。評選委員由代理人出席會議。	採購評選委員會組織準則§3、採購評選委員會審議規則§6

二、必考重點

本部分重要法規為《**採購評選委員會組織準則**》及《**採購評選委員會審議規則**》。

(一) **委員會組成：**

1. 評選委員會應於**招標前成立**，完成評選後且無待處理事項解散；如採購案件之評選項目、評審標準及評定方式有**前例**或**條件簡單**情形者，得由機關自行訂定或審定，免於招標前成立，但**仍應於開標前成立**。
2. 組成方式為委員5人以上，由機關就具有與採購案相關專門知識之人員派兼或聘兼之，其中專家、學者人數不得少於1/3；又該專家、學者之委員，不得為政府機關之現職人員；專家、學者以外之委員，得為機關之現職人員，並得包括其他機關之現職人員。

3. 機關依採購評選委員會組織準則第3條第1項第1款規定，由採購評選委員會訂定或審定招標文件者，如先函請各委員以書面審查並回復審查意見方式辦理者，仍應彙整意見後召開會議決議之；惟如以書面洽各委員審查評審標準結果均無意見，得免另行召開會議。

(二) **決議：**

評選委員會會議，應有委員總額1/2以上出席，其決議應經出席委員過半數之同意行之；其中外聘專家、學者，人數應至少2人且不少於出席人數1/3。

精選試題

( ) **1** 採購評選委員會會議，應有委員總額多少以上人員出席，其決議應經出席委員過半數之同意行之？ (A)二分之一 (B)三分之二 (C)四分之三 (D)三分之一。

解 **(A)**。依採購評選委員會審議規則第9條第1項，本委員會會議，應有委員總額二分之一以上出席，其決議應經出席委員過半數之同意行之。出席委員中之專家、學者人數應至少二人且不得少於出席人數之三分之一。

【109年台鐵營運甄試】

( ) **2** 採購評選委員會應置委員人數最少為幾人？ (A)5人 (B)6人 (C)7人 (D)17人。

解 **(A)**。依政府採購法第94條，機關辦理評選，應成立五人以上之評選委員會，專家學者人數不得少於三分之一，其名單由主管機關會同教育部、考選部及其他相關機關建議之。

【109年中央造幣廠新進甄試】

(　　) **3** 採購評選委員會中之專家學者人數不得少於委員總人數之幾分之幾？ (A)五分之一 (B)四分之一 (C)三分之一 (D)二分之一。

解 **(C)**。依政府採購法第94條，機關辦理評選，應成立五人以上之評選委員會，專家學者人數不得少於三分之一，其名單由主管機關會同教育部、考選部及其他相關機關建議之。

【109年中央造幣廠新進甄試】

4 試就「政府採購法」及「政府採購法施行細則」之規定，說明各機關「評審委員會」及「評選委員會」主要內容？兩委員會可互為取代嗎？

解 (一)評審委員會：

1. 要件：依政府採購法施行細則第74條第1項前段規定，決標依政府採購法第52條第1項第2款規定辦理者，除小額採購外，應成立評審委員會。
2. 成員：依政府採購法施行細則第74條第1項後段規定，成員由機關首長或其授權人員就對於採購標的之價格具有專門知識之機關職員或公正人士派兼或聘兼之。
3. 成立時機：依政府採購法施行細則第74條第2項規定，準用政府採購法第46條第2項有關底價之訂定時機。

(二)評選委員會：

1. 要件：依政府採購法第94條授權訂定之採購評選委員會準則第2條，機關為辦理依政府採購法第22條第1項第9款或第10款規定之評選優勝者事項以及依政府採購法第56條規定之評定最有利標或向機關首長建議最有利標案件，應就各該採購案成立採購評選委員會。
2. 成員：採購評選委員會準則第4條，本委員會置委員5人以上，由機關就具有與採購案相關專門知識之人員派兼或聘兼之，其中專家、學者人數不得少於1/3。

3. 成立時機：

(1) 依採購評選委員會組織準則第3條第1項之規定，委員會應於招標前成立，並於完成評選事宜且無待處理事項後解散。

(2) 次依採購評選委員會組織準則第3條第2項之規定，若訂定或審定招標文件之評選項目、評審標準及評定方式，有前例或條件簡單者，得由機關自行訂定或審定，免於招標前成立，但仍應於開標前成立。

(三)至兩委員會可否相互取代，茲述如下：

1. 依政府採購法施行細則第74條第3項規定，對於原本應成立評審委員會之情形，機關得以評選委員會代之。

2. 惟對於原本應成立評選委員會之情形，由於評選委員會之功能，主要係為辦理限制性招標之評選優勝者或決標時評定出最有利標，尚無法由評審委員會代之。

【104年高考三級審計】

5 請依政府採購法等相關規定回答下列問題：

(一)何種情況下公告金額以上之新建建築工程設計監造案可採用限制性招標？

(二)採用限制性招標如何組成評選委員會？

(三)目前決定修法規定政府機關現職人員不得擔任採購案之評選委員，請申論本項修法對政府採購之影響。

解 (一)依政府採購法第22條規定，機關辦理公告金額以上之採購，符合下列情形之一者，得採限制性招標：

1. 以公開招標、選擇性招標或依第九款至第十一款公告程序辦理結果，無廠商投標或無合格標，且以原定招標內容及條件未經重大改變者。

2. 屬專屬權利、獨家製造或供應、藝術品、秘密諮詢，無其他合適之替代標的者。

3. 遇有不可預見之緊急事故，致無法以公開或選擇性招標程序適時辦理，且確有必要者。
4. 原有採購之後續維修、零配件供應、更換或擴充，因相容或互通性之需要，必須向原供應廠商採購者。
5. 屬原型或首次製造、供應之標的，以研究發展、實驗或開發性質辦理者。
6. 在原招標目的範圍內，因未能預見之情形，必須追加契約以外之工程，如另行招標，確有產生重大不便及技術或經濟上困難之虞，非洽原訂約廠商辦理，不能達契約之目的，且未逾原主契約金額百分之五十者。
7. 原有採購之後續擴充，且已於原招標公告及招標文件敘明擴充之期間、金額或數量者。
8. 集中交易或公開競價市場採購財物。
9. 委託專業服務、技術服務、資訊服務或社會福利服務，經公開客觀評選為優勝者。
10. 辦理設計競賽，經公開客觀評選為優勝者。
11. 因業務需要，指定地區採購房地產，經依所需條件公開徵求勘選認定適合需要者。
12. 購買身心障礙者、原住民或受刑人個人、身心障礙福利機構或團體、政府立案之原住民團體、監獄工場、慈善機構及庇護工場所提供之非營利產品或勞務。
13. 委託在專業領域具領先地位之自然人或經公告審查優勝之學術或非營利機構進行科技、技術引進、行政或學術研究發展。
14. 邀請或委託具專業素養、特質或經公告審查優勝之文化、藝術專業人士、機構或團體表演或參與文藝活動或提供文化創意服務。

15. 公營事業為商業性轉售或用於製造產品、提供服務以供轉售目的所為之採購，基於轉售對象、製程或供應源之特性或實際需要，不適宜以公開招標或選擇性招標方式辦理者。
16. 其他經主管機關認定者。

(二)組成評選委員會：

1. 要件：依政府採購法第94條授權訂定之採購評選委員會準則第2條，機關為辦理依政府採購法第22條第1項第9款或第10款規定之評選優勝者事項，而得成立採購評選委員會。
2. 成員：採購評選委員會準則第4條，本委員會置委員5人以上，由機關就具有與採購案相關專門知識之人員派兼或聘兼之，其中專家、學者人數不得少於1/3。
3. 成立時機：
   (1)依採購評選委員會組織準則第3條第1項之規定，委員會應於招標前成立，並於完成評選事宜且無待處理事項後解散。
   (2)次依採購評選委員會組織準則第3條第2項之規定，若訂定或審定招標文件之評選項目、評審標準及評定方式，有前例或條件簡單者，得由機關自行訂定或審定，免於招標前成立，但仍應於開標前成立。

(三)有關採購評選委員會組織準則108年11月6日修正第4條規定，政府機關現職人員不得再擔任採購案之評選委員，係因為防止因有行政指揮監督情形，衍生機關委員能否獨立進行公平評選之疑慮；惟此項修法影響實務甚多，如減少委員名單致與會時間壓縮，此舉很可能影響採購案件之時程、又如醫療專業之採購案件，隸屬公立醫事機構之現職醫事人員亦不得成為評選委員，反而限縮資深從業人員擔任委員之範圍。

【108年高考三級建管行政】

焦點3 採購專業制

一、關聯條文

專業採購	政府採購法	§95 採購專業人員	Ⅰ機關辦理採購宜由**採購專業人員**為之。但一定金額之採購，應由採購專業人員為之。 Ⅱ前項採購專業人員之資格、考試、訓練、發證、管理辦法及一定金額，由主管機關會商相關機關定之。

※採購錯誤行為常見態樣

編號	行為態樣	違反法條
1	以不具專業採購能力或經驗之人員辦理採購。	採購法§95

二、必考重點

依採購法第95條第2項訂定之《**採購專業人員資格考試訓練發證及管理辦法**》規定，採購單位主管人員宜取得採購專業人員進階資格，採購單位非主管人員宜取得採購專業人員基本資格。

前述主管及非主管人員，宜於其就（到）職之日起1年內，取得採購專業人員基本資格；主管人員並宜於其就（到）職之日起2年內，取得採購專業人員進階資格。

精選試題

( ) **1** 依採購專業人員資格考試訓練發證及管理辦法規定，採購專業人員因職務異動不辦理採購，其採購專業人員資格得予保留。採購專業人員辭職後至民間廠商任職，於3年內回任機關採購職務者，仍具採購專業人員資格？ (A)○ (B)×。

解 **(A)**。依採購專業人員資格考試訓練發證及管理辦法第9條規定，採購專業人員辭職後五年內回任機關採購職務者，仍具採購專業人員資格。

【臺北市政府政府採購法規題庫】

( ) **2** 依採購專業人員資格考試訓練發證及管理辦法規定，下列敘述何者為非？ (A)缺課時數逾全部課程十分之一者，不得參加考試 (B)考試成績以總滿分得分百分之七十以上為及格，但依課程分別辦理考試者，個別課程不得有零分之情形 (C)考試成績不及格者，得於收受成績通知次日起1年內申請補考1次 (D)採購專業人員因職務異動不辦理採購，其採購專業人員資格得予保留。

解 **(C)**。依採購專業人員資格考試訓練發證及管理辦法第15條規定：

I. 參加訓練，缺課時數逾全部課程十分之一者，不得參加考試。→(A)

II. 考試成績以總滿分得分百分之七十以上為及格。但依課程分別辦理考試者，個別課程不得有零分之情形。→(B)

III. 考試成績不及格者，得申請補考，無次數限制。→(C)

另依同辦法第8條規定，採購專業人員因職務異動不辦理採購，其採購專業人員資格得予保留。→(D)

【政府電子採購網採購法規題庫】

( ) **3** 機關採購專業人員於下列何種情形，喪失其採購專業人員資格？(A)辭職後5年內回任機關採購職務 (B)調任其他機關辦理採購 (C)辦理採購業務違反法令情節重大而受申誡懲戒處分者 (D)以上皆非。

解 **(D)**。依採購專業人員資格考試訓練發證及管理辦法第10條規定，採購專業人員有辦理採購業務，涉嫌不法行為，經有罪判決者；或因辦理採購業務違反法令情節重大而受免除職務、撤職、剝奪、減少退休（職、伍）金、休職、降級、減俸、罰款、記過懲戒處分之判決者。故本題選項皆非。

【107年桃園大眾捷運股份有限公司】

( ) **4** 依採購專業人員資格考試訓練發證及管理辦法規定，採購專業人員辭職後，於下列何期間內回任機關採購職務者，仍具採購專業人員資格？ (A)3年 (B)4年 (C)5年 (D)無限制。

解 **(C)**。依採購專業人員資格考試訓練發證及管理辦法第9條規定，採購專業人員辭職後5年內回任機關採購職務者，仍具採購專業人員資格。

【101年經濟部所屬新進甄試】

( ) **5** 依採購專業人員資格考試訓練發證及管理辦法規定，採購單位主管人員，宜於就（到）職之日起多久期間內取得採購專業人員進階資格？ (A)1年內 (B)6個月內 (C)3個月內 (D)2年內。

解 **(D)**。依採購專業人員資格考試訓練發證及管理辦法第6條第1、2項規定，採購單位主管人員宜取得採購專業人員進階資格，採購單位非主管人員宜取得採購專業人員基本資格。前項主管及非主管人員，宜於其就（到）職之日起一年內，取得採購專業人員基本資格；主管人員並宜於其就（到）職之日起二年內，取得採購專業人員進階資格。

【109年陸勤部採購職類編制內聘雇人員招考】

焦點4 環保與扶助

一、關聯條文

採購環保產品	**政府採購法**	§96 環保產品優先採購	Ⅰ 機關得於**招標文件**中，規定**優先採購**取得政府認可之**環境保護標章**使用許可，而其效能相同或相似之產品，並得允許**百分之十以下**之價差。產品或其原料之製造、使用過程及廢棄物處理，符合再生材質、可回收、低污染或省能源者，亦同。 Ⅱ 其他增加社會利益或減少社會成本，而效能相同或相似之產品，準用前項之規定。 Ⅲ 前二項產品之種類、範圍及實施辦法，由主管機關會同行政院環境保護署及相關目的事業主管機關定之。
扶助中小企業	**政府採購法**	§97 扶助中小企業	Ⅰ 主管機關得參酌相關法令規定採取措施，扶助**中小企業承包**或**分包**一定金額比例以上之政府採購。 Ⅱ 前項扶助辦法，由主管機關定之。
僱用身障及原住民	**政府採購法**	§98 僱用身心障礙者及原住民	得標廠商其於**國內員工總人數逾一百人**者，應於履約期間僱用身心障礙者及原住民，人數不得低於總人數**百分之二**，僱用不足者，除應繳納**代金**，**並不得僱用外籍勞工**取代僱用不足額部分。
履約期間計算	**施行細則**	§107	Ⅰ 本法第九十八條所稱國內員工總人數，依**身心障礙者權益保障法**第三十八條第三項規定辦理，並以投保單位為計算基準；所稱履約期間，自訂約日起至廠商完成履約事項之日止。但下列情形，應另計之： 一、訂有開始履約日或開工日者，自該日起算。兼有該二日者，以日期在後者起算。 二、因機關通知全面暫停履約之期間，不予計入。

履約期間計算	施行細則	§107	三、一定期間內履約而日期未預先確定，依機關通知再行履約者，依實際履約日數計算。 II 依本法第九十八條計算得標廠商於履約期間應僱用之身心障礙者及原住民之人數時，各應達國內員工總人數**百分之一**，並均以整數為計算標準，未達整數部分不予計入。
代金繳納計算		§108	I 得標廠商僱用身心障礙者及原住民之人數不足前條第二項規定者，應於每月十日前依僱用人數不足之情形，分別向**所在地之直轄市或縣（市）勞工主管機關**設立之身心障礙者就業基金專戶及原住民中央主管機關設立之原住民族就業**基金專戶**，繳納上月之代金。 II 前項代金之金額，依**差額人數乘以每月基本工資**計算；不足一月者，每日以每月基本工資除以三十計。

二、必考重點

(一) 採購環保產品：

1. 重要法規：《**機關優先採購環境保護產品辦法**》。
2. 重要名詞解釋：
   (1) 效能相同或相似產品，指環境保護產品之效能經招標機關認定與招標文件規定相同或相似者。
   (2) 再生材質，指回收材質經由再製過程，製成最終產品或產品之組件。
   (3) 可回收，指產品或其組件於廢棄後可經由收集、處理而轉變為原物料或產品。
   (4) 低污染，指產品或其材料之設計、製造或使用，具有減少產生有害或有毒物質之功能者。
   (5) 省能源，指產品或其材料之使用，具有減少能源消耗功能者。

(6) 增加社會利益或減少社會成本，指產品或其材料之設計、製造或使用，具有降低對有限資源之依賴、減少資源之消耗、開發新種資源之使用或其他類似情形者。

3. 優惠措施：

(1) 優先採購：以非環保產品之最低標價決標給環保產品。

(2) 價差優惠：優惠比率以10%為限。

(二) **扶助中小企業：**

1. 重要法規：《**扶助中小企業參與政府採購辦法**》。
2. 核心概念：未達公告金額之採購案件，除非中小企業無法承作、競爭力不足、標價不合理或採限制性招標等情形外，以向中小企業採購為原則。
3. 中小企業，指依法辦理公司登記或商業登記，實收資本額在**新臺幣1億元以下**，或經常僱用**員工數未滿200人**之事業。

(三) **僱用身障人士及原住民：**

1. 重要法規：

(1) 身心障礙者：《**身心障礙者權益保障法**》§69、《**優先採購身心障礙福利機構團體或庇護工場生產物品及服務辦法**》。

(2) 原住民：《**原住民族工作權保障法**》§11&§12、《**中央機關未達公告金額採購招標辦法**》§5-1、司法院大法官解釋釋字第719號。

2. 核心概念：透過限制機關僱用最低人數，且不足者即須繳納代金，作為保護措施。
3. 最低人數限制：依採購法§98規定，得標廠商（包含本國與外國廠商）其於國內**員工總人數逾一百人**者，應於履約期間（不含保固期）僱用身心障礙者及原住民，人數不得低於**總人數的**2%（依施行細則§107，係指身心障礙者及原住民至少各1%），僱用不足者，除應**繳納代金**，並不得僱用外籍勞工取代僱用不足額部分。

精選試題

(　　) **1** 下列何種產品不適用採購法第96條規定？　(A)主要原料取得政府認可之環境保護標章使用許可，而其效能相同或相似之產品　(B)產品或其原料之製造、使用過程及廢棄物處理，符合再生材質、可回收、低污染或省能源者　(C)增加社會利益或減少社會成本，而效能相同或相似之產品　(D)取得政府認可之環境保護標章使用許可，而其效能相同或相似之產品。

解 **(A)**。依政府採購法第96條規定，機關得於招標文件中，規定優先採購取得政府認可之環境保護標章使用許可，而其效能相同或相似之產品，並未就主要原料加以限制。

【政府電子採購網採購法規題庫】

(　　) **2** 機關辦理位於原住民地區未達公告金額之採購，下列何者錯誤？(A)應優先由原住民個人、機構、法人或團體承包　(B)於招標文件敘明開放原住民及非原住民廠商投標，且將優先決標予原住民廠商者，須有3家以上原住民廠商投標方可開標　(C)新臺幣10萬元以下之採購，得不經公告程序，逕洽原住民機構、團體或個人辦理採購　(D)依採購法第22條第1項第9款規定，以公開評選優勝廠商方式辦理者，得不優先決標予原住民廠商。

解 **(B)**。依行政院公共工程委員會第09400418240號函釋，於招標文件敘明開放原住民及非原住民廠商投標，且將優先決標予原住民廠商者，需有3家以上廠商投標便可開標，不限於3家以上原住民廠商投標才可開標。

【政府電子採購網採購法規題庫】

( ) **3** 某勞務採購得標廠商國內員工總計300人，履約期間依法應僱用身心障礙者及原住民。關於此僱用規定之敘述，下列何者正確？(A)身心障礙者及原住民僱用人數不得少於5人 (B)僱用人數不足時，應繳納代金 (C)特殊情況下經報請核准，僱用人數不足額部分得以外籍勞工取代 (D)依司法院釋字第719號解釋之意旨，繳納代金金額逾政府採購金額部分，得標廠商無繳納義務。

解 **(B)**。依政府採購法第98條規定，得標廠商其於國內員工總人數逾一百人者，應於履約期間僱用身心障礙者及原住民，人數不得低於總人數2%，僱用不足者，除應繳納代金，並不得僱用外籍勞工取代僱用不足額部分；另依司法院大法官釋字第719號解釋意旨，得標廠商未僱用一定比例之原住民而須繳納代金，其金額如超過政府採購金額者，允宜有適當之減輕機制，非無繳納義務。

【107年鐵路特考佐級】

( ) **4** 政府採購得標廠商員工逾百者，於履約期間應進用一定比例之原住民，未進用者需繳納代金，關於此規定，依司法院釋字第719號解釋之意旨，下列何者錯誤？ (A)履約期間須進用一定比例原住民，係侵害廠商之營業自由 (B)此規定對於企業規模不同廠商形成差別待遇，違反政府採購之公平競爭原則 (C)得標廠商未僱用一定比例之原住民而須繳納代金，係侵害廠商之財產權 (D)標廠商未僱用一定比例之原住民而須繳納代金，其金額如超過政府採購金額者，宜有適當減輕機制。

解 **(B)**。

(A)(C)依司法院大法官解釋釋字第719號解釋內文，系爭規定固然限制得標廠商之財產權及營業自由，然其僅係要求該廠商於其國內員工總人數每逾100人者，應於履約期間僱用原住民1名，進用比例僅為1%，比例不大，整體而言，對廠商選擇僱用原住民之負擔尚無過重之虞。(B)依司法院大法官釋字第719號解釋內文，鑑於現今原住民所受之教育及職業技能訓練程度，通常於就業市場中之競爭力處於相對弱勢，致影響其生活水準，其所採取之分類與達成上開差別待遇之目的間，具有合理之關聯性，與憲法第七條平等原則亦無牴觸。自無違反政府採購之公平競爭原則之餘地。(D)依司法院大法官釋字第719號解釋內文，得標廠商未僱用一定比例之原住民而須繳納代金，其金額如超過政府採購金額者，允宜有適當之減輕機制。

【109年鐵路特考佐級】

(　) **5** 機關辦理未達公告金額而逾公告金額十分之一之勞務採購，其履約地點在原住民地區，下列所述何者為誤？ (A)得免收履約保證金 (B)依原住民族工作權保障法第11條規定應優先由原住民廠商承包 (C)招標文件可規定投標廠商如為原住民廠商者免繳押標金，如為非原住民廠商者應繳押標金，以促進原住民就業 (D)第一次公告，即開放原住民及非原住民廠商投標。

解 **(C)**。政府採購法內對於招標文件之相關規定，並未有投標廠商如為原住民廠商者可免繳押標金之規定，應與非原住民廠商者同等對待，皆應繳押標金，以符合政府採購法平等原則。

【政府電子採購網採購法規題庫】

焦點 5 促參和讓與

一、關聯條文

開放民間投資興辦	政府採購法	§99 投資廠商甄選程序之適用	機關辦理政府規劃或核准之交通、能源、環保、旅遊等建設，經目的事業主管機關核准**開放廠商投資興建**、**營運**者，其**甄選投資廠商之程序**，除其他法律另有規定者外，適用本法之規定。
	施行細則	§109	Ⅰ機關依本法第九十九條規定甄選投資興建、營運之廠商，其係以廠商**承諾給付機關價金為決標原則**者，得於招標文件規定以合於招標文件規定之下列廠商為得標廠商： 一、**訂有底價**者，在**底價以上**之最高標廠商。 二、**未訂底價**者，**標價合理**之最高標廠商。 三、以**最有利標決標**者，經機關首長或評選委員會**過半數**之決定所**評定**之最有利標廠商。 四、採用**複數決標**者，**合於最高標**或**最有利標**之競標精神者。 Ⅱ機關辦理採購，招標文件規定廠商報價金額包括機關支出及收入金額，或以使用機關財物或權利為對價而無其他支出金額，其以廠商承諾給付機關價金為決標原則者，準用前項規定。
讓與	政府採購法	§100Ⅱ 機關堪用財物無償讓與	機關**多餘不用之堪用財物**，得**無償**讓與其他政府機關或公立學校。

二、必考重點

(一) **開放民間參與：**

1. 開放效益：

(1) 意義：近年來，藉由民間投資興建公共建設，引進企業經營理念，以改善公共服務品質，已成為國際趨勢；而國內為減輕政府財政負擔，擴大公共建設投資以提振景氣，行政院將民間參與公共建設列為重要施政方向，新興公共建設計畫皆應先行評估民間參與可行性，凡具民間參與空間者，政府即不再編列預算，優先以民間參與方式辦理。

(2) 優先適用法規：**促進民間參與公共建設法**＞其他法律＞採購法。

(3) 促參契約的特性：

A. 必須具有營運要求。

B. 具收益及可融資性。

C. 具有夥伴關係。

D. 公共利益、安全及品質的確保。

E. 重點查核財務。

F. 政府介入與接管條件。

G. 期滿移轉約定。

2. 專有名詞：

(1) 民間機構：

A. 依公司法設立之公司或其他經主辦機關核定之私法人，並與主辦機關簽約者。

B. 政府或公營事業之出資或捐助不得超過該民間機構資本總額或財產總額20%（資本總額，於股份有限公司指實收資本額）。

C. 外國人持股比例得報請行政院核定，不受其他法律之限制。

(2)參與方式：

方式簡寫	意義
BOT （Build-Operate-Transfer）	由民間投資興建公共建設，並且負責營運，營運期屆滿後再移轉給政府。
BTO （Build-Transfer-Operate）	由民間投資興建，政府無償取得所有權，或是支付建設經費取得所有權，但委託民間營運。
ROT （Rehabilitate-Operate-Transfer）	政府委託民間整建、擴建，並且營運，營運期屆滿後再移轉給政府。
OT （Operate-Transfer）	政府興建公共建設，所有權歸政府，但委託民間營運。
BOO （Build-Own-Operate）	政府選定公共建設項目，由民間投資興建，民間擁有所有權，可自行營運或委託營運。

3. 採購法VS促參法：

項目	採購法	促參法
辦理機關	招標機關	主辦機關 （被授權、受委託機關）
前置作業	若已完成立案報告，可開始撰擬招標文件等程序。	促參預評可行者，原則上應辦理可行性評估及先期規劃，但未涉及政府預算補貼或投資者不在此限。
資格訂定	機關可依實際需求規定投標廠商基本資格，但不得不當限制競爭，並以確認廠商具備履行契約所必須之能力者為限。	主辦機關應將營運規劃內容、申請人資格條件等相關事項，公告徵求民間參與。

項目	採購法	促參法
公告途徑	限制性之公開評選，應將招標公告刊登於政府採購公報，並公開於資訊網路。	(1) 主辦機關應將摘要公告於資訊網路、及在政府採購公報上刊登。 (2) 可先辦理說明會再公告招商。
等標期	等標期應依「招標期限標準」規定辦理。	無相關規定，視公共建設之內容與特性及申請人準備申請文件所須時間合理定之。
委員會組成	(1) 依「採購評選委員會組織準則」中，有關評選會之組成規定。 (2) 評選會置委員5～17人，其中外聘專家及學者人數不得少於1/3。 (3) 評選會應有委員總額1/2以上出席，且出席之外聘專家及學者人數應至少2人，且不得少於出席委員人數之1/3；出席委員過半數之同意行之。	(1) 依「民間參與公共建設甄審委員會組織及評審辦法」中，甄審會之組成及外聘委員出席比例等規定，較採購法嚴格。 (2) 甄審會置委員7～17人，其中外聘專家及學者人數不得少於1/2。 (3) 甄審會會議應有委員總額1/2以上且至少5人出席，且出席之外聘專家及學者人數不得少於出席委員人數之1/2；出席委員過半數之同意行之。
開標	除法令另有規定外，應依招標文件公告之時間及地點公開為之；另限制性招標之公開評選，無投標廠商家數限制。	無開標規定（申請人應於公告所定期限屆滿前，依公告及招商文件規定備妥文件提出申請）。
資格審查	(1) 資格文件不得補正。 (2) 機關應依招標文件審查投標文件，投標廠商不依招標文件投標或內容不符規定者，不予開標決標。	(1) 資格文件得補正。 (2) 資格文件缺漏但資格事實確實存在，主辦機關得要求申請人限期補件，逾期不受理。

項目	採購法	促參法
甄審／評選作業	(1)廠商不得另行變更或補充資料。 (2)委員辦理評選，應依招標文件之評分項目權重辦理，不得變更或補充。 (3)廠商另外提出變更或補充資料者，該資料應不納入評選考量。 (4)簡報及現場詢答，非屬協商性質，不應藉此要求廠商更改投標文件內容。	(1)所提文件或投資計畫內容得補正或澄清。 (2)提送文件不符程式或有疑義，主辦機關得通知限期補正或提出說明，逾期不予受理。 (3)綜合評審時，甄審會如對申請人所提送之投資計畫書及相關文件有疑義，得通知申請人限期澄清，逾期不予受理。
議約／簽約	(1)採最有利標決標後，應於評定最有利標後即決標，議約及議價僅係完備程序。 (2)採限制性招標之公開評選案件，於辦理公開評選後應與優勝廠商議價。 (3)採最有利標決標後，應於評定最有利標後即決標，不得於評定最有利標後再洽該廠商議價。	促參法允許議約，其施行細則§67規定如下： (1)議約期限：自主管機關通知最優申請人開始議約之日起，至完成議約止之期限，不得超過申請期間之2倍，且以6個月為限。 (2)簽約期限：自議約完成至簽約期間，以1個月為原則，並得展延1個月。
租稅優惠	無租稅優惠之相關規定。	若為重大公共建設，得享有相關租稅優惠： (1)5年免徵營利事業所得稅。 (2)投資抵減。 (3)興建機具進口關稅優惠。 (4)房屋稅、地價稅、契稅減免。 (5)營利事業投資民間機構股票應納所得稅抵減。

項目	採購法	促參法
融資協助與優惠	無融資協助與優惠之相關規定。	(1) 主辦機關補貼貸款利息或投資建設之一部。 (2) 協調金融機構提供中長期貸款。 (3) 重大天然災害復舊貸款。
契約內容	(1) 主要規範招商程序，無營運實質面之規範。 (2) 對於招標規格、履約期間之品管、付款條件及驗收等有詳細規定。	(1) 促參以營運為核心要件，故投資契約明訂一定期間之營運，主辦機關則依約監管。 (2) 強調民間組成團隊與專業、籌資及財務能力、公共建設興建、營運內容與品質等。
履約管理	(1) 工程驗收之權責：政府為定作人，由政府出錢採購，廠商為工程承攬人，故政府對其所要採購之工程，需進行驗收。 (2) 依契約圖說、相關技術規範與材料品質規定作為品質管理依據。	(1) 工程驗收之權責：由民間機構出錢興建，定作人為民間機構，工程承攬者為工程承包商，故係由民間機構進行工程驗收。 (2) 給予民間機構較靈活寬廣的空間，除非民間機構涉及公共安全或違反公共利益等情形，原則上依據契約辦理，不作過度介入。

(二) 機關財物讓與：

1. 重要法規：**《機關堪用財物無償讓與辦法》**。
2. 立法目的：為提升國有閒置堪用動產運用效率及減少資源浪費。
3. 進行方式：
   (1) 將多餘不用之堪用財物資訊傳輸至主管機關指定之電腦資料庫，公開於資訊網路，無償讓與其他政府機關或公立學校。

(2)政府電子採購網供機關登錄多餘不用之堪用財物，各機關如有國有閒置堪用動產（耐用年限2年以上且價值新臺幣1萬元以上），可多加利用該平臺登錄相關資訊，以媒合受讓機關。

(3)自行覓妥受讓與之機關，且如另有其他法律規範，亦得依相關法規辦理（行政院工程會88.09.01工程企字第8813132號函）。

精選試題

( ) **1** 下列何者錯誤？ (A)依促進民間參與公共建設法核准民間機構興建、營運之公共建設，不適用政府採購法之規定 (B)國有財產之讓與，依國有財產法之規定者，得不適用機關堪用財物無償讓與辦法 (C)機關得依採購法規定，將多餘不用之堪用財物無償讓與其他政府機關或公立學校 (D)機關得依採購法規定，將多餘不用之堪用財物無償讓與公營事業、其他政府機關或公立學校。

解 **(D)**。依採購法第100條第2項規定，機關得依採購法規定，將多餘不用之堪用財物無償讓與其他政府機關或公立學校，非可無償讓與公營事業。

【政府電子採購網採購法規題庫】

( ) **2** 下列哪些資訊應公開於採購網站，必要時並得刊登採購公報？ (A)未達公告金額採購之決標公告資訊 (B)與政府採購有關之法令、司法裁判、訴願決定、仲裁判斷或宣導資訊 (C)財物之變賣或出租公告 (D)多餘不用堪用財物之無償讓與公告。

解 **(D)**。依機關堪用財物無償讓與辦法第4條，機關得將堪用財物之資訊傳輸至主管機關指定之電腦資料庫，公開於資訊網路，並得刊登於政府採購公報，藉此將多餘不用之堪用財物無償讓與其他政府機關或公立學校。

【政府電子採購網採購法規題庫】

3 民間機構興建、營運之公共建設是否可以不適用政府採購法之規定？

解 依政府採購法（以下簡稱採購法）第99條規定，機關辦理政府規劃或核准之交通、能源、環保、旅遊等建設，經目的事業主管機關核准開放廠商投資興建、營運者，其甄選投資廠商之程序，除其他法律另有規定者外，適用採購法之規定；另促進民間參與公共建設法（以下簡稱促參法）第2條亦有規定，促進民間參與公共建設，依促參法之規定，未規定者，才適用其他有關法律之規定。

是以民間機構欲進行公共建設之興建、營運時，首先確認其係依公司法設立之公司或其他經主辦機關核定之私法人，或屬政府或公營事業之出資或捐助不得超過該民間機構資本總額或財產總額20%者，方屬促參法所稱之民間機構。又公共建設係指供公眾使用且促進公共利益之建設，包括交通建設及共同管道、環境污染防治設施、污水下水道、自來水及水利設施、衛生醫療設施、社會及勞工福利設施、文教設施、觀光遊憩設施、電業設施及公用氣體燃料設施、運動設施、公園綠地設施、工商業及科技設施、新市鎮開發、農業設施和政府廳舍設施等。

綜上所述，民間機構興建、營運之公共建設，於符合促參法所稱之民間機構及公共建設案件可不適用採購法規定外，其他案件仍應使用採購法規定。

【102年鐵路特考員級】

4 政府採購法所稱「採購」，其意涵為何？其與政府採購法第99條所稱，「機關辦理政府規劃或核准之交通、能源、環保、旅遊等建設，經目的事業主管機關核准開放廠商投資興建、營運」之情形，差別何在？政府採購法第99條所生甄選投資廠商之程序爭議，應如何救濟？

解 (一)政府採購是指國家政府為從事日常的行政活動或為滿足公共服務目的，利用國家資金進行工程之定作、財物之買受、定製、承租及勞務之委任或僱傭等，而為了建構公平、公開的採購制度和程序，提升採購效率與功能，確保採購品質，爰制定政府採購法（下稱本法）。

(二)依本法第99條規定，機關辦理政府規劃或核准之交通、能源、環保、旅遊等建設，經目的事業主管機關核准開放廠商投資興建、營運者，其甄選投資廠商之程序，除其他法律另有規定者外，適用採購法之規定；另促進民間參與公共建設法（以下簡稱促參法）第2條亦有規定，促進民間參與公共建設，依促參法之規定，未規定者，才適用其他有關法律之規定。又兩者差異簡述如下：

傳統的政府採購程序（以下簡稱採購案）與促進民間參與公共建設（以下簡稱促參案）於採購程序及選商程序上的不同：

1. 辦理機關：採購案由招標機關辦理程序；促參案則由主辦機關（被授權、受委託機關）為之。
2. 前置作業：採購案若已完成立案報告，可開始撰擬招標文件等程序；促參預評可行者，原則上應辦理可行性評估及先期規劃，但未涉及政府預算補貼或投資者不在此限。
3. 資格訂定：採購案機關可依實際需求規定投標廠商基本資格，但不得不當限制競爭，並以確認廠商具備履行契約所必須之能力者為限；促參案主辦機關應將營運規劃內容、申請人資格條件等相關事項，公告徵求民間參與。
4. 公告途徑：採購案的限制性之公開評選，應將招標公告刊登於政府採購公報，並公開於資訊網路；促參案途徑有(1)主辦機關應將摘要公告於資訊網路及在政府採購公報上刊登。(2)可先辦理說明會再公告招商。

5. 等標期：採購案等標期應依「招標期限標準」規定辦理；促參案則無相關規定，視公共建設之內容與特性及申請人準備申請文件所須時間合理定之。
6. 委員會組成：採購案(1)依「採購評選委員會組織準則」中，有關評選會之組成規定。(2)評選會置委員5至17人，其中外聘專家及學者人數不得少於1/3。(3)評選會應有委員總額1/2以上出席，且出席之外聘專家及學者人數應至少2人，且不得少於出席委員人數之1/3；出席委員過半數之同意行之；促參案則是(1)依「民間參與公共建設甄審委員會組織及評審辦法」中，甄審會之組成及外聘委員出席比例等規定，較採購法嚴格。(2)甄審會置委員7～17人，其中外聘專家及學者人數不得少於1/2。(3)甄審會會議應有委員總額1/2以上且至少5人出席，且出席之外聘專家及學者人數不得少於出席委員人數之1/2；出席委員過半數之同意行之。
7. 開標：採購案除法令另有規定外，應依招標文件公告之時間及地點公開為之；另限制性招標之公開評選，無投標廠商家數限制；促參案無開標規定（申請人應於公告所定期限屆滿前，依公告及招商文件規定備妥文件提出申請）。
8. 資格審查：採購案規定(1)資格文件不得補正。(2)機關應依招標文件審查投標文件，投標廠商不依招標文件投標或內容不符規定者，不予開標決標；反之促參案(1)資格文件得補正。(2)資格文件缺漏但資格事實確實存在，主辦機關得要求申請人限期補件，逾期不受理。
9. 甄審／評選作業：採購案(1)廠商不得另行變更或補充資料。(2)委員辦理評選，應依招標文件之評分項目權重辦理，不得變更或補充。(3)廠商另外提出變更或補充資料者，該資料應不納入評選考量。(4)簡報及現場詢答，非屬協商性質，不應藉此要求廠商更改投標文件內容；促參案(1)所提文件或投資計畫內容得補正或澄清。(2)提送文件不符程式或有疑義，主辦機關得通知限期補正或提出說明，逾期不予受理。(3)綜合評審時，甄審會如對申請人所提送之投資計畫書及相關文件有疑義，得通知申請人限期澄清，逾期不予受理。

10.議約／簽約：採購案(1)採最有利標決標後，應於評定最有利標後即決標，議約及議價僅係完備程序。(2)採限制性招標之公開評選案件，於辦理公開評選後應與優勝廠商議價。(3)採最有利標決標後，應於評定最有利標後即決標，不得於評定最有利標後再洽該廠商議價；促參案促參法允許議約，其施行細則§67規定如下：(1)議約期限：自主管機關通知最優申請人開始議約之日起，至完成議約止之期限，不得超過申請期間之2倍，且以6個月為限。(2)簽約期限：自議約完成至簽約期間，以1個月為原則，並得展延1個月。

11. 租稅優惠：採購案無租稅優惠之相關規定；促參案若為重大公共建設，得享有相關租稅優惠：(1)5年免徵營利事業所得稅。(2)投資抵減。(3)興建機具進口關稅優惠。(4)房屋稅、地價稅、契稅減免。(5)營利事業投資民間機構股票應納所得稅抵減。

12. 融資協助與優惠：採購案無融資協助與優惠之相關規定；促參案(1)主辦機關補貼貸款利息或投資建設之一部。(2)協調金融機構提供中長期貸款。(3)重大天然災害復舊貸款。

13. 契約內容：採購案(1)主要規範招商程序，無營運實質面之規範。(2)對於招標規格、履約期間之品管、付款條件及驗收等有詳細規定；促參案(1)促參以營運為核心要件，故投資契約明訂一定期間之營運，主辦機關則依約監管。(2)強調民間組成團隊與專業、籌資及財務能力、公共建設興建、營運內容與品質等。

14. 履約管理：採購案(1)工程驗收之權責：政府為定作人，由政府出錢採購，廠商為工程承攬人，故政府對其所要採購之工程，需進行驗收。(2)依契約圖說、相關技術規範與材料品質規定作為品質管理依據；促參案(1)工程驗收之權責：由民間機構出錢興建，定作人為民間機構，工程承攬者為工程承包商，故係由民間機構進行工程驗收。(2)給予民間機構較靈活寬廣的空間，除非民間機構涉及公共安全或違反公共利益等情形，原則上依據契約辦理，不作過度介入。

(三)有關本法第99條所生甄選投資廠商之程序爭議及救濟，概略分為三種類型：

1. 招商文件內容爭議：無暫時權利保護，但可準用本法第75條提出異議申訴。又按本法第83條規定，申訴之審議判斷視為訴願決定；則視機關是否已選出最優申請人，如無則行政訴訟可針對招商文件申訴駁回之處分，提起撤銷申訴駁回；如已有，則撤銷違法處分之訴訟已無實益，應提起確認處分違法之訴。

2. 甄審程序違反公平性：關於暫時性權利保護，可聲請停止執行，另異議申訴可依促參法第47條提出。行政訴訟方面，可提起撤銷違法甄審決定之訴訟以及課予義務訴訟請求另作甄審決定。

3. 主辦機關未完成締約：此係指主辦機關與投資廠商完成議約後，卻不進一步締約。雖於促參法及本法準用範圍內，並無相關補償規範，然考量投資廠商參與甄選程序及備標，業已投入相當資源成本，如毫無應對措施，對於積極參與廠商之權益保護顯有不周，似可將主辦機關拒絕締約之情形，視為廢止最優申請人甄審決定之行政處分，再依相關行政救濟程序進行。即關於暫時性權利保護，對廢止處分聲請停止執行；異議申訴則依民間參與公共建設申請及審核程序爭議處理規則第2條第1款提出；行政訴訟依其是否成立預約，分別提給付之訴或撤銷及給付之訴；補償便為處分廢止之補償和締約上過失之賠償。

【111年鐵路特考高員級】

焦點6 文件之保存

一、關聯條文

文件保存	政府採購法	§107 採購文件之保存	機關辦理採購之文件，除依會計法或其他法律規定保存者外，應**另備具一份**，保存於主管機關指定之場所。
	施行細則	§112-2	本法第一百零七條所稱採購之文件，指採購案件自機關開始計劃至廠商完成契約責任期間所產生之各類文字或非文字紀錄資料及其附件。

二、必考重點

(一) **本條所指須保存之採購文件包括：**

有關採購全部流程之招標、決標、訂約、監工日誌、施工圖說、圖畫照片、錄影存證或機關內部之簽呈文件等，皆為日後查核之重要依據，確有保存之必要。

(二) **至於該文件之保存：**

主管機關(行政院公共工程委員會)本訂有「採購文件保存作業準則」，因檔案法已訂有文件保存相關規定，復由該會於91年12月4日以工程企字第09100516060號令廢止在案。

(三) 有關本條所指會計法規，為《會計法》第83、84條。

精選試題

依採購法第107條，機關辦理採購之文件，除依會計法或其他法律規定保存外，應另備一份，保存於主管機關指定之場所之規定，主辦部門於辦理採購，應檢附那些採購文件並保存之？

解 機關辦理採購，有關採購全部流程之招標、決標、訂約、監工日誌、施工圖說、圖畫照片、錄影存證或機關內部之簽呈文件等，均屬政府採購法第107條規定必須保存之採購文件。

又主管機關本訂有「採購文件保存作業準則」，因檔案法已訂有文件保存相關規定，復由該會於91年12月4日以工程企字第09100516060號令廢止在案，故應保存之採購文件需依檔案法相關規範進行保存程序。

【主計月刊91年12月號No.564採購監辦Q&A】

焦點7 稽查與稽核

一、關聯條文

採購查核及財物讓與	政府採購法	§100 主管機關、上級機關及主計機關得隨時查核各機關採購	Ⅰ **主管**機關、**上級**機關及**主計**機關得**隨時查核**各機關採購進度、存貨或其使用狀況，亦得命其提出報告。 Ⅱ 機關多餘不用之堪用財物，得無償讓與其他政府機關或公立學校。
採購稽核小組	政府採購法	§108 採購稽核小組之設置	Ⅰ **中央**及**直轄市、縣（市）政府**應成立**採購稽核小組**，稽核監督採購事宜。 Ⅱ 前項稽核小組之組織準則及作業規則，由主管機關擬訂，報請行政院核定後發布之。
審計稽察	政府採購法	§109 審計機關稽察	機關辦理採購，**審計機關**得隨時稽察之。
提起訴訟	政府採購法	§110 得就採購事件提起訴訟或上訴	**主計官、審計官或檢察官**就採購事件，得為機關提起訴訟、參加訴訟或上訴。

二、必考重點

(一) 重要法規：《採購稽核小組組織準則》、《採購稽核小組作業規則》。

(二) 採購稽核小組設立機關及稽核監督範圍：

	設立機關	監督範圍
中央	採購法之主管機關	1.設立採購稽核小組之部會署與所屬機關所辦理之採購，或其補助或委託地方機關、法人或團體辦理之採購，有重大異常者。 2.設立採購稽核小組之部會署及所屬機關以外之中央各機關所辦理之採購，或其補助或委託地方機關、法人或團體辦理之採購。 3.地方機關所辦理之採購，有重大異常者。
部會署	附屬機關較多之行政院所屬各部會署	1.該部會署及所屬各機關所辦理之採購。 2.該部會署及所屬機關補助或委託地方機關、法人或團體辦理之採購。
直轄市	各直轄市政府	1.直轄市各機關所辦理之採購。 2.直轄市各機關補助或委託法人或團體辦理之採購。
縣（市）	各縣（市）政府	1.縣（市）及所轄鄉（鎮、市）各機關所辦理之採購。 2.縣（市）及所轄鄉（鎮、市）各機關補助或委託法人或團體辦理之採購。

(三) 審計稽查及訴訟：

為防杜機關或廠商相互勾結之行為，採購法明定審計機關得隨時稽查各機關採購案件有無違失及落實採購效能發揮，且主計官、審計官或檢察官更得就採購事件提起訴訟、參加訴訟或上訴。

精選試題

( ) **1** 下列何者非屬採購法第100條規定，得隨時查核各機關採購進度，亦得命其提出報告？

(A)檢、調機關 (B)主管機關

(C)主計機關 (D)上級機關。

解 **(A)**。依政府採購法第100條第1項，主管機關、上級機關及主計機關得隨時查核各機關採購進度、存貨或其使用狀況，亦得命其提出報告。

【108年台電新進甄試】

( ) **2** 採購稽核小組之組織成員人數為？

(A)5至17人 (B)7至15人

(C)7至25人 (D)不受限制。

解 **(D)**。依採購稽核小組組織準則第5條，採購稽核小組置召集人一人，綜理稽核監督事宜；副召集人一人，襄助召集人處理稽核監督事宜；均由設立機關首長或其指定之高級人員兼任。置稽核委員若干人，由設立機關首長就政風人員一人及具有採購相關專門知識之人員派（聘）兼之；任期二年，期滿時得續派（聘）之，並得視需要隨時改派（聘）。

【政府電子採購網採購法規題庫】

( ) **3** 下列何者非屬採購法第110條，得為機關提起訴訟、參加訴訟或上訴人員？

(A)審計官 (B)檢察官

(C)主計官 (D)司法官。

解 **(D)**。依政府採購法第110條，主計官、審計官或檢察官就採購事件，得為機關提起訴訟、參加訴訟或上訴。

【108年台電新進甄試】

( ) **4** 採購稽核小組依採購法第108條規定進行稽核監督時，以下何者敘述為錯誤？

(A)得向相關機關調閱有關資料；被請求機關不得拒絕。但法律另有規定者，不在此限

(B)認為採購機關有違反政府採購法之情形者，俟其改正後再行提出稽核監督報告

(C)稽核委員辦理稽核監督，除涉及本人目前或過去3年內任職機關之採購事項應行迴避外，其迴避準用採購法第15條之規定

(D)進行稽核監督時，得不預先通知機關。

解 **(B)**。

(A)依採購稽核小組作業規則第2條，採購稽核小組得就機關辦理採購之書面、資訊網路或其他有關之資訊、資料，辦理稽核監督。稽核小組為辦理前項事宜，得向相關機關調閱有關資料；被請求機關不得拒絕。但法律另有規定者，不在此限。

(B)依採購稽核小組作業規則第14條，稽核小組認採購機關有違反本法之情形者，除應依本法規定處理外，應函知機關採行改正措施，並副知其上級機關、主管機關及審計機關。並無俟其改正後再行提出稽核監督報告之作法。

(C)依採購稽核小組作業規則第15條，稽核委員辦理稽核監督，除涉及本人目前或過去3年內任職機關之採購事項應行迴避外，其迴避準用本法第15條之規定。

(D)依採購稽核小組作業規則第3條，稽核小組進行稽核監督時，得不預先通知機關。

【政府電子採購網採購法規題庫】

( ) **5** 下列敘述何者為錯誤？

(A)未達公告金額採購之監辦，依其屬地方，由直轄市或縣（市）政府另定之。未另定者，比照中央規定辦理

(B)未達公告金額之招標方式，在地方由直轄市或縣（市）政府定之。地方未定者，比照中央規定辦理

(C)直轄市、縣（市）政府未設採購申訴審議委員會者，得依採購法第76條規定委請主管機關申訴會辦理前項業務

(D)直轄市、縣（市）政府應成立採購稽核小組。

解 **(A)**。依政府採購法第13條第2項，未達公告金額採購之監辦，依其屬中央或地方，由主管機關、直轄市或縣（市）政府另定之。未另定者，比照前項規定辦理（除有特殊情形者外，應由其主（會）計及有關單位會同監辦）。

【109年陸勤部採購職類編制內聘雇人員招考】

( ) **6** 以下何機關辦理之採購不屬於縣（市）政府採購稽核小組之稽核監督範圍？

(A)縣（市）政府 (B)縣（市）所轄市鄉（鎮、市）公所

(C)縣（市）議會 (D)縣（市）審計室。

解 **(D)**。有關縣（市）政府採購稽核小組之稽核監督範圍，依採購稽核小組組織準則第3條，包括縣（市）及所轄鄉（鎮、市）各機關所辦理之採購以及縣（市）及所轄鄉（鎮、市）各機關補助或委託法人或團體辦理之採購。

而審計機關之組織係採一條鞭制，由中央直貫地方，故各審計機關均隸屬審計部，由審計部監督之，而不為縣（市）政府採購稽核小組之稽核監督範圍內。

【政府電子採購網採購法規題庫】

焦點 8 巨額採購案

一、關聯條文

巨額採購	政府採購法	§111 巨額採購之效益分析評估	Ⅰ 機關辦理**巨額採購**，應於使用期間內，逐年向主管機關**提報使用情形及其效益分析**。主管機關並得派員查核之。 Ⅱ 主管機關每年應對已完成之**重大採購事件**，作出**效益評估**；除應秘密者外，應刊登於政府採購公報。
		§11-1 採購工作及審查小組之成立	Ⅰ 機關辦理**巨額工程採購**，應依採購之特性及實際需要，成立**採購工作及審查小組**，協助審查採購需求與經費、採購策略、招標文件等事項，及提供與採購有關事務之諮詢。 Ⅱ 機關辦理**第一項以外之採購**，依採購特性及實際需要，認有成立採購工作及審查小組之必要者，**準用**前項規定。 Ⅲ 前二項採購工作及審查小組之組成、任務、審查作業及其他相關事項之辦法，由主管機關定之。

※採購錯誤行為常見態樣

編號	行為態樣	違反法條
1	機關辦理巨額工程採購，未成立採購工作及審查小組，協助審查採購需求與經費、採購策略及招標文件等事項。	採購法§11-1、§111、機關提報巨額採購使用情形及效益分析作業規定§2
2	辦理巨額採購，招標前未簽准預期使用情形、效益目標及效益分析指標、預計採購期程、開始使用日期及使用年限。	

二、必考重點

(一)**重要法規：《機關提報巨額採購使用情形及效益分析作業規定》、《行政院公共工程委員會重大採購事件效益評估作業要點》**。

(二)**提報目的**：巨額採購案件因涉及金額及行政規模龐大，除採購既有審監程序外，應須定期追蹤檢討使用情形及分析效益，以確保品質。

(三)**提報程序：**

1. 機關辦理巨額採購前，應先將下列事項簽報機關首長或其授權人員核准：
   (1)完成採購後之預期使用情形及其效益目標。
   (2)評估使用情形及其效益之分析指標。如使用人數或次數、使用頻率、工作人力、工作成果、產量、產能、投資報酬或收益、節省能源數量、減少溫室氣體排放數量、減少消耗資源數量。
   (3)預計採購期程、開始使用日期及使用年限。
2. 使用期間逐年提報。
3. 由使用或接管單位負責提報。
4. 共同供應契約則由訂約機關彙整提報。

(四)**提報內容：**

1. 採購案號、採購標的摘要、採購性質歸屬、預算金額、決標日期、決標金額、結算金額、完成履約廠商名稱及地址、原規劃及實際啟用日期、使用年限、機密等級及其理由。
2. 屬重要經建投資計畫、重要行政計畫、重要社會發展計畫或重大科技計畫者，其計畫編號及名稱。
3. 提報使用期間起迄日期及提報次數。
4. 原規劃、設計或需求所欲達成之預期使用情形及其效益。有調整者，其經過及內容。
5. 使用期間內之實際使用情形及其效益。

6. 實際使用情形及其效益與原規劃、設計或需求所欲達成者之比較及差異原因。
7. 未依原規劃日期啟用之原因。
8. 結算金額與決標金額差異之原因。
9. 屬第二次提報者，與前一次使用情形及其效益分析之比較及差異分析。屬第三次以後提報者，與前二次使用情形及其效益分析之比較及差異分析。
10. 綜合說明與檢討。
11. 其他經主管機關指定者。

精選試題

( ) **1** 機關辦理巨額採購，因廠商違約致終止契約，就終止前廠商履約情形，應依採購法第111條規定提報巨額採購使用情形及其效益分析。 (A)○ (B)×。

解 **(A)**。依政府採購法第111條規定，巨額採購之效益分析評估係機關於使用期間內辦理之作業，故縱後終止契約，就終止前的履約部分，仍應依法進行採購使用情形及其效益分析提報。

【109年臺北市政府採購法規題庫】

( ) **2** 下列何者係審計機關為有效監督政府採購之辦理，規定各機關向政府採購主管機關提報其採購之使用情形及其效益分析資料，並送該管審計機關審核？ (A)小額採購 (B)公告金額以上之採購 (C)查核金額以上之採購 (D)巨額採購。

解 **(D)**。依政府採購法第111條規定，機關辦理巨額採購，應於使用期間內，逐年向主管機關提報使用情形及其效益分析。主管機關並得派員查核之。

【98年身心障礙特考三等會計】

( ) **3** 機關辦理巨額採購，應於使用期間內，提報使用情形及其效益分析。下列敘述何者正確？ (A)逐季向上級機關 (B)逐季向主計機關 (C)逐年向上級機關 (D)逐年向主管機關。

解 **(D)**。依政府採購法第111條第1項規定，機關辦理巨額採購，應於使用期間內，逐年向主管機關提報使用情形及其效益分析。主管機關並得派員查核之。

【108年台電新進甄試】

( ) **4** 下列關於機關辦理巨額採購之描述何者正確？ (A)預期使用情形及其效益目標、開始使用日期及使用年限、評估使用情形及其效益之分析指標，應於採購完成後，開始啟用前簽經機關首長或其授權人員核准 (B)向主管機關提報採購之使用情形及其效益分析，如屬勞務採購者，其使用期間為契約約定之履約期間，除工作內容重複者外，以契約工作完成後一次提報為原則 (C)如驗收後因故逾一年仍未啟用者，應自驗收後每屆滿一年之次日起一個月內逐年向上級機關提報未啟用之原因，俟啟用後再改向主管機關提報使採購之使用情形及其效益分析 (D)向主管機關提報巨額採購之使用情形及其效益分析，除以電子化方式為之外，應另備書面文件通知主管機關。

解 **(B)**。

(A)依機關提報巨額採購使用情形及效益分析作業規定第2點，機關辦理巨額採購前，應就完成採購後之預期使用情形及其效益目標、評估使用情形及其效益之分析指標、預計採購期程和開始使用日期及使用年限，便簽經機關首長或其授權人員核准。

(B)依機關提報巨額採購使用情形及效益分析作業規定第4點第3項，勞務採購之使用期間為其契約約定之履約期間，除工作內容重複者外，以契約工作完成後一次提報為原則。

(C)依機關提報巨額採購使用情形及效益分析作業規定第4點第1項但書，驗收後因故逾一年仍未啟用者，自驗收後每屆滿一年之次日起一個月內逐年向主管機關提報未啟用之原因。

(D)依機關提報巨額採購使用情形及效益分析作業規定第8點，機關向主管機關提報巨額採購之使用情形及其效益分析，得以電子化方式為之，免另備書面文件通知主管機關。

【109年陸軍後勤指揮部採購員招考題庫】

5 政府採購法對於機關辦理巨額採購使用效益之分析、查核與評估，其相關規定為何？

解 (一)為了國家財政資金使用的高效率、高效益和使用過程的公平、公正，我國政府採購法規定了巨額採購之重大案件需定期進行效益分析評估，以作為績效檢討和未來採購案件之參考。

(二)依政府採購法第111條規定，機關辦理巨額採購，應於使用期間內，逐年向主管機關提報使用情形及其效益分析。主管機關並得派員查核之。並主管機關每年應對已完成之重大採購事件，作出效益評估；除應秘密者外，應刊登於政府採購公報。

(三)另行政院公共工程委員會訂定機關提報巨額採購使用情形及效益分析作業規定，就機關應如何逐年向主管機關提報巨額採購之使用情形及其效益分析進行相關規範。

【100年高考三級審計】

焦點 9 採購之倫理

一、關聯條文

倫理準則	政府採購法	§112 採購人員倫理準則	主管機關應訂定**採購人員倫理準則**。

※採購錯誤行為常見態樣

編號	行為態樣	違反法條
1	利用職務關係對廠商要求、期約或收受賄賂、回扣、餽贈、優惠交易或其他不正利益。	採購人員倫理準則§7
2	接受與職務有關廠商之食、宿、交通、娛樂、旅遊、冶遊或其他類似情形之免費或優惠招待。	
3	不依法令規定辦理採購。	
4	妨礙採購效率（例如一再開標流標廢標不知檢討）。	
5	浪費國家資源（例如呆料、存貨過多仍繼續採購；為消化預算而辦理不必要之採購）。	
6	未公正辦理採購（例如未執行利益迴避）。	
7	洩漏應保守秘密之採購資訊。	
8	利用機關場所營私或公器私用。	
9	利用職務關係募款或從事商業活動。	
10	利用職務所獲非公開資訊圖私人不正利益。	
11	於機關任職期間同時為廠商所僱用。	
12	於公務場所張貼或懸掛廠商廣告物。	
13	利用職務關係媒介親友至廠商處所任職。	
14	利用職務關係與廠商有借貸或非經公開交易之投資關係。	

15	要求廠商提供與採購無關之服務。	採購人員倫理準則§7
16	為廠商請託或關說，或接受請託或關說。	
17	意圖為私人不正利益而高估預算、底價或應付契約價金，或為不當之規劃、設計、招標、審標、決標、履約管理或驗收。	
18	藉婚喪喜慶機會向廠商索取金錢或財物。	
19	從事足以影響採購人員尊嚴或使一般人認其有不能公正執行職務之事務或活動。(例如與廠商人員結伴出國旅遊)	

二、必考重點

(一) **重要法規：《採購人員倫理準則》**。

(二) **適用對象：**

1. 機關辦理採購法採購事項之人員。
2. 接受機關補助辦理採購之法人團體之人員。
3. 受機關委託代辦採購之法人團體之人員。
4. 受機關委託專案管理之廠商。
5. 受委託規劃、設計、監造或管理之廠商。

(三) **遵守規定：**

積極	消極（即不得為）
1.採購人員應致力於公平、公開之採購程序，提升採購效率與功能，確保採購品質，並促使採購制度健全發展。 2.採購人員應依據法令，本於良知，公正執行職務，不為及不受任何請託或關說。	1.利用職務關係對廠商要求、期約或收受賄賂、回扣、餽贈、優惠交易或其他不正利益。 2.接受與職務有關廠商之食、宿、交通、娛樂、旅遊、冶遊或其他類似情形之免費或優惠招待。 3.不依法令規定辦理採購。 4.妨礙採購效率。

積極	消極（即不得為）
3.採購人員辦理採購應努力發現真實，對機關及廠商之權利均應注意維護。對機關及廠商有利及不利之情形均應仔細查察，務求認事用法允妥，以昭公信。 4.採購人員應廉潔自持，重視榮譽，言詞謹慎，行為端莊。	5.浪費國家資源。 6.未公正辦理採購。 7.洩漏應保守秘密之採購資訊。 8.利用機關場所營私或公器私用。 9.利用職務關係募款或從事商業活動。 10.利用職務所獲非公開資訊圖私人不正利益。 11.於機關任職期間同時為廠商所僱用。 12.於公務場所張貼或懸掛廠商廣告物。 13.利用職務關係媒介親友至廠商處所任職。 14.利用職務關係與廠商有借貸或非經公開交易之投資關係。 15.要求廠商提供與採購無關之服務。 16.為廠商請託或關說。 17.意圖為私人不正利益而高估預算、底價或應付契約價金，或為不當之規劃、設計、招標、審標、決標、履約管理或驗收。 18.藉婚喪喜慶機會向廠商索取金錢或財物。 19.從事足以影響採購人員尊嚴或使一般人認其有不能公正執行職務之事務或活動。 20.其他經主管機關認定者。

(四) **違反效果：**

1. 機關發現採購人員有違反本準則之情事者，應審酌其情狀，並給予申辯機會後，迅速採取下列必要之處置：

(1) 依公務員服務法、公務員懲戒法、公務人員考績法及其他相關規定處置。其觸犯刑事法令者，應移送司法機關處理。

(2) 調離與採購有關之職務。

(3) 施予與採購有關之訓練。

2. 另依採購專業人員資格考試訓練發證及管理辦法§10規定，採購專業人員有下列情形之一者，喪失其採購專業人員資格：
   (1) 辦理採購業務，涉嫌不法行為，經有罪判決者。但經判決無罪確定者，予以回復。
   (2) 因辦理採購業務違反法令情節重大而受免除職務、撤職、剝奪、減少退休（職、伍）金、休職、降級、減俸、罰款、記過懲戒處分之判決者。但經再審撤銷原判決更為判決，致無上述情形者，予以回復。

精選試題

( ) **1** 依採購人員倫理準則規定，下列何者為採購人員應有之行為？
(A)努力發現真實，對機關及廠商之權利均注意維護
(B)公開招標之第3次招標仍僅2家投標不予開標
(C)重視廠商請託或關說
(D)參與廠商舉行且邀請多人參加之餐會。

解 **(A)**。依採購人員倫理準則第5條規定，採購人員辦理採購應努力發現真實，對機關及廠商之權利均應注意維護。對機關及廠商有利及不利之情形均應仔細查察，務求認事用法允妥，以昭公信。

【108年臺北市政府政府採購法規題庫】

( ) **2** 下列何者屬採購人員倫理準則第2條所稱採購人員？
(A)辦理開標之人員 (B)訂定招標文件之人員
(C)處理履約爭議之人員 (D)以上皆是。

解 **(D)**。依採購人員倫理準則第2條規定，本準則所稱採購人員，指機關辦理本法採購事項之人員，則開標、訂招標文件、處理履約爭議等人員皆屬之。

【109年陸軍後勤指揮部採購員招考題庫】

( ) **3** 下列採購人員之行為，何者無違反採購人員倫理準則之虞？ (A)於機關場所張貼旅行社廣告海報 (B)為提昇採購品質，對於未得標廠商之企劃書內容，提供予得標廠商參考 (C)因政策變更，於等標期間取消採購 (D)公開招標採分段開標，於開價格標前訂定底價。

解 **(C)**。

(A)違反採購人員倫理準則第7條第12款規定，於公務場所張貼或懸掛廠商廣告物。

(B)違反採購人員倫理準則第7條第3、6、7款規定，未公正辦理採購外，亦有可能洩漏應保守秘密之採購資訊，並採購法第34條亦有規定，機關對於廠商投標文件，除供公務上使用或法令另有規定外，應保守秘密。

(C)依招標期限標準第8條規定可知，機關於等標期截止前取消或暫停招標尚未有違法之處。

(D)違反採購人員倫理準則第7條第3款，不依法令規定辦理採購；蓋因採購法施行細則第54條第1項已有規定，公開招標採分段開標者，其底價應於第一階段（資格標）開標前定之。

【109年陸軍後勤指揮部採購職類題庫】

( ) **4** 在非主動求取且係偶發之情形下，採購人員不接受與職務或利益有關廠商之餽贈或招待，反不符合社會禮儀或習俗者，得予接受。但下列何者為非可接受之範圍？ (A)價值在新臺幣500元以下之饋贈或飲食招待 (B)利用廠商免費提供場所辦理機關餐會活動 (C)基於家庭或私人情誼所為者 (D)公開舉行且邀請一般人參加之餐會。

解 **(B)**。 依採購人員倫理準則第8條規定，採購人員不接受與職務或利益有關廠商之下列餽贈或招待，反不符合社會禮儀或習俗者，得予接受，不受前條之限制。但以非主動求取，且係偶發之情形為限：

(1) 價值在新臺幣500元以下之廣告物、促銷品、紀念品、禮物、折扣或服務。→(A)

(2) 價值在新臺幣500元以下之飲食招待。→(A)

(3) 公開舉行且邀請一般人參加之餐會。→(D)

(4) 其他經主管機關認定者。

前項第1款，價值逾新臺幣500元，退還有困難者，得於獲贈或知悉獲贈日起7日內付費收受、歸公或轉贈慈善機構。

餽贈或招待係基於家庭或私人情誼所為者，不適用前2項規定。→(C)

【政府電子採購網採購法規題庫】

(　) **5** 採購人員接受與職務或利益有關廠商之廣告物價值逾500元，退還有困難者，得於幾日內付費收受、歸公或轉贈慈善機構：

(A)5日　(B)7日　(C)10日　(D)14日。

解 **(B)**。依採購人員倫理準則第8條規定：「採購人員不接受與職務或利益有關廠商之下列餽贈或招待，反不符合社會禮儀或習俗者，得予接受……，退還有困難者，得於獲贈或知悉獲贈日起7日內付費收受、歸公或轉贈慈善機構。」

【101年經濟部所屬新進甄試】

(　) **6** 下列敘述何者正確？　(A)機關預算遭挪用致無款項及時支付廠商之情形，非屬採購人員倫理準則適用範圍　(B)接受機關委託之專案管理廠商之人員，辦理契約所定事項，因其非屬機關人員，爰非屬採購人員倫理準則規範範圍　(C)採購案負責驗收人員與主辦人員如係夫妻關係，應予迴避　(D)以上皆非。

解 **(C)**。依政府採購法第15條第2項規定，機關人員對於與採購有關之事項，涉及本人、配偶、二親等以內親屬，或共同生活家屬之利益時，應行迴避。

【109年陸軍後勤指揮部採購職類題庫】

(　　) **7** 下列何者為採購人員得為之行為？ (A)於機關任職期間同時為廠商所僱用 (B)要求廠商提供與採購無關之服務 (C)主動參與公開舉行且邀請一般人參加之餐會 (D)為免有礙業務執行，於交通不便地區使用廠商提供之交通工具處。

解 **(D)**。

(A)違反採購人員倫理準則第7條第11款規定，於機關任職期間同時為廠商所僱用。

(B)違反採購人員倫理準則第7條第15款規定，於機關任職期間同時為廠商所僱用。

(C)違反採購人員倫理準則第8條規定，對於公開舉行且邀請一般人參加之餐會以非主動參與，且係偶發之情形為限。

(D)依採購人員倫理準則第9條規定，採購人員於交通不便之地辦理採購業務，為免有礙業務執行須使用廠商提供之交通工具，得予接受，不受限制。

【政府電子採購網採購法規題庫】

(　　) **8** 以下何者有誤？ (A)發現採購人員有違反法令之情形，其主管知情不予處置者，應視情節輕重，依法懲處 (B)驗收時，因交通不便，而使用廠商提供之交通工具及便當，但付費予廠商 (C)辦理新臺幣十萬元以下之採購，未通知主（會）計及有關單位人員辦理監辦 (D)為符合社會禮儀或習俗，不依法令規定辦理採購。

解 **(D)**。依採購人員倫理準則第7條第3款規定，採購人員不得有下列行為：三、不依法令規定辦理採購。且本條無但書或可例外之規定，故無論有何社會禮儀或習俗，皆應依法令規定辦理採購。

【106年政府電子採購網題庫】

9 試就下列問題，依政府採購法及相關之規定加以說明：

(一)承辦、兼辦採購人員離職後任職之限制

(二)承辦、兼辦採購人員對於所辦採購案之迴避

(三)廠商或其負責人與機關首長有關係時之迴避

(四)機關發現採購人員有違反「採購人員倫理準則」之情事，應迅速採取哪些必要之處置

解 (一)依政府採購法第15條第1項規定，機關承辦、監辦採購人員離職後三年內不得為本人或代理廠商向原任職機關接洽處理離職前五年內與職務有關之事務。

(二)依政府採購法第15條第2項規定，機關人員對於與採購有關之事項，涉及本人、配偶、二親等以內親屬，或共同生活家屬之利益時，應行迴避。

(三)本小題因修法緣故，現應參酌公職人員利益衝突迴避法相關規範進行作答：

1. 依108年5月22日修正前之舊法條文，政府採購法第15條第4項（現已刪除）規定，廠商或其負責人與機關首長有涉及本人、配偶、二親等以內親屬，或共同生活家屬之利益時之情形者，不得參與該機關之採購。但本項之執行反不利於公平競爭或公共利益時，得報請主管機關核定後免除之。
2. 依108年5月22日修正後之政府採購法現行條文，已無相關規定，是以回歸公職人員利益衝突迴避法第14條規定，公職人員或其關係人，原則上不得與公職人員服務或受其監督之機關團體為補助、買賣、租賃、承攬或其他具有對價之交易行為，僅由於但書情形時除外。

(四)依採購人員倫理準則第12條規定，機關發現採購人員有違反本準則之情事者，應審酌其情狀，並給予申辯機會後，迅速採取下列必要之處置：

1. 依公務員服務法、公務員懲戒法、公務人員考績法及其他相關規定處置。其觸犯刑事法令者，應移送司法機關處理。
2. 調離與採購有關之職務。
3. 施予與採購有關之訓練。

採購人員違反本準則，其情節重大者，機關於作成前項處置前，應先將其調離與採購有關之職務。

【101年高考三級審計】

10 如果甲在某單位服務時，甲的長官與某政黨籍之民意代表交情匪淺，而甲承辦某勞務採購業務時，長官交代甲就該勞務採購之內容，私下向該民意代表之助理人員請教如何設計。試申論這種情形，甲應如何處理，才能夠將此採購業務順利地辦好？又其間涉及之倫理原則為何？

解 甲應遵守採購人員倫理準則規定，依據法令本於良知，公正執行職務辦理採購；並於公告前確實保密招標文件，不將相關內容透漏給依法無權知悉之人。

(一)依政府採購法第34條規定，機關辦理採購，其招標文件於公告前應予保密。是以本題甲於承辦某勞務採購案件時，其長官交代甲就該勞務採購之內容，私下向該民意代表之助理人員請教如何設計，此顯已違反保密義務，且亦有構成請託關說之可能。

(二)故甲應於公告前確實保密招標文件，不將相關內容透漏給民意代表之助理人員或其他依法無權知悉之人。

(三)本題涉及採購人員倫理準則第4條規定，採購人員應依據法令，本於良知，公正執行職務，不為及不受任何請託或關說。以及同法第7條有關不得洩漏應保守秘密之採購資訊、和不得從事足以影響採購人員尊嚴或使一般人認其有不能公正執行職務之事務或活動等規定。

【100年鐵路特考員級】

Part 2 近年試題詳解

Day 09 109年 鐵路特考員級

1 請依政府採購法規定，說明對個別特定廠商之投標不予開標、決標之情形為何？倘決標或簽約後發現得標廠商於決標前有不予開標、決標之情形之一者，應如何處理？

解 (一)有關對個別特定廠商之投標不予開標、決標之情形，規範在政府採購法第48條規定，機關依本法規定辦理招標，除有：1.變更或補充招標文件內容者、2.發現有足以影響採購公正之違法或不當行為者、3.依第82條規定暫緩開標者、4.依第84條規定暫停採購程序者、5.依第85條規定由招標機關另為適法之處置者、6.因應突發事故者、7.採購計畫變更或取銷採購者、8.經主管機關認定之特殊情形不予開標決標外，有3家以上合格廠商投標，即應依招標文件所定時間開標決標。

(二)又倘決標或簽約後發現得標廠商於：

1. 決標前，有政府採購法第50條所規定的，於投標廠商有：(1)未依招標文件之規定投標、(2)投標文件內容不符合招標文件之規定、(3)借用或冒用他人名義或證件投標、(4)以不實之文件投標、(5)不同投標廠商間之投標文件內容有重大異常關聯、(6)第103條第1項不得參加投標或作為決標對象之情形、(7)其他影響採購公正之違反法令行為等情形之一時，經機關於開標前發現者，其所投之標應不予開標；於開標後發現者，應不決標予該廠商。
2. 決標或簽約後，發現得標廠商於決標前有前條所規範之情形者，應撤銷決標、終止契約或解除契約，並得追償損失。但撤銷決標、終止契約或解除契約反不符公共利益，並經上級機關核准者，不在此限。
3. 又因此不予開標或不予決標，致採購程序無法繼續進行者，機關得宣布廢標。

2 **請依實務見解之發展，詳細說明將不良廠商刊登政府採購公報之法律性質為何？**

解 (一)刊登公報之行為其法律性質，學說及實務界大致上可分為事實行為跟處分行為兩說。在92年政府採購法（以下簡稱採購法）修法前，因實務上刊登不良廠商之作業流程，採購機關係透過行政院公共工程委員會（以下簡稱工程會）為之，並無權力直接將廠商刊登於政府公報上。則倘工程會對機關應踐行之法定程序如通知、異議處理、申訴等，具有審核認可的權力，但最後核定「刊登」係因工程會所致，就非採購機關所為，則工程會於此成為原處分機關，卻相關審查核可並不對外公開，亦不會依法送達廠商，是以於此有所爭議。

(二)但上述疑義已隨92年公告不良廠商之作業流程的修正，不再有爭議，近年實務上多已定性此為行政處分，包括採購機關得單方為之、具備行政處分的要素、採購法第101條含有對廠商違法行為加以處罰的用意而屬負擔性行政處分以及93年最高行政法院庭長法官2月聯席會議和行政院公共工程委員會第09100301640號函釋等實務見解，確實將不良廠商之認定定性為行政處分。

(三)又關於「不良廠商公告」之性質，實務認為須依照政府採購法第101條第1項各款分別決定性質：

1. 第3款、第7款至第12款事由，縱屬違反契約義務之行為，既與公法上不利處分相連結，即被賦予公法上之意涵。
2. 第1款、第2款、第4款至第6款為參與政府採購程序施用不正當手段，及其中第14款為違反禁止歧視之原則一般，均係違反行政法上義務之行為，予以不利處分，具有裁罰性，自屬行政罰，應適用行政罰法第27條第1項所定3年裁處權時效。

3. 其餘第13款事由，乃因特定事實予以管制之考量，無違反義務之行為，其不利處分並無裁罰性，應類推適用行政罰裁處之3年時效期間（參最高行政法院101年度6月份第1次庭長法官聯席會議決議）。

3 依政府採購法施行細則第6條規定「機關辦理採購，其屬巨額採購、查核金額以上之採購、公告金額以上之採購或小額採購，依採購金額於招標前認定之；……」，在該條各款規定中，例如，採分批辦理採購者，依全部批數之預算總額認定之。是以，下列各情形之採購金額之計算方式，應如何認定之？

(一) 招標文件含有選購或後續擴充項目者。

(二) 採單價決標者。

(三) 租期不確定者。

(四) 招標文件規定廠商報價金額包括機關支出及收入金額者。

(五) 機關以提供財物或權利之使用為對價，而無其他支出者。

解 (一)招標文件含有選購或後續擴充項目者，應將預估選購或擴充項目所需金額計入。

(二)採單價決標者，依預估採購所需金額認定之。

(三)租期不確定者，以每月租金之四十八倍認定之。

(四)招標文件規定廠商報價金額包括機關支出及收入金額者，以支出所需金額認定之。

(五)機關以提供財物或權利之使用為對價，而無其他支出者，以該財物或權利之使用價值認定之。

4 **請論述特殊投標方式統包、共同投標、共同供應契約等三者之概念與內涵。**

解 (一)所謂統包，依政府採購法第24條規定，為機關基於採購之效益及品質，將設計與施工、供應、安裝及一定時間之維修，併於同一採購契約辦理招標。具體實施辦法，有主管機關訂定之統包實施辦法規範之。

(二)所謂共同投標，依政府採購法第25條規定，為機關得視個別採購之特性，於招標文件中規定允許一定家數內之廠商共同投標。而2家以上廠商共同具名投標（投標時附共同投標協議書），於得標後共同具名簽約，負連帶履行契約之責，以承攬工程或提供財務、勞務之行為。共同投標以能增加廠商競爭或無不當限制競爭為限。另有主管機關訂定之共同投標辦法規範之。

(三)共同供應契約，依政府採購法第93條規定，為一機關為二家以上機關就具有共通需求特性之財物或勞務，與廠商簽訂共同供應契約，該機關及適用契約之機關，均得利用該契約辦理採購。另有主管機關訂定之共同供應契約實施辦法規範之。

109年 鐵路特考佐級

( ) **1** 下列何種採購案，廠商經提出異議後，不服異議處理結果，不得向該管採購申訴審議委員會提起申訴？ (A)採購金額為80萬元之勞務採購案，廠商經通知有政府採購法第101條第12款之情事，將刊登政府採購公報 (B)採購金額為500萬元之工程採購案，廠商主張機關未按招標文件規定審查投標廠商資格，違法將其排除 (C)採購金額為90萬元之財物採購案，廠商遭機關追繳已發還之押標金 (D)採購金額為90萬元之財物採購案，未得標之廠商主張決標違法，請求撤銷決標。

( ) **2** 關於減價收受，機關得就不符項目計算減價金額，下列何者錯誤？ (A)依契約價金計算 (B)依所受損害計算 (C)依市價計算 (D)依廠商所得利益計算。

( ) **3** 政府採購得標廠商員工逾百者，於履約期間應進用一定比例之原住民，未進用者需繳納代金，關於此規定，依司法院釋字第719號解釋之意旨，下列何者錯誤？ (A)履約期間須進用一定比例原住民，係侵害廠商之營業自由 (B)此規定對於企業規模不同廠商形成差別待遇，違反政府採購之公平競爭原則 (C)得標廠商未僱用一定比例之原住民而須繳納代金，係侵害廠商之財產權 (D)得標廠商未僱用一定比例之原住民而須繳納代金，其金額如超過政府採購金額者，宜有適當減輕機制。

( ) **4** 關於採購申訴審議作成之審議判斷，下列何者正確？ (A)申訴廠商不得再行救濟 (B)審議判斷之效力，依政府採購法第85條規定，視同請願決定 (C)審議判斷指明原招標機關違反法令者，招標機關應自收受審議判斷書之次日起30日內另為適法之處置 (D)申訴廠商可在審議判斷書達到之次日起2個月內，向有管轄權之行政法院提起行政訴訟。

( ) **5** 甲廠商承攬乙公立醫院機電空調電信工程，並分別與三家協力廠商簽約，由該三家協力廠商依乙公立醫院工程規範各別進行機電、空調、電信工程；甲廠商每期領款後，依該三家協力廠商估驗內容扣除15%管理費，發給估驗款。試問甲廠商可能違反政府採購法何條規定？ (A)分批採購之禁止 (B)分包之禁止 (C)轉包之禁止 (D)不正利益之禁止。

( ) **6** 倘有廠商以招待採購承辦人員至酒店消費、投宿汽車旅館等方法，促成採購契約之成立，機關得為何處置？ (A)暫停估驗 (B)減價驗收 (C)終止契約 (D)自契約價款扣除3倍之不正利益。

( ) **7** 可藉由評分機制，淘汰資格、規格及條件不及格之廠商，並就評分達一定分數之廠商，以價格競爭機制辦理決標，屬於何種決標方式？ (A)最低標 (B)評分及格最低標 (C)最有利標 (D)限制性招標。

( ) **8** 機關辦理公開招標或選擇性招標，得就何者事項採取分段開標？ (A)資格、規範、規格 (B)規範、規格、同等品 (C)資格、規格、價格 (D)規範、同等品、價格。

( ) **9** 依政府採購法之規定，二家以上廠商共同具名投標，並於得標後共同具名簽約，連帶負履行採購契約之責，以承攬工程或提供財物、勞務之行為，此稱為： (A)共同供應契約 (B)開口契約 (C)統包契約 (D)共同投標。

( ) **10** 關於廠商提出異議之處理，下列何者錯誤？ (A)招標機關對於廠商所提異議，應自收受異議之次日起15日內為適當之處理 (B)廠商逾期提出異議者，招標機關得不予受理 (C)招標機關對於廠商所提異議，應將處理結果以書面通知提出異議之廠商 (D)招標機關以書面通知廠商異議處理結果時，應附記教示內容。

( ) **11** 政府採購法對環境保護之明文規定，下列何者正確？ (A)對於取得環保標章之產品，機關得允許10%以下之價差 (B)對於取得環保標章之產品，得成為機關優先決標對象 (C)對於減少社會成本之產品，得於評選項目中加分 (D)機關得以促進環境保護目的擬定技術規格，不受註明「或同等品」之限制。

( ) **12** 機關成立採購評選委員會，下列何者正確？ (A)專家學者人數不得少於二分之一 (B)專家學者不得為政府機關之現職人員 (C)採購評選委員會議出席委員中之專家學者人數應該至少2人，且不得少於出席人數之二分之一 (D)辦理評分及格最低標時應成立採購評選委員會。

( ) **13** 採購契約倘因政策變更，廠商依契約繼續履行反而不符公共利益者，機關得如何處理，下列何者錯誤？ (A)機關得報經上級機關核准解除契約 (B)機關得報經上級機關核准終止契約 (C)機關得補償廠商所生損失 (D)機關得另行招標續行原約未完工作。

( ) **14** 關於政府採購法所定工程履約管理之執行，下列何者錯誤？(A)契約應明定廠商施工安全衛生之責任 (B)重點項目應訂定檢驗標準 (C)招標文件應量化編列安全衛生費用 (D)各招標機關應成立工程施工查核小組，辦理定期查核。

( ) **15** 某機關擬採購30,000個醫療口罩，考量社會上醫療口罩短缺，為分散履約風險，招標文件規定每家廠商供應之數量之上、下限分別為15,000個及10,000個，廠商報價時應一併提出可供應數量之明細，試問以上敘述是何種決標方式？ (A)共同供應契約 (B)共同投標 (C)最有利標 (D)複數決標。

( ) **16** 政府採購法第85條之1第2項所規定之強制仲裁條款，其適用以何種採購案件為限？ (A)勞務採購 (B)財物採購 (C)工程採購 (D)藝文採購。

( ) **17** 依政府採購法之規定，下列何者非屬得併於統包契約辦理招標之事項？ (A)設計 (B)施工 (C)監造 (D)安裝。

( ) **18** 機關採取公開招標方式之採購，第一次公告僅有一家廠商投標，則機關應如何辦理？ (A)與該廠商進行議價，若低於底價，得決標予該廠商 (B)因採購程序無法續行，應予廢標處理 (C)因未達得開標要件，應屬流標 (D)應再行公告招標，留待更多廠商投標後一併辦理開標。

( ) **19** 依政府採購法之規定，下列何者非屬得不定底價之情形？ (A)巨額採購 (B)小額採購 (C)以最有利標決標之採購 (D)訂定底價確有困難之特殊或複雜案件。

( ) **20** 機關辦理採購，倘發現廠商有容許他人借用本人名義或證件參加投標之情事，下列何者非屬機關得為之處置？ (A)不予發還押標金 (B)中止契約 (C)刊登政府採購公報 (D)移送廠商追究刑事責任。

( ) **21** 依政府採購法之規定，在原招標目的範圍內，因未能預見之情形，必須追加契約以外之工程，擬採限制性招標者，必須在未逾原主契約金額多少比例為限？ (A)百分之十 (B)百分之三十 (C)百分之五十 (D)百分之百。

( ) **22** 下列何者並非政府採購法定義下之採購？ (A)工程之定作 (B)財物之承租 (C)設施之出租 (D)勞務之委任。

( ) **23** 下列何者辦理採購，毋須適用政府採購法之規定？ (A)臺北地方法院 (B)國立臺灣大學 (C)國家文藝基金會 (D)台灣電力公司。

( ) **24** 下列何種情形之採購，毋須適用政府採購法之規定？ (A)A國立大學辦理新臺幣150萬元之財物採購，其中教育部補助款新臺幣80萬元 (B)B私立大學辦理新臺幣120萬元之勞務採購，全數由教育部補助 (C)C私立長照機構辦理新臺幣1,500萬元之工程採購，其中衛生福利部補助款新臺幣800萬元 (D)D財團法人辦理新臺幣500萬元之藝文採購，其中文化部補助款新臺幣300萬元。

( ) **25** 關於分批辦理採購，下列何者錯誤？ (A)機關不得意圖規避政府採購法之規定而分批辦理採購 (B)有分批辦理採購之必要者，應經上級機關核准，分別各批次核計採購金額 (C)依不同供應地區而分別辦理之採購，並非意圖規避政府採購法之規定而分批辦理之採購 (D)法定預算書已標示分批辦理採購之情形，機關依預算書辦理公告金額以上之採購者，免報經上級機關核准。

( ) **26** 機關辦理公告金額以上之採購，關於其招標文件技術規格之訂定，下列何者正確？ (A)為符合採購之品質與目的，得要求特定來源地 (B)機關無法以精確方式說明招標要求時，始得於招標文件中提及商標，並應加註「或同等品」 (C)為確保採購品質，招標文件應要求特定之設計或型式 (D)為避免限制競爭，機關不得為環境保護之目的，擬定減少溫室氣體排放之措施。

( ) **27** 機關辦理招標，應於招標文件中規定投標廠商須繳納押標金，但例外情形得免收押標金，下列何者不屬之？ (A)未達公告金額之工程採購 (B)公告金額以上之勞務採購 (C)以選擇性招標辦理之公告金額以上財物採購 (D)依市場交易慣例無收取必要之財物採購。

( ) **28** 下列何者非屬機關得不予發還投標廠商所繳納押標金之情形？ (A)投標廠商係遭刊登政府採購公報停權之廠商 (B)投標廠商以虛偽不實之文件投標 (C)投標廠商容許他人借用本人證件投標 (D)投標廠商得標後拒不簽約。

( ) **29** 機關辦理採購之招標方式，下列何者正確？ (A)限制性招標係指以公告方式預先辦理廠商資格審查，再行邀請符合資格之廠商投標 (B)機關辦理限制性招標，有2家廠商投標者，即得比價 (C)選擇性招標，係以公告方式，邀請不特定廠商投標 (D)公開招標，如無廠商投標，得採選擇性招標。

( ) **30** 以專屬權利為採購標的，得採下列何種招標方式？ (A)限制性招標 (B)聯合招標 (C)複數招標 (D)最有利招標。

( ) **31** 關於選擇性招標，下列何者正確？ (A)經常性採購，應建立10家以上合格廠商名單 (B)未列入合格廠商名單之廠商，不得參加投標 (C)機關辦理選擇性招標，應以抽籤方式擇定邀請符合資格之廠商投標 (D)機關以個案選擇性招標方式辦理採購者，如第1次開標僅有1家廠商提出資格文件，亦得開標。

( ) **32** 機關辦理公告金額以上之採購，下列何種情形得採選擇性招標？(A)公立美術館採購某知名畫家之畫作 (B)公營事業原有製造原料採購之後續擴充 (C)衛生主管機關緊急採購防疫物資 (D)公營行庫經常性委聘律師追償欠款。

( ) **33** 下列何者非屬投標廠商基本資格範圍？ (A)廠商納稅證明 (B)廠商具有如期履約能力之證明 (C)廠商依工業團體法加入工業團體之證明 (D)廠商具有符合國際品質管理驗證之證明。

( ) **34** 關於底價之訂定，下列何者錯誤？ (A)以最有利標決標之採購，得不訂定底價 (B)公開招標採分段開標者，其底價應於第一階段開標前定之 (C)選擇性招標，其底價應於進行資格審查前定之 (D)限制性招標，其底價應於議價或比價前定之。

( ) **35** 機關辦理採購，係以採最低標決標，若有最低標廠商標價偏低顯不合理之情形，下列何者錯誤？ (A)最低標廠商之總標價低於底價百分之七十時，方屬總標價偏低之情形 (B)機關得限期通知最低標廠商提出說明或擔保 (C)最低標廠商未於期限內提出說明或擔保者，得不決標予該廠商 (D)機關不決標予標價偏低之最低標廠商時，得逕決標予次低標廠商。

( ) **36** 關於政府採購得標廠商之轉包行為，下列何者錯誤？ (A)以現成財物供應之財物採購契約並不禁止轉包 (B)採購契約得標廠商違反轉包規定時，機關得終止或解除契約 (C)採購契約得標廠商違反轉包規定時，機關得沒收保證金並請求損害賠償 (D)機關得逕向轉包廠商請求履行契約及損害賠償責任，但再轉包廠商因與得標廠商無直接關聯，並不負連帶責任。

( ) **37** 公開招標之採購案，機關於開標後發現投標廠商均有政府採購法第50條第1項所列各款之情事，致採購程序無法繼續進行，機關得如何處理？ (A)宣布廢標 (B)宣布流標 (C)命廠商補正 (D)撤銷決標。

( ) **38** A機關辦理勞務採購，採最低標決標且訂有底價，合於招標文件規定之B、C、D、E四家投標廠商，以D廠商報價最低，但仍超過底價，此時A機關應如何處理？ (A)洽D廠商減價1次 (B)逕詢問D廠商是否願照底價承作 (C)由B、C、D、E四廠商重新比減價格 (D)逕詢問B、C、D、E四廠商是否願照底價承作，若願照底價承作之廠商不只一家，再行比減價格。

( ) **39** 關於政府採購之最有利標決標原則，下列何者錯誤？ (A)以最有利標決標之採購，得不訂定底價 (B)機關採最有利標決標者，不論金額大小，均應報請上級機關逐案核准 (C)機關辦理最有利標評選，應成立最有利標評選委員會 (D)綜合評選3次仍無法評定最有利標時，得採行協商措施。

( ) **40** 採購案件驗收結果與規定不符者，機關得於必要時減價收受。關於減價收受，下列何者錯誤？ (A)須驗收結果無減少契約效用 (B)經機關檢討不必拆換 (C)減價收受不論採購金額大小，應先報上級機關核准 (D)採購契約得約定減價收受之計算方式。

( ) **41** 廠商參與交通部辦理之採購案，認為交通部之決標違法，損害其權利，欲提出異議，請問下列何者為異議之受理機關？ (A)採購申訴審議委員會 (B)交通部 (C)行政院 (D)行政院公共工程委員會。

( ) **42** 台灣自來水公司辦理之工程採購案，A廠商對招標文件內容請求招標機關釋疑，對於台灣自來水公司釋疑結果，A廠商仍有不服，應如何救濟？ (A)台灣自來水公司之釋疑為事實行為，並非行政處分，A廠商尚不得救濟 (B)向台灣自來水公司提出異議 (C)向採購申訴審議委員會提出申訴 (D)向經濟部提起訴願。

( ) **43** 關於政府採購履約爭議之強制仲裁，下列何者錯誤？ (A)適用對象為工程及技術服務採購之調解 (B)採購申訴審議委員會應提出調解建議或調解方案 (C)強制仲裁毋須雙方合意 (D)因廠商不同意致調解不成立者，機關提付仲裁，廠商不得拒絕。

( ) **44** 依政府採購法之規定，下列何者並非得通知廠商為不良廠商，刊登政府採購公報停權之事由？ (A)歧視原住民，情節重大 (B)違反環境保護或勞動安全相關法律且情節重大 (C)破產程序中之廠商 (D)受停業處分期間仍參加投標。

( ) **45** 下列何者不屬於不得參加政府採購案投標之廠商？ (A)政黨之關係企業廠商 (B)機關承辦採購人員之配偶為負責人之廠商 (C)經刊登政府採購公報，停權期間尚未屆滿之廠商 (D)代擬招標文件之廠商。

( ) **46** A廠商參與政府採購案件，因有可歸責於己之事由，致延誤履約期限，情節重大，經機關通知將刊登政府採購公報，假設A廠商於本次通知日起前5年已累計被刊登達3次，則本次通知刊登之停權期間為何？ (A)自刊登之次日起3個月 (B)自刊登之次日起6個月 (C)自刊登之次日起1年 (D)自刊登之次日起3年。

( ) **47** 廠商針對採購契約履約爭議提出申訴，且未申請改行調解程序時，採購申訴審議委員會應如何處理？ (A)限期命廠商補正 (B)命廠商撤回 (C)為申訴不受理之決議 (D)為申訴無理由之決議。

( ) **48** 機關依政府採購法辦理採購，發現廠商有本法第101條第1項各款情形之一，依該條規定通知廠商將刊登政府採購公報，下列何者為機關通知前應踐行之程序？ (A)報經上級機關核准 (B)成立採購工作及審查小組認定廠商是否該當停權事由 (C)限期命廠商提出補救措施 (D)向行政院公共工程委員會報備。

( ) **49** 機關依政府採購法辦理採購，發現廠商有本法第101條第1項各款情形之一，依該條規定通知廠商將刊登政府採購公報，發生一定期間停權之效果，關於停權期間之廠商所受之權利限制，下列何者錯誤？ (A)不得進行營業活動 (B)不得參加投標 (C)不得作為決標對象 (D)不得成為分包廠商。

( ) **50** 下列何者非屬於政府採購法第22條第1項第2款所稱專屬權利？ (A)公開播送權 (B)發明專利權 (C)商標專用權 (D)品種權。

解答與解析

（答案標示為#者，依官方曾公告更正該題答案。）

1 (D)。

(A) 依政府採購法第102條第1項，廠商對於機關依採購法第101條所為之通知，認為違反本法或不實者，得於接獲通知之次日起二十日內，以書面向該機關提出異議。

(B) 採購金額為500萬元之工程採購案係為公告金額以上標案；廠商對機關審標有爭議，得依政府採購法第74條以下規定提出異議及申訴。

(C) 依政府採購法第76條第4項，爭議屬政府採購法第31條規定不予發還或追繳押標金者，不受公告金額以上之限制，仍得提出異議及申訴。

(D) 採購金額為90萬元之財物採購案，未達公告金額門檻，故本案未得標之廠商主張決標違法，請求撤銷決標並不能採取申訴救濟管道。

2 (D)。 依政府採購法施行細則第98條第2項，機關依政府採購法第72條第2項辦理減價收受，其減價計算方式，依契約規定。契約未規定者，得就不符項目，依契約價金、市價、額外費用、所受損害或懲罰性違約金等，計算減價金額。

3 (B)。

(A)(C)依司法院大法官第719號解釋，系爭規定係對其是否增僱或選擇受僱對象等營業自由形成一定限制，侵害其財產權及其與工作權內涵之營業自由；而得標廠商未達進用原住民之標準者須繳納代金，則屬對其財產權之侵害。(B)依司法院大法官第719號解釋，系爭規定所以為差別待遇，係因國內員工總人數逾百人之廠商，其經營規模較大，僱用員工較具彈性，進用原住民以分擔國家上開義務之能力較高。

(D)司法院大法官第719號解釋已肯認，得標廠商未僱用一定比例之原住民而須繳納代金，其金額如超過政府採購金額者，允宜有適當之減輕機制。

4 (D)。
(A)(D)依採購申訴審議規則第22條，審議判斷書應附記如不服審議判斷，得於審議判斷書送達之次日起二個月內，向行政法院提起行政訴訟。(B)依政府採購法第83條，審議判斷，視同訴願決定。(C)依政府採購法第85條，審議判斷指明原採購行為違反法令者，招標機關應自收受審議判斷書之次日起二十日內另為適法之處置；期限屆滿未處置者，廠商得自期限屆滿之次日起十五日內向採購申訴審議委員會申訴。

5 (C)。 依政府採購法第65條，得標廠商應自行履行工程、勞務契約，不得轉包。前項所稱轉包，指將原契約中應自行履行之全部或其主要部分，由其他廠商代為履行。甲廠商承攬乙公立醫院機電空調電信工程，但三家協力廠商依工程規範各別進行機電、空調、電信工程，顯已代為履行甲廠商應自行履行之全部或其主要部分。

6 (C)。 依政府採購法第59條，廠商不得以支付他人佣金、比例金、仲介費、後謝金或其他不正利益為條件，促成採購契約之成立。
違反前項規定者，機關得終止或解除契約，並將二倍之不正利益自契約價款中扣除。未能扣除者，通知廠商限期給付之。

7 (B)。 依政府採購法第64-2條第1項，機關依本法第五十二條第一項第一款或第二款辦理採購，得於招標文件訂定評分項目、各項配分、及格分數等審查基準，並成立審查委員會及工作小組，採評分方式審查，就資格及規格合於招標文件規定，且總平均評分在及格分數以上之廠商開價格標，採最低標決標。

8 (C)。 依政府採購法第42條第1項，機關辦理公開招標或選擇性招標，得就資格、規格與價格採取分段開標。

9 (D)。 依政府採購法第25條第1項後段，共同投標，指二家以上之廠商共同具名投標，並於得標後共同具名簽約，連帶負履行採購契約之責，以承攬工程或提供財物、勞務之行為。

10 (B)。 依政府採購法第75條，廠商對於機關辦理採購，認為違反法令或我國所締結之條約、協定，致損害其權利或利益者，得於期限內，以書面向招標機關提出異議，而招標機關應自收受異議之次日起十五日內為適當之處理，並將處理結果以書面通知提出異議之廠商。

另同法施行細則第109-1條，機關依本法規定將異議處理結果以書面通知提出異議之廠商時，應附記廠商如對該處理結果不服，得於收受異議處理結果之次日起十五日內，以書面向採購申訴審議委員會提出申訴。

11 (A)。 依政府採購法第96條，機關得於招標文件中，規定優先採購取得政府認可之環境保護標章使用許可，而其效能相同或相似之產品，並得允許百分之十以下之價差。產品或其原料之製造、使用過程及廢棄物處理，符合再生材質、可回收、低污染或省能源者，亦同。其他增加社會利益或減少社會成本，而效能相同或相似之產品，準用前項之規定。

另依行政院公共工程委員會105年5月10日工程企字第10500144700號函：二、為促進自然資源之保育或環境保護，各機關辦理適用GPA之採購，按修正版GPA第10條第6款規定，得於招標文件規定促進自然資源保育或環境保護之產品之技術規格，惟在目的及效果上均不得限制競爭，如提及特定商標，例如環保標章，應依政府採購法第26條第3項但書規定，加註「或同等品」字樣；另機關辦理不適用GPA之採購，亦得參考修正版GPA第10條第6款規定辦理，不限於採用政府採購法第96條及機關優先採購環境保護產品辦法。

12 (B)。

(A)(B)依政府採購法第94條，機關辦理評選，應成立5人以上之評選委員會，專家學者人數不得少於1/3，其名單由主管機關會同教育部、考選部及其他相關機關建議之。前項所稱專家學者，不得為政府機關之現職人員。(C)另採購評選委員會審議規則第9條，本委員會會議，應有委員總額1/2以上出席，其決議應經出席委員過半數之同意行之。出席委員中之專家、學者人數應至少2人且不得少於出席人數之1/3。(D)再者依採購評選委員會組織準則第2條，機關為辦理依採購法第22條第1項第9款或第10款規定之評選優勝者或依採購法第56條規定之評定最有利標或向機關首長建議最有利標時，應就各該採購案成立採購評選委員會。

13 (D)。 依政府採購法第64條，採購契約得訂明因政策變更，廠商依契約繼續履行反而不符公共利益者，機關得報經上級機關核准，終止或解除部分或全部契約，並補償廠商因此所生之損失。

14 (D)。 依政府採購法第70條第3項，中央及直轄市、縣（市）政府應成立工程施工查核小組，定期查核所屬（轄）機關工程品質及進度等事宜。

15 (D)。 依政府採購法第52條第1項第4款，機關辦理採購之決標，採用複數決標之方式：機關得於招標文件中公告保留之採購項目或數量選擇之組合權利，但應合於最低價格或最有利標之競標精神。

16 (C)。 依政府採購法第85條之1第2項規定，前項調解屬廠商申請者，機關不得拒絕。工程及技術服務採購之調解，採購申訴審議委員會應提出調解建議或調解方案；其因機關不同意致調解不成立者，廠商提付仲裁，機關不得拒絕。

17 (C)。 依政府採購法第24條第2項，統包，指將工程或財物採購中之設計與施工、供應、安裝或一定期間之維修等併於同一採購契約辦理招標。

18 (C)。 依政府採購法第48條第2項，第一次開標，因未滿三家而流標者，第二次招標之等標期間得予縮短，並得不受前項三家廠商之限制。

19 (A)。 依政府採購法第47條第1項，機關辦理下列採購，得不訂底價。但應於招標文件內敘明理由及決標條件與原則：一、訂定底價確有困難之特殊或複雜案件。二、以最有利標決標之採購。三、小額採購。

20 (B)。

(A) 依政府採購法第31條第2項，廠商有下列情形之一者，其所繳納之押標金，不予發還；其未依招標文件規定繳納或已發還者，並予追繳：一、以虛偽不實之文件投標。二、借用他人名義或證件投標，或容許他人借用本人名義或證件參加投標。三、冒用他人名義或證件投標。四、得標後拒不簽約。五、得標後未於規定期限內，繳足保證金或提供擔保。六、對採購有關人員行求、期約或交付不正利益。七、其他經主管機關認定有影響採購公正之違反法令行為。

(B) 依政府採購法第87條第5項，意圖影響採購結果或獲取不當利益，而借用他人名義或證件投標者，處三年以下有期徒刑，得併科新臺幣一百萬元以下罰金。容許他人借用本人名義或證件參加投標者，亦同。

(C) 依政府採購法第101條第1項，機關辦理採購，發現廠商有下列情形之一，應將其事實、理由及依第一百零三條第一項所定期間通知廠商，並附記如未提出異議者，將刊登政府採購公報：一、容許他人借用本人名義或證件參加投標者。二、借用或冒用他人名義或證件投標者。三、擅自減省工料，情節重大者。四、以虛偽不實之文件投標、訂約或履約，情節重大者。五、受停業處分期間仍參加投標者。六、犯第八十七條至第九十二條之罪，經第一審為有罪判決者。七、得標後無正當理由而不訂約者。八、查驗或驗收不合格，情節重大者。九、驗收後不履行保固責任，情節重大者。十、因可歸責於廠商之事由，致延誤履約期限，情節重大者。十一、違反第六十五條規定轉包者。十二、因可歸責於廠商之事由，致解除或終止契約，情節重大者。十三、破產程序中之廠商。十四、歧視性別、原住民、身心障礙或弱勢團體人士，情節重大者。十五、對採購有關人員行求、期約或交付不正利益者。

(D) 按政府採購法第87條規定，廠商有容許他人借用本人名義或證件參加投標之情事顯已成立該違法行為構成要件，又該規範之處罰為自由刑及罰金刑，自應依法依送刑事審判機關辦理。

21 **(C)**。 依政府採購法第22條第1項第6款，機關辦理公告金額以上之採購，符合下列情形之一者，得採限制性招標：六、在原招標目的範圍內，因未能預見之情形，必須追加契約以外之工程，如另行招標，確有產生重大不便及技術或經濟上困難之虞，非洽原訂約廠商辦理，不能達契約之目的，且未逾原主契約金額百分之五十者。

22 **(C)**。 依政府採購法第2條，本法所稱採購，指工程之定作、財物之買受、定製、承租及勞務之委任或僱傭等。

23 **(C)**。

(A)(B)(D)依政府採購法第3條，政府機關、公立學校、公營事業

（以下簡稱機關）辦理採購，依本法之規定；本法未規定者，適用其他法律之規定。(C)為私法人，應依同法第4條規定處理，法人或團體接受機關補助辦理採購，其補助金額占採購金額半數以上，且補助金額在公告金額以上者，適用本法之規定，並應受該機關之監督。藝文採購不適用前項規定，但應受補助機關之監督；其辦理原則、適用範圍及監督管理辦法，由文化部定之。

24 (D)。 依政府採購法第4條，法人或團體接受機關補助辦理採購，其補助金額占採購金額半數以上，且補助金額在公告金額以上者，適用本法之規定，並應受該機關之監督。藝文採購不適用前項規定，但應受補助機關之監督；其辦理原則、適用範圍及監督管理辦法，由文化部定之。

25 (B)。 依政府採購法第14條，機關不得意圖規避本法之適用，分批辦理公告金額以上之採購。其有分批辦理之必要，並經上級機關核准者，應依其總金額核計採購金額，分別按公告金額或查核金額以上之規定辦理。

26 (B)。 依政府採購法第26條，機關辦理公告金額以上之採購，應依功能或效益訂定招標文件。其有國際標準或國家標準者，應從其規定。機關所擬定、採用或適用之技術規格，其所標示之擬採購產品或服務之特性，諸如品質、性能、安全、尺寸、符號、術語、包裝、標誌及標示或生產程序、方法及評估之程序，在目的及效果上均不得限制競爭。
招標文件不得要求或提及特定之商標或商名、專利、設計或型式、特定來源地、生產者或供應者。但無法以精確之方式說明招標要求，而已在招標文件內註明諸如「或同等品」字樣者，不在此限。

27 (C)。 依政府採購法第30條，機關辦理招標，應於招標文件中規定投標廠商須繳納押標金；得標廠商須繳納保證金或提供或併提供其他擔保。但有下列情形之一者，不在此限：

一、勞務採購，以免收押標金、保證金為原則。→(B)

二、未達公告金額之工程、財物採購，得免收押標金、保證金。→(A)

三、以議價方式辦理之採購，得免收押標金。

四、依市場交易慣例或採購案特性，無收取押標金、保證金之必要或可能。→(D)

28 (A)。

(1) 依政府採購法第31條第2項，廠商有下列情形之一者，其所繳納之押標金，不予發還；其未依招標文件規定繳納或已發還者，並予追繳：

一、以虛偽不實之文件投標。→(B)

二、借用他人名義或證件投標，或容許他人借用本人名義或證件參加投標。→(C)

三、冒用他人名義或證件投標。

四、得標後拒不簽約。→(D)

五、得標後未於規定期限內，繳足保證金或提供擔保。

六、對採購有關人員行求、期約或交付不正利益。

七、其他經主管機關認定有影響採購公正之違反法令行為。

(2) 本條並無針對停權廠商不予發還投標所繳納押標金。

29 (B)。 依政府採購法第18條第4項，本法所稱限制性招標，指不經公告程序，邀請二家以上廠商比價或僅邀請一家廠商議價。

30 (A)。 依政府採購法第22條第1項第2款，機關辦理公告金額以上之採購，符合下列情形之一者，得採限制性招標：二、屬專屬權利、獨家製造或供應、藝術品、秘密諮詢，無其他合適之替代標的者。

31 (D)。

(1) 依政府採購法第21條，機關為辦理選擇性招標，得預先辦理資格審查，建立合格廠商名單。但仍應隨時接受廠商資格審查之請求，並定期檢討修正合格廠商名單。

未列入合格廠商名單之廠商請求參加特定招標時，機關於不妨礙招標作業，並能適時完成其資格審查者，於審查合格後，邀其投標。→(B)

經常性採購，應建立六家以上之合格廠商名單。→(A)

機關辦理選擇性招標，應予經資格審查合格之廠商平等受邀之機會。→(C)

(2) 另依機關辦理採購之廠商家數規定一覽表第7項，以選擇性招標方式為特定個案辦理之資格標。並無家數規定。僅一家廠商提出資格文件亦得開標。資格審查後，應邀請所有符合資格之廠商投標。→(D)

32 (D)。 依政府採購法第20條，機關辦理公告金額以上之採購，符合下列情形之一者，得採選擇性招標：

一、經常性採購。

二、投標文件審查，須費時長久始能完成者。

三、廠商準備投標需高額費用者。

四、廠商資格條件複雜者。

五、研究發展事項。

33 (D)。

(1) 依政府採購法第36條第4項規定訂定之投標廠商資格與特殊或巨額採購認定標準第3條第1項，機關依前條第一款訂定與提供招標標的有關之基本資格時，得依採購案件之特性及實際需要，就下列事項擇定廠商應附具之證明文件：

一、廠商登記或設立之證明。如公司登記或商業登記證明文件、非屬營利事業之法人、機構或團體依法須辦理設立登記之證明文件、工廠登記證明文件、許可登記證明文件、執業執照、開業證明、立案證明或其他由政府機關或其授權機構核發該廠商係合法登記或設立之證明文件。

二、廠商納稅之證明。如營業稅或所得稅。→(A)

三、廠商依工業團體法或商業團體法加入工業或商業團體之證明。如會員證。→(C)

(2) 再依同標準第4條，機關依第2條第2款訂定與履約能力有關之基本資格時，得依採購案件之特性及實際需要，就下列事項擇定廠商應附具之證明文件或物品：

一、廠商具有製造、供應或承做能力之證明。

二、廠商具有如期履約能力之證明。→(B)

三、廠商或其受雇人、從業人員具有專門技能之證明。

四、廠商具有維修、維護或售後服務能力之證明。

五、廠商信用之證明。

六、其他法令規定或經主管機關認定者。

(3) 廠商具有符合國際品質管理驗證之證明非屬投標廠商基本資格範圍。

34 (C)。

(1) 依政府採購法第46條規定，機關辦理採購，除本法另有規定外，應訂定底價。底價應依圖說、規範、契約並考量成本、市場行情及政府機關決標資料逐項編列，由機關首長或其授權人員核定。
前項底價之訂定時機，依下列規定辦理：
一、公開招標應於開標前定之。→(B)
二、選擇性招標應於資格審查後之下一階段開標前定之。→(C)
三、限制性招標應於議價或比價前定之。→(D)

(2) 依政府採購法第47條第1項第2款規定，機關辦理下列採購，得不訂底價。但應於招標文件內敘明理由及決標條件與原則：二、以最有利標決標之採購。→(A)

35 (A)。

(1) 依政府採購法第58條，機關辦理採購採最低標決標時，如認為最低標廠商之總標價或部分標價偏低，顯不合理，有降低品質、不能誠信履約之虞或其他特殊情形，得限期通知該廠商提出說明或擔保。廠商未於機關通知期限內提出合理之說明或擔保者，得不決標予該廠商，並以次低標廠商為最低標廠商。→(B)(C)(D)

(2) 依政府採購法施行細則第79條規定，有關政府採購法第58條所稱總標價偏低，指下列情形之一：
一、訂有底價之採購，廠商之總標價低於底價百分之八十者。→(A)
二、未訂底價之採購，廠商之總標價經評審或評選委員會認為偏低者。
三、未訂底價且未設置評審委員會或評選委員會之採購，廠商之總標價低於預算金額或預估需用金額之百分之七十者。預算案尚未經立法程序者，以預估需用金額計算之。

36 (D)。

(1) 依政府採購法第65條，得標廠商應自行履行工程、勞務契約，不得轉包。
前項所稱轉包，指將原契約中應自行履行之全部或其主要部分，由其他廠商代為履行。
廠商履行財物契約，其需經一定履約過程，非以現成財物供應者，準用前二項規定。→(A)

(2) 依政府採購法第66條，得標廠商違反前條規定轉包其他廠商時，機關得解除契約、終止契約或沒收保證金，並得要求損害賠償。→(B)(C)(D)

前項轉包廠商與得標廠商對機關負連帶履行及賠償責任。再轉包者，亦同。

37 (A)。依政府採購法第50條第3項，因本條第1項不予開標或不予決標，致採購程序無法繼續進行者，機關得宣布廢標。

38 (A)。依政府採購法第53條第1項，合於招標文件規定之投標廠商之最低標價超過底價時，得洽該最低標廠商減價1次；減價結果仍超過底價時，得由所有合於招標文件規定之投標廠商重新比減價格，比減價格不得逾3次。

39 (D)。

(A) 依政府採購法第47條第1項第2款，機關辦理下列採購，得不訂底價。但應於招標文件內敘明理由及決標條件與原則：二、以最有利標決標之採購。

(B) 依政府採購法第56條第3項，機關採最有利標決標者，應先報經上級機關核准。

(C) 依採購評選委員會組織準則第2條，機關為辦理評定最有利標或向機關首長建議最有利標，應就各該採購案成立採購評選委員會。

(D) 依政府採購法第56條第1項後段，綜合評選不得逾3次。

40 (C)。依政府採購法第72條第2項，驗收結果與規定不符，而不妨礙安全及使用需求，亦無減少通常效用或契約預定效用，經機關檢討不必拆換或拆換確有困難者，得於必要時減價收受。其在查核金額以上之採購，應先報經上級機關核准；未達查核金額之採購，應經機關首長或其授權人員核准。

41 (B)。依政府採購法第75條第1項前段，廠商對於機關辦理採購，認為違反法令或我國所締結之條約、協定（以下合稱法令），致損害其權利或利益者，得於期限內，以書面向招標機關提出異議。

42 (B)。依政府採購法第75條第1項第2款，廠商對於機關辦理採購，認為違反法令或我國所締結之條約、協定，致損害其權利或利益者，得於下列期限內，以書面向招標機關提出異議：二、對招標文件規定之釋疑、後續說明、變更或補充提出異議者，為接獲機關通知或機關公告之次日起十日。

43 (D)。依政府採購法第85-1條第2項，調解屬廠商申請者，機關不得拒絕。工程及技術服務採購之調解，採購申訴審議委員會應提出調解建議或調解方案；其因機關不同意致調解不成立者，廠商提付仲裁，機關不得拒絕。

44 (B)。依政府採購法第101條第1項，機關辦理採購，發現廠商有下列情形之一，應將其事實、理由及依第103條第1項所定期間通知廠商，並附記如未提出異議者，將刊登政府採購公報：

一、容許他人借用本人名義或證件參加投標者。

二、借用或冒用他人名義或證件投標者。

三、擅自減省工料，情節重大者。

四、以虛偽不實之文件投標、訂約或履約，情節重大者。

五、受停業處分期間仍參加投標者。→(D)

六、犯第八十七條至第九十二條之罪，經第一審為有罪判決者。

七、得標後無正當理由而不訂約者。

八、查驗或驗收不合格，情節重大者。

九、驗收後不履行保固責任，情節重大者。

十、因可歸責於廠商之事由，致延誤履約期限，情節重大者。

十一、違反第六十五條規定轉包者。

十二、因可歸責於廠商之事由，致解除或終止契約，情節重大者。

十三、破產程序中之廠商。→(C)

十四、歧視性別、原住民、身心障礙或弱勢團體人士，情節重大者。→(A)

十五、對採購有關人員行求、期約或交付不正利益者。

45 (B)。

(A) 依政府採購法第38條第1項，政黨及與其具關係企業關係之廠商，不得參與投標。

(B) 依政府採購法第15條第2項，機關人員對於與採購有關之事項，涉及本人、配偶、二親等以內親屬，或共同生活家屬之利益時，應行迴避，並非不得參加政府採購案投標之廠商。

(C) 依政府採購法第103條第1項，依同法第102條第3項規定刊登於政府採購公報之廠商，於法定期間內，不得參加投標或作為決標對象或分包廠商。

(D) 依政府採購法施行細則第38條第1項第2款，機關辦理採購，應於招標文件規定廠商有下列情形之一者，不得參加投標、作為決標對象或分包廠商或協助投標廠商：二、代擬招標文件之廠商，於依該招標文件辦理之採購。

46 (C)。 A廠商參與政府採購案件，因有可歸責於己之事由，致延誤履約期限，情節重大，屬政府採購法第101條第1項第12款情形，經機關通知將刊登政府採購公報；又依同法第103條第1項第3款，有第101條第1項第7款至第12款情形者，於通知日起前5年內未被任一機關刊登者，自刊登之次日起3個月；已被任一機關刊登1次者，自刊登之次日起6個月；已被任一機關刊登累計2次以上者，自刊登之次日起1年。

47 (C)。 依採購申訴審議規則第11條第8款，申訴事件有下列情形之一者，應提申訴會委員會議為不受理之決議：八、採購履約爭議提出申訴，未申請改行調解程序。

48 (B)。 依政府採購法第101條第3項，機關為同條第1項通知前，應給予廠商口頭或書面陳述意見之機會，機關並應成立採購工作及審查小組認定廠商是否該當第1項各款情形之一。

49 (A)。 依政府採購法第103條第1項，依前條第3項規定刊登於政府採購公報之廠商，於法定期間內，不得參加投標或作為決標對象或分包廠商。

50 (C)。 依政府採購法施行細則第22條第2項，政府採購法第22條第1項第2款所稱專屬權利，指已立法保護之智慧財產權。但不包括商標專用權。

109年 桃園國際機場新進從業人員

1 依政府採購法規定，有關招標方式及其定義？請分別說明之。

解 依政府採購法第18條規定，所定之招標方式計有公開招標、選擇性招標及限制性招標3種，以公開招標為原則，選擇性及限制性招標為例外：

(一)公開招標，係指以公告方式邀請不特定廠商投標。所謂「公告」係將招標資訊刊登於政府採購公報及相關資訊網路，並於等標期內持續於機關門首公布。惟所謂「邀請不特定廠商」，並非所有廠商都可投標，倘若法律上對廠商資格或範圍可以限制，則其限制仍不改變公開招標的性質。

(二)選擇性招標，係指以「公告」方式「預先依一定資格條件辦理廠商資格審查」後，再行邀請符合資格之廠商投標。建立6家以上合格廠商名單（採購法第21條第3項），每次需要時，依廠商資格文件審查載明之方式（採購法施行細則第22條第2項）邀請名單內之廠商投標。

(三)限制性招標，係指不經公告程序，邀請2家以上廠商「比價」，或僅邀請1家廠商「議價」。而機關欲以限制性招標辦理公告金額以上採購時須具備「上級機關核准」及「符合採購法第22條第1項各款所列情形之一者」等要件，否則均不得以限制性招標方式辦理。其最大特色是不經公告程序即邀請特定廠商進行開標。

2 依政府採購法第22條規定，機關辦理公告金額以上之採購，得採限制性招標條件之情形為何？請舉5例說明之。

解 (一)依政府採購法第22條規定，機關辦理公告金額以上之採購，符合下列情形之一者，得採限制性招標：

1. 以公開招標、選擇性招標或依第九款至第十一款公告程序辦理結果，無廠商投標或無合格標，且以原定招標內容及條件未經重大改變者。
2. 屬專屬權利、獨家製造或供應、藝術品、秘密諮詢，無其他合適之替代標的者。
3. 遇有不可預見之緊急事故，致無法以公開或選擇性招標程序適時辦理，且確有必要者。
4. 原有採購之後續維修、零配件供應、更換或擴充，因相容或互通性之需要，必須向原供應廠商採購者。
5. 屬原型或首次製造、供應之標的，以研究發展、實驗或開發性質辦理者。
6. 在原招標目的範圍內，因未能預見之情形，必須追加契約以外之工程，如另行招標，確有產生重大不便及技術或經濟上困難之虞，非洽原訂約廠商辦理，不能達契約之目的，且未逾原主契約金額百分之五十者。
7. 原有採購之後續擴充，且已於原招標公告及招標文件敘明擴充之期間、金額或數量者。
8. 在集中交易或公開競價市場採購財物。
9. 委託專業服務、技術服務、資訊服務或社會福利服務，經公開客觀評選為優勝者。
10. 辦理設計競賽，經公開客觀評選為優勝者。
11. 因業務需要，指定地區採購房地產，經依所需條件公開徵求勘選認定適合需要者。

12. 購買身心障礙者、原住民或受刑人個人、身心障礙福利機構或團體、政府立案之原住民團體、監獄工場、慈善機構及庇護工場所提供之非營利產品或勞務。
13. 委託在專業領域具領先地位之自然人或經公告審查優勝之學術或非營利機構進行科技、技術引進、行政或學術研究發展。
14. 邀請或委託具專業素養、特質或經公告審查優勝之文化、藝術專業人士、機構或團體表演或參與文藝活動或提供文化創意服務。
15. 公營事業為商業性轉售或用於製造產品、提供服務以供轉售目的所為之採購，基於轉售對象、製程或供應源之特性或實際需要，不適宜以公開招標或選擇性招標方式辦理者。
16. 其他經主管機關認定者。

(二)其中有關政府採購法第22條第1項第13、14款，不適用工程採購。

3 **機關辦理招標，應於招標文件中規定投標廠商須繳納押標金，但有哪些情形，則不在此限？**

解 (一)依政府採購法第30條規定，機關辦理招標，應於招標文件中規定投標廠商須繳納押標金；得標廠商須繳納保證金或提供或併提供其他擔保。

(二)例外於有下列情形之一者，不在此限：
1. 勞務採購，以免收押標金、保證金為原則。
2. 未達公告金額之工程、財物採購，得免收押標金、保證金。
3. 以議價方式辦理之採購，得免收押標金。
4. 依市場交易慣例或採購案特性，無收取押標金、保證金之必要或可能。

(三)另有關押標金、保證金與其他擔保之種類、額度、繳納、退還、終止方式及其他相關作業事項之辦法，由主管機關另定押標金保證金暨其他擔保作業辦法規範之。

4 **某機關於最低標決標之採購擬加入評分機制，請依政府採購法規定說明應如何辦理？**

解 (一)依政府採購法施行細則第64條之2規定，機關依政府採購法第52條第1項第1款或第2款辦理採購，得於招標文件訂定評分項目、各項配分、及格分數等審查基準，並成立審查委員會及工作小組，採評分方式審查，就資格及規格合於招標文件規定，且總平均評分在及格分數以上之廠商開價格標，採最低標決標。

(二)需注意的是依前述方式辦理者，分段開標時，最後一段為價格標，且評分項目不包括價格。

(三)而有關審查委員會及工作小組之組成、任務及運作，準用採購評選委員會組織準則、採購評選委員會審議規則及最有利標評選辦法之規定。

109年 司法三等

1 請列舉相關法條，說明政府採購程序有何落實原住民族保障之社會經濟措施？

解 政府採購法（以下簡稱採購法）對於原住民族保障之社會經濟措施有二，分別為採購法第98條僱用身心障礙者及原住民規定，以及採購法第22條得採限制性招標規定，分別與原住民族工作權保障法（以下簡稱原保法）規定結合：

(一)僱用身心障礙者及原住民規定：

1. 採購案件之得標廠商其於國內員工總人數逾100人者，應於履約期間僱用身心障礙者及原住民，人數不得低於總人數百2%，僱用不足者，除應繳納代金，並不得僱用外籍勞工取代僱用不足額部分。
2. 另依原保法第12條規定依政府採購法得標之廠商，於國內員工總人數逾100人者，應於履約期間僱用原住民人數不得低於總人數1%；第3項復規定，進用原住民人數未達標準者，應向原住民族綜合發展基金之就業基金繳納代金。
3. 又司法院大法官釋字第719號解釋已肯認，雖相關規定對於廠商有財產權及營業自由之限制，但尚無違背憲法第7條平等原則及第23條比例原則，與憲法第15條保障之財產權及其與工作權內涵之營業自由之意旨並無不符。

(二)優先決標予原住民廠商：

1. 依原保法第11條規定，各級政府機關、公立學校及公營事業機構，辦理位於原住民地區未達採購法公告金額之採購，應由原住民個人、機構、法人或團體承包。但原住民個人、機構、法人或團體無法承包者，不在此限。復依該法施行細則第9條規定，所稱無法承包，指符合下列情形之一者：(1)屬採購法第22條第1項第1款至第4款、第6款至第9款、第13款及第16款規定之情形。但第9款中屬文化藝術專業服務者，不在此限。(2)依規定辦理一次招標無法決標。

2. 機關如依中央機關未達公告金額採購招標辦法第2條第1項第3款辦理公開取得書面報價或企劃書方式者，得於第1次公告即開放原住民及非原住民廠商投標，並於招標公告或招標文件敘明將優先決標予原住民廠商，如無原住民廠商投標、無原住民廠商為合格標，或原住民廠商之標價經洽減價仍超底價等無法優先決標予原住民廠商之情形，則作成紀錄後改就全部投標廠商辦理擇符合需要者比價或議價。

2 政府採購法第11條之1與第101條第3項均有訂定「採購工作及審查小組」，雖名稱相同，惟二者之任務有別。請說明二者之異同。

解 (一)政府採購法（以下簡稱採購法）對於「採購工作及審查小組」的相關規定，分別出現於第11條之1及第101條兩處：

1. 第11條之1規定如下：

機關辦理巨額工程採購，應依採購之特性及實際需要，成立採購工作及審查小組，協助審查採購需求與經費、採購策略、招標文件等事項，及提供與採購有關事務之諮詢。

機關辦理第1項以外之採購，依採購特性及實際需要，認有成立採購工作及審查小組之必要者，準用前項規定。

前2項採購工作及審查小組之組成、任務、審查作業及其他相關事項之辦法，由主管機關定之。

2. 而第101條相關規定如下：

機關發現廠商有該條第1項各款之情形，擬辦理刊登政府採購公報前之各項作業程序通知前，應給予廠商口頭或書面陳述意見之機會，機關並應成立採購工作及審查小組認定廠商是否該當第1項各款情形之一。

(二)採購法第11條之1及第101條所提到的「採購工作及審查小組」名稱雖相同，惟依據本作業辦法第8條之1的修正總說明表示，二者之任務顯然有別，前者之任務在於「協助審查採購需求與經費、採購策 、招標文件等事項，及提供與採購有關事務之諮詢」，後者則須認定廠商是否該當採購法第101條第1項各款情形之一，所涉認定事項態樣繁多。

(三)兩者差異如下：

1. 成立時機：

(1) 第11條之1：機關辦理巨額工程採購則應成立，其餘採購可視需要成立。

(2) 第101條：機關發現廠商有採購法第101條第1項各款情形之一，則應成立，以認定廠商是否該當各款情形之一。

2. 設置辦法：

(1) 第11條之1：公共工程委員會定訂頒「機關採購工作及審查小組設置及作業辦法」。

(2) 第101條：機關依個案特性成立，其組成及作業程序，得參照「機關採購工作及審查小組設置及作業辦法」第3條至第7條第1項之規定。但其委員組成，宜就本機關以外人員至少1人聘兼之，且至少宜有外聘委員1人出席。

3. 小組任務：

(1) 第11條之1：協助審查採購需求與經費、採購策略、招標文件等事項，及提供與採購有關事務之諮詢。

(2) 第101條：認定廠商是否該當採購法第101條第1項各款情形之一。

3 X縣政府為辦理「107學年度國民小學各審定本教科書搭配之學生簿冊共同供應契約」採購案，先向縣轄區內80所之各公立國小辦理需求調查，由各公立國小填製需求調查表回報，該縣政府經彙整後於招標文件載為預估之採購數量。上開採購案共有36項履約標的，採各項次最低價之複數決標方式。甲廠商參與投標，其中一至六年級國語生字詞語練習簿甲乙本（即招標文件所載履約標的項次3、9、15、21、27、33）六個項目，由甲廠商以每套新臺幣40元之最低價得標，並於民國107年5月31日與招標機關訂立財物採購契約書，履約期限至108年7月31日止，該縣轄區內80所各公立國小均為適用機關。惟履約期限屆至時，甲廠商發現該縣轄區內有60所公立國小雖填製需求調查表回覆預估採購數量以供辦理招標，事實上卻另行向他人購置，未依系爭共同供應契約向甲廠商採購學生簿冊。試問，依法甲廠商有無權利可得主張？

解 (一)甲廠商可主張X縣政府轄內公立國小進行教科書採購，仍適用政府採購法：

1. 校方對於學生書籍費係以代收代辦之性質由學校辦理，依政府採購法第3條規定，政府機關、公立學校、公營事業（以下簡稱機關）辦理採購，依本法之規定。故甲廠商可主張X縣政府轄內公立國小進行教科書採購，縱校方僅係為代收代購，但仍須適用政府採購法，合先敘明。
2. 惟政府採購法係為建立政府採購制度，依公平、公開之採購程序，提升採購效率與功能，確保採購品質而制定，乃政府機關、公立學校、公營事業或受政府機關等補助一定金額之法人或團體辦理採購時，使政府採購程序回歸市場競爭機制所應遵守之規範，該法復未就政府機關立於私法主體地位從事私經濟行政之行政輔助行為而訂定之「私法行為」，其效力是否因此受影響設其明文。

3. 權衡該法所規範目的保護之法益與該私法行為本身涉及交易安全、信賴保護之法益，應認政府採購法之性質係行政機關之內部監督規範，為行政機關辦理採購時之取締規定，而非效力規定，縱採購機關未依該法規定辦理採購，僅生該機關首長或採購人員之行政責任，尚不影響政府機關依民事法規締結採購契約之效力。

(二)甲廠商仍不得主張X縣政府轄內公立國小須依系爭共同供應契約，負採購學生簿冊之義務：

1. 依共同供應契約實施辦法第6條，按適用機關應利用本契約辦理採購，並於辦理採購時通知訂約機關。但本契約另有規定者，從其規定。前項適用機關有正當理由者，得不利用本契約，並應將其情形通知訂約機關。

2. 故除有正當理由外，適用機關應依共同供應契約辦理採購，固得認為屬於法規要求適用機關應利用共同供應契約辦理採購之強制規定，惟該條同時規定：「但本契約另有規定者，從其規定」，亦即契約當事人並非不得以契約排除該條之適用，可見該強制規定並非絕對不得變更。

3. 至於甲廠商縱稱X縣政府於招標前曾經調查各校採購學生簿冊之預估數量，惟系爭共同供應契約並未約定X縣政府須依其預估之數量向甲廠商採購，且承前所述，共同供應契約實施辦法第6條規定僅係機關辦理採購之取締規定，並無強制締約之效果，故甲廠商縱然參與X縣政府調查各校採購學生簿冊之預估數量，其後未向甲廠商採購學生簿冊而無正當理由者，僅生機關首長或採購人員之行政責任，X縣政府並不因此負有向甲廠商採購之義務。

(三)綜上所述，X縣政府依系爭共同供應契約，並未負有向甲廠商採購學生簿冊之義務。從而，甲廠商縱能舉證X縣政府轄內公立國小未依系爭共同供應契約採購並無正當理由，仍無相關權利可主張。

4 某招標機關為辦理109年度飛灰穩定化產物委託處理之採購，於108年12月13日辦理第2次公開招標之開標，計有2家廠商參與投標；經開啟標單封，2家廠商均低於底價，A廠商之標價最低且未低於百分之八十。惟當日開標主持人宣布，因預算未完成立法程序，故作成保留決標紀錄「俟預算完成法定程序後，由洽辦單位自行簽准決標予廠商，並以簽准日為決標日，不另作成決標紀錄。」同日，該市議會完成109年度總預算案三讀審議程序。至109年1月4日，招標機關召開本採購案投標文件內容確認說明會議，經當日邀請A廠商出席說明後，招標機關認定A廠商投標文件不符招標文件規定，故作成會議紀錄，並簽准不決標予A廠商。請依據法條附理由說明該招標機關之處置是否妥適。

解 (一)保留決標案件：

1. 行政院公共工程委員會95年8月18日工程企字第09500300870號函，保留決標紀錄，如已載明後續「決標生效」或「廢標」之條件，例如「俟廠商繳妥差額保證金後生效」，並符合政府採購法施行細則第68條規定應記載事項，尚無需重複製作決標或廢標紀錄。
2. 是以保留決標案件，為提升效率，通常會於紀錄載明後續「決標生效」或「廢標」之條件，於條件成就時，無需重複製作決標或廢標紀錄，即決標。

(二)如廠商投標文件不符招標文件規定，則簽准不決標予該廠商仍屬妥適：

1. 依政府採購法第50條第1項第2款，投標廠商有下列情形之一，經機關於開標前發現者，其所投之標應不予開標；於開標後發現者，應不決標予該廠商：二、投標文件內容不符合招標文件之規定。

2. 故廠商投標文件內容如確實不符合招標文件之規定，因事屬前述情形，如該案已決標（機關宣布決標，或前述決標條件成就時），應依同條第2項處置，即決標或簽約後發現得標廠商於決標前有第1項情形者，應撤銷決標、終止契約或解除契約，並得追償損失。但撤銷決標、終止契約或解除契約反不符公共利益，並經上級機關核准者，不在此限。而如尚未決標，包括機關尚未宣布決標，或上述決標條件未成就時，自應改判為不合格。

109年 台電新進僱用人員

( ) **1** 下列何者屬於採購法適用範圍？ (A)權利之買受 (B)廢料之變賣 (C)仲裁人之選定 (D)生鮮農漁產品之買受。

( ) **2** 下列敘述何者正確？ (A)流標無需製作紀錄 (B)第一次開標因未滿三家而流標者，第二次招標之等標期應予縮短 (C)因投標廠商家數未滿三家而流標者，得發還投標文件 (D)流標須刊登無法決標公告。

( ) **3** 下列何者之底價訂定應先參考廠商之報價或估價單？ (A)公開招標 (B)限制性招標之比價 (C)限制性招標之議價 (D)選擇性招標。

( ) **4** 辦理共同供應契約之招標文件有規定時，其他機關於徵得下列何者同意後，得利用該共同供應契約辦理採購？ (A)適用機關 (B)訂約機關 (C)主管機關 (D)上級機關。

( ) **5** 依採購法規定，對於驗收之敘述，下列何者正確？ (A)機關辦理驗收時應製作紀錄，有廠商代表參加者，無需會同簽認 (B)工程採購之驗收付款，除契約另有規定外，機關應於驗收合格後，填具結算驗收證明文件，並於接到廠商請款單據後，三十日內付款 (C)驗收人對財物隱蔽部分拆驗者，其拆除費用之負擔，契約未規定者，由廠商負擔 (D)勞務驗收，得以書面或召開審查會方式辦理。

( ) **6** 有關採購契約要項之敘述，下列何者有誤？ (A)廠商經機關同意得以較契約原標示者更優之採購標的代之，但不得據以增加契約價金 (B)契約價金依物價指數調整者，應於契約載明管理費不予調整 (C)廠商賄賂機關人員，機關得終止或解除契約，並將二倍之不正利益自契約價款中扣除 (D)契約規定廠商履約標的應經第三人檢驗者，除契約另有規定外，檢驗所需費用由廠商負擔。

( ) **7** 機關辦理非適用政府採購協定（GPA）選擇性招標之廠商資格預先審查，若屬巨額採購（提供電子領投標、未辦理公開閱覽）其等標期至少不得少於幾日？ (A)7日 (B)9日 (C)10日 (D)14日。

( ) **8** 下列何者非屬採購法第31條廠商繳納之押標金不予發還之情形？ (A)以虛偽不實之文件投標 (B)在報價有效期限內撤回其報價 (C)得標後拒不簽約 (D)得標後未於規定期限內繳足保證金。

( ) **9** 廠商於接獲機關通知或機關公告次日起算第15日，對採購之過程提出異議，機關應如何處置？ (A)不予受理，並以書面通知提出異議之廠商 (B)收受異議之次日起15日內為適當之處理 (C)收受異議之次日起15日內報請上級機關決定 (D)收受異議之次日起10日內以書面向該管採購申訴審議委員會陳述意見。

( ) **10** 依採購法第61條決標後一定期間內將決標結果公告，前述一定期間內指決標日起幾日內？ (A)10日 (B)15日 (C)20日 (D)30日。

( ) **11** 廠商如有採購法第101條第1項之情形，刊登政府採購公報前應給予廠商陳述意見之機會，廠商於書面通知送達之次日起幾日內，得以書面或口頭向機關陳述意見？ (A)10日 (B)15日 (C)20日 (D)30日。

( ) **12** 台電公司依採購法第40條洽臺灣銀行代辦採購，下列敘述何者有誤？ (A)文件無另規定者，招標機關為台電公司 (B)監辦該採購之會計原則由台電公司派員 (C)監辦該採購之上級機關原則為經濟部 (D)台電公司應辦理之事項得由臺灣銀行代為辦理。

( ) **13** 下列何者非屬廠商得書寫照底價承製之情形？ (A)議價案 (B)比減價格時僅餘1家 (C)屬優先減價廠商之權利 (D)合於招標文件規定之投標廠商僅有1家。

( ) **14** 有關投標文件之處理，下列何者正確？ (A)廠商將投標文件置於塑膠透明資料袋內，並以膠帶封裝 (B)廠商於投標截止期限前郵遞送達郵政信箱（招標機關指定之唯一場所） (C)廠商得以電子資料傳輸方式遞送投標文件，但以招標文件已有訂明者為限，並應於規定期限前遞送正式文件 (D)廠商投標文件之信封得未標示廠商名稱。

( ) **15** 採購法所稱之監辦，有關其監辦事項，下列何者正確？ (A)商業條款 (B)採購程序 (C)底價訂定 (D)驗收方法。

( ) **16** 小明為機關採購人員且未與他人共同生活，當他發現所承辦之採購案，涉及下列何者之利益時，應行迴避？ (A)小明的表哥 (B)小明的姑姑 (C)小明的爺爺 (D)小明的大學同學。

( ) **17** 機關辦理涉及國家安全之採購，得依採購案件之特性訂定限制條件，下列何者有誤？ (A)廠商之國籍 (B)廠商之資金來源 (C)廠商之代表人國籍 (D)採購標的之品牌。

( ) **18** 監辦人員以書面審核監辦之簽名時機為下列何者？ (A)得於各相關人員均簽名後為之 (B)應於各相關人員均簽名後為之 (C)應於與會人員簽名後及主驗人簽名前 (D)免簽名之。

( ) **19** 機關依採購法第105條第1項第2款，辦理公告金額以上新型冠狀病毒防疫衛材緊急採購，下列敘述何者有誤？ (A)不及與廠商確定契約總價者，應先確定單價及工作範圍 (B)得不適用採購法第53條規定，超底價10%決標 (C)應適用採購法第58條規定，如認為廠商標價偏低顯不合理，得限期通知廠商提出說明 (D)得核准不辦理驗收，緊急供應機關使用。

( ) **20** 採購稽核小組之組織成員人數最少為幾人？ (A)3人 (B)5人 (C)7人 (D)不受限制。

( ) **21** 機關辦理公告金額以上之文化創意服務採購，其決標原則以下列何者為原則？ (A)不訂底價之最有利標 (B)訂底價之最有利標 (C)最低標 (D)評分及格最低標。

( ) **22** 下列敘述何者有誤？ (A)機關依採購法第22條第1項規定辦理限制性招標，應由需求、使用或承辦採購單位，就個案敘明符合各款之情形，簽報機關首長或其授權人員核准 (B)採購法第22條第1項第2款所稱專屬權利，不包括商標使用權 (C)採購法第22條第1項第6款所稱百分之五十，指追加累計金額占原主契約金額之比率 (D)機關辦理採購，其屬原有採購之後續擴充，且已於原招標文件敘明擴充之期間、金額或數量者，得採限制性招標。

( ) **23** 機關委託廠商辦理資訊整體委外服務，其委外時程最長不得逾幾年？ (A)3年 (B)5年 (C)10年 (D)15年。

( ) **24** 機關得視案件性質於招標文件中規定得標廠商得支領預付款，並訂明廠商應先提供同額預付款還款保證，其提供保證之時機為下列何者？ (A)決標前 (B)決標後簽約前 (C)繳納履約保證金時 (D)支領預付款前。

( ) **25** 依採購法第27條第1項規定辦理之招標公告，下列何者不是應登載之事項？ (A)廠商資格條件摘要 (B)履約期限 (C)收受投標文件之地點及截止期限 (D)辦理決標之時間及地點。

解答與解析

（答案標示為#者，依官方曾公告更正該題答案。）

1 (A)。依政府採購法第7條第2項，本法所稱財物，指各種物品（生鮮農漁產品除外）、材料、設備、機具與其他動產、不動產、權利及其他經主管機關認定之財物。

2 (C)。

(A) 依政府採購法施行細則第51條第2項，流標時應製作紀錄，其記載事項，準用前項規定，並應記載流標原因。

(B) 依政府採購法第48條第2項，第一次開標，因未滿三家而流標者，第二次招標之等標期間得予縮短，並得不受前項三家廠商之限制。

(C) 依政府採購法施行細則第57條第1項，機關辦理公開招標，因投標廠商家數未滿三家而流標者，得發還投標文件。廠商要求發還者，機關不得拒絕。

(D) 依政府採購法第61條，機關辦理公告金額以上採購之招標，除有特殊情形者外，應於決標後一定期間內，將決標結果之公告刊登於政府採購公報，並以書面通知各投標廠商。無法決標者，亦同。

3 (C)。 依政府採購法施行細則第54條第3項，限制性招標之議價，訂定底價前應先參考廠商之報價或估價單。

4 (#)。 本題官方公告無標準解，一律送分。相關條文可參考共同供應契約實施辦法。

5 (D)。

(A) 依政府採購法第72條第1項，機關辦理驗收時應製作紀錄，由參加人員會同簽認。

(B) 依政府採購法第73-1條，驗收付款者，機關應於驗收合格後，填具結算驗收證明文件，並於接到廠商請款單據後，15日內付款。

(C) 依政府採購法施行細則第100條，驗收人對工程或財物隱蔽部分拆驗或化驗者，其拆除、修復或化驗費用之負擔，依契約規定。契約未規定者，拆驗或化驗結果與契約規定不符，該費用由廠商負擔；與規定相符者，該費用由機關負擔。

(D) 依政府採購法施行細則第90-1條，勞務驗收，得以書面或召開審查會方式辦理。

6 (A)。 依採購契約要項第21點前段，契約約定之採購標的，其有下列情形之一者，廠商得敘明理由，檢附規格、功能、效益及價格比較表，徵得機關書面同意後，以其他規格、功能及效益相同或較優者代之。

7 (B)。

(1) 依招標期限標準第3條，選擇性招標之等標期，除本標準或我國締結之條約或協定另有規定者外，不得少於下列期限：

一、未達公告金額之採購：7日。

二、公告金額以上未達巨額之採購：10日。

三、巨額之採購：14日。

(2) 再依同標準第9條，機關辦理採購，除我國締結之條約或協定另有規定者外，其等標期得依下列情形縮短之：

一、於招標前將招標文件稿辦理公開閱覽且招標文件內容未經重大改變者，等標期得縮短5日。但縮短後不得少於10日。

二、依本法第九十三條之一規定辦理電子領標並於招標公告敘明者，等標期得縮短3日。但縮短後不得少於5日。

三、依本法第九十三條之一規定辦理電子投標並於招標公告或招標文件敘明者，等標期得縮短2日。但縮短後不得少於5日。

(3) 14日－3日－2日＝9日。

8 (B)。 依政府採購法第31條，機關對於廠商所繳納之押標金，應於決標後無息發還未得標之廠商。廢標時，亦同。

廠商有下列情形之一者，其所繳納之押標金，不予發還；其未依招標文件規定繳納或已發還者，並予追繳：

一、以虛偽不實之文件投標。→(A)

二、借用他人名義或證件投標，或容許他人借用本人名義或證件參加投標。

三、冒用他人名義或證件投標。

四、得標後拒不簽約。→(C)

五、得標後未於規定期限內，繳足保證金或提供擔保。→(D)

六、對採購有關人員行求、期約或交付不正利益。

七、其他經主管機關認定有影響採購公正之違反法令行為。

9 (A)。 依政府採購法第75條第1項第3款，對採購之過程、結果提出異議者，為接獲機關通知或機關公告之次日起10日。其過程或結果未經通知或公告者，為知悉或可得而知悉之次日起10日。但至遲不得逾決標日之次日起15日。故機關應不予受理，並依同條第2項規定，以書面通知提出異議之廠商。

10 (D)。 依政府採購法施行細則第84條，本法第61條所稱決標後一定期間，為自決標日起30日。

11 (A)。 依政府採購法施行細則第109條之1第1項，機關依本法第101條第3項規定給予廠商陳述意見之機會，應以書面告知，廠商於送達之次日起10日內，以書面或口頭向機關陳述意見。

12 (A)。 依政府採購法施行細則第42條第1項第3款，除招標文件另有規定外，以代辦機關為招標機關。

13 (C)。 依政府採購法施行細則第72條第2項，合於招標文件規定之投標廠商僅有一家或採議價方式辦理採購，廠商標價超過底價或評審委員會建議之金額，經洽減結果，廠商書面表示減至底價或評審委員會建議之金額，或照底價或評審委員會建議之金額再減若干數額者，機關應予接受。比減價格時，僅餘一家廠商書面表示減價者，亦同。

14 (C)。

(A) 依政府採購法施行細則第29條，政府採購法第33條第1項所稱書面密封，指將投標文件置於不透明之信封或容器內，並以漿糊、膠水、膠帶、釘書針、繩索或其他類似材料封裝者。信封上或容器外應標示廠商名稱及地址。

(B) 依政府採購法第33條第1項，廠商之投標文件，應以書面密封，於投標截止期限前，以郵遞或專人送達招標機關或其指定之場所。又依政府採購法施行細則第29條，政府採購法第33條第1項所稱指定之場所，不得以郵政信箱為唯一場所。

(C) 依政府採購法第33條第2項規定，廠商得以電子資料傳輸方式遞送投標文件，但以招標文件已有訂明者為限，並應於規定期限前遞送正式文件。

(D) 依政府採購法施行細則第29條第2項前段，信封上或容器外應標示廠商名稱及地址。

15 (B)。 依政府採購法施行細則第11條第2項，監辦不包括涉及廠商資格、規格、商業條款、底價訂定、決標條件及驗收方法等實質或技術事項之審查。監辦人員發現該等事項有違反法令情形者，仍得提出意見。

16 (C)。 依政府採購法第15條第2項，機關人員對於與採購有關之事項，涉及本人、配偶、二親等以內親屬，或共同生活家屬之利益時，應行迴避。

17 (D)。 依機關辦理涉及國家安全採購之廠商資格限制條件及審查作業辦法第3條，機關依前條規定對廠商資格訂定限制條件，得依採購案件之特性及實際需要，就下列事項擇定之：

一、廠商之國籍或其設立登記所依據之法律。

二、廠商之代表人、董事、監察人、監事、經理人或持有股份總數或資本總額逾百分之十之股東之國籍。

三、廠商之資金來源及其比率限制。

四、其他法令規定或經主管機關認定者。

機關依前項規定訂定限制條件者，應一併載明廠商應檢附之證明文件。

18 **(B)**。 依機關主會計及有關單位會同監辦採購辦法第7條第1項前段，監辦人員於完成監辦後，應於紀錄簽名，並得於各相關人員均簽名後為之。

19 **(D)**。
(A)依特別採購招標決標處理辦法第6條第2款，機關不及與廠商確定契約總價者，應先確定單價及工作範圍。(B)(C)依特別採購招標決標處理辦法第2條，政府採購法第105條第1項所稱得不適用之本法招標及決標規定，指本法第2章及第3章之規定。但不包括本法第34條、第50條及第58條至第62條之規定。其中採購法第53條位於第3章（屬得不適用本法）、驗收相關規定位於第5章（仍適用本法）。

20 **(D)**。 依採購稽核小組組織準則第6條第1項後段，稽查人員若干人，由設立機關就具有採購相關專門知識之人員派（聘）兼之，協辦採購稽核小組業務。

21 **(A)**。 依政府採購法第52條第2項，機關辦理公告金額以上之專業服務、技術服務、資訊服務、社會福利服務或文化創意服務者，以不訂底價之最有利標為原則。

22 **(D)**。
(A) 依政府採購法施行細則第23條之1第1項，機關依本法第22條第1項規定辦理限制性招標，應由需求、使用或承辦採購單位，就個案敘明符合各款之情形，簽報機關首長或其授權人員核准。其得以比價方式辦理者，優先以比價方式辦理。
(B) 依政府採購法施行細則第22條第2項，本法第22條第1項第2款所稱專屬權利，指已立法保護之智慧財產權。但不包括商標專用權。
(C) 依政府採購法施行細則第22條第5項，本法第22條第1項第6款所稱50%，指追加累計金額占原主契約金額之比率。
(D) 依政府採購法第22條第1項第7款，原有採購之後續擴充，且已於原招標公告及招標文件敘明擴充之期間、金額或數量者。

23 **(C)**。 依機關委託資訊服務廠商評選及計費辦法第6條第2項，整體委外時程及契約期間，最長不得逾10年。

24 **(D)**。 依押標金保證金暨其他擔保作業辦法第21條第1項，機關得視案件性質及實際需要，於招標文件中規定得標廠商得支領預付款及其金額，並訂明廠商支領預付款前應先提供同額預付款還款保證。

25 (D)。依政府採購公告及公報發行辦法第7條，依政府採購法第27條第1項規定辦理之招標公告，應登載下列事項：

一、有案號者，其案號。

二、機關之名稱、地址、聯絡人（或單位）及聯絡電話。

三、招標標的之名稱及數量摘要。有保留未來後續擴充之權利者，其擴充之期間、金額或數量。

四、招標文件之領取地點、方式、售價及購買該文件之付款方式。

五、收受投標文件之地點及截止期限。→(C)

六、公開開標者，其時間及地點。

七、須押標金者，其額度。

八、履約期限。→(B)

九、投標文件應使用之文字。

十、招標與決標方式及是否可能採行協商措施。

十一、是否屬公告金額以上之採購。

十二、是否適用我國所締結之條約或協定。

十三、廠商資格條件摘要。→(A)

十四、財物採購，其性質係購買、租賃、定製或兼具二種以上之性質。

十五、是否屬公共工程實施技師簽證者。

十六、其他經主管機關指定者。

109年 臺灣菸酒從業職員

1 從政府採購法第101條規定刊登政府採購公報之法律性質為何？裁處權時效多久？刊登之前應踐行何種正當程序？

解 (一)關於「不良廠商公告」之性質及裁處權時效，實務認為須依照政府採購法第101條第1項各款分別決定：

1. 第3款、第7款至第12款事由，縱屬違反契約義務之行為，既與公法上不利處分相連結，即被賦予公法上之意涵。
2. 第1款、第2款、第4款至第6款為參與政府採購程序施用不正當手段，及其中第14款為違反禁止歧視之原則一般，均係違反行政法上義務之行為，予以不利處分，具有裁罰性，自屬行政罰，應適用行政罰法第27條第1項所定3年裁處權時效。
3. 其餘第13款事由，乃因特定事實予以管制之考量，無違反義務之行為，其不利處分並無裁罰性，應類推適用行政罰裁處之3年時效期間。

(二)機關辦理採購，依政府採購法（下稱採購法）第101條規定通知廠商將刊登政府採購公報，並依政府採購法第101條執行注意事項，應先確認裁處權是否罹於時效及通知對象是否合宜；通知前，應給予廠商口頭或書面陳述意見之機會，並應成立採購工作及審查小組（下稱審查小組）認定廠商（含經機關通知履行連帶保證責任之連帶保證廠商）是否該當採購法第101條第1項各款情形之一，避免錯誤通知廠商而發生爭議。

2 政府採購之招標方式有哪幾種？適用之時機為何？

解 (一)採購之招標方式，依政府採購法第18條規定，分為公開招標、選擇性招標及限制性招標等3種：

1. 公開招標：指以公告方式邀請不特定廠商投標。
2. 選擇性招標：指以公告方式預先依一定資格條件辦理廠商資格審查後，再行邀請符合資格之廠商投標。
3. 限制性招標：指不經公告程序邀請二家以上廠商比價或僅邀請一家廠商議價。

(二)而各招標方式之適用時機：

1. 公開招標：依採購法第19條規定，機關辦理公告金額以上之採購，除依第20條及第22條辦理者外，應公開招標，亦即採購案件原則上應採公開招標辦理。
2. 選擇性招標：依採購法第20條規定，機關辦理公告金額以上之採購，於符合(1)經常性採購、(2)投標文件審查，須費時長久始能完成者、(3)廠商準備投標需高額費用者、(4)廠商資格條件複雜者、(5)研究發展事項等情形之一者，得採選擇性招標。
3. 限制性招標：依採購法第22條規定，機關辦理公告金額以上之採購，符合：
   (1) 以公開招標、選擇性招標或依第9款至第11款公告程序辦理結果，無廠商投標或無合格標，且以原定招標內容及條件未經重大改變者。
   (2) 屬專屬權利、獨家製造或供應、藝術品、秘密諮詢，無其他合適之替代標的者。
   (3) 遇有不可預見之緊急事故，致無法以公開或選擇性招標程序適時辦理，且確有必要者。
   (4) 原有採購之後續維修、零配件供應、更換或擴充，因相容或互通性之需要，必須向原供應廠商採購者。

(5) 屬原型或首次製造、供應之標的，以研究發展、實驗或開發性質辦理者。

(6) 在原招標目的範圍內，因未能預見之情形，必須追加契約以外之工程，如另行招標，確有產生重大不便及技術或經濟上困難之虞，非洽原訂約廠商辦理，不能達契約之目的，且未逾原主契約金額百分之五十者。

(7) 原有採購之後續擴充，且已於原招標公告及招標文件敘明擴充之期間、金額或數量者。

(8) 在集中交易或公開競價市場採購財物。

(9) 委託專業服務、技術服務、資訊服務或社會福利服務，經公開客觀評選為優勝者。

(10) 辦理設計競賽，經公開客觀評選為優勝者。

(11) 因業務需要，指定地區採購房地產，經依所需條件公開徵求勘選認定適合需要者。

(12) 購買身心障礙者、原住民或受刑人個人、身心障礙福利機構或團體、政府立案之原住民團體、監獄工場、慈善機構及庇護工場所提供之非營利產品或勞務。

(13) 委託在專業領域具領先地位之自然人或經公告審查優勝之學術或非營利機構進行科技、技術引進、行政或學術研究發展。

(14) 邀請或委託具專業素養、特質或經公告審查優勝之文化、藝術專業人士、機構或團體表演或參與文藝活動或提供文化創意服務。

(15) 公營事業為商業性轉售或用於製造產品、提供服務以供轉售目的所為之採購，基於轉售對象、製程或供應源之特性或實際需要，不適宜以公開招標或選擇性招標方式辦理者。

(16) 其他經主管機關認定者。

以上等情形之一者，得採限制性招標。

3 機關採購有以開口契約方式辦理者，請回答下列問題：
(一)何謂開口契約？
(二)請說明辦理開口契約採購之執行方式。
(三)請舉例說明採用開口契約之優點。

解 (一)依政府採購法施行細則第64條之1規定，機關依採購法第52條第1項第1款或第2款規定採最低標決標，其因履約期間數量不確定而於招標文件規定以招標標的之單價決定最低標者，並應載明履約期間預估需求數量。招標標的在二項以上而未採分項決標者，並應以各項單價及其預估需求數量之乘積加總計算，決定最低標。是以所謂的開口契約，便係指在履約期間內，數量不確定，並以一定金額為上限之採購，視實際需要隨時通知廠商履約之契約，以契約中所列履約標的項目及單價，依完成履約實際供應之項目及數量給付契約價金。

(二)機關應預先估計履約期間之需求數量辦理採購，並依本法第52條第1項第1款或第2款規定採最低標決標方式辦理，與廠商訂立開口契約，並視實際需要隨時通知廠商履約。

(三)開口契約的運作模式具有相當的彈性，並有分散風險、高時效性、降低成本、降低人力負荷等優點。

4 某機關進行男女廁所整修，於驗收時發現放置洗手面盆的檯面，經測量其深度及寬度都與契約圖說之尺寸不符。經廠商解釋，係因廁所現地空間不足，原設計檯面尺寸過寬無法安裝，且若依原設計檯面深度將會過於突出致阻礙人行動線，因此施工時將寬度深度均酌予縮減尺寸，但都不會影響檯面上洗手面盆及洗手檯的使用功能。請依政府採購法相關規定說明，本採購案應如何辦理驗收？

解 (一)本案得先部分辦理驗收並支付部分價金：

1. 依政府採購法第72條第1項規定，機關辦理驗收時應製作紀錄，由參加人員會同簽認。驗收結果與契約、圖說、貨樣規定不符者，應通知廠商限期改善、拆除、重作、退貨或換貨。
2. 又如其驗收結果不符部分非屬重要，而其他部分能先行使用，並經機關檢討認為確有先行使用之必要者，得經機關首長或其授權人員核准，就其他部分辦理驗收並支付部分價金。
3. 另依政府採購法施行細則第98條第1項，機關依採購法第72條第1項通知廠商限期改善、拆除、重作或換貨，廠商於期限內完成者，機關應再行辦理驗收。

(二)本案得於必要時進行減價收受：

1. 依政府採購法第72條第2項規定，驗收結果與規定不符，而不妨礙安全及使用需求，亦無減少通常效用或契約預定效用，經機關檢討不必拆換或拆換確有困難者，得於必要時減價收受。惟其在查核金額以上之採購，應先報經上級機關核准；未達查核金額之採購，應經機關首長或其授權人員核准。
2. 機關依政府採購法第72條第2項辦理減價收受，依施行細則第98條第2項規定，其減價計算方式，依契約規定。契約未規定者，得就不符項目，依契約價金、市價、額外費用、所受損害或懲罰性違約金等，計算減價金額。

109年 經濟部所屬事業機構新進職員

( ) **1** 下列何者不是政府採購法所稱採購？ (A)土地之出租 (B)權利之買受 (C)工程之定作 (D)契約工之僱傭。

( ) **2** 下列何者無違反政府採購法第6條第1項公平合理原則規定之虞？ (A)招標文件規定投標廠商須提供正本型錄 (B)不適用條約協定之採購，限我國廠商投標 (C)預算20萬元之採購，指定廠牌公開徵求廠商提供報價單辦理決標 (D)規定投標廠商必須在投標時取得特定材料供應商之授權同意書。

( ) **3** 有關機關依政府採購法第22條第1項第6款辦理契約變更，下列敘述何者有誤？ (A)僅適用於工程採購契約 (B)僅適用於非可預見之情形 (C)該條款所稱「必須追加契約以外之工程」之情形，係增加原契約外之工作項目，不包括原契約項目規格之變更或既有標的數量之增加 (D)機關辦理公告金額以上採購之契約變更致原決標金額增加者，該增加之金額，應依政府採購法第61條或第62條規定辦理公告、彙送。

( ) **4** 下列何者情形，非屬政府採購法第50條第1項第5款所稱「不同投標廠商間之投標文件內容有重大異常關聯」之情形？ (A)押標金支票連號並由同一人繳交 (B)兩廠商電話、地址相同 (C)投標標封筆跡相同 (D)兩關係企業參與同一標案投標。

( ) **5** 機關發現廠商違反政府採購法第101條，應將事實及理由通知廠商，下列敘述何者正確？ (A)如廠商未提出異議，機關應即執行刊登政府採購公報事宜 (B)如廠商未提出異議，機關應通知主管機關執行刊登政府採購公報事宜 (C)如廠商提出異議、申訴及行政訴訟，機關應俟行政法院判決確定再行刊登公報 (D)機關可不通知廠商，直接執行刊登政府採購公報事宜。

( ) **6** 下列何者不得為採購案之監辦人員？ (A)機關會計人員 (B)督察單位人員 (C)上級機關人員 (D)採購承辦人員。

( ) **7** 機關依據政府採購法第101條規定將事實及理由通知廠商時，應附記廠商如認機關所為之通知違反政府採購法或不實者，至遲得於接獲通知之次日起幾日內，以書面向招標機關提出異議；未提出異議者，將刊登政府採購公報？ (A)15日 (B)20日 (C)30日 (D)45日。

( ) **8** 今年9月政府機關甲依據政府採購法第101條規定通知廠商乙違反本法第65條規定轉包（該廠商曾被其他機關刊登政府採購公報累計達2次），經乙提出異議申訴，審議結果指明不違反本法者，自刊登政府採購公報之次日起至少幾年不得參加投標或作為決標對象或分包廠商？ (A)半年 (B)1年 (C)2年 (D)3年。

( ) **9** 政府採購法所稱公告金額，係指新臺幣多少元？ (A)50萬元 (B)100萬元 (C)500萬元 (D)1000萬元。

( ) **10** 有關最有利標之敘述，下列何者正確？ (A)所訂底價於決標前應保密 (B)工作小組成員得於進行評選時始成立 (C)辦理最有利標評選，應成立評選委員會，其中外聘專家學者人數不得少於1/4 (D)價格納入評比者，其所占評選項目權重不得低於百分之十，且不得高於百分之五十。

( ) **11** 機關辦理工程採購，於招標文件規定優良廠商得予減收押標金等之減收額度以至多不逾原定應繳總額之若干比例為限？ (A)5% (B)20% (C)30% (D)50%。

( ) **12** 某機關擬委託廠商提供清潔服務，預算編列1年為100萬元，契約期間為1年，並於招標公告及招標文件敘明履約情形良好者，將依政府採購法第22條第1項第7款續約1年，請問採購金額為何？ (A)150萬 (B)200萬 (C)300萬 (D)400萬。

( ) **13** 機關辦理未達公告金額之採購，依政府採購法第49條規定公開徵求廠商書面報價或企劃書刊登招標公告資訊網路，其第1次之等標期（提供有電子領標）至少不得少於幾日？ (A)15日 (B)7日 (C)5日 (D)3日。

( ) **14** 下列何者非屬機關辦理採購，得擇定之基本資格？ (A)具相當財力之證明 (B)廠商具有製造、供應或承作之能力 (C)廠商之受僱人具有專門技能之證明 (D)廠商具有維修、維護或售後服務能力之證明。

( ) **15** 下列敘述何者有誤？ (A)投標廠商應提出之資格證明文件，除招標文件另有規定外，以影本為原則 (B)廠商資格證明文件影本之尺寸與正本不一致，機關得予拒絕 (C)查核金額以上之採購，履約保證金之繳納期限，應訂定14天以上之合理期限 (D)廠商履行契約所必須具備之財務、商業或技術資格條件，應不以其為政府機關、公立學校或公營事業所完成者為限。

( ) **16** 押標金之額度至多以不逾預算金額或預估採購總額百分之多少為原則？ (A)1% (B)5% (C)10% (D)20%。

( ) **17** 機關依政府採購法第48條辦理公開招標，第一次未達3家流標，請問第2次開標至少須達幾家合格廠商始能開標？ (A)1家 (B)2家 (C)3家 (D)4家。

( ) **18** 有關機關依政府採購法第56條規定，以「最有利標決標原則」辦理招標，下列敘述何者有誤？ (A)以不訂底價為原則 (B)如訂有底價應於決標前保密 (C)評定為最有利標後得議減價格 (D)公開招標第1次開標須有3家合格廠商始能開標。

( ) **19** 政府採購法第22條第1項第6款有關「未逾原主契約金額百分之五十者」，其是否逾50%之計算，下列何者正確？ (A)單次金額／原主契約金額 (B)追加與追減絕對值之累計金額／原主契約金額 (C)追加與追減之累計金額／原主契約金額 (D)追加累計金額／原主契約金額。

( ) **20** 下列何者非巨額採購（單位均為新臺幣）？ (A)2億元的工程採購 (B)1億元的財物採購 (C)2000萬元的勞務採購 (D)5000萬元的工程採購。

( ) **21** 某機關辦理最有利標採購評選委員會委員共16人，請問決議時出席委員至少須幾人？ (A)8人 (B)7人 (C)6人 (D)5人。

( ) **22** 有關採購申訴要件之敘述，下列何者有誤？ (A)採購申訴得僅就書面審議之 (B)申訴經撤回後，不得再行提出同一之申訴 (C)不予發還或追繳押標金之爭議，其申訴之提出亦受公告金額以上之限制 (D)採購申訴審議委員會辦理審議，得先向廠商收取審議費等必要之費用。

( ) **23** 下列何者非屬契約文件？ (A)契約本文 (B)廠商拒絕往來名單 (C)招標文件 (D)投標文件。

( ) **24** 採購申訴審議判斷之效力為何？ (A)視同仲裁判斷 (B)視同確定判決 (C)視同訴願決定 (D)視同調解成立書。

( ) **25** 與職務或利益有關廠商餽贈之禮物，其價值至多在新臺幣多少元以下，如不接受反不符合社會禮儀或習俗者，得予接受？ (A)3000元 (B)2000元 (C)1000元 (D)500元。

解答與解析

（答案標示為#者，依官方曾公告更正該題答案。）

1 (A)。依政府採購法第2條規定，本法所稱採購，指工程之定作、財物之買受、定製、承租及勞務之委任或僱傭等。

2 (B)。依政府採購錯誤行為態樣規範：

(A)(C)，三、規格限制競爭：

(三)公告金額以上之採購指定特定廠牌之規格或型號或特定國家或協會之標準而未允許同等品。

(五)型錄須為正本。

(D)，二、資格限制競爭：

(二十一)以小綁大，例如：規定重要項目之分包廠商必須具備某一特定之資格條件，而具備該資格條件之分包廠商甚少；規定投標廠商投標時須取得特定材料供應商之授權同意書。

3 (C)。依政府採購法第22條第1項第6款規定，機關辦理公告金額以上之採購，符合下列情形之一者，得採限制性招標：六、在原招標目的範圍內，因未能預見之情形，必須追加契約以外之工程，如另行招標，確有產生重大不便及技術或經濟上困難之虞，非洽原訂約廠商辦理，不能達契約之目的，且未逾原主契約金額百分之五十者。

4 (D)。依行政院公共工程委員會91年11月27日工程企字第09100516820號令：機關辦理採購有下列情形之一者，得依政府採購法第五十條第一項第五款「不同投標廠商間之投標文件內容有重大異常關聯者」處理：

一、投標文件內容由同一人或同一廠商繕寫或備具者。

二、押標金由同一人或同一廠商繳納或申請退還者。

三、投標標封或通知機關信函號碼連號，顯係同一人或同一廠商所為者。

四、廠商地址、電話號碼、傳真機號碼、聯絡人或電子郵件網址相同者。

五、其他顯係同一人或同一廠商所為之情形者。

5 (A)。依政府採購法第102條第3項規定，機關依前條通知廠商後，廠商未於規定期限內提出異議或申訴，或經提出申訴結果不予受理或審議結果指明不違反本法或並無不實者，機關應即將廠商名稱及相關情形刊登政府採購公報。

6 (D)。依機關主會計及有關單位會同監辦採購辦法第8條規定，採購案之承辦人員不得為該採購案之監辦人員。

7 (B)。依政府採購法第102條第1項規定，廠商對於機關依前條所為之通知，認為違反本法或不實者，得於接獲通知之次日起二十日內，以書面向該機關提出異議。

8 (B)。廠商乙違反政府採購法第101條之轉包行為係規範於該條第1項第11款：機關辦理採購，發現廠商有下列情形之一，應將其事實、理由及依第一百零三條第一項所定期間通知廠商，並附記如未提出異議者，將刊登政府採購公報：十一、違反第六十五條規定轉包者。

又同法第103條第1項第3款規定，依前條第三項規定刊登於政府採購公報之廠商，於下列期間內，不得參加投標或作為決標對象或分包廠商：三、有第一百零一條第一項第七款至第十二款情形者，於通知日起前五年內未被任一機關刊登者，自刊登之次日起三個月；已被任一機關刊登一次者，自刊登之次日起六個月；已被任一機關刊登累計二次以上者，自刊登之次日起一年。但經判決撤銷原處分者，應註銷之。
廠商乙曾被其他機關刊登政府採購公報累計達2次，故經其提出異議申訴，審議結果指明不違反政府採購法者，自刊登政府採購公報之次日起至少1年不得參加投標或作為決標對象或分包廠商。

9 (B)。 依行政院公共工程委員會函修定政府採購法中查核金額、公告金額及小額採購金額（中華民國111年12月23日工程企字第1110100798號）：

(1)查核金額：工程及財物採購為新臺幣五千萬元，勞務採購為新臺幣一千萬元。

(2)公告金額：工程、財物及勞務採購為新臺幣一百五十萬元。

(3)中央機關小額採購：為新臺幣十五萬元以下之採購。

故依現行法規本題無解，惟依當時法規，公告金額為一百萬元。

10 (A)。

(A)依政府採購法第34條第3項，底價於開標後至決標前，仍應保密，決標後除有特殊情形外，應予公開。但機關依實際需要，得於招標文件中公告底價。

(B)依採購評選委員會組織準則第8條第1項，機關應於本委員會成立時，一併成立三人以上之工作小組，協助本委員會辦理與評選有關之作業，其成員由機關首長或其授權人員指定機關人員或專業人士擔任，且至少應有一人具有採購專業人員資格。

(C)依採購評選委員會組織準則第4條第1項，本委員會置委員五人以上，由機關就具有與採購案相關專門知識之人員派兼或聘兼之，其中專家、學者人數不得少於三分之一。

(D)依最有利標評選辦法第17條第3項，價格納入評比者，其所占全部評選項目之權重，不得低於百分之二十，且不得逾百分之五十。

11 (D)。 押標金保證金暨其他擔保作業辦法第33-5條第1項，機關辦理採購，得於招標文件中規定優良廠商應繳納之押標金、履約保證金或保固保證金金額得予減收，其額度以不逾原定應繳總額之百分之五十為限。繳納後方為優良廠商者，不溯及適用減收規定；減收後獎勵期間屆滿者，免補繳減收之金額。

12 (B)。 依政府採購法施行細則第6條第3款，機關辦理採購，其屬巨額採購、查核金額以上之採購、公告金額以上之採購或小額採購，依採購金額於招標前認定之；其採購金額之計算方式如下：三、招標文件含有選購或後續擴充項目者，應將預估選購或擴充項目所需金額計入。

故100萬元*（1年+1年）=200萬元。

13 (C)。 依招標期限標準第5條規定，機關依本法第四十九條之規定公開徵求廠商之書面報價或企劃書者，其自公告日起至截止收件日止之等標期，應訂定五日以上之合理期限。

14 (A)。 依投標廠商資格與特殊或巨額採購認定標準第4條第1項規定，機關依第二條第二款訂定與履約能力有關之基本資格時，得依採購案件之特性及實際需要，就下列事項擇定廠商應附具之證明文件或物品：

一、廠商具有製造、供應或承做能力之證明。如曾完成與招標標的類似之製造、供應或承做之文件、招標文件規定之樣品、現有或得標後可取得履約所需設備、技術、財力、人力或場所之說明或品質管制能力文件等。

二、廠商具有如期履約能力之證明。如迄投標日止正履行中之所有契約尚未完成部分之總量說明、此等契約有逾期履約情形者之清單、逾期情形及逾期責任之說明、律師所出具之迄投標日止廠商涉及賠償責任之訴訟中案件之清單及說明或廠商如得標則是否確可如期履約及如何能如期履約之說明等。

三、廠商或其受雇人、從業人員具有專門技能之證明。如政府機關或其授權機構核發之專業、專技或特許證書、執照、考試及格證書、合格證書、檢定證明或其他類似之文件。

四、廠商具有維修、維護或售後服務能力之證明。如維修人員經專業訓練之證明、設立或具有或承諾於得標後一定期間內建立自有或特約維修站或場所之證明等。

五、廠商信用之證明。如票據交換機構或受理查詢之金融機構於截止投標日之前半年內所出具之非拒絕往來戶及最近三年內無退票紀錄證明、會計師簽證之財務報表或金融機構或徵信機構出具之信用證明等。

六、其他法令規定或經主管機關認定者。

15 (B)。 依投標廠商資格與特殊或巨額採購認定標準第10條第2項規定，前項影本之尺寸與正本不一致，或未載明與正本相符、未加蓋廠商印章等情事，而不影響辨識其內容或真偽者，機關不得拒絕。

16 (B)。 依押標金保證金暨其他擔保作業辦法第9條第2項，前項一定金額，以不逾預算金額或預估採購總額之百分之五為原則；一定比率，以不逾標價之百分之五為原則。但不得逾新臺幣五千萬元。

17 (A)。 依政府採購法第48條第2項規定，第一次開標，因未滿三家而流標者，第二次招標之等標期間得予縮短，並得不受前項三家廠商之限制。

18 (C)。 依政府採購法第56條第1項規定，決標依第五十二條第一項第三款規定辦理者，應依招標文件所規定之評審標準，就廠商投標標的之技術、品質、功能、商業條款或價格等項目，作序位或計數之綜合評選，評定最有利標。價格或其與綜合評選項目評分之商數，得做為單獨評選之項目或決標之標準。未列入之項目，不得做為評選之參考。評選結果無法依機關首長或評選委員會過半數之決定，評定最有利標時，得採行協商措施，再作綜合評選，評定最有利標。評定應附理由。綜合評選不得逾三次。

19 (D)。 依政府採購法施行細則第22條第4項規定，本法第二十二條第一項第六款所稱百分之五十，指追加累計金額占原主契約金額之比率。

20 (D)。 依投標廠商資格與特殊或巨額採購認定標準第8條規定，採購金額在下列金額以上者，為巨額採購：

一、工程採購，為新台幣二億元。

二、財物採購，為新台幣一億元。

三、勞務採購，為新台幣二千萬元。

21 (A)。 依採購評選委員會審議規則第9條第1項規定，本委員會會議，應有委員總額二分之一以上出席，其決議應經出席委員過半數之同意行之。出席委員中之專家、學者人數應至少二人且不得少於出席人數之三分之一。

故16人×1/2＝8人

22 (C)。 依政府採購法第76條第4項規定，爭議屬第三十一條規定不予發還或追繳押標金者，不受第一項公告金額以上之限制。

23 (B)。 依採購契約要項第3點第1項規定，契約文件包括下列內容：
(一)契約本文及其變更或補充。
(二)招標文件及其變更或補充。
(三)投標文件及其變更或補充。
(四)契約附件及其變更或補充。
(五)依契約所提出之履約文件或資料。

24 (C)。 依政府採購法第83條規定，審議判斷，視同訴願決定。

25 (D)。 依採購人員倫理準則第8條第1項規定，採購人員不接受與職務或利益有關廠商之下列餽贈或招待，反不符合社會禮儀或習俗者，得予接受，不受前條之限制。但已非主動求取，且係偶發之情形為限：
一、價值在新台幣五百元以下之廣告物、促銷品、紀念品、禮物、折扣或服務。
二、價值在新台幣五百元以下之飲食招待。
三、公開舉行且邀請一般人參加之餐會。
四、其他經主管機關認定者。

110年 台電新進僱用人員

( ) **1** 機關辦理採購，於招標前將招標文件稿辦理公開閱覽，且招標文件內容未經重大改變者，等標期得縮短A日。但縮短後不得少於B日，A、B各為幾日？ (A)A=2日；B=5日 (B)A=3日；B=5日 (C)A=3日；B=7日 (D)A=5日；B=10日。

( ) **2** 下列採購何者非屬特殊採購？ (A)藝術品或具有歷史文化紀念價值之古物採購 (B)使用特殊施工方法或技術之工程 (C)興建構造物，單一跨徑在15公尺以上之工程 (D)需要特殊機具、設備或技術始能完成之財物或勞務採購。

( ) **3** 依採購專業人員資格考試訓練發證及管理辦法規定，採購專業人員辭職後，至遲幾年內回任機關採購職務者，仍具採購專業人員資格？ (A)1年 (B)3年 (C)4年 (D)5年。

( ) **4** 機關依採購法第96條規定優先採購環保產品，並允許價差優惠者，其優惠比率由機關視個別採購之特性及預算金額訂定之，並載明於招標文件，但至多不得逾多少比率？ (A)5% (B)10% (C)15% (D)20%。

( ) **5** 查核金額以上之標案，查核小組應辦理工程查核之件數以不低於下列何者比率為原則？ (A)其當年度執行工程標案之20% (B)其當年度執行工程標案之30% (C)由其設立機關自行訂定之比率 (D)由主管機關每年訂定之比率。

( ) **6** 依採購法規定，下列何者有誤？ (A)辦理採購應維護公共利益及公平為原則 (B)採購人員基於公共利益得違反採購法之決定 (C)公營事業之採購適用採購法 (D)自然人得為簽約對象。

( ) **7** 採用複數決標之方式者，其每一次決標及不同標的或底價之項目，刊登決標公告方式為何？ (A)應分別刊登決標公告 (B)於最後1次決標時才刊登決標公告 (C)於第1次決標時刊登決標公告即可 (D)皆無須刊登。

( ) **8** 除大宗物資（鋼筋、水泥、柏油等）共同供應契約基於採購標的特性外，訂購金額達多少以上時，且未經上級機關核准者，機關不得透過共同供應契約執行訂購？ (A)公告金額十分之一 (B)公告金額 (C)查核金額 (D)查核金額二分之一。

( ) **9** 採購之驗收，有初驗程序者，初驗合格後，除契約另有規定者外，機關應至遲幾日內辦理驗收，並作成驗收紀錄？ (A)7日 (B)10日 (C)20日 (D)30日。

( ) **10** 採購契約得訂明因政策變更，廠商依契約繼續履行反而不符公共利益者，機關報經下列何者核准，得終止或解除部分或全部契約？ (A)機關首長或授權人員 (B)上級機關 (C)採購主管機關 (D)審計單位。

( ) **11** 機關就外國廠商之投標資格及應提出之資格文件，得就實際需要另行規定，附經公證或認證之中文譯本，並於招標文件中訂明。其原文與中文譯本之內容有異者，以下列何者為準？ (A)中文譯本 (B)原文 (C)取對機關有利者 (D)取對廠商有利者。

( ) **12** 下列何種採購不適用採購法第22條第1項第9款評選優勝廠商之評選規定？ (A)專業服務 (B)統包工程 (C)社會福利服務 (D)資訊服務。

( ) **13** 依採購法規定，下列何者有誤？ (A)機關於第1次比減價格前，應宣布最低標廠商減價結果 (B)最低標廠商優先減價時得書面表示減至底價 (C)機關於第2次以後比減價格前，應宣布前1次比減價格之最低標價 (D)機關得限制廠商比減價格之次數為2次。

(　　) **14** 下列何者情形不得採選擇性招標？ (A)原有採購之後續維修 (B)研究發展事項 (C)廠商資格條件複雜者 (D)投標文件審查須費時長久始能完成者。

(　　) **15** 採購人員接受與職務或利益有關廠商價值逾新臺幣500元之廣告物，退還有困難者，不得逾幾日付費收受、歸公或轉贈慈善機構？ (A)1日 (B)3日 (C)5日 (D)7日。

(　　) **16** 公告金額以上採購案有下列何者情形，經機關首長或其授權人員核准者，得不派員監辦？ (A)廠商提出異議者 (B)廠商申請調解者 (C)經工程施工查核小組認定有重大異常者 (D)重複性採購，同一年度內已有監辦前例。

(　　) **17** 廠商申請調解，已繳納調解費10萬元，於通知調解期日後始發現有當事人不適格之情事，應退還調解費多少元？ (A)0元 (B)5萬元 (C)9萬5千元 (D)10萬元。

(　　) **18** 台北市政府依採購法第105條第1項第3款向經濟部工業局承租房地產，下列何者有誤？ (A)須經雙方直屬上級機關核准 (B)得不適用採購法規定之招標方式 (C)仍應依採購法規定辦理監辦 (D)決標後得不刊登決標公告或傳輸決標資料。

(　　) **19** 依採購法規定，下列敘述何者有誤？ (A)工程之巨額採購為2億元 (B)財物之巨額採購為1億元 (C)勞務之巨額採購為2千萬元 (D)工程、財物、勞務採購查核金額均為5千萬元。

(　　) **20** 調解事件應自收受調解申請書之次日起至遲幾個月內完成調解程序，但經雙方同意延長者，得延長之？ (A)2個月 (B)3個月 (C)4個月 (D)6個月。

(　　) **21** 政府採購資訊網站所蒐集之採購公告資訊，除有特殊情形經主管機關調整者外，星期四下午傳送之資料，最快可刊登於何日採購公報？ (A)星期五 (B)星期六 (C)星期日 (D)星期一。

( ) **22** 依採購法第22條第1項第10款辦理公開評選，第1次開標應至少有幾家投標廠商始可開標？ (A)1家 (B)2家 (C)3家 (D)6家。

( ) **23** 機關辦理工程採購，得於招標文件中規定優良廠商得予減收金額之項目，不包括下列何者？ (A)押標金 (B)履約保證金 (C)預付款之扣回款 (D)保固保證金。

( ) **24** 下列何者非屬機關得辦理新臺幣採購契約價金調整之情形？ (A)因國內政府法令變更 (B)因國外稅捐變更 (C)因國內政府管制費率變更 (D)依契約規定辦理物價指數調整。

( ) **25** 下列有關總評分法評定最有利標之敘述，何者有誤？ (A)應於招標文件載明各評選項目之配分，其子項有配分者亦應載明 (B)得於招標文件載明個別子項不合格即不得作為協商對象 (C)如有分階段辦理評選及淘汰不合格廠商之評定方式者，以2階段為原則 (D)招標文件訂明固定費用者，仍得規定廠商於投標文件詳列組成費用內容，惟不得納入評選。

解答與解析

（答案標示為#者，依官方曾公告更正該題答案。）

1 (D)。依招標期限標準第9條第1款規定，機關辦理採購，除我國締結之條約或協定另有規定者外，其等標期得依下列情形縮短之：
一、於招標前將招標文件稿辦理公開閱覽且招標文件內容未經重大改變者，等標期得縮短五日。但縮短後不得少於十日。

2 (C)。投標廠商資格與特殊或巨額採購認定標準第6條規定，工程採購有下列情形之一者，為特殊採購：
一、興建構造物，地面高度超過五十公尺或地面樓層超過十五層者。
二、興建構造物，單一跨徑在五十公尺以上者。
三、開挖深度在十五公尺以上者。
四、興建隧道，長度在一千公尺以上者。
五、於地面下或水面下施工者。
六、使用特殊施工方法或技術者。
七、古蹟構造物之修建或拆遷。
八、其他經主管機關認定者。

3 (D)。依採購專業人員資格考試訓練發證及管理辦法第9條規定，採購專業人員辭職後五年內回任機關採購職務者，仍具採購專業人員資格。

4 (B)。依政府採購法第96條第1項規定，機關得於招標文件中，規定優先採購取得政府認可之環境保護標章使用許可，而其效能相同或相似之產品，並得允許百分之十以下之價差。產品或其原料之製造、使用過程及廢棄物處理，符合再生材質、可回收、低污染或省能源者，亦同。

5 (#)。依工程施工查核小組作業辦法第4條第1項規定，查核小組每年應辦理工程施工查核之件數比率以不低於當年度所屬新臺幣一百萬元以上工程標案（不含補助及委託其他機關辦理案件）之百分之十為原則，且各規模之工程應查核件數如下：

一、新臺幣五千萬元以上之標案：以二十件以上為原則；當年度執行工程標案未達二十件者，則全數查核。

二、新臺幣一千萬元以上未達五千萬元之標案：以十五件以上為原則；當年度執行工程標案未達十五件者，則全數查核。

三、新臺幣一百萬元以上未達一千萬元之標案：以十件以上為原則；當年度執行工程標案未達十件者，則全數查核。

本題因工程施工查核小組作業辦法第4條已於110年3月修改應辦理工程施工查核之件數比率以不低於當年度所屬百分之十為原則（舊法為百分之二十），故官方公告無標準答案選項，一律給分。

6 (B)。依政府採購法第6條第2項規定，辦理採購人員於不違反本法規定之範圍內，得基於公共利益、採購效益或專業判斷之考量，為適當之採購決定。

故辦理採購之人員，縱基於公共利益，仍不得違反採購法。

7 (A)。依政府採購公告及公報發行辦法第13條第3項規定，採用複數決標之方式者，其每一次決標及不同標的或底價之項目，應分別刊登決標公告。

8 (C)。依共同供應契約實施辦法第6條第4項規定，機關辦理查核金額以上之採購，不得利用本契約辦理訂購。但經上級機關核准者，不在此限。

9 (C)。依政府採購法施行細則第93條規定，採購之驗收，有初驗程序者，初驗合格後，除契約另有規定者外，機關應於二十日內辦理驗收，並作成驗收紀錄。

10 (B)。依政府採購法第64條規定，採購契約得訂明因政策變更，廠商依契約繼續履行反而不符公共利益者，機關得報經上級機關核准，終止或解除部分或全部契約，並補償廠商因此所生之損失。

11 (B)。依政府採購法施行細則第37條規定，依本法第三十六條第三項規定投標文件附經公證或認證之資格文件中文譯本，其中文譯本之內容有誤者，以原文為準。

12 (B)。依政府採購法第22條第1項第9款規定，機關辦理公告金額以上之採購，符合下列情形之一者，得採限制性招標：

九、委託專業服務、技術服務、資訊服務或社會福利服務，經公開客觀評選為優勝者。

13 (B)。依政府採購法施行細則第70條：

Ⅰ機關於第一次比減價格前，應宣布最低標廠商減價結果；第二次以後比減價格前，應宣布前一次比減價格之最低標價。

Ⅱ機關限制廠商比減價格或綜合評選之次數為一次或二次者，應於招標文件中規定或於比減價格或採行協商措施前通知參加比減價格或協商之廠商。

Ⅲ參加比減價格或協商之廠商有下列情形之一者，機關得不通知其參加下一次之比減價格或協商：

一、未能減至機關所宣布之前一次減價或比減價格之最低標價。

二、依本法第六十條規定視同放棄。

14 (A)。依政府採購法第20條規定，機關辦理公告金額以上之採購，符合下列情形之一者，得採選擇性招標：

一、經常性採購。

二、投標文件審查，須費時長久始能完成者。

三、廠商準備投標需高額費用者。

四、廠商資格條件複雜者。

五、研究發展事項。

15 (D)。依採購人員倫理準則第8條第2項規定，前項第一款，價值逾新台幣五百元，退還有困難者，得於獲贈或知悉獲贈日起七日內付費收受、歸公或轉贈慈善機構。

16 (D)。依機關主會計及有關單位會同監辦採購辦法第5條規定，本法第十三條第一項所稱特殊情形，指合於下列情形之一，且經機關首長或其授權人員核准者，得不派員監辦：

一、未設主（會）計單位及有關單位。
二、依本法第四十條規定洽由其他具有專業能力之機關代辦之採購，已洽請代辦機關之類似單位代辦監辦。
三、以書面或電子化方式進行開標、比價、議價、決標及驗收程序，而以會簽主（會）計及有關單位方式處理。
四、另有重要公務需處理，致無人員可供分派。
五、地區偏遠，無人員可供分派。
六、重複性採購，同一年度內已有監辦前例。
七、因不可預見之突發事故，確無法監辦。
八、依公告、公定或管制價格或費率採購財物或勞務，無減價之可能。
九、即買即用或自供應至使用之期間甚為短暫，實地監辦驗收有困難。
十、辦理分批或部分驗收，其驗收金額未達公告金額。
十一、經政府機關或公正第三人查驗，並有相關規格、品質、數量之證明文書供驗收。
十二、依本法第四十八條第二項前段或招標文件所定家數規定流標。
十三、無廠商投標而流標。

17 (C)。依採購履約爭議調解收費辦法第10條規定，調解申請不予受理者，免予收費。已繳費者，無息退還所繳調解費之全額。但已通知調解期日者，收取新臺幣五千元。
已繳納調解費10萬元扣除已通知調解期日所收取之5,000元，應退還9萬5,000元。

18 (D)。依政府採購法第105條第1項規定，機關辦理下列採購，得不適用本法招標、決標之規定。
一、國家遇有戰爭、天然災害、癘疫或財政經濟上有重大變故，需緊急處置之採購事項。
二、人民之生命、身體、健康、財產遭遇緊急危難，需緊急處置之採購事項。
三、公務機關間財物或勞務之取得，經雙方直屬上級機關核准者。
四、依條約或協定向國際組織、外國政府或其授權機構辦理之採購，其招標、決標另有特別規定者。

19 (D)。依行政院公共工程委員會111年12月23日發布工程企字第1110100798號令修正訂定查核金額、公告金額及中央機關小額金額，並自112年1月1日起生效：「一、查核金額：工程及財物採購為新臺幣5,000萬元；勞務採購為新臺幣1,000萬元。二、公告金額：工程、財物及勞務採購為新臺幣150萬元。三、中央機關小額採購金額：新臺幣15萬元以下。」

20 (C)。 依採購履約爭議調解規則第20條第1項規定，調解事件應自收受調解申請書之次日起四個月內完成調解程序。但經雙方同意延長者，得延長之。

21 (D)。 依政府採購公告及公報發行辦法第21條規定：

Ⅰ採購網站所蒐集之採購公告資訊，除有特殊情形經主管機關調整者外，其刊登採購公報之時程如下：

一、星期一刊登上星期四下午及星期五上午所傳送之資料。

二、星期二刊登上星期五下午及本星期一上午所傳送之資料。

三、星期三刊登星期一下午及星期二上午所傳送之資料。

四、星期四刊登星期二下午及星期三上午所傳送之資料。

五、星期五刊登星期三下午及星期四上午所傳送之資料。

Ⅱ前項刊登時程，遇假日、停止上班日或特殊情形無法發行採購公報者，順延之；以電子化方式發行採購公報者，得提前之。

Ⅲ前項無法發行採購公報之情形係屬不可預見者，機關應視需要於恢復上班或特殊情形消失後，依前二項時程辦理更正公告。

Ⅳ第一項傳送資料之時間，依採購網站所登錄之傳送時間認定。

22 (A)。 依政府採購法第22條第1項規定前段，機關辦理公告金額以上之採購，符合下列情形之一者，得採限制性招標……；又依政府採購法施行細則第19條規定，機關辦理限制性招標，邀請二家以上廠商比價，有二家廠商投標者，即得比價；僅有一家廠商投標者，得當場改為議價辦理。

故本案投標廠商家數無限制，縱僅1家廠商投標亦可開標。

23 (C)。 依押標金保證金暨其他擔保作業辦法第33-5條第1項規定，機關辦理採購，得於招標文件中規定優良廠商應繳納之押標金、履約保證金或保固保證金金額得予減收，其額度以不逾原定應繳總額之百分之五十為限。繳納後方為優良廠商者，不溯及適用減收規定；減收後獎勵期間屆滿者，免補繳減收之金額。

24 (B)。 依採購契約要項第38點「契約價金因政府行為之調整」規定：

Ⅰ廠商履約遇有下列政府行為之一，致履約費用增加或減少者，契約價金得予調整：

(一)政府法令之新增或變更。

(二)稅捐或規費之新增或變更。

(三)政府管制費率之變更。

Ⅱ前項情形，屬中華民國政府所為，致履約成本增加者，其所增加之必要費用，由機關負擔；致履約成本減少者，其所減少之部分，得自契約價金中扣除。

Ⅲ其他國家政府所為，致履約成本增加或減少者，契約價金不予調整。

25 (D)。 依最有利標評選辦法第9條第2項規定，招標文件已訂明固定費用或費率者，仍得規定廠商於投標文件內詳列組成該費用或費率之內容，並納入評選。

110年 合庫金控新進人員

( ) **1** 法人或團體受機關補助時，應適用政府採購法之條件，下列何者正確？ (A)補助金額占採購金額三分之一以上 (B)補助金額占採購金額二分之一以上 (C)補助金額占採購金額三分之一以上，且在公告金額以上 (D)補助金額占採購金額二分之一以上，且在公告金額以上。

( ) **2** 下列何者非政府採購法所定的招標方式？ (A)公開招標 (B)選擇性招標 (C)限制性招標 (D)競爭性對話。

( ) **3** 下列何者非屬得適用限制性招標之情形？ (A)採購標的為獨家製造或供應 (B)投標文件審查，須費時許久始能完成 (C)在集中或公開競價市場採購財物 (D)邀請具專業素養之藝術專業人士參與文藝活動。

( ) **4** 將工程採購中之設計與施工、供應、安裝或一定期間之維修等併同於依採購契約辦理招標者，稱為下列何者？ (A)分包 (B)轉包 (C)統包 (D)綁標。

( ) **5** 機關辦理公開招標應於何時訂定底價？ (A)公告招標文件前 (B)開標前 (C)決標前 (D)比減價格前。

( ) **6** 公開招標案機關於審標時發現招標文件有違反法令或窒礙難行之處，應如何處置？ (A)通知廠商更改投標文件 (B)逕行更改招標文件後開標決標 (C)報請上級機關核准後繼續開標決標 (D)不予開標決標，另行補充或變更招標文件後重新招標。

( ) **7** 下列何者非履約階段之爭議處理機制？ (A)申訴 (B)調解 (C)仲裁 (D)民事訴訟。

( ) **8** 採購申訴審議委員會所作之審議判斷具有下列何種效力？ (A)視同訴願決定 (B)視同調解成立 (C)視同向法院起訴 (D)與確定判決有同一效力。

( ) **9** 有關工程及技術服務採購之調解，調解委員以申訴會名義提出之調解建議機關不同意者，下列敘述何者正確？ (A)仍視為調解成立 (B)視為向民事法院起訴 (C)廠商提付仲裁，機關不得拒絕 (D)機關提付仲裁，廠商不得拒絕。

( ) **10** 機關依政府採購法規定，優先採購取得政府認可之環境保護標章使用許可之產品，其允許之價差不得逾百分之多少？ (A)百分之五 (B)百分之十 (C)百分之十五 (D)百分之二十。

( ) **11** 有關申請履約爭議調解，下列敘述何者錯誤？ (A)須因履約爭議未能達成協議，始得申請調解 (B)受理之機關為中央或地方之採購申訴審議委員會 (C)調解須繳交調解費用 (D)該採購案須達公告金額以上始得申請調解。

( ) **12** 有關公開招標，下列敘述何者錯誤？ (A)發現有足以影響採購公正之違法行為時應不予開標決標 (B)開標後因部分廠商之投標不合招標文件之規定，致合格廠商不足三家者，機關仍得開標決標 (C)第一次開標流標者，第二次招標之等標期間得予縮短，但仍應受三家廠商之限制 (D)公開招標流標時，機關得發還投標廠商之投標文件。

( ) **13** A廠商以不實文件投標參與B機關之採購案，被B機關發現，下列敘述何者錯誤？ (A)B機關於開標前發現者，其所投之標案應不予開標；開標後發現者，應不予決標與A廠商 (B)決標或簽約後始發現者，經撤銷決標、終止契約或解除契約後，即不得追償損失 (C)撤銷決標、終止契約或解除契約不符合公共利益者，經上級機關核准，得准A廠商繼續承作 (D)因不予開標或決標，至採購程序無法進行者，B機關得宣布廢標。

( ) **14** 有關招標案定有底價，但合於招標文件之投標廠商之最低標超過底價時之處置，下列敘述何者錯誤？ (A)得逕洽該最低標廠商減價一次 (B)減價仍超過底價時，得邀合於招標文件之投標廠商比減價格 (C)比減價格逾三次，最低標價仍超過底價但不逾預算金額者，報請上級機關核准後即得決標 (D)合於招標文件規定之投標廠商僅有一家時，經洽減結果，廠商書面表示減至底價者，機關應予接受。

( ) **15** 有關得標廠商將原契約中應自行履行之全部或其主要部分，由其他廠商代為履行，下列敘述何者正確？ (A)政府採購法稱此為分包 (B)政府採購法係採「禁止分包」之原則 (C)就其他廠商承包之部分，得標廠商之契約責任即免除，改由其他廠商向機關負契約責任 (D)機關得解除契約、終止契約或沒收押標金，並得要求損害賠償。

( ) **16** 有關驗收之敘述，下列何者錯誤？ (A)驗收結果與契約、圖說、貨樣規定不符者，應通知廠商限期改善、拆除、重作、退貨或換貨 (B)機關採部分驗收者，應俟廠商履行全部契約給付後，始得給付全部價款 (C)查核金額以上之減價驗收，應先報經上級機關核准；未達查核金額者，應經機關首長或其授權人員核准 (D)驗收人對工程、財物隱蔽部分，於必要時得拆驗或化驗。

( ) **17** 有關A廠商於履行某政府採購案時，有因可歸責於己之事由，致延誤履約期限，情節重大之情形，下列敘述何者錯誤？ (A)採購機關應將停權之事實、理由及期間通知A廠商，如未提出異議將刊登政府採購公報 (B)廠商於接獲通知之次日起20日內，得以書面向採購機關提出異議 (C)廠商對異議處理結果不服，僅該採購案逾公告金額，A廠商得於收受異議處理結果之次日起15日內，以書面向該管採購申訴審議委員會申訴 (D)A廠商若對申訴審議結果不服，得向行政法院起訴請求救濟。

( ) **18** 下列何者非機關得不予發還押標金之原因？ (A)冒用他人名義或證件投標 (B)得標後拒不簽約 (C)未依招標文件之規定投標 (D)對採購有關人員行求、期約或交付不正利益。

( ) **19** 有關機關辦理未達公告金額之採購，下列敘述何者錯誤？ (A)公告金額十分之一以下採購之招標，得不經公告程序，逕洽廠商採購，免提供報價或企劃書 (B)刊登政府公報之廠商於拒絕往來期間，仍可參與投標 (C)金額逾公告金額十分之一但未達公告金額之採購，除採限制性招標者外，仍應公開取得三家以上廠商之書面報價或企劃書 (D)機關辦理第一次公告結果，未能取得三家以上廠商之書面報價或企劃書者，得經機關首長或其授權人員核准，改採限制性招標。

( ) **20** 有關共同投標之敘述，下列何者錯誤？ (A)機關得視個別採購之特性，於招標文件中規定允許一定家數內之廠商共同投標 (B)共同投標，指三家以上之廠商共同具名投標，並於得標後共同具名簽約，連帶負履行採購契約之責，以承攬工程或提供財物、勞務之行為 (C)共同投標以能增加廠商之競爭或無不當限制競爭者為限 (D)共同投標廠商應於投標時檢附共同投標協議書。

( ) **21** 依政府採購法第31條第2項規定，追繳押標金之請求權，因幾年間不行使而消滅？ (A)一年 (B)二年 (C)五年 (D)十年。

( ) **22** 有關廠商對招標文件內容有疑義時，下列敘述何者正確？ (A)廠商應於招標文件規定之日期前，以書面向招標機關請求釋疑 (B)機關對疑義之處理結果，應於招標文件規定之日期前，以口頭答復請求釋疑之廠商 (C)廠商不得對招標機關請求釋疑 (D)機關對疑義之處理結果，應於招標文件規定之日期前，以書面答復請求釋疑之廠商，均不得公告之。

( ) **23** 下列何者非採最低標決標之採購案進行協商措施之條件？ (A)無法於減價或比減價格後決標 (B)經機關報請其上級機關核准 (C)於招標文件中預告得採行協商措施 (D)投標廠商不論是否合於招標文件皆應邀請協商。

( ) **24** 機關辦理採購，除我國締結之條約或協定另有禁止規定者外，得採行下列措施之一，並應載明於招標文件中？ (A)要求投標廠商採購國內貨品比率、技術移轉、投資、協助外銷或其他類似條件，作為採購評選之項目，其比率不得逾1/2 (B)要求投標廠商採購國內貨品比率、技術移轉、投資、協助外銷或其他類似條件，作為採購評選之項目，其比率不得逾1/3 (C)要求投標廠商採購國內貨品比率、技術移轉、投資、協助外銷或其他類似條件，作為採購評選之項目，其比率不得逾1/4 (D)要求投標廠商採購國內貨品比率、技術移轉、投資、協助外銷或其他類似條件，作為採購評選之項目，其比率不得逾1/5。

( ) **25** 有關以最有利標決標之說明，下列敘述何者錯誤？ (A)應依招標文件所規定之評審標準，就廠商投標標的之技術、品質、功能、商業條款或價格等項目，作序位或計數之綜合評選，評定最有利標 (B)價格或其與綜合評選項目評分之商數，得做為單獨評選之項目或決標之標準 (C)未列入之項目，得做為評選之參考 (D)評選結果無法依機關首長或評選委員會過半數之決定，評定最有利標時，得採行協商措施，再作綜合評選，評定最有利標。

( ) **26** 意圖使廠商不為投標、違反其本意投標，或使得標廠商放棄得標、得標後轉包或分包，而施強暴、脅迫、藥劑或催眠術者？ (A)處一年以上七年以下有期徒刑，得併科新臺幣三百萬元以下罰金 (B)處三年以上七年以下有期徒刑，得併科新臺幣三百萬元以下罰金 (C)處一年以上十年以下有期徒刑，得併科新臺幣三百萬元以下罰金 (D)處三年以上十年以下有期徒刑，得併科新臺幣三百萬元以下罰金。

解答與解析 （答案標示為#者，依官方曾公告更正該題答案。）

1 (D)。 依政府採購法第4條第1項規定，法人或團體接受機關補助辦理採購，其補助金額占採購金額半數以上，且補助金額在公告金額以上者，適用本法之規定，並應受該機關之監督。

2 (D)。 依政府採購法第18條第1項規定，採購之招標方式，分為公開招標、選擇性招標及限制性招標。至於競爭性對話（Competitive Dialogue），係歐盟在2004年公佈的採購程序，指讓所有參與標案的供應商和採購商對話公開，在對話階段就可以讓招標機關與廠商充分討論契約內容，並且最後的契約是根據對話階段之結果而產出，目前在我國政府採購法內尚未有此程序規範。

3 (B)。 依政府採購法第22條規定，機關辦理公告金額以上之採購，符合下列情形之一者，得採限制性招標：

一、以公開招標、選擇性招標或依第九款至第十一款公告程序辦理結果，無廠商投標或無合格標，且以原定招標內容及條件未經重大改變者。

二、屬專屬權利、獨家製造或供應、藝術品、秘密諮詢，無其他合適之替代標的者。

三、遇有不可預見之緊急事故，致無法以公開或選擇性招標程序適時辦理，且確有必要者。

四、原有採購之後續維修、零配件供應、更換或擴充，因相容或互通性之需要，必須向原供應廠商採購者。

五、屬原型或首次製造、供應之標的，以研究發展、實驗或開發性質辦理者。

六、在原招標目的範圍內，因未能預見之情形，必須追加契約以外之工程，如另行招標，確有產生重大不便及技術或經濟上困難之虞，非洽原訂約廠商辦理，不能達契約之目的，且未逾原主契約金額百分之五十者。

七、原有採購之後續擴充，且已於原招標公告及招標文件敘明擴充之期間、金額或數量者。

八、在集中交易或公開競價市場採購財物。

九、委託專業服務、技術服務、資訊服務或社會福利服務，經公開客觀評選為優勝者。

十、辦理設計競賽，經公開客觀評選為優勝者。

十一、因業務需要，指定地區採購房地產，經依所需條件公開徵求勘選認定適合需要者。

十二、購買身心障礙者、原住民或受刑人個人、身心障礙福利機構或團體、政府立案之原住民團體、監獄工場、慈善機構及庇護工場所提供之非營利產品或勞務。

十三、委託在專業領域具領先地位之自然人或經公告審查優勝之學術或非營利機構進行科技、技術引進、行政或學術研究發展。

十四、邀請或委託具專業素養、特質或經公告審查優勝之文化、藝術專業人士、機構或團體表演或參與文藝活動或提供文化創意服務。

十五、公營事業為商業性轉售或用於製造產品、提供服務以供轉售目的所為之採購，基於轉售對象、製程或供應源之特性或實際需要，不適宜以公開招標或選擇性招標方式辦理者。

十六、其他經主管機關認定者。

4 (C)。 依政府採購法第24條第2項規定，前項所稱統包，指將工程或財物採購中之設計與施工、供應、安裝或一定期間之維修等併於同一採購契約辦理招標。

5 (B)。 依政府採購法第46條第2項規定，前項底價之訂定時機，依下列規定辦理：

一、公開招標應於開標前定之。

二、選擇性招標應於資格審查後之下一階段開標前定之。

三、限制性招標應於議價或比價前定之。

6 (D)。 依政府採購法第50條第1項規定，投標廠商有下列情形之一，經機關於開標前發現者，其所投之標應不予開標；於開標後發現者，應不決標予該廠商：

一、未依招標文件之規定投標。

二、投標文件內容不符合招標文件之規定。

三、借用或冒用他人名義或證件投標。

四、以不實之文件投標。

五、不同投標廠商間之投標文件內容有重大異常關聯。

六、第一百零三條第一項不得參加投標或作為決標對象之情形。

七、其他影響採購公正之違反法令行為。

又依同法第48條第1項第1款規定，機關依本法規定辦理招標，除有下列情形之一不予開標決標外，有三家以上合格廠商投標，即應依招標文件所定時間開標決標：

一、變更或補充招標文件內容者。可知招標文件有違反法令或窒礙難行之處，需另行補充或變更招標文件時，應不予開標決標，後再重新招標。

7 (A)。依政府採購法第85-1條第1項規定，機關與廠商因履約爭議未能達成協議者，得以下列方式之一處理：

一、向採購申訴審議委員會申請調解。

二、向仲裁機構提付仲裁。

8 (A)。依政府採購法第83條規定，審議判斷，視同訴願決定。

9 (C)。依政府採購法第85-1條第2項規定，前項調解屬廠商申請者，機關不得拒絕。工程及技術服務採購之調解，採購申訴審議委員會應提出調解建議或調解方案；其因機關不同意致調解不成立者，廠商提付仲裁，機關不得拒絕。

10 (B)。依政府採購法第96條第1項前段規定，機關得於招標文件中，規定優先採購取得政府認可之環境保護標章使用許可，而其效能相同或相似之產品，並得允許百分之十以下之價差。

11 (D)。依政府採購法第85-1條第1項規定，機關與廠商因履約爭議未能達成協議者，得以下列方式之一處理：

一、向採購申訴審議委員會申請調解。

二、向仲裁機構提付仲裁。

並無規定採購案須達公告金額以上始得申請調解。

12 (C)。依政府採購法第48條第2項規定，第一次開標，因未滿三家而流標者，第二次招標之等標期間得予縮短，並得不受前項三家廠商之限制。

13 (B)。依政府採購法第50條規定：

Ⅰ投標廠商有下列情形之一，經機關於開標前發現者，其所投之標應不予開標；於開標後發現者，應不決標予該廠商：

一、未依招標文件之規定投標。

二、投標文件內容不符合招標文件之規定。

三、借用或冒用他人名義或證件投標。

四、以不實之文件投標。

五、不同投標廠商間之投標文件內容有重大異常關聯。

六、第一百零三條第一項不得參加投標或作為決標對象之情形。

七、其他影響採購公正之違反法令行為。

Ⅱ決標或簽約後發現得標廠商於決標前有第一項情形者，應撤銷決標、終止契約或解除契約，並得追償損失。但撤銷決標、終止契約或解除契約反不符公共利益，並經上級機關核准者，不在此限。

Ⅲ第一項不予開標或不予決標，致採購程序無法繼續進行者，機關得宣布廢標。

14 (C)。 依政府採購法第53條第1項規定，合於招標文件規定之投標廠商之最低標價超過底價時，得洽該最低標廠商減價一次；減價結果仍超過底價時，得由所有合於招標文件規定之投標廠商重新比減價格，比減價格不得逾三次。

15 (D)。 依政府採購法規定：

(A)依該法第65條第2項規定，前項所稱轉包，指將原契約中應自行履行之全部或其主要部分，由其他廠商代為履行。

(B)依該法第65條第1項規定，得標廠商應自行履行工程、勞務契約，不得轉包。故政府採購法係採「禁止轉包」之原則。

(C)依該法第66條第2項規定，前項轉包廠商與得標廠商對機關負連帶履行及賠償責任。再轉包者，亦同。

16 (B)。 依政府採購法施行細則第99條規定，機關辦理採購，有部分先行使用之必要或已履約之部分有減損滅失之虞者，應先就該部分辦理驗收或分段查驗供驗收之用，並得就該部分支付價金及起算保固期間。

17 (C)。 依政府採購法第102條第2項規定，廠商對前項異議之處理結果不服，或機關逾收受異議之次日起十五日內不為處理者，無論該案件是否逾公告金額，得於收受異議處理結果或期限屆滿之次日起十五日內，以書面向該管採購申訴審議委員會申訴。

18 (C)。 依政府採購法第31條第2項規定，廠商有下列情形之一者，其所繳納之押標金，不予發還；其未依招標文件規定繳納或已發還者，並予追繳：

一、以虛偽不實之文件投標。

二、借用他人名義或證件投標，或容許他人借用本人名義或證件參加投標。

三、冒用他人名義或證件投標。

四、得標後拒不簽約。

五、得標後未於規定期限內，繳足保證金或提供擔保。

六、對採購有關人員行求、期約或交付不正利益。

七、其他經主管機關認定有影響採購公正之違反法令行為。

19 (B)。 依政府採購法第103條第1項規定，依前條第三項規定刊登於政府採購公報之廠商，於下列期間內，不得參加投標或作為決標對象或分包廠商：

一、有第一百零一條第一項第一款至第五款、第十五款情形或第六款判處有期徒刑者，自刊登之次日起三年。但經判決撤銷原處分或無罪確定者，應註銷之。

二、有第一百零一條第一項第十三款、第十四款情形或第六款判處拘役、罰金或緩刑者，自刊登之次日起一年。但經判決撤銷原處分或無罪確定者，應註銷之。

三、有第一百零一條第一項第七款至第十二款情形者，於通知日起前五年內未被任一機關刊登者，自刊登之次日起三個月；已被任一機關刊登一次者，自刊登之次日起六個月；已被任一機關刊登累計二次以上者，自刊登之次日起一年。但經判決撤銷原處分者，應註銷之。

20 (B)。 依政府採購法第26條第2項規定，第一項所稱共同投標，指二家以上之廠商共同具名投標，並於得標後共同具名簽約，連帶負履行採購契約之責，以承攬工程或提供財物、勞務之行為。

21 (C)。 依政府採購法第31條第4項規定，第二項追繳押標金之請求權，因五年間不行使而消滅。

22 (A)。 依政府採購法第41條第1項，廠商對招標文件內容有疑義者，應於招標文件規定之日期前，以書面向招標機關請求釋疑。

23 (D)。 依政府採購法第55條規定，機關辦理以最低標決標之採購，經報上級機關核准，並於招標公告及招標文件內預告者，得於依前二條規定無法決標，採行協商措施。

24 (B)。 依政府採購法第43條第1款規定，機關辦理採購，除我國締結之條約或協定另有禁止規定者外，得採行下列措施之一，並應載明於招標文件中：

一、要求投標廠商採購國內貨品比率、技術移轉、投資、協助外銷或其他類似條件，作為採購評選之項目，其比率不得逾三分之一。

25 (C)。 依政府採購法第56條第1項前段規定，決標依第五十二條第一項第三款規定辦理者，應依招標文件所規定之評審標準，就廠商投標標的之技術、品質、功能、商業條款或價格等項目，作序位或計數之綜合評選，評定最有利標。價格或其與綜合評選項目評分之商數，得做為單獨評選之項目或決標之標準。未列入之項目，不得做為評選之參考。

26 (A)。依政府採購法第87條第1項規定，意圖使廠商不為投標、違反其本意投標，或使得標廠商放棄得標、得標後轉包或分包，而施強暴、脅迫、藥劑或催眠術者，處一年以上七年以下有期徒刑，得併科新臺幣三百萬元以下罰金。

110年 鐵路特考員級

1 驗收係履行契約之重要程序，亦為確保品質之重要關鍵。驗收合格者，機關固然應辦理接收付款結案，倘驗收不合格時，請說明機關可為何種處理方式？

解 依政府採購法第72條，明示關於驗收紀錄及驗收結果不符之處理規定：

(一)原則依本條第1項前段：「機關辦理驗收時應製作紀錄，由參加人員會同簽認。驗收結果與契約、圖說、貨樣規定不符者，應通知廠商限期改善、拆除、重作、退貨或換貨。」是以倘發生驗收不合格情形時，如驗收結果與契約、圖說、貨樣規定不相符合，機關應通知廠商限期改善、拆除、重作、退貨或換貨。

(二)例外第一種情形為得進行部分驗收，即於本條第1項後段所指情形時:「其驗收結果不符部分非屬重要，而其他部分能先行使用，並經機關檢討認為確有先行使用之必要者，得經機關首長或其授權人員核准，就其他部分辦理驗收並支付部分價金。」是以於驗收結果與契約、圖說、貨樣規定不符之部分，倘非屬本案重要部分，又不影響其他部分且有先行使用之必要時，得經機關首長或其授權人員核准，就其他部分辦理部分驗收並支付部份價金。

(三)例外第二種情形為得減價收受，即於本條第2項所指情形：「驗收結果與規定不符，而不妨礙安全及使用需求，亦無減少通常效用或契約預定效用，經機關檢討不必拆換或拆換確有困難者，得於必要時減價收受。其在查核金額以上之採購，應先報經上級機關核准；未達查核金額之採購，應經機關首長或其授權人員核准。」驗收結果不符之狀況，尚不妨礙安全及使用需求、亦沒有減少通常或契約預定之效用，經機關確認不必拆換或拆換有困難時，得於必要時進行減價收受。

2 **何謂限制性招標？機關辦理公告金額以上採購，如符合辦理限制性招標情形並採該招標方式時，請說明其相關辦理規定為何？**

解 (一)所謂限制性招標，依政府採購法第18條第4項規定：「本法所稱限制性招標，指不經公告程序，邀請二家以上廠商比價或僅邀請一家廠商議價。」

(二)機關辦理限制性招標相關規定如下：

1. 政府採購法有規定得辦理限制性招標之情形，規範在本法第22條第1項：「機關辦理公告金額以上之採購，符合下列情形之一者，得採限制性招標：

一、以公開招標、選擇性招標或依第九款至第十一款公告程序辦理結果，無廠商投標或無合格標，且以原定招標內容及條件未經重大改變者。

二、屬專屬權利、獨家製造或供應、藝術品、秘密諮詢，無其他合適之替代標的者。

三、遇有不可預見之緊急事故，致無法以公開或選擇性招標程序適時辦理，且確有必要者。

四、原有採購之後續維修、零配件供應、更換或擴充，因相容或互通性之需要，必須向原供應廠商採購者。

五、屬原型或首次製造、供應之標的，以研究發展、實驗或開發性質辦理者。

六、在原招標目的範圍內，因未能預見之情形，必須追加契約以外之工程，如另行招標，確有產生重大不便及技術或經濟上困難之虞，非洽原訂約廠商辦理，不能達契約之目的，且未逾原主契約金額百分之五十者。

七、原有採購之後續擴充，且已於原招標公告及招標文件敘明擴充之期間、金額或數量者。

八、在集中交易或公開競價市場採購財物。

九、委託專業服務、技術服務、資訊服務或社會福利服務，經公開客觀評選為優勝者。

十、辦理設計競賽，經公開客觀評選為優勝者。

十一、因業務需要，指定地區採購房地產，經依所需條件公開徵求勘選認定適合需要者。

十二、購買身心障礙者、原住民或受刑人個人、身心障礙福利機構或團體、政府立案之原住民團體、監獄工場、慈善機構及庇護工場所提供之非營利產品或勞務。

十三、委託在專業領域具領先地位之自然人或經公告審查優勝之學術或非營利機構進行科技、技術引進、行政或學術研究發展。

十四、邀請或委託具專業素養、特質或經公告審查優勝之文化、藝術專業人士、機構或團體表演或參與文藝活動或提供文化創意服務。

十五、公營事業為商業性轉售或用於製造產品、提供服務以供轉售目的所為之採購，基於轉售對象、製程或供應源之特性或實際需要，不適宜以公開招標或選擇性招標方式辦理者。

十六、其他經主管機關認定者。」

2. 又於本法施行細則第23條之1規定：「Ⅰ機關依本法第二十二條第一項規定辦理限制性招標，應由需求、使用或承辦採購單位，就個案敘明符合各款之情形，簽報機關首長或其授權人員核准。其得以比價方式辦理者，優先以比價方式辦理。Ⅱ機關辦理本法第二十二條第一項所定限制性招標，得將徵求受邀廠商之公告刊登政府採購公報或公開於主管機關之資訊網路。但本法另有規定者，依其規定辦理。」仍需遵守比價優先、簽報機關首長（或其授權人員）核准等規定。

3 **機關辦理採購採最低標決標時，如認定廠商標價偏低，且其標價顯不合理，而有降低品質、不能誠信履約之虞或其他特殊情形時，應如何處理？**

解 (一)機關遇有標價不合理之情形時，可依政府採購法第58條規定處理：「機關辦理採購採最低標決標時，如認為最低標廠商之總標價或部分標價偏低，顯不合理，有降低品質、不能誠信履約之虞或其他特殊情形，得限期通知該廠商提出說明或擔保。廠商未於機關通知期限內提出合理之說明或擔保者，得不決標予該廠商，並以次低標廠商為最低標廠商。」

(二)又所謂的總標價偏低和部分標價偏低之情形，分別規範於本法施行細則第79條和第80條：

1. 施行細則第79條：「本法第五十八條所稱總標價偏低，指下列情形之一：

一、訂有底價之採購，廠商之總標價低於底價百分之八十者。

二、未訂底價之採購，廠商之總標價經評審或評選委員會認為偏低者。

三、未訂底價且未設置評審委員會或評選委員會之採購，廠商之總標價低於預算金額或預估需用金額之百分之七十者。預算案尚未經立法程序者，以預估需用金額計算之。」

2. 施行細則第80條：「本法第五十八條所稱部分標價偏低，指下列情形之一：

一、該部分標價有對應之底價項目可供比較，該部分標價低於相同部分項目底價之百分之七十者。

二、廠商之部分標價經評審或評選委員會認為偏低者。

三、廠商之部分標價低於其他機關最近辦理相同採購決標價之百分之七十者。

四、廠商之部分標價低於可供參考之一般價格之百分之七十者。」

(三)另行政院公共工程委員會於民國100年頒布「依政府採購法第五十八條處理總標價低於底價百分之八十案件之執行程序」，關於該程序之執行原則包括：

1. 訂有底價之採購，機關如發現底價偏高造成最低標標價偏低者，不適用採購法第五十八條之規定。
2. 機關通知廠商提出差額保證金前，應予提出說明之機會；廠商無自行擇定提出說明或差額保證金之權利。機關未通知廠商提出差額保證金者，縱廠商主動提出差額保證金，機關亦應拒絕。
3. 機關依本程序不決標予最低標廠商，而以次低標廠商為最低標廠商，其仍有標價偏低情形者，亦適用採購法第五十八條之規定。
4. 機關依本程序不決標予廠商，其有押標金者，發還之。但本程序載明不予發還者，不在此限。
5. 機關限期通知廠商提出說明之事項，可包括：(1)標價為何偏低；(2)以該標價承作，為何不會有降低品質、不能誠信履約之虞或其他特殊情形，並據以作為認定廠商說明是否合理之依據。廠商提出之說明，與完成招標標的之事項無關者，不予接受。
6. 最低標未於機關通知期限內提出說明或差額保證金，或提出之說明不足採信，經機關重行評估結果，改變先前之認定，重行認為最低標之總標價無顯不合理，無降低品質、不能誠信履約之虞或其他特殊情形，照價決標予最低標。如最低標不接受決標或拒不簽約，依採購法第一百零一條、第一百零二條，並得依其施行細則第五十八條第二項規定處理。如有押標金，依招標文件之規定不予發還。
7. 機關限期通知廠商提出說明，其所訂期限及認定廠商說明是否合理之程序，應迅速合理，避免最低標與其他廠商串通瓜分利益，藉不提出說明或提出不合理之說明等情形，使機關不決標予該廠商，改決標予其他標價較高廠商。
8. 投標廠商之標價幣別，依招標文件規定在二種以上，其依採購法施行細則第六十四條規定折算總價以定標序供決標之用，如最低標廠商之總標價有採購法第五十八條前段情形，致未能於辦理決標作業當日完成決標程序者，製作保留決標紀錄，載明如有決標時，以保留決標日為決標日。

4 請說明機關採購案採行協商措施之時機及處理原則為何？

解 (一)採行協商措施之時機：

1. 於最低標程序中機關得採行協商措施之時機，依政府採購法第55條規定：「機關辦理以最低標決標之採購，經報上級機關核准，並於招標公告及招標文件內預告者，得於依前二條規定無法決標時，採行協商措施。」
2. 又於最有利標程序中機關得採行協商措施之時機，依政府採購法第56條第1項規定：「決標依第五十二條第一項第三款規定辦理者，應依招標文件所規定之評審標準，就廠商投標標的之技術、品質、功能、商業條款或價格等項目，作序位或計數之綜合評選，評定最有利標。價格或其與綜合評選項目評分之商數，得做為單獨評選之項目或決標之標準。未列入之項目，不得做為評選之參考。評選結果無法依機關首長或評選委員會過半數之決定，評定最有利標時，得採行協商措施，再作綜合評選，評定最有利標。評定應附理由。綜合評選不得逾三次。」

(二)協商措施的處理原則，依政府採購法第57條規定：

「機關依前二條之規定採行協商措施者，應依下列原則辦理：

一、開標、投標、審標程序及內容均應予保密。

二、協商時應平等對待所有合於招標文件規定之投標廠商，必要時並錄影或錄音存證。

三、原招標文件已標示得更改項目之內容，始得納入協商。

四、前款得更改之項目變更時，應以書面通知所有得參與協商之廠商。

五、協商結束後，應予前款廠商依據協商結果，於一定期間內修改投標文件重行遞送之機會。」

110年 鐵路特考佐級

( ) **1** 機關承辦、監辦採購人員離職後，至少幾年內不得為本人或代理廠商，向原任職機關接洽處理離職前5年內與職務有關之事務？ (A)2年 (B)3年 (C)4年 (D)5年。

( ) **2** 依政府採購法規定，關於限制性招標之敘述，下列何者正確？ (A)係指不經公告程序，由機關直接邀請3家以上廠商比價之招標方式 (B)機關辦理限制性招標，亦得不經公告程序而直接邀請2家廠商議價 (C)機關辦理限制性招標，邀請2家以上廠商比價而僅有1家廠商投標者，即應廢標 (D)機關辦理限制性招標而得以比價方式辦理者，應優先以比價方式辦理之。

( ) **3** 機關辦理招標，除有法定不予開標決標外，有幾家以上合格廠商投標，即應依招標文件所定時間開標決標？ (A)1家 (B)2家 (C)3家 (D)4家。

( ) **4** 機關人員對於與採購有關之事項，涉及至少幾親等以內親屬時，應行迴避？ (A)一親等 (B)二親等 (C)三親等 (D)四親等。

( ) **5** 達到下列何項金額之採購需由上級監辦？ (A)查核金額 (B)公告金額 (C)巨額採購 (D)限制金額。

( ) **6** 工程採購之查核金額之額度為新臺幣多少元？ (A)500萬元 (B)1,000萬元 (C)3,000萬元 (D)5,000萬元。

( ) **7** 下列何者非政府採購法規定之招標方式？ (A)公開招標 (B)限制性招標 (C)選擇性招標 (D)分段式招標。

( ) **8** 二家以上之廠商共同具名投標，並於得標後共同具名簽約，連帶負履行採購契約之責，政府採購法稱之為何種投標？ (A)聯合投標 (B)共同投標 (C)連帶投標 (D)統包式投標。

( ) **9** 公告金額以上未達查核金額之採購，其等標期為幾日？ (A)7日 (B)14日 (C)21日 (D)28日。

( ) **10** 有政府採購法第31條之追繳押標金事由時，機關之追繳時效為幾年？ (A)3年 (B)4年 (C)5年 (D)6年。

( ) **11** 廠商對招標文件內容有疑義者，至遲應於何時以書面向招標機關請求釋疑？ (A)招標文件規定之日期前 (B)等標期屆滿前 (C)決標前 (D)開標前。

( ) **12** 甲借牌投標，遭法院依政府採購法第87條一審判刑6個月，機關若再依同法第101條第1項第6款停權處分，下列何者正確？ (A)一行為不二罰原則，既已一審判刑，即不可再為停權處分 (B)僅判刑6個月，因此無須為停權處分 (C)停權處分尚有防止廠商再危害其他機關之目的，因此可二者併罰 (D)須判刑確定始有一行為不二罰原則適用，本題僅一審有罪判決，故可以併罰。

( ) **13** 採最低標決標時，機關如認為最低標廠商之總標價偏低，顯不合理，有降低品質、不能誠信履約之虞時，應如何處理？ (A)限期通知該廠商提出說明或擔保 (B)逕由次低標廠商遞補 (C)由全體投標廠商再比減1次 (D)判定該低價廠商為不合格標。

( ) **14** 廠商如以支付他人仲介費促成採購契約成立，機關可從價金中扣除幾倍之不正利益？ (A)1倍 (B)2倍 (C)3倍 (D)4倍。

( ) **15** 合於招標文件規定之投標廠商之最低標價超過底價時，得洽該最低標廠商減價1次；減價結果仍超過底價時，得由所有合於招標文件規定之投標廠商重新比減價格，比減價格不得逾幾次？ (A)1次 (B)2次 (C)3次 (D)4次。

( ) **16** 當機關因政策變更，繼續履行反而不符公共利益，故報經上級機關核准終止契約時，下列敘述何者正確？ (A)廠商可請求損害賠償 (B)廠商僅能請求所失利益 (C)廠商不得求償 (D)廠商得請求補償，但不包括所失利益。

(　) **17** 依採購契約要項第32條規定，工程之個別項目實作數量較契約所定數量增減至少須超過百分之幾，契約價金始得增減？ (A)5% (B)10% (C)15% (D)20%。

(　) **18** 採購契約中關於違約金若未明定計罰上限時，以契約總價之百分之幾為上限？ (A)10% (B)20% (C)30% (D)40%。

(　) **19** 驗收結果與契約、圖說、貨樣規定不符者，應如何處理？ (A)通知廠商限期改善、拆除、重作、退貨或換貨 (B)直接辦理減價驗收 (C)終止或解除契約 (D)直接定期進行複驗。

(　) **20** 有關工程採購付款之驗收付款期限，機關應於驗收合格後，填具結算驗收證明文件，並於接到廠商請款單據後，至少幾日內付款？ (A)15日 (B)30日 (C)45日 (D)60日。

(　) **21** 採購申訴審議委員會應於收受申訴書之次日起至少幾日內完成審議？ (A)30日 (B)40日 (C)50日 (D)60日。

(　) **22** 駐國外機構辦理之採購，因應駐在地國情且不違背我國締結之條約或協定者，得不適用政府採購法之部分規定，下列何者非屬之？ (A)第27條刊登政府採購公報之規定 (B)第30條押標金及保證金之規定 (C)第101條刊登政府採購公報之規定 (D)第6章異議及申訴之規定。

(　) **23** 廠商遭機關依政府採購法第101條作成刊登採購公報之處分後，其實際刊登於公報之時機為何時？ (A)廠商於行政訴訟敗訴確定後始得刊登於採購公報 (B)我國採救濟不停止執行原則，故一經機關為停權處分即刻可刊登 (C)於廠商行政訴訟第一審判決敗訴即可刊登 (D)於廠商申訴遭駁回即可刊登。

(　) **24** 廠商因冒用他人名義投標而遭依政府採購法第101條刊登採購公報之處分，其法律性質為何？ (A)觀念通知 (B)事實行為 (C)管制性不利處分 (D)裁罰性不利處分。

( ) **25** 我國政府採購法於何年開始施行？ (A)民國86年 (B)民國87年 (C)民國88年 (D)民國89年。

( ) **26** 下列何者非屬原契約中應由得標廠商自行履行，而不得由其他廠商代為履行之主要部分？ (A)招標文件標示為主要部分者 (B)招標文件標示應由得標廠商自行履行之部分 (C)依其他法規規定應由得標廠商自行履行之部分 (D)財物契約中以現成財物供應之部分。

( ) **27** 受機關委託代辦採購廠商之人員，意圖為私人不法之利益，對材料、規格，為違反法令之限制，因而獲得利益者，構成下列何條之罪？ (A)政府採購法第87條之罪 (B)政府採購法第88條之罪 (C)政府採購法第89條之罪 (D)政府採購法第91條之罪。

( ) **28** 依政府採購法規定，關於機關辦理採購之敘述，下列何者正確？ (A)機關辦理採購，應由採購專業人員為之 (B)主管機關得採取措施扶助中小企業轉包一定金額比例以上之政府採購 (C)機關得於招標文件中，規定優先採購減少社會成本，而效能相同之產品 (D)各機關得就具有共通需求特性之工程，與廠商簽訂共同工程供應契約。

( ) **29** 依政府採購法規定，廠商因下列何者情形被刊登於政府採購公報時，自刊登之次日起3年不得參加投標？ (A)破產程序中之廠商 (B)歧視原住民，情節重大 (C)得標後無正當理由而不訂約 (D)受停業處分期間仍參加投標。

( ) **30** 依政府採購法規定，關於申訴審議判斷，下列敘述何者正確？ (A)審議判斷應指明招標機關原採購行為有無違反法令及是否適當之處 (B)招標機關原採購行為有違反法令者，審議判斷並得要求招標機關處置之方式 (C)審議判斷指明原採購行為非屬適當者，招標機關應於所定期限內另為妥適之處置 (D)招標機關不依審議判斷之建議辦理者，應於所定期限內報請上級機關核定。

( ) **31** 依政府採購法規定，關於向採購申訴審議委員會申請調解，下列敘述何者正確？ (A)機關不同意調解委員以採購申訴審議委員會名義所提出之書面調解建議者，應先報請主管機關核定 (B)當事人對於調解，不能合意但已甚接近者，採購申訴審議委員會得依職權或依申請提出調解方案 (C)廠商對於調解方案，得於送達之次日起20日內，向採購申訴審議委員會提出異議 (D)機關對調解方案提出異議者，應先報請上級機關核定，並以書面向採購申訴審議委員會及廠商說明理由。

( ) **32** 依政府採購法規定，關於向採購申訴審議委員會申請調解之敘述，下列何者錯誤？ (A)須因機關與廠商因履約爭議未能達成協議者，方能申請調解 (B)專業服務採購之調解，採購申訴審議委員會應提出建議或調解方案 (C)工程採購之調解，因廠商不同意致調解不成立者，機關提付仲裁時，廠商得予以拒絕 (D)調解過程中，調解委員得依職權以採購申訴審議委員會名義提出書面調解建議。

( ) **33** 依政府採購法規定，關於廠商異議之敘述，下列何者錯誤？ (A)廠商誤向非管轄之機關提出異議者，以該機關收受之日起，視為提起之日 (B)異議逾越法定期間者，應不予受理，並以書面通知提出異議之廠商 (C)招標機關為不受理決定時，如認為異議有理由，得自行撤銷或變更原處理結果或暫停採購程序 (D)招標機關處理異議之結果涉及變更限制性招標之招標文件內容者，應另行公告該變更之內容。

( ) **34** 依政府採購法規定，關於將廠商刊登政府採購公報之敘述，下列何者錯誤？ (A)機關為通知前，應給予廠商口頭或書面陳述意見之機會 (B)機關應成立採購工作及審查小組，認定廠商是否有所定應刊登之情形 (C)機關應將事實、理由，以及不得參加投標或作為決標對象或分包廠商之期間，一併通知廠商 (D)廠商得於接獲機關通知之日起20日內，以書面向該管採購申訴審議委員會申訴。

( ) **35** 依政府採購法規定，下列何者非屬機關應通知廠商將刊登政府採購公報之情形？ (A)將原契約中應自行履行之主要部分，由其他廠商代為履行 (B)得標後無正當理由而不訂約 (C)因可歸責於廠商之事由，致解除契約，情節重大 (D)未依招標文件規定繳納押標金。

( ) **36** 關於機關辦理採購之敘述，下列何者正確？ (A)公告金額應高於查核金額，由主管機關參酌國際標準定之 (B)機關得依不同施工或供應地區，分批辦理公告金額以上之採購 (C)機關辦理公告金額以上採購之決標，原則上應由上級機關主（會）計單位會同監辦 (D)法定預算書已標示機關分批辦理公告金額以上之採購者，應報經上級機關核准後辦理之。

( ) **37** 關於機關辦理採購，下列敘述何者錯誤？ (A)機關辦理採購金額逾新臺幣2億元之工程採購，應成立採購工作及審查小組 (B)機關辦理採購金額新臺幣6,000萬元之財物採購之開標，應依規定報請上級機關派員監辦 (C)機關辦理採購金額新臺幣5,000萬元之工程採購之驗收，應依規定報請上級機關派員監辦 (D)機關辦理採購金額新臺幣900萬元之勞務採購之招標，應依規定報請上級機關派員監辦。

( ) **38** 關於採購之驗收，下列敘述何者正確？ (A)機關辦理財物採購之驗收，應限期辦理，且不得部分驗收 (B)機關承辦採購單位之人員不得為所辦採購之主驗人，但得為樣品及材料之檢驗人 (C)勞務驗收，得以書面或召開審查會之方式辦理 (D)財物採購如自供應至使用之期間甚短，不論現場查驗有無困難，均得採書面驗收。

( ) **39** 關於機關辦理驗收人員之敘述，下列何者錯誤？ (A)機關得委託專業人員或機構人員為協驗人員 (B)會驗人員，為接管或使用機關（單位）之人員 (C)採購事項單純者，機關辦理驗收時得免協驗人員參與 (D)廠商履約結果與契約不符時，由監驗人員決定應如何處置。

(　　) **40** 下列何者非屬機關辦理工程、財物採購之驗收時，承辦採購單位得採書面驗收，免辦理現場查驗之情形？ (A)公用事業依一定費率所供應之財物 (B)經政府機關查驗，並有相關品質或數量之證明文書者 (C)即買即用，現場查驗有困難者 (D)分批或部分驗收，其驗收金額未達公告金額者。

(　　) **41** 依政府採購法規定，關於轉包及分包之敘述，下列何者正確？ (A)得標廠商應自行履行工程、財物，以及勞務契約，不得轉包 (B)廠商履行財物契約，其需經一定履約過程而非以現成財物供應者，不得分包 (C)得標廠商轉包其他廠商時，轉包廠商就其轉包部分，與得標廠商連帶負瑕疵擔保責任 (D)得標廠商違反規定轉包時，轉包廠商與得標廠商對機關負連帶履行及賠償責任。

(　　) **42** 招標公告從私法層面觀察，其法律屬性為下列何者？ (A)要約 (B)觀念通知 (C)承諾 (D)要約之引誘。

(　　) **43** 機關於開標前發現投標廠商有政府採購法第50條第1項所定情形之一者，就其所投之標應不予開標。下列何者非屬之？ (A)未依招標文件之規定投標 (B)借用他人名義投標 (C)以不實之文件投標 (D)因提出異議而暫停採購程序。

(　　) **44** 關於機關辦理開標之敘述，下列何者錯誤？ (A)機關原則上應依招標文件標示之時間及地點進行開標 (B)機關開標時，應宣布投標廠商之名稱或代號、家數，但不得宣布標價、底價及預算金額 (C)機關辦理選擇性招標之資格審查供建立合格廠商名單時，招標文件得免標示開標時間及地點 (D)機關辦理公開招標時，其招標文件所標示之開標時間，原則上為等標期屆滿之當日或次一上班日。

(　　) **45** 關於廠商投標文件之敘述，下列何者錯誤？ (A)機關不得限定廠商投標文件應以郵遞或專人送達機關或其指定之場所 (B)機關得允許廠商於開標前補正不列入標價評比之選購項目 (C)廠商投標文件應以不透明之信封或容器密封，並應標示足以識別廠商之資訊 (D)廠商投標文件內記載金額之文字與號碼不符時，通知廠商說明確認之。

(　　) **46** 依政府採購法規定，下列何者非屬得免收押標金之情形？ (A)以議價方式辦理之採購 (B)依市場交易慣例，無收取押標金之必要 (C)關於營運管理、維修、訓練等類型之採購 (D)公告金額以上之工程採購，投標廠商為經主管機關評定為優良廠商者。

(　　) **47** 依政府採購法規定，關於招標文件之敘述，下列何者正確？ (A)機關發給公開招標之招標文件時，得登記領標廠商之數量及名稱 (B)機關發給公開招標之招標文件時，得限定自公告日後之特定日期起，方得領取 (C)機關發售公開招標之招標文件時，其收費應以工本費為限，不得包括利潤 (D)機關發給公開招標之招標文件時，得限定廠商僅得自行領取招標文件。

(　　) **48** 依政府採購法規定，下列何者為機關辦理公告金額以上之採購時，得採限制性招標之情形？ (A)投標文件審查，須費時長久始能完成者 (B)廠商資格條件複雜者 (C)廠商準備投標需高額費用者 (D)以公告程序辦理設計競賽之結果，無廠商投標者。

(　　) **49** 下列關於政府採購法所稱上級機關之敘述，何者錯誤？ (A)係指辦理採購機關直屬之上一級機關 (B)公營事業之上級機關，為其所隸屬之政府機關 (C)交通部辦理政府採購時之上級機關為行政院 (D)臺北市政府辦理採購時，由其執行政府採購法所定上級機關之職權。

(　　) **50** 下列關於政府採購法所稱主管機關之敘述，何者正確？ (A)主管機關為行政院採購暨公共工程委員會，以財政部部長兼任主任委員 (B)主管機關得視需要，將政府採購法令之研訂及修正等事項，委託其他機關辦理 (C)主管機關得視需要設立採購資訊中心，統一蒐集共通性商情及同等品分類之資訊 (D)主管機關應建立工程價格資料庫，以供各機關採購預算編列及底價訂定之參考。

解答與解析

（答案標示為#者，依官方曾公告更正該題答案。）

1 (B)。 依政府採購法第15條第1項規定，機關承辦、監辦採購人員離職後三年內不得為本人或代理廠商向原任職機關接洽處理離職前五年內與職務有關之事務。

2 (D)。 依政府採購法第18條第4項規定，本法所稱限制性招標，指不經公告程序，邀請二家以上廠商比價或僅邀請一家廠商議價。

3 (C)。 依政府採購法第48條第1項前段規定，機關依本法規定辦理招標，除有下列情形之一不予開標決標外，有三家以上合格廠商投標，即應依招標文件所定時間開標決標。

4 (B)。 依政府採購法第15條第2項規定，機關人員對於與採購有關之事項，涉及本人、配偶、二親等以內親屬，或共同生活家屬之利益時，應行迴避。

5 (A)。 依政府採購法第12條第1項前段規定，機關辦理查核金額以上採購之開標、比價、議價、決標及驗收時，應於規定期限內，檢送相關文件報請上級機關派員監辦。

6 (D)。 依工程會88年4月2日（88）工程企字第8804490號函釋，政府採購法第12條第3項所稱「查核金額」如下：「工程採購：新台幣五千萬元。財物採購：新台幣五千萬元。勞務採購：新台幣一千萬元」。

7 (D)。 依政府採購法第18條第1項規定，採購之招標方式，分為公開招標、選擇性招標及限制性招標。

8 (B)。 依政府採購法第25條第2項規定，第一項所稱共同投標，指二家以上之廠商共同具名投標，並於得標後共同具名簽約，連帶負履行採購契約之責，以承攬工程或提供財物、勞務之行為。

9 (B)。 依招標期限標準第2條第2項規定，關於等標期，除本標準或我國締結之條約或協定另有規定者外，公告金額以上未達巨額之採購，不得少於14日。

10 (C)。 依政府採購法第31條第4項規定，有關追繳押標金之請求權，因5年間不行使而消滅。

11 (A)。 依政府採購法第41條第1項規定，廠商對招標文件內容有疑義者，應於招標文件規定之日期前，以書面向招標機關請求釋疑。

12 (C)。 依政府採購法第101條第1項第6款：「機關辦理採購，發現廠商有下列情形之一，應將其事實、理由及依第一百零三條第一項所定期間通知廠商，並附記如未提出異議者，將刊登政府採購公報：六、犯第八十七條至第九十二條之罪，經第一審為有罪判決者。」是以甲借牌投標之行為業經第一審法院為有罪判決，自屬機關應刊登政府採購公報之情形，而於一定期間內，不得參加投標或作為決標對象或分包廠商，以防止廠商再危害其他機關，二者併罰並無扞格。

13 (A)。 依政府採購法第58條規定，機關辦理採購採最低標決標時，如認為最低標廠商之總標價或部分標價偏低，顯不合理，有降低品質、不能誠信履約之虞或其他特殊情形，得限期通知該廠商提出說明或擔保。廠商未於機關通知期限內提出合理之說明或擔保者，得不決標予該廠商，並以次低標廠商為最低標廠商。

14 (B)。 依政府採購法第59條規定，廠商不得以支付他人佣金、比例金、仲介費、後謝金或其他不正利益為條件，促成採購契約之成立。違反此規定者，機關得終止或解除契約，並將二倍之不正利益自契約價款中扣除。未能扣除者，通知廠商限期給付之。

15 (C)。 依政府採購法第53條第1項規定，合於招標文件規定之投標廠商之最低標價超過底價時，得洽該最低標廠商減價一次；減價結果仍超過底價時，得由所有合於招標文件規定之投標廠商重新比減價格，比減價格不得逾三次。

16 (D)。 依政府採購法第64條規定，採購契約得訂明因政策變更，廠商依契約繼續履行反而不符公共利益者，機關得報經上級機關核准，終止或解除部分或全部契約，並補償廠商因此所生之損失。

17 (A)。 查採購契約要項為中華民國88年5月25日行政院公共工程委員會（88）工程企字第8807106號函訂定全文75點，合先敘明。

依採購契約要項第32點第2款，工程之個別項目實作數量較契約所定數量增減達百分之五以上者，其逾百分之五之部分，變更設計增減契約價金。未達百分之五者，契約價金不予增減。

18 (B)。 查採購契約要項為中華民國88年5月25日行政院公共工程委員會（88）工程企字第8807106號函訂定全文75點，合先敘明。

依採購契約要項第45點第2項，違約金，以契約價金總額之百分之二十為上限。

19 (A)。 依政府採購法第72條第1項前段規定，機關辦理驗收時應製作紀錄，由參加人員會同簽認。驗收結果與契約、圖説、貨樣規定不符者，應通知廠商限期改善、拆除、重作、退貨或換貨。

20 (A)。 依政府採購法第73-1條第1項第2款規定，驗收付款者，機關應於驗收合格後，填具結算驗收證明文件，並於接到廠商請款單據後，十五日內付款。

21 (B)。 依政府採購法第78條第2項規定，採購申訴審議委員會應於收受申訴書之次日起四十日內完成審議，並將判斷以書面通知廠商及機關。必要時得延長四十日。

22 (C)。 依政府採購法第106條第1項規定，駐國外機構辦理或受託辦理之採購，因應駐在地國情或實地作業限制，且不違背我國締結之條約或協定者，得不適用下列各款規定：第27條刊登政府採購公報、第30條押標金及保證金、第53條第1項及第54條第1項優先減價及比減價格規定、第六章異議及申訴。

23 (D)。 依政府採購法第102條第3項規定，機關依前條通知廠商後，廠商未於規定期限內提出異議或申訴，或經提出申訴結果不予受理或審議結果指明不違反本法或並無不實者，機關應即將廠商名稱及相關情形刊登政府採購公報。

24 (D)。 依臺北高等行政法院97年訴字第2531號判決見解，認屬行政罰之理由大致為：「不得投標的後果為不利益之措施」、「對於廠商的事前的心理制約因而杜絕廠商不法行為」，因此屬於制裁行為。但本判決也有提及政府採購法第101條第1項並非全然屬於行政法的義務違反，第10款事實上屬於契約義務的違反，但因仍認為具有制裁性，因此需類推適用。

25 (C)。 政府採購法係於中華民國87年5月27日總統（87）華總(一)義字第8700105740號令制定公布；並自公布後一年施行。

26 (D)。 依政府採購法第65條：

「Ⅰ得標廠商應自行履行工程、勞務契約，不得轉包。

Ⅱ前項所稱轉包，指將原契約中應自行履行之全部或其主要部分，由其他廠商代為履行。

Ⅲ廠商履行財物契約，其需經一定履約過程，非以現成財物供應者，準用前二項規定。」

依本條反面解釋，財物契約中以現成財物供應之部分，便屬得由其他廠商代為履行之主要部分。

27 (B)。 依政府採購法第88條規定，受機關委託提供採購規劃、設計、審查、監造、專案管理或代辦採購廠商之人員，意圖為私人不法之利益，對技術、工法、材料、設備或規格，為違反法令之限制或審查，因而獲得利益者，處一年以上七年以下有期徒刑，得併科新臺幣三百萬元以下罰金。其意圖為私人不法之利益，對廠商或分包廠商之資格為違反法令之限制或審查，因而獲得利益者，亦同。

28 (C)。 依政府採購法第96條第1、2項：

「Ⅰ機關得於招標文件中，規定優先採購取得政府認可之環境保護標章使用許可，而其效能相同或相似之產品，並得允許百分之十以下之價差。產品或其原料之製造、使用過程及廢棄物處理，符合再生材質、可回收、低污染或省能源者，亦同。

Ⅱ其他增加社會利益或減少社會成本，而效能相同或相似之產品，準用前項之規定。」

29 (D)。 依政府採購法第103條第1項第1款規定，依前條第三項規定刊登於政府採購公報之廠商，於下列期間內，不得參加投標或作為決標對象或分包廠商：一、有第一百零一條第一項第一款至第五款、第十五款情形或第六款判處有期徒刑者，自刊登之次日起三年。但經判決撤銷原處分或無罪確定者，應註銷之。

又同法第101條第1項規定如下：

「機關辦理採購，發現廠商有下列情形之一，應將其事實、理由及依第一百零三條第一項所定期間通知廠商，並附記如未提出異議者，將刊登政府採購公報：

一、容許他人借用本人名義或證件參加投標者。

二、借用或冒用他人名義或證件投標者。

三、擅自減省工料，情節重大者。

四、以虛偽不實之文件投標、訂約或履約，情節重大者。

五、受停業處分期間仍參加投標者。

六、犯第八十七條至第九十二條之罪，經第一審為有罪判決者。

七、得標後無正當理由而不訂約者。

八、查驗或驗收不合格，情節重大者。

九、驗收後不履行保固責任，情節重大者。

十、因可歸責於廠商之事由，致延誤履約期限，情節重大者。

十一、違反第六十五條規定轉包者。

十二、因可歸責於廠商之事由，致解除或終止契約，情節重大者。

十三、破產程序中之廠商。

十四、歧視性別、原住民、身心障礙或弱勢團體人士，情節重大者。

十五、對採購有關人員行求、期約或交付不正利益者。」

30 (D)。(A)(B)依政府採購法第82條第1項規定，採購申訴審議委員會審議判斷，應以書面附事實及理由，指明招標機關原採購行為有無違反法令之處；其有違反者，並得建議招標機關處置之方式。(C)依政府採購法第85條第1項規定，審議判斷指明原採購行為違反法令者，招標機關應自收受審議判斷書之次日起二十日內另為適法之處置；期限屆滿未處置者，廠商得自期限屆滿之次日起十五日內向採購申訴審議委員會申訴。

31 (D)。(A)依政府採購法第85-3條第2項後段規定，機關不同意該建議者，應先報請上級機關核定，並以書面向採購申訴審議委員會及廠商說明理由。(B)依政府採購法第85-4條第1項規定，履約爭議之調解，當事人不能合意但已甚接近者，採購申訴審議委員會應斟酌一切情形，並徵詢調解委員之意見，求兩造利益之平衡，於不違反兩造當事人之主要意思範圍內，以職權提出調解方案。(C)依政府採購法第85-4條第2項規定，當事人或參加調解之利害關係人對於前項方案，得於送達之次日起十日內，向採購申訴審議委員會提出異議。

32 (B)。依政府採購法第85-1條第2項後段規定，工程及技術服務採購之調解，採購申訴審議委員會應提出調解建議或調解方案；其因機關不同意致調解不成立者，廠商提付仲裁，機關不得拒絕。

33 (D)。依政府採購法第75條第2項規定，招標機關應自收受異議之次日起十五日內為適當之處理，並將處理結果以書面通知提出異議之廠商。其處理結果涉及變更或補充招標文件內容者，除選擇性招標之規格標與價格標及限制性招標應以書面通知各廠商外，應另行公告，並視需要延長等標期。

34 (D)。依政府採購法第102條第1項規定，廠商對於機關依前條所為之通知，認為違反本法或不實者，得於接獲通知之次日起二十日內，以書面向該機關提出異議。

35 (D)。 依政府採購法第101條第1項規定，機關辦理採購，發現廠商有下列情形之一，應將其事實、理由及依第一百零三條第一項所定期間通知廠商，並附記如未提出異議者，將刊登政府採購公報：一、容許他人借用本人名義或證件參加投標者。二、借用或冒用他人名義或證件投標者。三、擅自減省工料，情節重大者。四、以虛偽不實之文件投標、訂約或履約，情節重大者。五、受停業處分期間仍參加投標者。六、犯第八十七條至第九十二條之罪，經第一審為有罪判決者。七、得標後無正當理由而不訂約者。八、查驗或驗收不合格，情節重大者。九、驗收後不履行保固責任，情節重大者。十、因可歸責於廠商之事由，致延誤履約期限，情節重大者。十一、違反第六十五條規定轉包者。十二、因可歸責於廠商之事由，致解除或終止契約，情節重大者。十三、破產程序中之廠商。十四、歧視性別、原住民、身心障礙或弱勢團體人士，情節重大者。十五、對採購有關人員行求、期約或交付不正利益者。

36 (B)。 依政府採購法施行細則第13條第1項規定，本法第十四條所定意圖規避本法適用之分批，不包括依不同標的、不同施工或供應地區、不同需求條件或不同行業廠商之專業項目所分別辦理者。

37 (D)。 (1)依工程會88年4月2日（88）工程企字第8804490號函釋，政府採購法第12條第3項所稱「查核金額」如下：「工程採購：新台幣五千萬元。財物採購：新台幣五千萬元。勞務採購：新台幣一千萬元」。(2)又依政府採購法第12條第1項規定，機關辦理查核金額以上採購之開標、比價、議價、決標及驗收時，應於規定期限內，檢送相關文件報請上級機關派員監辦；上級機關得視事實需要訂定授權條件，由機關自行辦理。(3)而新臺幣900萬元之勞務採購之招標案件，尚未達查核金額門檻。

38 (C)。 依政府採購法施行細則第90條規定，勞務驗收，得以書面或召開審查會方式辦理；其書面驗收文件或審查會紀錄，得視為驗收紀錄。

39 (D)。 依政府採購法施行細則第91條第1項第1款和同條第5項規定，主驗人員為主持驗收程序，抽查驗核廠商履約結果有無與契約、圖說或貨樣規定不符，並決定不符時之處置。而監驗人員者，其工作事項為監視驗收程序。

40 (D)。 依政府採購法施行細則第90條第1項第4款規定，機關依本法第七十一條第一項規定辦理下列工程、財物採購之驗收，得由承辦採購單位備具書面憑證採書面驗收，免辦理現場查驗：四、分批或部分驗收，其驗收金額不逾公告金額十分之一。

41 (D)。 (A)依政府採購法第65條第1項規定，得標廠商應自行履行工程、勞務契約，不得轉包。(B)依政府採購法第65條第3項規定，廠商履行財物契約，其需經一定履約過程，非以現成財物供應者，準用不得轉包規定。(C)依政府採購法第66條第2項規定，轉包廠商與得標廠商對機關負連帶履行及賠償責任。再轉包者，亦同。

42 (D)。 依最高行政法院98年判第38號判決：

「……以招標公告為要約引誘，廠商之投標為要約，而採購機關之決標而採購機關之決標，為承諾性質，且以決標時點意思合致為雙方契約成立時點……」。

43 (D)。 依政府採購法第50條第1項：「投標廠商有下列情形之一，經機關於開標前發現者，其所投之標應不予開標；於開標後發現者，應不決標予該廠商：

一、未依招標文件之規定投標。
二、投標文件內容不符合招標文件之規定。
三、借用或冒用他人名義或證件投標。
四、以不實之文件投標。
五、不同投標廠商間之投標文件內容有重大異常關聯。
六、第一百零三條第一項不得參加投標或作為決標對象之情形。
七、其他影響採購公正之違反法令行為。」

44 (B)。 依政府採購法施行細則第48條第1項規定，本法第四十五條所稱開標，指依招標文件標示之時間及地點開啟廠商投標文件之標封，宣布投標廠商之名稱或代號、家數及其他招標文件規定之事項。有標價者，並宣布之。

45 (D)。 依政府採購法施行細則第81條規定，廠商投標文件內記載金額之文字與號碼不符時，以文字為準。

46 (D)。 依政府採購法第30條第1項規定，機關辦理招標，應於招標文件中規定投標廠商須繳納押標金；得標廠商須繳納保證金或提供或併提供其他擔保。但有下列情形之一者，不在此限：

一、勞務採購，以免收押標金、保證金為原則。

二、未達公告金額之工程、財物採購，得免收押標金、保證金。
三、以議價方式辦理之採購，得免收押標金。
四、依市場交易慣例或採購案特性，無收取押標金、保證金之必要或可能。

47 (C)。(A)(B)(D)政府採購法第29條第1項規定，公開招標之招標文件及選擇性招標之預先辦理資格審查文件，應自公告日起至截止投標日或收件日止，公開發給、發售及郵遞方式辦理。發給、發售或郵遞時，不得登記領標廠商之名稱。

48 (D)。依政府採購法第22條第1項規定，機關辦理公告金額以上之採購，符合下列情形之一者，得採限制性招標：
一、以公開招標、選擇性招標或依第九款至第十一款公告程序辦理結果，無廠商投標或無合格標，且以原定招標內容及條件未經重大改變者。
二、屬專屬權利、獨家製造或供應、藝術品、秘密諮詢，無其他合適之替代標的者。
三、遇有不可預見之緊急事故，致無法以公開或選擇性招標程序適時辦理，且確有必要者。
四、原有採購之後續維修、零配件供應、更換或擴充，因相容或互通性之需要，必須向原供應廠商採購者。
五、屬原型或首次製造、供應之標的，以研究發展、實驗或開發性質辦理者。
六、在原招標目的範圍內，因未能預見之情形，必須追加契約以外之工程，如另行招標，確有產生重大不便及技術或經濟上困難之虞，非洽原訂約廠商辦理，不能達契約之目的，且未逾原主契約金額百分之五十者。
七、原有採購之後續擴充，且已於原招標公告及招標文件敘明擴充之期間、金額或數量者。
八、在集中交易或公開競價市場採購財物。
九、委託專業服務、技術服務、資訊服務或社會福利服務，經公開客觀評選為優勝者。
十、辦理設計競賽，經公開客觀評選為優勝者。
十一、因業務需要，指定地區採購房地產，經依所需條件公開徵求勘選認定適合需要者。
十二、購買身心障礙者、原住民或受刑人個人、身心障礙福利機構或團體、政府立案之原住民團體、監獄工場、慈善機構及庇護工場所提供之非營利產品或勞務。

十三、委託在專業領域具領先地位之自然人或經公告審查優勝之學術或非營利機構進行科技、技術引進、行政或學術研究發展。

十四、邀請或委託具專業素養、特質或經公告審查優勝之文化、藝術專業人士、機構或團體表演或參與文藝活動或提供文化創意服務。

十五、公營事業為商業性轉售或用於製造產品、提供服務以供轉售目的所為之採購，基於轉售對象、製程或供應源之特性或實際需要，不適宜以公開招標或選擇性招標方式辦理者。

十六、其他經主管機關認定者。

49 (C)。 (1)依政府採購法第9條第2項規定，本法所稱上級機關，指辦理採購機關直屬之上一級機關。其無上級機關者，由該機關執行本法所規定上級機關之職權。(2)又依政府採購法施行細則第5條：

「Ⅰ本法第九條第二項所稱上級機關，於公營事業或公立學校為其所隸屬之政府機關。

Ⅱ本法第九條第二項所稱辦理採購無上級機關者，在中央為國民大會、總統府、國家安全會議與五院及院屬各一級機關；在地方為直轄市、縣（市）政府及議會。」

50 (D)。 (A)依政府採購法第9條第1項規定，本法所稱主管機關，為行政院採購暨公共工程委員會，以政務委員一人兼任主任委員。(B)依政府採購法施行細則第5-1條規定，主管機關得視需要將本法第十條第二款之政府採購法令之解釋、第三款至第八款事項，委託其他機關辦理。又本法第10條規定主管機關掌理下列有關政府採購事項：一、政府採購政策與制度之研訂及政令之宣導。二、政府採購法令之研訂、修正及解釋。三、標準採購契約之檢討及審定。四、政府採購資訊之蒐集、公告及統計。五、政府採購專業人員之訓練。六、各機關採購之協調、督導及考核。七、中央各機關採購申訴之處理。八、其他關於政府採購之事項。(C)依政府採購法第11條第1項規定，主管機關應設立採購資訊中心，統一蒐集共通性商情及同等品分類之資訊，並建立工程價格資料庫，以供各機關採購預算編列及底價訂定之參考。除應秘密之部分外，應無償提供廠商。

110年 公務升官等

1 A縣政府舉辦國際童玩節，由B廠商負責承辦，活動為期一週，於第3天適逢強烈颱風過境，乃於當天下午五時宣布整體活動停止，並停辦後續的4天節目，至於是否擇日再續辦則未公布。請試述A縣政府與B廠商依政府採購法或採購契約，可為如何之解決？

解 (一)依政府採購法第63條第1項規定：「各類採購契約以採用主管機關訂定之範本為原則，其要項及內容由主管機關參考國際及國內慣例定之。」則參酌行政院公共工程委員會（下稱工程會）訂定之各類採購契約範本，其履約期限及延遲履約條文，皆訂有因天災或事變等不可抗力或不可歸責於契約當事人之事由，例如瘟疫、非因廠商不法行為所致之政府或機關依法令下達停工、徵用命令、依傳染病防治法第3條發生傳染病且足以影響契約之履行、其他經機關認定確屬不可抗力，致未能依時履約者，廠商得檢具相關事證向機關申請延長履約期限；不能履約者，得免除契約責任。

(二)參工程會訂定之：

1. 工程採購契約範本：

(1) 第7條第3款第1目：「……(三)工程延期：1.履約期限內，有下列情形之一（且非可歸責於廠商），致影響進度網圖要徑作業之進行，而需展延工期者，廠商應於事故發生或消滅後……通知機關……機關得審酌其情形後，以書面同意延長履約期限，不計算逾期違約金。……(2)因天候影響無法施工……」。

(2) 第17條第5款：「……(五)因下列天災或事變等不可抗力或不可歸責於契約當事人之事由，致未能依時履約者，廠商得依第7條第3款規定，申請延長履約期限；不能履約者，得免除契約責任……」。

2. 財物採購契約範本：

(1) 第7條第5款第1目：「……(五)履約期限展延：1.履約期限內，有下列情形之一，且確非可歸責於廠商，而需展延履約期限者，廠商應……通知機關，並檢具事證，以書面向機關申請展延履約期限。機關得審酌其情形後，以書面同意延長履約期限……(2)因天候影響無法施工……」。

(2) 第14條第5款：「……(五)因下列天災或事變等不可抗力或不可歸責於契約當事人之事由，致未能依時履約者，廠商得依第7條第5款規定，申請延長履約期限；不能履約者，得免除契約責任……」。

3. 勞務採購契約範本：

(1) 第7條第4款第1目：「……(四)履約期限延期：1.契約履約期間，有下列情形之一，且確非可歸責於廠商，而需展延履約期限者，廠商應於事故發生或消失後，檢具事證，儘速以書面向機關申請展延履約期限。機關得審酌其情形後，以書面同意延長履約期限……(2)因天候影響無法施工……」。

(2) 第13條第5款：「……(五)機關及廠商因下列天災或事變等不可抗力或不可歸責於契約當事人之事由，致未能依時履約者，得展延履約期限；不能履約者，得免除契約責任……」

(三)綜上所述，本案A縣政府可依原採購契約約定及B廠商之申請（事實、理由及事證）辦理展延履約或免除契約責任等相關事宜。

2 A縣政府辦理郊區聯外道路擴寬工程，為應付梅雨季來臨之前趕快通車，乃於工程期滿前一個月，要求B廠商以先不辦最後工程階段之驗收，全力趕工舖整道路、劃線四線道完竣，舉辦通車典禮。惟，通車後一個月工程期滿，眾多大卡車頻繁通過，致道路出現多處凹凸不平，A縣政府乃以此為由，發函給B廠商以工程不合格，將依約扣下工程尾款300萬元整，以及履約保證金200萬元整，俟B廠商修復完成再驗收完竣後才發還。B廠商則主張該工程已驗收完竣，並請求給付上述二款項共計500萬元整。請試述本題之上述工程是否已驗收完竣？若A、B未能達成協議，此項履約爭議得如何處理？

解 (一)依政府採購法（下稱本法）施行細則第99條規定，難認本案已驗收完竣：

1. 本法施行細則第99條：「機關辦理採購，有部分先行使用之必要或已履約之部分有減損滅失之虞者，應先就該部分辦理驗收或分段查驗供驗收之用，並得就該部分支付價金及起算保固期間。」是以本案A縣政府應依該條規定辦理部分驗收或分段查驗，後給付部分驗收的工程款，方得先行使用並起算保固期。
2. 又先行使用之部分，因履約標的已經交付給定作人或使用人使用，標的物已在定作人或使用人的管理支配範圍，依通說認為此種情形的工程保固期應自交付時開始起算；惟本案尚未驗收，則依行政院公共工程委員會工程採購契約範本第9條第7項第2款工程保管之規定：「工程未經驗收前，機關因需要使用時，廠商不得拒絕。但機關應先就該部分辦理驗收或分段查驗供驗收之用，並由雙方會同使用單位協商認定權利與義務。使用期間因非可歸責於廠商之事由，致遺失或損壞者，應由機關負責。」
3. 故本案尚未驗收就先行使用，現發生工作物毀損滅失又無相關合約約定，應回歸民法第508條第1項：「工作毀損、滅失之危險，於定作人受領前，由承攬人負擔，如定作人受領遲延者，其危險由定作人負擔。」是以原則上在驗收合格之前，風險都要由承攬人來負擔。

(二)本案A、B間所生之履約爭議，處理方式如下：

1. 雙方應先就履約內容進行協議，協議不成方依本法第85條之1第1項：「機關與廠商因履約爭議未能達成協議者，得以下列方式之一處理：一、向採購申訴審議委員會申請調解。二、向仲裁機構提付仲裁。」提出調解之申請。
2. 又同條第2項規定：「前項調解屬廠商申請者，機關不得拒絕；工程及技術服務採購之調解，採購申訴審議委員會應提出調解建議或調解方案；其因機關不同意致調解不成立者，廠商提付仲裁，機關不得拒絕。」但機關不得拒絕的係指調解程序之啟動，並非指機關必須接受廠商實體上之要求內容。
3. 復按本法第85條之1第3、4項，申訴審議委員會辦理履約爭議調解，其效力準用民事訴訟法有關調解之規定，而依民事訴訟法第416條，調解經當事人合意而成立者，與訴訟上和解有同一效力；而依民事訴訟法第380條，和解成立者，與確定判決有同一之效力。故本案倘經調解成立，即與確定判決有同一效力。

3 **機關辦理公告金額以上之採購得採用選擇性招標，請試述其適用情形以及如何建立與檢討合格廠商名單。**

解 (一)適用情形：

1. 所謂選擇性招標，指以公告方式預先依一定資格條件辦理廠商資格審查後，再行邀請符合資格之廠商投標。
2. 另依政府採購法第20條，機關辦理公告金額以上之採購，符合下列情形之一者，得採選擇性招標：一、經常性採購。二、投標文件審查，須費時長久始能完成者。三、廠商準備投標需高額費用者。四、廠商資格條件複雜者。五、研究發展事項。

(二)建立與檢討合格廠商名單：

1. 承前，選擇性招標係以「公告」方式「預先依一定資格條件辦理廠商資格審查」後，再行邀請符合資格之廠商投標。而具體作法規範於本法第21條，其中第1項規範了機關為辦理選擇性招標，得預先辦理資格審查，建立合格廠商名單。
2. 但仍應隨時接受廠商資格審查之請求，並定期檢討修正合格廠商名單；第3項明示了機關須建立6家以上合格廠商名單，在每次需要時，依本法施行細則第22條第2項規定的廠商資格文件審查載明之方式，平等邀請名單內之廠商投標。

4 **廠商以虛偽不實之文件投標，機關應該如何認定之？是否與刑法偽造、變造相同解釋？並且，機關若認定廠商以虛偽不實之文件投標之情形，請試述依據政府採購法那些規定應追繳押標金及處罰？**

解 (一)政府採購法（下稱本法）之「虛偽不實」：

1. 本法所謂的「虛偽不實」，係指以廠商自己名義所製作之文書，然與真實不符者，此雖為有權限之人所製作，非刑法上之偽造、變造，仍違反本法。
2. 而刑法「偽造、變造」定義，其中「偽造」乃指無制作權之人冒用他人名義而制作內容不實之文書、「變造」係指無變更權限之人，就他人所制作之原有文書，不法予以變更。
3. 是故政府採購法「虛偽不實」與刑法對「偽造、變造」之理解並非一致。

(二)有關針對虛偽不實文件投標之廠商，本法規範如下：

1. 本法第31條第2項規定：「機關得於招標文件中規定，廠商有下列情形之一者，其所繳納之押標金，不予發還，其已發還者，並予追繳：……五、開標後應得標者不接受決標或拒不簽約……八、其他經主管機關認定有影響採購公正之違反法令行為者。」可知本法訂定押標金之目的，在於擔保廠商之投標要約報價之效力，確保其將會依照投標報價履行契約，兼有防範投標人故意將標價低於業經公開之底價，以達圍標或妨礙標售程序之作用。

2. 而依本法第31條第2項辦理不發還或追繳押標金之執行程序，機關追繳押標金之請求權，依採購法第31條第4項至第6項規定，因5年間不行使而消滅；廠商未依招標文件規定繳納者，該期間自開標日起算；機關已發還押標金者，自發還日起算；得追繳之原因發生或可得知悉在後者，自原因發生或可得知悉時起算。追繳押標金，自不予開標、不予決標、廢標或決標日起逾15年者，不得行使。

110年 司法三等

1 A縣農會受行政院農業委員會補助新臺幣（下同）500萬元，A縣政府補助450萬元，辦理採購金額1800萬元之農產品加工廠改善工程。該工程經公開招標後由B營造有限公司（下稱B公司）得標，A縣農會與B公司簽訂工程承攬契約書後，將B公司投標時繳納之押標金90萬元全數轉作履約保證金；該工程經履約、驗收完畢後，A縣農會將履約保證金發還B公司。嗣後A縣農會發現B公司有借用他人名義或證件投標之事實，B公司所繳納之90萬元押標金額應予沒收，而不應發還，乃去函通知B公司於文到後30日內繳還該筆押標金。假設B公司置之不理，A縣農會應如何處理？

解 (一)依農會法第2條：「農會為法人。」及政府採購法（下稱本法）第4條第1項：「法人或團體接受機關補助辦理採購，其補助金額占採購金額半數以上，且補助金額在公告金額以上者，適用本法之規定，並應受該機關之監督。」等規定，本農產品加工廠改善工程採購案，採購金額共新臺幣（下同）1800萬元，而行政院農業委員會補助500萬元，A縣政府補助450萬元，A縣農會受補助金額占採購金額半數以上且在公告金額以上，並A縣農會為法人身分，爰本案有本法之適用，合先敘明。

(二)依本法第31條第2項第2款規定：「廠商有下列情形之一者，其所繳納之押標金，不予發還；其未依招標文件規定繳納或已發還者，並予追繳：……二、借用他人名義或證件投標，或容許他人借用本人名義或證件參加投標。……」則本案B公司如確有借用他人名義或證件投標之事實，違反本法規範事項，其所繳納之押標金額應予沒收，而不應發還；惟本案其所繳納之押標金業已發還，則依上開規定，B公司自應將該押標金繳回A縣農會。

(三)再者，農會之組織規範屬性雖屬人民團體，惟其依法應適用政府採購法時，在該民事交易行為之締約、履約事項範圍內，因適用政府採購法之相關規定而為意思表示，即屬因「受委託行使公權力」，而取得行政機關之地位。故本案A縣農會得依政府採購法第31條第2項規定作成限期追繳押標金通知書，性質上為行政處分，已具執行力，受處分之相對人即因而負有公法上金錢給付義務，該管機關亦得於履行期限屆滿後，受處分之相對人不履行時，依行政執行法第11條第1項規定移送行政執行處就義務人之財產強制執行，無庸再提起一般給付之訴。

2 **何謂「採購契約要項」與「採購契約範本」？假設A機關與B廠商簽訂工程採購契約，卻未將採購契約要項及工程採購契約範本中關於逾期違約金以契約價金總額20%為上限之內容納入契約，B廠商得否逕依此主張契約違約金超過20%部分無效？**

解 (一)所謂「採購契約要項」與「採購契約範本」，係依據政府採購法第63條第1項：「各類採購契約以採用主管機關訂定之範本為原則，其要項及內容由主管機關參考國際及國內慣例定之。」訂定之，定義分述如下：

1. 採購契約要項：主管機關就採購契約的一般性及共通性之事項訂定要項，包括履約管理、契約變更、查驗驗收、契約價金、履約期限、遲延處理、履約標的、權利責任、保險事宜、解約暫停、爭議處理等議題。
2. 採購契約範本：主管機關針對各類採購契約訂定之範本，辦理採購案件以須使用範本為原則，以降低個案採購契約不完整或未符公平合理原則之情形。

(二)契約違約金超過20%部分並非當然無效：

1. 行政院公共工程委員會98年4月30日工程企字第09800101910號函釋：「『採購契約要項』第45點（逾期違約金之計算）所載

『契約金額』及『契約價金總額』，於依契約辦理物價調整之情形下，自生隨同調整之效果。」依上開契約範本及工程會函示精神，逾期違約金總額計算基準為「契約價金總額」，且該「契約價金總額」於依契約辦理契約變更、實際施作或供應之項目及數量結算、物價調整之情形下，自生隨同調整之效果，顯見違約金額並非恆定不變。

2. 又政府採購法第3條規定：「政府機關、公立學校、公營事業（以下簡稱機關）辦理採購，依本法之規定；本法未規定者，適用其他法律之規定。」則參民法第252條規定：「約定之違約金額過高者，法院得減至相當之數額。」對於違反公平合理原則之契約約定，法院仍得視社會通念個案進行裁斷。
3. 基此，A機關與B廠商簽訂之工程採購契約未規定逾期違約金之上限，而現因履約爭議未能達成協議，自得依政府採購法第85條之1規定，向採購申訴審議委員會申請調解或向仲裁機構提付仲裁，相關契約約定並非當然無效。

3 A鄉公所辦理「產業觀光主題園區建置工程」，進行公開招標，經評選後由B公司得標。工程完工驗收合格後，依契約約定，設施及設備之保固期間為3年，植栽養護期間為2年。園區開放使用6個月後，園區內休憩步道及多項設施均損壞不堪使用，喬、灌木與草皮均枯萎，幾無存活。A鄉公所乃依合約中關於保固之規定，通知B公司改善。B公司主張設施與植栽損害為入園民眾之人為破壞，非屬保固責任範圍，A鄉公所遂通知B公司沒收新臺幣60萬元之保固保證金。此外，並依政府採購法第101條第1項第9款之規定，將事實及理由通知B公司，表示將刊登政府採購公報列為不良廠商。B公司對於此二通知均不服，應如何救濟？

解 本案所涉條文為政府採購法（下稱本法）第101條至第103條規定，又B公司不服之二通知內容分別為構成本法第101條的1項第9款情形之「A鄉公所認B公司未履行保固責任，沒收保固保證金60萬元」及

依本法第103條第1項第3款「將B公司刊登政府採購公報列為不良廠商」，下就此兩點分述之：

(一)沒收保固保證金之相關救濟程序：依政府採購法第74條規定，廠商與機關間關於招標、審標、決標之爭議，得依本章規定提出異議及申訴。則未履行保固責任致生沒收保固保證金效果，事涉雙方對於契約履行之爭議，因此爭議屬雙方訂約後所生私權之爭執，屬私權糾紛而非公法爭議，自無從依本法第102條第4項準用之規定，將該沒收保固保證金之通知視同訴願決定，亦無向行政法院提起行政訴訟之餘地。

(二)列為不良廠商刊登政府採購公報之相關救濟程序：

1. 此前應先定性「刊登政府公報」確實屬於行政處分：依最高行政法院101年度6月份第1次庭長法官聯席會議決議：「機關因廠商有政府採購法第101條第1項各款情形，依同法第102條第3項規定刊登政府採購公報，即生同法第103條第1項所示於一定期間內不得參加投標或作為決標對象或分包廠商之停權效果，為不利之處分。其中第3款、第7款至第12款事由，縱屬違反契約義務之行為，既與公法上不利處分相連結，即被賦予公法上之意涵，如同其中第1款、第2款、第4款至第6款為參與政府採購程序施用不正當手段，及其中第14款為違反禁止歧視之原則一般，均係違反行政法上義務之行為，予以不利處分，具有裁罰性，自屬行政罰，應適用行政罰法第27條第1項所定3年裁處權時效。其餘第13款事由，乃因特定事實予以管制之考量，無違反義務之行為，其不利處分並無裁罰性，應類推適用行政罰裁處之3年時效期間。」則本部分屬公法事件範疇。

2. 依本法第101條第3項，機關為本條第1項通知前，應給予廠商口頭或書面陳述意見之機會，機關並應成立採購工作及審查小組認定廠商是否該當第1項各款情形之一。又B公司倘對A鄉公所依本法第101條所為之通知，認為違反本法或不實者，如本案A

鄉公所於進行本條第1項通知B公司前，並未給予廠商B公司口頭或書面陳述意見之機會時，則有未遵守法定之正當程序，B公司得於接獲A鄉公所通知之次日起20日內，依本法第102條第1項規定以書面向A鄉公所提出異議。

3. 再者，B公司如對前項異議之處理結果不服，或A鄉公所收受異議之次日起15日內不為處理者，無論該案件是否逾公告金額，得於收受異議處理結果或期限屆滿之次日起15日內，依本法第102條第2項規定，以書面向A鄉公所隸屬之採購申訴審議委員會申訴，而有關異議及申訴之處理，依本法第102條第3項準用第六章爭議處理之規定，若申訴再遭駁回，可提起行政訴訟。

4 **A縣政府環保局（下稱A環保局）辦理「A縣環境綠化及生態保育推廣計畫」技術服務契約採購，由B公司得標。A環保局與B公司簽約後，B公司之負責人甲乃交付A環保局辦理採購人員乙先前應允之後謝金新臺幣70萬元。甲與乙之刑事責任部分暫時不論，政府採購法對廠商此等行為有何相關規範？**

解 本案甲與乙之刑事責任部分暫時不論，政府採購法對廠商此等行為，有規範於第59條，禁止廠商支付不正利益促成採購契約之規定，並予以懲罰，概述如下：

一、政府採購法第59條規定：

「Ⅰ廠商不得以支付他人佣金、比例金、仲介費、後謝金或其他不正利益為條件，促成採購契約之成立。

Ⅱ違反前項規定者，機關得終止或解除契約，並將二倍之不正利益自契約價款中扣除。未能扣除者，通知廠商限期給付之。」

二、本案B公司之負責人甲，前為能在「A縣環境綠化及生態保育推廣計畫之技術服務採購案」得標，同意得標後將提供新台幣70萬元酬謝本採購案承辦人員乙。後甲亦確實於A環保局與B公司簽約後，交付乙先前應允之後謝金70萬元，而違反前述第59條第1項之規定。

三、則本案甲既違反政府採購法第59條第1項規定，以支付不正利益為條件，促成採購契約之簽訂，自適用同條第2項規定，機關得終止或解除契約，並將二倍之不正利益自契約價款中扣除。意即A環保局得終止或解除「A縣環境綠化及生態保育推廣計畫技術服務」之採購契約，並於契約價款中扣除不正利益（即本案後謝金）70萬元之2倍，共計140萬元，另倘未能扣除時，通知廠商限期給付之。

Day 10 111年 鐵路特考高員三級

1 我國已加入政府採購協定（GPA），請問：加入GPA的法律效果為何？另依政府採購法之相關規定，外國廠商參與各機關之採購，應如何辦理？

解 (一)世界貿易組織（WTO）政府採購協定（GPA）自民國98年7月15日對我國生效，該協定主要強調以下3個原則：

1. 是國民待遇原則和非歧視性原則，即各締約方不得通過擬訂、採取或者實施政府採購的法律、規則、程式和做法來保護國內產品或者供應商而歧視國外產品或者供應商。
2. 是公開性原則，即各締約方有關政府採購的法律、規則、程式和做法都應公開。
3. 是對發展中國家的優惠待遇原則，即有關締約方應向發展中國家，尤其是對不發達國家提供特殊待遇，如提供技術援助，以照顧其發展、財政和貿易的需求。

(二)而於外國廠商有參與機關採購時：

1. 與我國就政府採購有簽署條約或協定之國家，該外國廠商得依我國承諾之條件參與採購。
2. 與我國就政府採購無簽署條約或協定之國家，依「外國廠商參與非條約協定採購處理辦法」處理，其中得於招標文件規定外國廠商不適用的，包括平等受邀機會、投標廠商資格、平等對待規定等。
3. 依「外國廠商參與非條約協定採購處理辦法」規定，我國廠商供應之財物或勞務之原產地非屬我國者，視同外國廠商。

(三)另政府採購法（下稱本法）具體規範如下：

1. 依本法第17條規定，外國廠商參與各機關採購，應依我國締結之條約或協定之規定辦理。外國法令限制或禁止我國廠商或產品服務參與採購者，主管機關得限制或禁止該國廠商或產品服務參與採購。機關辦理涉及國家安全之採購，有對我國或外國廠商資格訂定限制條件之必要者，其限制條件及審查相關作業事項之辦法，由主管機關會商相關目的事業主管機關定之。

2. 依本法第36條第2項規定，外國廠商之投標資格及應提出之資格文件，得就實際需要另行規定，附經公證或認證之中文譯本，並於招標文件中訂明。

2 **政府採購法所稱「採購」，其意涵為何？其與政府採購法第99條所稱，「機關辦理政府規劃或核准之交通、能源、環保、旅遊等建設，經目的事業主管機關核准開放廠商投資興建、營運」之情形，差別何在？政府採購法第99條所生甄選投資廠商之程序爭議，應如何救濟？**

解 (一)政府採購是指國家政府為從事日常的行政活動或為滿足公共服務目的，利用國家資金進行工程之定作、財物之買受、定製、承租及勞務之委任或僱傭等，而為了建構公平、公開的採購制度和程序，提升採購效率與功能，確保採購品質，爰制定政府採購法（下稱本法）。

(二)依本法第99條規定，機關辦理政府規劃或核准之交通、能源、環保、旅遊等建設，經目的事業主管機關核准開放廠商投資興建、營運者，其甄選投資廠商之程序，除其他法律另有規定者外，適用採購法之規定；另促進民間參與公共建設法（以下簡稱促參法）第2條亦有規定，促進民間參與公共建設，依促參法之規定，未規定者，才適用其他有關法律之規定。又兩者差異簡述如下：

傳統的政府採購程序（以下簡稱採購案）與促進民間參與公共建設（以下簡稱促參案）於採購程序及選商程序上的不同：

1. 辦理機關：採購案由招標機關辦理程序；促參案則由主辦機關（被授權、受委託機關）為之。

2. 前置作業：採購案若已完成立案報告，可開始撰擬招標文件等程序；促參預評可行者，原則上應辦理可行性評估及先期規劃，但未涉及政府預算補貼或投資者不在此限。
3. 資格訂定：採購案機關可依實際需求規定投標廠商基本資格，但不得不當限制競爭，並以確認廠商具備履行契約所必須之能力者為限；促參案主辦機關應將營運規劃內容、申請人資格條件等相關事項，公告徵求民間參與。
4. 公告途徑：採購案的限制性之公開評選，應將招標公告刊登於政府採購公報，並公開於資訊網路；促參案途徑有(1)主辦機關應將摘要公告於資訊網路、及在政府採購公報上刊登。(2)可先辦理說明會再公告招商。
5. 等標期：採購案等標期應依「招標期限標準」規定辦理；促參案則無相關規定，視公共建設之內容與特性及申請人準備申請文件所須時間合理定之。
6. 委員會組成：採購案(1)依「採購評選委員會組織準則」中，有關評選會之組成規定。(2)評選會置委員5至17人，其中外聘專家及學者人數不得少於1/3。(3)評選會應有委員總額1/2以上出席，且出席之外聘專家及學者人數應至少2人，且不得少於出席委員人數之1/3；出席委員過半數之同意行之；促參案則是(1)依「民間參與公共建設甄審委員會組織及評審辦法」中，甄審會之組成及外聘委員出席比例等規定，較採購法嚴格。(2)甄審會置委員7～17人，其中外聘專家及學者人數不得少於1/2。(3)甄審會會議應有委員總額1/2以上且至少5人出席，且出席之外聘專家及學者人數不得少於出席委員人數之1/2；出席委員過半數之同意行之。
7. 開標：採購案除法令另有規定外，應依招標文件公告之時間及地點公開為之；另限制性招標之公開評選，無投標廠商家數限制；促參案無開標規定（申請人應於公告所定期限屆滿前，依公告及招商文件規定備妥文件提出申請）。

8. 資格審查：採購案規定(1)資格文件不得補正。(2)機關應依招標文件審查投標文件，投標廠商不依招標文件投標或內容不符規定者，不予開標決標；反之促參案(1)資格文件得補正。(2)資格文件缺漏但資格事實確實存在，主辦機關得要求申請人限期補件，逾期不受理。
9. 甄審／評選作業：採購案(1)廠商不得另行變更或補充資料。(2)委員辦理評選，應依招標文件之評分項目權重辦理，不得變更或補充。(3)廠商另外提出變更或補充資料者，該資料應不納入評選考量。(4)簡報及現場詢答，非屬協商性質，不應藉此要求廠商更改投標文件內容；促參案(1)所提文件或投資計畫內容得補正或澄清。(2)提送文件不符程式或有疑義，主辦機關得通知限期補正或提出說明，逾期不予受理。(3)綜合評審時，甄審會如對申請人所提送之投資計畫書及相關文件有疑義，得通知申請人限期澄清，逾期不予受理。
10. 議約／簽約：採購案(1)採最有利標決標後，應於評定最有利標後即決標，議約及議價僅係完備程序。(2)採限制性招標之公開評選案件，於辦理公開評選後應與優勝廠商議價。(3)採最有利標決標後，應於評定最有利標後即決標，不得於評定最有利標後再洽該廠商議價；促參案促參法允許議約，其施行細則§67規定如下：(1)議約期限：自主管機關通知最優申請人開始議約之日起，至完成議約止之期限，不得超過申請期間之2倍，且以6個月為限。(2)簽約期限：自議約完成至簽約期間，以1個月為原則，並得展延1個月。
11. 租稅優惠：採購案無租稅優惠之相關規定；促參案若為重大公共建設，得享有相關租稅優惠：(1)5年免徵營利事業所得稅。(2)投資抵減。(3)興建機具進口關稅優惠。(4)房屋稅、地價稅、契稅減免。(5)營利事業投資民間機構股票應納所得稅抵減。
12. 融資協助與優惠：採購案無融資協助與優惠之相關規定；促參案(1)主辦機關補貼貸款利息或投資建設之一部。(2)協調金融機構提供中長期貸款。(3)重大天然災害復舊貸款。

13. 契約內容：採購案(1)主要規範招商程序，無營運實質面之規範。(2)對於招標規格、履約期間之品管、付款條件及驗收等有詳細規定；促參案(1)促參以營運為核心要件，故投資契約明訂一定期間之營運，主辦機關則依約監管。(2)強調民間組成團隊與專業、籌資及財務能力、公共建設興建、營運內容與品質等。
14. 履約管理：採購案(1)工程驗收之權責：政府為定作人，由政府出錢採購，廠商為工程承攬人，故政府對其所要採購之工程，需進行驗收。(2)依契約圖說、相關技術規範與材料品質規定作為品質管理依據；促參案(1)工程驗收之權責：由民間機構出錢興建，定作人為民間機構，工程承攬者為工程承包商，故係由民間機構進行工程驗收。(2)給予民間機構較靈活寬廣的空間，除非民間機構涉及公共安全或違反公共利益等情形，原則上依據契約辦理，不作過度介入。

(三)有關本法第99條所生甄選投資廠商之程序爭議，概略分為三種類型：

1. 招商文件內容爭議：無暫時權利保護，但可準用本法第75條提出異議申訴。又按本法第83條規定，申訴之審議判斷視為訴願決定；則視機關是否已選出最優申請人，如無則行政訴訟可針對招商文件申訴駁回之處分，提起撤銷申訴駁回；如已有，則撤銷違法處分之訴訟已無實益，應提起確認處分違法之訴。
2. 甄審程序違反公平性：關於暫時性權利保護，可聲請停止執行，另異議申訴可依促參法第47條提出。行政訴訟方面，可提起撤銷違法甄審決定之訴訟及課予義務訴訟請求另作甄審決定。
3. 主辦機關未完成締約：此係指主辦機關與投資廠商完成議約後，卻不進一步締約。雖於促參法及本法準用範圍內，並無相關補償規範，然考量投資廠商參與甄選程序及備標，業已投入相當資源成本，如毫無應對措施，對於積極參與廠商之權益保護顯有不周，似可將主辦機關拒絕締約之情形，視為廢止最優申請人甄審決定之行政處分，再依相關行政救濟程序進行。即關於暫時性權利保護，對廢止處分聲請停止執行；異議申訴則依民間參與公共建設申請及審核程序爭議處理規則第2條第3款提出；行政訴訟依其是否成立預約，分別提給付之訴或撤銷及給付之訴；補償便為處分廢止之補償和締約上過失之賠償。

3 依政府採購法所定，政府採購的招標方式有那三種？其各自的適用情形如何？

解 (一)依政府採購法（以下簡稱採購法）第18條規定，採購之招標方式，分為公開招標、選擇性招標及限制性招標：

1. 公開招標，指以公告方式邀請不特定廠商投標。
2. 選擇性招標，指以公告方式預先依一定資格條件辦理廠商資格審查後，再行邀請符合資格之廠商投標。
3. 限制性招標，指不經公告程序，邀請二家以上廠商比價或僅邀請一家廠商議價。如邀請二家以上廠商比價，有二家廠商投標者，即得比價；僅有一家廠商投標者，得當場改為議價辦理。

(二)適用之情形：

1. 公開招標依採購法第19條，機關辦理公告金額以上之採購，除依第20條選擇性招標及第22條限制性招標辦理者外，應公開招標。
2. 選擇性招標依採購法第20條，機關辦理公告金額以上之採購，符合下列情形者，得採選擇性招標：
   (1) 經常性採購。
   (2) 投標文件審查，須費時長久始能完成者。
   (3) 廠商準備投標需高額費用者。
   (4) 廠商資格條件複雜者。
   (5) 研究發展事項。

3. 限制性招標依採購法第22條，機關辦理公告金額以上之採購，符合下列情形之一者，得採限制性招標：
   (1) 以公開招標、選擇性招標或依第九款至第十一款公告程序辦理結果，無廠商投標或無合格標，且以原定招標內容及條件未經重大改變者。
   (2) 屬專屬權利、獨家製造或供應、藝術品、秘密諮詢，無其他合適之替代標的者。
   (3) 遇有不可預見之緊急事故，致無法以公開或選擇性招標程序適時辦理，且確有必要者。
   (4) 原有採購之後續維修、零配件供應、更換或擴充，因相容或互通性之需要，必須向原供應廠商採購者。
   (5) 屬原型或首次製造、供應之標的，以研究發展、實驗或開發性質辦理者。
   (6) 在原招標目的範圍內，因未能預見之情形，必須追加契約以外之工程，如另行招標，確有產生重大不便及技術或經濟上困難之虞，非洽原訂約廠商辦理，不能達契約之目的，且未逾原主契約金額百分之五十者。
   (7) 原有採購之後續擴充，且已於原招標公告及招標文件敘明擴充之期間、金額或數量者。
   (8) 在集中交易或公開競價市場採購財物。
   (9) 委託專業服務、技術服務、資訊服務或社會福利服務，經公開客觀評選為優勝者。
   (10) 辦理設計競賽，經公開客觀評選為優勝者。
   (11) 因業務需要，指定地區採購房地產，經依所需條件公開徵求勘選認定適合需要者。
   (12) 購買身心障礙者、原住民或受刑人個人、身心障礙福利機構或團體、政府立案之原住民團體、監獄工場、慈善機構及庇護工場所提供之非營利產品或勞務。

(13)委託在專業領域具領先地位之自然人或經公告審查優勝之學術或非營利機構進行科技、技術引進、行政或學術研究發展。

(14)邀請或委託具專業素養、特質或經公告審查優勝之文化、藝術專業人士、機構或團體表演或參與文藝活動或提供文化創意服務。

(15)公營事業為商業性轉售或用於製造產品、提供服務以供轉售目的所為之採購，基於轉售對象、製程或供應源之特性或實際需要，不適宜以公開招標或選擇性招標方式辦理者。

(16)其他經主管機關認定者。

4 政府採購法規定，廠商有該法第101條第1項所定各款情形者，於一定期間內，「不得參加投標或作為決標對象或分包廠商」，其立法理由為何？招標機關通知廠商有此等情形，應遵守何等程序要求？該法第101條第1項各款要件包含「情節重大」者，應如何認定？

解 (一)政府採購法（以下簡稱本法）第101條規範停權處分規定，係對廠商有違法或重大違約情形時，機關應將其情形通知廠商，並經異議及申訴之處理程序後，視其結果刊登於政府採購公報，作為各機關辦理其他採購案時，於招標文件規定該等廠商不得參加投標或作為決標對象或分包廠商之依據；參立法院108年4月30日修正政府採購法第101條修法理由，係為杜不良廠商之「違法」或「重大違約」行為，避免其再危害其他機關，並利建立廠商間之良性競爭環境。

(二)依本法第101條規定，機關辦理採購，發現廠商有應予以停權處分之事由，應將其事實、理由及依第103條第項所定期間通知廠商，並附記如未提出異議申訴或提出遭駁回者者，將刊登政府採購公報。對此行政院公共工程委員會已有函訂「政府採購法第101條執行注意事項」，敘明機關辦理採購，依本法第101條規定通知廠商將刊登政府採購公報，應先確認裁處權是否罹於時效及通知對象是否合宜；通知前，應給予廠商口頭或書面陳述意見之機會，並應成立採購工作及審查小組認定廠商（含經機關通知履行連帶保證責任之連帶保證廠商）是否該當採購法第101條第1項各款情形之一，避免錯誤通知廠商而發生爭議。

(三)本條所提「情節重大」，依前述政府採購法第101條執行注意事項第1點第2款第1目後段，機關審酌採購法第101條第1項所定情節重大，應依採購法第101條第4項規定考量機關所受損害之輕重、廠商可歸責之程度、廠商之實際補救或賠償措施等情形。

111年 鐵路特考員級

1 何謂公告金額？公告金額在政府採購過程中有何功能？

解 (一)公告金額的概念在於採購金額：

1. 政府採購按採購金額大小，區分為巨額採購、查核金額、公告金額及小額採購；依投標廠商資格與特殊或巨額採購認定標準第8條，採購金額在下列金額以上者，為巨額採購：工程採購，為新台幣二億元；財物採購，為新台幣一億元；勞務採購，為新台幣二千萬元。
2. 依行政院公共工程委員會函訂定政府採購法中查核金額、公告金額及小額採購金額（中華民國88年4月2日工程企字第8804490號）：
   (1) 查核金額：工程及財物採購為新臺幣五千萬元，勞務採購為新臺幣一千萬元。
   (2) 公告金額：工程、財物及勞務採購為新臺幣一百萬元。
   (3) 中央機關小額採購：為新臺幣十萬元以下之採購。
3. 惟現行採購公告金額經行政院公共工程委員會111年12月23日發布工程企字第1110100798號令，修正訂定查核金額、公告金額及中央機關小額金額，並自112年1月1日起生效：
   (1) 查核金額：工程及財物採購為新臺幣5,000萬元；勞務採購為新臺幣1,000萬元。
   (2) 公告金額：工程、財物及勞務採購為新臺幣150萬元。
   (3) 中央機關小額採購金額：新臺幣15萬元以下。

(二)公告金額規範之功能：公告金額以上之案件，係機關將採購資訊公開、廠商申訴等之門檻金額，為採購法所欲規範之主要範圍。機關辦理公告金額以上之採購，除依採購法第20條規定採選擇性招標及第22條採限制性招標辦理者外，應依第19條規定以公開招標為原則，其包括招標、審標、議價、決標甚至後續驗收等程序，相較於得簡化之未達公告金額案件，程序及審查密度較高。

2 何謂共同投標？行政機關如決定欲採行共同投標之前，應考量那些因素？

解 (一)所謂共同投標，依政府採購法第25條規定，為機關得視個別採購之特性，於招標文件中規定允許一定家數內之廠商共同投標。而2家以上廠商共同具名投標（投標時附共同投標協議書），於得標後共同具名簽約，負連帶履行契約之責，以承攬工程或提供財務、勞務之行為。共同投標以能增加廠商競爭或無不當限制競爭為限。另有主管機關訂定之共同投標辦法規範之。

(二)承上，共同投標是允許多家廠商合作投標機制，結合同業或不同專業之廠商，以整合資源，提高技術能力或引進國外先進技術，增加競爭能力。進而可以分為同業共同及異業共同2種，除其標案甚大或具特殊性必須有同業共同合作而需採同業共同投標者外，大多採異業共同投標。行政機關如決定欲採行共同投標之前，應考量個別採購之特性。

(三)而參考共同投標辦法第3條，本法第25條第1項所稱個別採購之特性，為下列情形之一：

1. 允許共同投標有利工作界面管理者。
2. 允許共同投標可促進競爭者。
3. 允許共同投標，以符合新工法引進或專利使用之需要者。
4. 其他經主管機關認定者。

3 甲廠商借用乙公司之牌照投標丙機關之工程採購標案，丙機關於審標時未發現而決標予甲廠商，在決標一個月後發還押標金予甲廠商後遭人檢舉，請問丙機關於發現後，依政府採購法應為何種處置？

解 (一)依政府採購法第50條第2項規定，決標或簽約後發現得標廠商於決標前有第一項情形者，應撤銷決標、終止契約或解除契約，並得追償損失。但撤銷決標、終止契約或解除契約反不符公共利益，並經上級機關核准者，不在此限；另同法第31條第2項規定，廠商有借用他人名義或證件投標，或容許他人借用本人名義或證件參加投標者，其所繳納之押標金，不予發還；其未依招標文件規定繳納或已發還者，並予追繳。

(二)如經查證，甲確為借用乙之牌照向丙之工程案件投標，則違反本法第50條規定，另同法31條規定亦有載明，違反借名投標規定者，其所繳納之押標金依法應不予發還。

(三)丙機關應撤銷本案決標予甲廠商之結果；又甲係於丙發還押標金後才遭人檢舉，因本案押標金應不予發還，故丙應對甲追繳已發還之押標金。

4 政府採購法中部分驗收之適用時機有那兩種？請說明之。

解 (一)依政府採購法（下稱本法）第71條第1項規定，機關辦理工程、財物採購，應限期辦理驗收，並得辦理部分驗收。而進一步規定在本法施行細則第99條，機關辦理採購，有部分先行使用之必要或已履約之部分有減損滅失之虞者，應先就該部分辦理驗收或分段查驗供驗收之用，並得就該部分支付價金及起算保固期間。是以可適用的時機有二：

1. 有部分先行使用之必要。
2. 已履約之部分有減損滅失之虞。

(二)又本法第72條第1項後段規定，其驗收結果不符部分非屬重要，而其他部分能先行使用，並經機關檢討認為確有先行使用之必要者，得經機關首長或其授權人員核准，就其他部分辦理驗收並支付部分價金。

111年 鐵路特考佐級

( ) **1** 下列何者不屬於政府採購法之採購？ (A)租用辦公大樓 (B)興建垃圾掩埋場 (C)清潔服務 (D)出售土地。

( ) **2** 採購兼有工程、財物、勞務二種以上性質，難以認定其歸屬者，應如何定性？ (A)按採購最主要目的歸屬之 (B)按採購數量或項目比例最高者歸屬之 (C)按採購性質所占預算金額比率最高者歸屬之 (D)授權採購機關認定其歸屬。

( ) **3** 台灣中油股份有限公司辦理查核金額以上之採購，應報請何機關派員監辦？ (A)行政院採購暨公共工程委員會 (B)財政部 (C)經濟部 (D)交通部。

( ) **4** 下列何者辦理採購，毋須適用政府採購法之規定？ (A)新北市政府 (B)臺灣新北地方法院 (C)新北市農會 (D)新北大眾捷運股份有限公司。

( ) **5** 下列何種情形之採購，毋須適用政府採購法之規定？ (A)A市立國民中學辦理新臺幣1000萬元之校舍改善工程採購，其中600萬元為學校家長捐助 (B)B市農會辦理新臺幣600萬之穀倉修繕工程，其中行政院農業委員會補助250萬元，B市政府補助150萬元 (C)台灣中油股份有限公司辦理新臺幣500萬之園區綠美化工程，其中行政院環境保護署補助200萬元 (D)國家表演藝術中心辦理新臺幣500萬元之藝文採購，其中文化部補助250萬元。

( ) **6** 機關依政府採購法第5條第1項規定委託法人或團體代辦採購，其委託屬於何種性質之採購？ (A)工程採購 (B)財物採購 (C)勞務採購 (D)兼有財物及勞務性質之混合採購。

( ) **7** 機關辦理工程採購，由二家以上之廠商共同具名投標，並於得標後共同具名簽約，連帶負履行採購契約之責。此為政府採購法所稱之何種情形？ (A)共同供應 (B)統包 (C)共同投標 (D)選擇性招標。

( ) **8** 機關辦理招標，應於招標文件中規定投標廠商須繳納押標金，但例外情形得免收。下列何者不屬之？ (A)以公開招標方式辦理採購金額新臺幣300萬元之勞務採購 (B)以選擇性招標方式辦理採購金額新臺幣95萬元之工程採購 (C)以選擇性招標方式辦理採購金額新臺幣250萬元之財物採購 (D)以議價方式辦理採購金額新臺幣300萬元之工程採購。

( ) **9** 下列何者並非採購機關應通知廠商將刊登政府採購公報停權之事由？ (A)受停業處分期間仍參加投標 (B)將原契約中應自行履行之主要部分，由其他廠商代為履行 (C)得標後無正當理由而不訂約 (D)廠商施工場所因安全衛生設施不良，致發生職業災害。

( ) **10** 關於政府採購法之招標方式，下列敘述何者正確？ (A)限制性招標須先辦理廠商資格審查，建立合格廠商名單，再邀請廠商參加投標 (B)選擇性招標指不經公開程序，逕邀特定廠商議價 (C)公開招標，如無廠商投標，得改採選擇性招標 (D)限制性招標得不經公告程序，邀請二家以上廠商比價。

( ) **11** 關於限制性招標，下列敘述何者錯誤？ (A)對專屬權利之採購，得採行之 (B)採公告程序 (C)得邀請二家以上廠商參與 (D)方式為比價或議價。

( ) **12** 機關發還廠商之押標金後，發現廠商有以不實文件投標之情事，向廠商追繳押標金。其請求權時效自發還日起算為幾年？ (A)3年 (B)5年 (C)10年 (D)15年。

( ) **13** A縣政府辦理B漁港廢棄物清運勞務採購，清運作業分為漁港南岸及北岸區域，由南岸與北岸各區域之最低標得標。此採購案應屬何種決標方式？ (A)最有利標 (B)複數決標 (C)聯合決標 (D)共同供應契約決標。

( ) **14** A國立大學以公開招標方式辦理學生宿舍新建工程，第一次公告僅有一家廠商投標，此為政府採購法所稱下列何種情形？ (A)流標 (B)廢標 (C)棄標 (D)綁標。

( ) **15** 甲廠商於機關採購案交付公務員乙新臺幣100萬元之回扣，以促成採購契約之成立，案經查證屬實。下列相關敘述何者錯誤？ (A)機關得追繳甲廠商之押標金 (B)該採購契約自始無效 (C)機關得終止或解除契約，並將二倍之不正利益自契約價款中扣除 (D)機關得通知甲廠商將刊登政府採購公報停權。

( ) **16** 機關辦理採購，於招標文件內敘明理由及決標條件與原則，得不訂底價之情形，下列何者不屬之？ (A)訂定底價確有困難之複雜案件 (B)開口契約採購 (C)以最有利標決標之採購 (D)小額採購。

( ) **17** 不同投標廠商間之投標文件內容有重大異常關聯，機關於開標後發現，決定不予決標，致採購程序無法繼續進行。機關應如何處理？ (A)宣布流標 (B)宣布廢標 (C)採行替代方案 (D)採行協商措施。

( ) **18** 機關辦理採購開標結果，合於招標文件規定之投標廠商之最低標價仍超過底價。機關應如何接續處理？ (A)宣布廢標 (B)洽該最低標廠商減價一次 (C)由所有合於招標文件規定之投標廠商比減價格 (D)由該最低標廠商以底價承作。

( ) **19** 訂有底價採最低標決標之採購，最低標廠商之總標價僅為底價百分之六十，機關認為顯不合理，有不能誠信履約之虞，得如何處理？ (A)宣布廢標 (B)逕決標於次低標廠商 (C)限期通知廠商提出說明或擔保 (D)採行協商措施。

( ) **20** 採購案件驗收結果與規定不符，得於必要時減價收受。關於減價收受，下列敘述何者錯誤？ (A)須不妨礙安全及使用需求，亦無減少通常效用或契約預定效用 (B)經機關檢討不必拆換或拆換確有困難 (C)公告金額以上之案件，應先報經上級機關核准 (D)採購契約得約定減價收受時，以減價金額一定倍數為懲罰性違約金。

( ) **21** 得標廠商違法轉包其他廠商時，下列何者並非機關得採取之措施？ (A)解除或終止契約 (B)沒收保證金 (C)減價收受 (D)通知廠商將刊登政府採購公報停權。

(　　) **22** 關於政府採購法中轉包與分包之規定，下列敘述何者正確？ (A)工程、財物及勞務契約，得標廠商均應自行履行，不得轉包 (B)廠商履行財物契約，其須經一定履約過程，非以現物供應者，不得分包 (C)得標廠商違反規定轉包時，轉包廠商與得標廠商對機關負連帶履行及損害賠償責任 (D)得標廠商將採購分包予其他廠商時，分包廠商取得對機關之價金及報酬請求權。

(　　) **23** 關於政府採購案件之驗收，下列敘述何者正確？ (A)機關辦理財物採購，應限期辦理驗收，且不得部分驗收 (B)機關承辦採購單位之人員為主辦採購之主驗人 (C)會驗人員為接管或使用單位之人員 (D)即買即用之財物採購，不論現場查驗有無困難，均得採書面驗收。

(　　) **24** 下列何種採購案件之履約爭議調解，如因機關不同意採購申訴委員會之調解建議，致調解不成立者，廠商提付仲裁，機關不得拒絕？ (A)A市立國民小學之校舍耐震補強工程採購案 (B)B市政府之大樓清潔勞務採購案 (C)C市立美術館之藝文採購案 (D)台灣電力公司之電腦資訊設備採購案。

(　　) **25** 廠商參與國立A大學之排水改善工程採購案，認為A大學之決標違法，損害其權利，依政府採購法之規定，應如何救濟？ (A)向教育部提起訴願 (B)向A大學提出異議 (C)向教育部提出申訴 (D)向採購申訴審議委員會提出申訴。

(　　) **26** A廠商參與台灣自來水公司辦理公告金額以上之資訊服務採購案，認為台灣自來水公司之決標違法，經異議程序後仍不服異議處理結果，後續應如何救濟？ (A)異議處理結果並非行政處分，A廠商依法不得續行救濟 (B)向經濟部提起訴願 (C)向採購申訴審議委員會提起申訴 (D)逕向該管行政法院提起行政訴訟。

(　　) **27** 依政府採購法之規定，下列何種情形並非得通知廠商將刊登政府採購公報停權之事由？ (A)歧視婦女，情節重大 (B)擅自減省工料，情節重大 (C)違反環境保護或勞動安全相關法律，情節重大 (D)驗收後不履行保固責任，情節重大。

( ) **28** A廠商為B市政府工程採購案之得標廠商，因可歸責於A廠商之事由，延誤履約期限，情節重大，經B市政府通知將刊登政府採購公報。假設A廠商本次通知前2年已因違法轉包遭刊登一次，則本次通知刊登之停權期間為何？ (A)自刊登之次日起3個月 (B)自刊登之次日起6個月 (C)自刊登之次日起1年 (D)自刊登之次日起3年。

( ) **29** 關於機關成立採購評選委員會，下列敘述何者正確？ (A)機關辦理複數決標應成立採購評選委員會 (B)評選委員會應有五人以上，其中專家學者不得少於二分之一 (C)專家學者不得為政府機關之現職人員 (D)評選委員會應於決標前成立，並於完成評選事宜且無待處理事項後解散。

( ) **30** 政府採購法中關於環境保護之相關規定，下列敘述何者正確？ (A)廠商提供取得環保標章之產品者，應成為機關優先決標之對象 (B)效能相同之產品，取得環保標章者，採購機關得優先採購並允許百分之十以下之價差 (C)違反環境保護之相關法規情節重大之廠商，機關得於一定期間內禁止其投標或成為分包廠商 (D)機關得以促進環境保護之目的擬定技術規格，無須標示「或同等品」。

( ) **31** 台灣電力公司辦理採購，發現廠商驗收後不履行保固責任，情節重大，擬依政府採購法第101條通知廠商將刊登政府採購公報。下列敘述何者錯誤？ (A)台灣電力公司為通知前，應給予廠商口頭或書面陳述意見之機會 (B)台灣電力公司應成立採購工作及審查小組認定廠商是否該當通知刊登之事由 (C)台灣電力公司審酌是否情節重大，應考量其所受損害之輕重、廠商可歸責之程度、廠商之實際補救或賠償措施等情形 (D)廠商如不服台灣電力公司之通知，得於接獲通知之次日起20日內，以書面向行政院公共工程委員會採購申訴審議委員會提出申訴。

( ) **32** 廠商對於機關刊登政府採購公報之通知，如有不服，應如何救濟？ (A)向機關提出異議 (B)向機關提出申訴 (C)向法院提出訴訟 (D)向仲裁機關申請仲裁。

( ) **33** 疫情期間政府採購防疫物資，得不適用政府採購法招標、決標之規定，主要理由為： (A)組織口罩國家隊不必適用政府採購法 (B)對外國採購不必適用政府採購法 (C)國家遇有癘疫，需緊急處置之採購事項，得不適用政府採購法 (D)防疫物資取得不易。

( ) **34** 採購申訴審議委員會所為之審議判斷，其效力及後續救濟如何？ (A)為一般處分，如有不服，請上級糾正 (B)為行政指導，如有不服，無從救濟 (C)視同訴願決定，如有不服，提起行政訴訟 (D)為行政處分，如有不服，提起訴願。

( ) **35** 關於機關辦理採購應訂定底價的規定，下列何者正確？ (A)以最有利標決標之採購，得不訂底價 (B)公開招標底價訂定時間，應於簽約前定之 (C)限制性招標得不訂底價 (D)小額採購底價訂定時間，應於決標前定之。

( ) **36** 因應COVID-19疫情影響，機關辦理開標、決標得採行下列何種處理方式？ (A)無法依招標文件所定時間開標、決標者，得暫緩開標決標 (B)移到下一年度預算執行開標 (C)依投標文件規定日期開標、決標 (D)由機關首長決定。

( ) **37** 廠商有下列何種情形，經機關於開標前發現者，其所投之標應不予開標： (A)有其他影響採購公正之違反法令行為 (B)依招標文件之規定投標 (C)投標文件內容符合招標文件之規定 (D)不同投標廠商間投標文件內容不一致。

( ) **38** 各機關履約中之政府採購案件，因COVID-19疫情，致廠商未能依契約履行者，應如何處理？ (A)無限期停工 (B)重新招標 (C)依遲延工期處罰 (D)疫情屬於天災或事變不可抗力，得展延履約期限。

( ) **39** 政府採購的爭議處理管道之一是「強制仲裁」，係在何種情況下進行？ (A)採購爭議一律送仲裁 (B)政府採購契約應有仲裁約定 (C)工程及財物採購之調解建議，機關不同意致調解不成立者，廠商提付仲裁，機關不得拒絕 (D)工程及技術服務採購之調解建議，機關不同意致調解不成立者，廠商提付仲裁，機關不得拒絕。

( ) **40** 機關以公開招標方式評選優勝廠商議價，此種招標案性質如何？ (A)公開招標 (B)限制性招標 (C)自創法規所無之招標方式，違法 (D)綜合各種招標方式，合法。

( ) **41** 機關製作標單規定「O協會會員」方可投標，其屬於下列何項行為？ (A)屬於機關預算自由原則 (B)屬於國產品優先問題 (C)屬於公協會自治事項 (D)屬於不當限制競爭。

( ) **42** 有關機關辦理驗收應注意事項，下列敘述何者正確？ (A)驗收人對勞務隱蔽部分，於必要時得拆驗或化驗 (B)驗收結果與規定不符，沒有減價收受空間 (C)機關辦理工程、勞務採購得辦理部分驗收 (D)機關辦理工程、財物採購得辦理部分驗收。

( ) **43** 有關辦理選擇性招標之敘述，下列何者正確？ (A)私下選擇廠商參與投標 (B)以公告方式辦理廠商資格審查，再行邀請符合資格廠商投標 (C)對非經常性採購可以採之 (D)對研究發展事項不可採之。

( ) **44** 機關對廠商所繳納之押標金，應如何處理？ (A)廠商得標後拒不簽約時，不予發還 (B)以金融機構支票繳交者不予發還 (C)決標後加計利息發還 (D)廢標後不必發還。

( ) **45** 廠商辦理公告金額以上之採購，何種情況之下可採限制性招標？ (A)藝術品採購但有其他合適之替代標的 (B)非原有採購之後續維修 (C)非原有採購之後續擴充 (D)參與文藝活動或提供文化創意服務。

( ) **46** A國立大學執行B政府機關標案，因計畫主持人C赴中國大陸未在臺灣任教，致該標案履行嚴重延誤，B機關解除契約，並依政府採購法第101條第1項第3款、第10款及第12款刊登政府採購公報，A大學未在法定期限內提起異議，請問B機關應如何處理？
(A)刊登政府採購公報
(B)請計畫主持人C返臺完成該標案
(C)請A大學繳還已支付之金額
(D)提供A大學展延工期以期完成標案。

( ) **47** 廠商對機關辦理採購，如有招標文件之釋疑，向機關提出之救濟方式為何？ (A)異議 (B)申訴 (C)調解 (D)仲裁。

( ) **48** 關於政府採購應如何建立合格廠商名單，下列何者正確？
(A)合格廠商名單一經決定不能變更
(B)經常性採購，應建立6家以上合格廠商名單
(C)機關為辦理公開招標，得預先辦理合格廠商名單
(D)合格廠商名單應列入機密，不得檢討修正。

( ) **49** 國內外物價有上漲趨勢，行政院公共工程委員會「工程採購契約範本」如何處理物價指數調整？
(A)不論工程是否長於1年，各機關物價指數調整之規定納入招標文件
(B)契約中由雙方決定是否列入物價調整指數
(C)契約中明定「本工程無物價指數調整規定」之條款
(D)物價上漲為景氣使然，風險應由承包廠商負擔，不必規定。

( ) **50** 政府機關承租辦公大樓屬於何種類型之採購？
(A)工程採購 (B)財物採購
(C)勞務採購 (D)兼具工程及財物性質之混合採購。

解答與解析 （答案標示為#者，依官方曾公告更正該題答案。）

1 (D)。依政府採購法第2條規定，本法所稱採購，指工程之定作、財物之買受、定製、承租及勞務之委任或僱傭等。
另租用辦公大樓屬財物採購、興建垃圾掩埋場屬工程採購、清潔服務屬勞務採購。

2 (C)。依政府採購法第7條第4項規定，採購兼有工程、財物、勞務二種以上性質，難以認定其歸屬者，按其性質所占預算金額比率最高者歸屬之。

3 (C)。依政府採購法第12條第1項規定，機關辦理查核金額以上採購之開標、比價、議價、決標及驗收時，應於規定期限內，檢送相關文件報請上級機關派員監辦；上級機關得視事實需要訂定授權條件，由機關自行辦理。而台灣中油股份有限公司為經濟部所屬之國營事業，上級機關係為經濟部。

4 (C)。依政府採購法第3條規定，政府機關、公立學校、公營事業辦理採購，依本法之規定；本法未規定者，適用其他法律之規定。
又依農會法第2條規定，農會為法人，非屬本法所指之適用政府採購法之機關。

5 (D)。(A)(C)依政府採購法第3條規定，政府機關、公立學校、公營事業辦理採購，依本法之規定；本法未規定者，適用其他法律之規定。(B)(D)依政府採購法第4條規定，法人或團體接受機關補助辦理採購，其補助金額占採購金額半數以上，且補助金額在公告金額以上者，適用本法之規定，並應受該機關之監督。藝文採購不適用前項規定，但應受補助機關之監督；其辦理原則、適用範圍及監督管理辦法，由文化部定之。

6 (C)。依政府採購法施行細則第4條第1項前段規定，機關依本法第五條第一項規定委託法人或團體代辦採購，其委託屬勞務採購。

7 (C)。依政府採購法第25條第2項規定，共同投標係指二家以上之廠商共同具名投標，並於得標後共同具名簽約，連帶負履行採購契約之責，以承攬工程或提供財物、勞務之行為。

8 (C)。依政府採購法第30條第1項規定，機關辦理招標，應於招標文件中規定投標廠商須繳納押標金；得標廠商須繳納保證金或提供或併提供其他擔保。但有下列情形之一者，不在此限：

一、勞務採購，以免收押標金、保證金為原則。

二、未達公告金額之工程、財物採購，得免收押標金、保證金。

三、以議價方式辦理之採購，得免收押標金。

四、依市場交易慣例或採購案特性，無收取押標金、保證金之必要或可能。

新臺幣250萬元已達財物採購之公告金額門檻。

9 (D)。 依政府採購法第101條第1項規定，機關辦理採購，發現廠商有下列情形之一，應將其事實、理由及依第一百零三條第一項所定期間通知廠商，並附記如未提出異議者，將刊登政府採購公報：

一、容許他人借用本人名義或證件參加投標者。

二、借用或冒用他人名義或證件投標者。

三、擅自減省工料，情節重大者。

四、以虛偽不實之文件投標、訂約或履約，情節重大者。

五、受停業處分期間仍參加投標者。

六、犯第八十七條至第九十二條之罪，經第一審為有罪判決者。

七、得標後無正當理由而不訂約者。

八、查驗或驗收不合格，情節重大者。

九、驗收後不履行保固責任，情節重大者。

十、因可歸責於廠商之事由，致延誤履約期限，情節重大者。

十一、違反第六十五條規定轉包者。

十二、因可歸責於廠商之事由，致解除或終止契約，情節重大者。

十三、破產程序中之廠商。

十四、歧視性別、原住民、身心障礙或弱勢團體人士，情節重大者。

十五、對採購有關人員行求、期約或交付不正利益者。

10 (D)。 依政府採購法第18條規定：

「Ⅰ採購之招標方式，分為公開招標、選擇性招標及限制性招標。

Ⅱ本法所稱公開招標，指以公告方式邀請不特定廠商投標。

Ⅲ本法所稱選擇性招標，指以公告方式預先依一定資格條件辦理廠商資格審查後，再行邀請符合資格之廠商投標。

Ⅳ本法所稱限制性招標，指不經公告程序，邀請二家以上廠商比價或僅邀請一家廠商議價。」

11 (B)。 依政府採購法第18條第4項規定，本法所稱限制性招標，指不經公告程序，邀請二家以上廠商比價或僅邀請一家廠商議價。

12 (B)。 依政府採購法第31條第4項規定，第二項追繳押標金之請求權，因五年間不行使而消滅。

13 (B)。 依政府採購法第52條第1項第4款規定，機關辦理採購之決標，應依下列原則之一辦理，並應載明於招標文件中：四、採用複數決標之方式：機關得於招標文件中公告保留之採購項目或數量選擇之組合權利，但應合於最低價格或最有利標之競標精神。

14 (A)。 依政府採購法第48條第2項規定，第一次開標，因未滿三家而流標者，第二次招標之等標期間得予縮短，並得不受前項三家廠商之限制。

15 (B)。 本案契約並非自始無效，依政府採購法第59條規定：

「Ⅰ廠商不得以支付他人佣金、比例金、仲介費、後謝金或其他不正利益為條件，促成採購契約之成立。

Ⅱ違反前項規定者，機關得終止或解除契約，並將二倍之不正利益自契約價款中扣除。未能扣除者，通知廠商限期給付之。」

16 (B)。 依政府採購法第47條第1項規定，機關辦理下列採購，得不訂底價。但應於招標文件內敘明理由及決標條件與原則：

一、訂定底價確有困難之特殊或複雜案件。

二、以最有利標決標之採購。

三、小額採購。

17 (B)。

(1) 依政府採購法第50條第1項第5款規定，投標廠商有下列情形之一，經機關於開標前發現者，其所投之標應不予開標；於開標後發現者，應不決標予該廠商：五、不同投標廠商間之投標文件內容有重大異常關聯。

(2) 再依同條第3項規定，第一項不予開標或不予決標，致採購程序無法繼續進行者，機關得宣布廢標。

18 (B)。 依政府採購法第53條第1項規定，合於招標文件規定之投標廠商之最低標價超過底價時，得洽該最低標廠商減價一次；減價結果仍超過底價時，得由所有合於招標文件規定之投標廠商重新比減價格，比減價格不得逾三次。

19 (C)。 依政府採購法第58條規定，機關辦理採購採最低標決標時，如認為最低標廠商之總標價或部分標價偏低，顯不合理，有降低品質、不能誠信履約之虞或其他特殊情形，得限期通知該廠商提出說明或擔保。廠商未於機關通知期限內提出合理之說明或擔保者，得不決標予該廠商，並以次低標廠商為最低標廠商。

20 (C)。 依政府採購法第72條第2項規定，驗收結果與規定不符，而不妨礙安全及使用需求，亦無減少通常效用或契約預定效用，經機關檢討不必拆換或拆換確有困難者，得於必要時減價收受。其在查核金額以上之採購，應先報經上級機關核准；未達查核金額之採購，應經機關首長或其授權人員核准。

21 (C)。

(1) 依政府採購法第66條第1項規定，得標廠商違反前條規定轉包其他廠商時，機關得解除契約、終止契約或沒收保證金，並得要求損害賠償。

(2) 另依同法第101條第1項第11款規定，機關辦理採購，發現廠商有下列情形之一，應將其事實、理由及依第一百零三條第一項所定期間通知廠商，並附記如未提出異議者，將刊登政府採購公報：十一、違反第六十五條規定轉包者。

22 (C)。

(A) 依政府採購法第65條第1項規定，得標廠商應自行履行工程、勞務契約，不得轉包。

(B) 依政府採購法第67條第1項規定，得標廠商得將採購分包予其他廠商。稱分包者，謂非轉包而將契約之部分由其他廠商代為履行。

(D) 依政府採購法第67條第2項規定，分包契約報備於採購機關，並得標廠商就分包部分設定權利質權予分包廠商者，民法第五百十三條之抵押權及第八百十六條因添附而生之請求權，及於得標廠商對於機關之價金或報酬請求權。

23 (C)。 (A)(B)(C)依政府採購法第71條規定：

「Ⅰ機關辦理工程、財物採購，應限期辦理驗收，並得辦理部分驗收。

Ⅱ驗收時應由機關首長或其授權人員指派適當人員主驗，通知接管單位或使用單位會驗。

Ⅲ機關承辦採購單位之人員不得為所辦採購之主驗人或樣品及材料之檢驗人。

Ⅳ前三項之規定，於勞務採購準用之。」

(D)依政府採購法施行細則第90條第1項第2款規定，機關依本法第七十一條第一項規定辦理下列工程、財物採購之驗收，得由承辦採購單位備具書面憑證採書面驗收，免辦理現場查驗：二、即買即用或自供應至使用之期間甚為短暫，現場查驗有困難者。」

24 (A)。 依政府採購法第85-1條第2項規定，前項調解屬廠商申請者，機關不得拒絕。工程及技術服務採購之調解，採購申訴審議委員會應提出調解建議或調解方案；其因機關不同意致調解不成立者，廠商提付仲裁，機關不得拒絕。

25 (B)。 依政府採購法第75條第1項前段規定，廠商對於機關辦理採購，認為違反法令或我國所締結之條約、協定（以下合稱法令），致損害其權利或利益者，得於法定期限內，以書面向招標機關提出異議。

26 (C)。 依政府採購法第76條第1項規定，廠商對於公告金額以上採購異議之處理結果不服，或招標機關逾前條第二項所定期限不為處理者，得於收受異議處理結果或期限屆滿之次日起十五日內，依其屬中央機關或地方機關辦理之採購，以書面分別向主管機關、直轄市或縣（市）政府所設之採購申訴審議委員會申訴。地方政府未設採購申訴審議委員會者，得委請中央主管機關處理。

27 (C)。 依政府採購法第101條第1項規定，機關辦理採購，發現廠商有下列情形之一，應將其事實、理由及依第一百零三條第一項所定期間通知廠商，並附記如未提出異議者，將刊登政府採購公報：

一、容許他人借用本人名義或證件參加投標者。

二、借用或冒用他人名義或證件投標者。

三、擅自減省工料，情節重大者。

四、以虛偽不實之文件投標、訂約或履約，情節重大者。

五、受停業處分期間仍參加投標者。

六、犯第八十七條至第九十二條之罪，經第一審為有罪判決者。

七、得標後無正當理由而不訂約者。

八、查驗或驗收不合格，情節重大者。

九、驗收後不履行保固責任，情節重大者。

十、因可歸責於廠商之事由，致延誤履約期限，情節重大者。

十一、違反第六十五條規定轉包者。

十二、因可歸責於廠商之事由，致解除或終止契約，情節重大者。

十三、破產程序中之廠商。

十四、歧視性別、原住民、身心障礙或弱勢團體人士，情節重大者。

十五、對採購有關人員行求、期約或交付不正利益者。

28 (B)。 依政府採購法第103條第1項第3款規定，依前條第三項規定刊登於政府採購公報之廠商，於下列期間內，不得參加投標或作為決標對象或分包廠商：三、有第一百零一條第一項第七款至第十二款情形者，於通知日起前五年內未被任一機關刊登者，自刊登之次日起三個月；已被任一機關刊登一次者，自刊登之次日起六個月；已被任一機關刊登累計二次以上者，自刊登之次日起一年。但經判決撤銷原處分者，應註銷之。

29 (C)。 (A)依採購評選委員會組織準則第2條，機關為辦理下列事項，應就各該採購案成立採購評選委員會（以下簡稱本委員會）：一、本法第二十二條第一項第九款或第十款規定之評選優勝者。二、本法第五十六條規定之評定最有利標或向機關首長建議最有利標。(B)(C)依政府採購法第94條規定：「Ⅰ機關辦理評選，應成立五人以上之評選委員會，專家學者人數不得少於三分之一，其名單由主管機關會同教育部、考選部及其他相關機關建議之。Ⅱ前項所稱專家學者，不得為政府機關之現職人員。Ⅲ評選委員會組織準則及審議規則，由主管機關定之。」(D)依採購評選委員會組織準則第3條第1項前段，本委員會應於招標前成立，並於完成評選事宜且無待處理事項後解散。

30 (B)。 依政府採購法第96條第1項規定，機關得於招標文件中，規定優先採購取得政府認可之環境保護標章使用許可，而其效能相同或相似之產品，並得允許百分之十以下之價差。產品或其原料之製造、使用過程及廢棄物處理，符合再生材質、可回收、低污染或省能源者，亦同。

31 (D)。 依政府採購法第102條第1項規定，廠商對於機關依前條所為之通知，認為違反本法或不實者，得於接獲通知之次日起二十日內，以書面向該機關提出異議。

32 (A)。依政府採購法第102條第1項規定，廠商對於機關依前條所為之通知，認為違反本法或不實者，得於接獲通知之次日起二十日內，以書面向該機關提出異議。

33 (C)。依政府採購法第105條第1項第1款規定，機關辦理下列採購，得不適用本法招標、決標之規定。一、國家遇有戰爭、天然災害、癘疫或財政經濟上有重大變故，需緊急處置之採購事項。

34 (C)。依政府採購法第83條規定，審議判斷，視同訴願決定。

35 (A)。(B)(C)依政府採購法第46條第2項規定，底價之訂定時機，依下列規定辦理：

一、公開招標應於開標前定之。

二、選擇性招標應於資格審查後之下一階段開標前定之。

三、限制性招標應於議價或比價前定之。

(D)依同法第47條第1項第3款規定，機關辦理下列採購，得不訂底價。但應於招標文件內敘明理由及決標條件與原則：……三、小額採購。

36 (A)。依政府採購法第48條第1項規定，機關依本法規定辦理招標，除有下列情形之一不予開標決標外，有三家以上合格廠商投標，即應依招標文件所定時間開標決標：

一、變更或補充招標文件內容者。

二、發現有足以影響採購公正之違法或不當行為者。

三、依第八十二條規定暫緩開標者。

四、依第八十四條規定暫停採購程序者。

五、依第八十五條規定由招標機關另為適法之處置者。

六、因應突發事故者。

七、採購計畫變更或取銷採購者。

八、經主管機關認定之特殊情形。

本案因應COVID-19疫情影響之採購案件，應有適用本項第6至8款之餘地。

37 (A)。依政府採購法第50條第1項規定，投標廠商有下列情形之一，經機關於開標前發現者，其所投之標應不予開標；於開標後發現者，應不決標予該廠商：

一、未依招標文件之規定投標。

二、投標文件內容不符合招標文件之規定。

三、借用或冒用他人名義或證件投標。

四、以不實之文件投標。

五、不同投標廠商間之投標文件內容有重大異常關聯。

六、第一百零三條第一項不得參加投標或作為決標對象之情形。
七、其他影響採購公正之違反法令行為。

38 (D)。依採購契約要項第49點，機關及廠商因天災或事變等不可抗力或不可歸責於契約當事人之事由，致未能依時履約者，得展延履約期限；不能履約者，得免除契約責任。

39 (D)。依政府採購法第85-1條第2項後段規定，工程及技術服務採購之調解，採購申訴審議委員會應提出調解建議或調解方案；其因機關不同意致調解不成立者，廠商提付仲裁，機關不得拒絕。

40 (C)。政府採購法於第18至23條，針對招標程序進行了規範。而機關以公開招標方式評選優勝廠商議價，則構成了政府採購錯誤行為態樣。
參行政院公共工程委員會109年9月18日工程企字第10901007461號令修訂之「政府採購錯誤行為態樣」中，五、決定招標方式：(二)自創法規所無之招標方式，例如：以公開招標方式評選優勝廠商議價；以公開評選方式評選廠商後辦理比價。

41 (D)。依政府採購法第37條第1項規定，機關訂定前條投標廠商之資格，不得不當限制競爭，並以確認廠商具備履行契約所必須之能力者為限。
參行政院公共工程委員會109年9月18日工程企字第10901007461號令修訂之「政府採購錯誤行為態樣」中，二、資格限制競爭：(五)限非屬法規規定之團體之會員方可投標，例如：某協會之會員。

42 (D)。
(A) 依政府採購法第72條第3項規定，驗收人對工程、財物隱蔽部分，於必要時得拆驗或化驗。
(B) 依政府採購法第72條第2項前段規定，驗收結果與規定不符，而不妨礙安全及使用需求，亦無減少通常效用或契約預定效用，經機關檢討不必拆換或拆換確有困難者，得於必要時減價收受。
(C) 依政府採購法第71條第1項規定，機關辦理工程、財物採購，應限期辦理驗收，並得辦理部分驗收。

43 (B)。依政府採購法第18條第3項規定，本法所稱選擇性招標，指以公告方式預先依一定資格條件辦理廠商資格審查後，再行邀請符合資格之廠商投標。
又依政府採購法第20條規定，機關辦理公告金額以上之採購，符合下列情形之一者，得採選擇性招標：

一、經常性採購。
二、投標文件審查，須費時長久始能完成者。
三、廠商準備投標需高額費用者。
四、廠商資格條件複雜者。
五、研究發展事項。

44 (A)。 依政府採購法第31條第1項規定，機關對於廠商所繳納之押標金，應於決標後無息發還未得標之廠商。廢標時，亦同。

45 (D)。 依政府採購法第22條第1項規定，機關辦理公告金額以上之採購，符合下列情形之一者，得採限制性招標：
一、以公開招標、選擇性招標或依第九款至第十一款公告程序辦理結果，無廠商投標或無合格標，且以原定招標內容及條件未經重大改變者。
二、屬專屬權利、獨家製造或供應、藝術品、秘密諮詢，無其他合適之替代標的者。
三、遇有不可預見之緊急事故，致無法以公開或選擇性招標程序適時辦理，且確有必要者。
四、原有採購之後續維修、零配件供應、更換或擴充，因相容或互通性之需要，必須向原供應廠商採購者。
五、屬原型或首次製造、供應之標的，以研究發展、實驗或開發性質辦理者。
六、在原招標目的範圍內，因未能預見之情形，必須追加契約以外之工程，如另行招標，確有產生重大不便及技術或經濟上困難之虞，非洽原訂約廠商辦理，不能達契約之目的，且未逾原主契約金額百分之五十者。
七、原有採購之後續擴充，且已於原招標公告及招標文件敘明擴充之期間、金額或數量者。
八、在集中交易或公開競價市場採購財物。
九、委託專業服務、技術服務、資訊服務或社會福利服務，經公開客觀評選為優勝者。
十、辦理設計競賽，經公開客觀評選為優勝者。
十一、因業務需要，指定地區採購房地產，經依所需條件公開徵求勘選認定適合需要者。
十二、購買身心障礙者、原住民或受刑人個人、身心障礙福利機構或團體、政府立案之原住民團體、監獄工場、慈善機構及庇護工場所提供之非營利產品或勞務。
十三、委託在專業領域具領先地位之自然人或經公告審查優勝之學術或非營利機構進行科技、技術引進、行政或學術研究發展。

十四、邀請或委託具專業素養、特質或經公告審查優勝之文化、藝術專業人士、機構或團體表演或參與文藝活動或提供文化創意服務。

十五、公營事業為商業性轉售或用於製造產品、提供服務以供轉售目的所為之採購，基於轉售對象、製程或供應源之特性或實際需要，不適宜以公開招標或選擇性招標方式辦理者。

十六、其他經主管機關認定者。

46 **(A)**。 依政府採購法第102條第3項規定，機關依同法第101條規定通知廠商後，廠商未於規定期限內提出異議或申訴，或經提出申訴結果不予受理或審議結果指明不違反本法或並無不實者，機關應即將廠商名稱及相關情形刊登政府採購公報。

47 **(A)**。 依政府採購法第75條第1項第2款規定，廠商對於機關辦理採購，認為違反法令或我國所締結之條約、協定（以下合稱法令），致損害其權利或利益者，得於下列期限內，以書面向招標機關提出異議：二、對招標文件規定之釋疑、後續說明、變更或補充提出異議者，為接獲機關通知或機關公告之次日起十日。

48 **(B)**。 依政府採購法第21條第1項規定，機關為辦理選擇性招標，得預先辦理資格審查，建立合格廠商名單。但仍應隨時接受廠商資格審查之請求，並定期檢討修正合格廠商名單。

49 **(A)**。 依民國95年8月25日工程企字第09500326530號函釋：「不論工期是否長於1年，均請各機關將本會訂頒『工程採購契約範本』第5條物價指數調整之相關規定納入招標文件，不宜於契約中訂定『本工程無物價指數調整規定』之條款，以降低雙方風險負擔。」

50 **(B)**。 依政府採購法第2條規定，本法所稱採購，指工程之定作、財物之買受、定製、承租及勞務之委任或僱傭等。

111年 合庫金控聯合甄試

( ) **1** 依政府採購法規定，下列何者不適用政府採購法之規定，僅受監督即可？ (A)內政部辦理工程採購 (B)台灣電力公司辦理勞務採購 (C)文化部邀請藝術專業人士提供文化創意服務 (D)文化部補助A公司辦理中秋節團體表演。

( ) **2** 台北市政府辦理下列何種採購，不適用政府採購法？ (A)買受車輛 (B)變賣車輛 (C)承租不動產 (D)投保團體保險。

( ) **3** 以公告方式預先依一定資格條件辦理廠商資格審查後，再行邀請符合資格之廠商投標，其屬於下列何種招標方式？ (A)公告招標 (B)公開招標 (C)限制性招標 (D)選擇性招標。

( ) **4** 有關得標廠商繳納押標金、保證金之規定，下列敘述何者正確？ (A)勞務採購，以免收押標金、保證金為原則 (B)公告金額以上之工程採購，得免收押標金、保證金 (C)公告金額以上之財物採購，得免收押標金、保證金 (D)以比價方式辦理之採購，得免收押標金。

( ) **5** 依政府採購法規定，有關廠商所繳納之押標金，得不予發還之情形，下列敘述何者錯誤？ (A)以虛偽不實的文件投標者 (B)借用他人名義或證件投標者 (C)冒用他人名義或證件投標者 (D)受停業處分期間仍參加投標者。

( ) **6** 廠商對招標文件內容有疑義者，應於招標文件規定之日期前，為下列何者之救濟？ (A)以書面向招標機關提出異議 (B)以書面向招標機關請求釋疑 (C)以書面向採購申訴審議委員會申訴 (D)向仲裁機構提付仲裁。

( ) **7** 將原契約中自行履行之全部或其主要部分，由其他廠商代為履行者，屬於下列何種採購行為？ (A)分包 (B)轉包 (C)共同承包 (D)統包。

( ) **8** 下列何種採購非屬政府採購法規定得不訂定底價之情形？ (A)訂定底價確有困難之特殊案件 (B)以最有利標決標之採購 (C)以議價決標之採購 (D)小額採購。

( ) **9** 有關轉包之規定，下列敘述何者錯誤？ (A)財物契約一律不得轉包 (B)勞務契約一律不得轉包 (C)工程契約一律不得轉包 (D)違法轉包廠商與得標廠商對機關負連帶履行及賠償責任。

( ) **10** 機關採最有利標決標時，下列敘述何者錯誤？ (A)價格或其與綜合評選項目評分之商數，得做為單獨評選之項目或決標之標準 (B)評定最有利標應附理由 (C)應先報經上級機關核准 (D)同質之工程、勞務或財務之採購不得為之。

( ) **11** 依政府採購法規定，對於採購之爭議處理，得提出異議及申訴者，下列何者非屬之？ (A)招標爭議 (B)審標爭議 (C)決標爭議 (D)履約爭議。

( ) **12** 政府採購法規定對不良廠商名單刊登政府採購公報，於一定期間內不得參加投標，其最短和最長期間分別為何？ (A)最短3個月，最長3年 (B)最短6個月，最長1年 (C)最短1年，最長3年 (D)最短3個月，最長6個月。

( ) **13** 依政府採購法規定，下列何種情況得採選擇性招標？ (A)投標文件審查，須費時長久始能完成者 (B)原有採購之後續維修 (C)屬專屬權利、獨家製造或供應 (D)辦理設計競賽，經公開客觀評選為優勝者。

( ) **14** 依政府採購法規定，機關與廠商因履約爭議未能達成協議者，應適用「強制仲裁」之爭議處理程序之採購，下列何者非屬之？ (A)建築新建之工程採購 (B)交通修建之工程採購 (C)專業服務 (D)技術服務。

( ) **15** 機關辦理採購採最低標決標時，如認為最低標廠商之總標價或部分標價偏低，顯不合理，有降低品質、不能誠信履約之虞或其他特殊情形，下列處置何者正確？ (A)不予決標 (B)逕行不決標予該廠商 (C)宣布廢標 (D)限期通知該廠商提出說明或擔保，廠商未於機關通知期限內提出合理之說明或擔保者，得不決標予該廠商，並以次低標廠商為最低標廠商。

( ) **16** 依政府採購法規定，得將一定情形之廠商列為於一定期間內，不得參加投標或作為決標對象或分包廠商。其中不包括下列何種情形？ (A)借用或冒用他人名義或證件投標者 (B)犯政府採購法第88條之罪，經檢察官起訴者 (C)驗收後不履行保固責任，情節重大者 (D)破產程序中之廠商。

( ) **17** 依政府採購法規定，本法所稱主管機關為何者？ (A)各機關之總務單位 (B)公平交易委員會 (C)各機關之需求單位 (D)行政院採購暨公共工程委員會。

( ) **18** 有關機關辦理公告金額以上之採購，得採限制性招標者，下列何者錯誤？ (A)經常性採購 (B)委託專業服務，經公開客觀評選為優勝者 (C)在集中交易市場採購財物 (D)購買身心障礙福利機構提供之非營利產品。

( ) **19** 有關機關訂定投標廠商之資格，下列限制何者符合政府採購法之規定？ (A)限有政府機關之實績者方可投標 (B)限制政黨與其具關係企業關係之廠商，不得參與投標 (C)限特定地區公會之會員方可投標 (D)限開標當時必須攜帶資格文件正本。

( ) **20** 採購兼有工程、財物、勞務二種以上性質，若難以認定其歸屬者，應適用下列何種類型政府採購態樣？ (A)三種採購程序均可適用 (B)適用占預算金額比率最高者 (C)依各單位總務機關決定 (D)行文詢問政府採購主管機關決定。

( ) **21** 有關爭議處理之申訴制度，下列敘述何者錯誤？
(A)申訴應具申訴書，並由申訴廠商簽名或蓋章
(B)採購申訴得僅就書面審議之
(C)申訴經撤回後，不得再行提出同一之申訴
(D)審議判斷，視同訴訟判決。

( ) **22** 依政府採購法規定之公開招標採購案，機關於宣告決標後，發現得標廠商於決標前，即有未依招標文件規定投標之瑕疵時，應如何處理？ (A)撤銷決標 (B)宣布廢標 (C)宣告次順位投標人得標 (D)命該廠商在三日內補正。

( ) **23** 依政府採購法規定，合於招標文件規定之投標廠商之最低標價超過底價時，得洽該最低標廠商減價一次；如減價結果仍超過底價時，得由所有合於招標文件規定之投標廠商重新比減價格，但其比減價格不得逾幾次？
(A)一次 (B)二次
(C)三次 (D)四次。

( ) **24** 有關機關辦理採購之「委託」或「代辦」，下列敘述何者錯誤？ (A)機關採購不得委託法人或團體代辦 (B)機關辦理採購，得依本法將其對規劃、設計、供應或履約業務之專案管理，委託廠商為之 (C)機關之採購，得洽由其他具有專業能力之機關代辦 (D)上級機關對於未具有專業採購能力之機關，得命其洽由其他具有專業能力之機關代辦採購。

( ) **25** 機關依政府採購法規定辦理招標，除有法定不予開標決標之情形外，在有幾家以上合格廠商投標時，即應依招標文件所定時間開標決標？ (A)二家 (B)三家 (C)四家 (D)五家。

( ) **26** 依政府採購法規定，機關辦理公告金額以上之下列何種勞務採購案，並不是以不訂底價之最有利標為原則？ (A)營運管理服務 (B)技術服務 (C)資訊服務 (D)文化創意服務。

( ) **27** 依政府採購法規定，有關政府機關辦理採購之決標原則，下列敘述何者錯誤？ (A)以合於招標文件規定之最有利標為得標廠商 (B)訂有底價之採購，以合於招標文件規定且在底價以內之最低標為得標廠商 (C)採複數決標時，機關不得於招標文件中，公告保留之採購項目或數量選擇之組合權利 (D)未訂底價之採購，以合於招標文件規定，標價合理且在預算數額以內之最低標為得標廠商。

( ) **28** 依政府採購法規定，得標廠商在國內員工總人數逾一百人者，應於履約期間僱用身心障礙者及原住民，人數不得低於總人數的多少比例？ (A)百分之一 (B)百分之二 (C)百分之三 (D)百分之四。

( ) **29** 依政府採購法規定，除契約另有約定之外，有關機關辦理工程採購的付款及審核程序，下列敘述何者錯誤？ (A)定期估驗或分階段付款者，機關應於廠商提出估驗或階段完成之證明文件十五日內完成審核程序，並於接到廠商提出之請款單據後，十五日內付款 (B)驗收付款者，機關應於驗收合格後，填具結算驗收證明文件，並於接到廠商請款單據後，十五日內付款 (C)如屬應向上級機關申請核撥補助款者，則計算付款之期限延為三十日 (D)付款期限之日數，包括例假日、特定假日及退請受款人補正之日數。

( ) **30** 廠商對於機關辦理採購，認為違反法令致損害其權利時，得以書面向招標機關提出異議。依政府採購法規定，有關該異議及機關處理期間，下列敘述何者錯誤？ (A)對招標文件規定提出異議者，為自公告或邀標之次日起等標期之四分之一，其尾數不足一日者，以一日計；但不得少於十日 (B)對招標文件規定之釋疑、後續說明、變更或補充提出異議者，為接獲機關通知或機關公告之次日起十日 (C)對採購之過程、結果提出異議者，自接獲機關通知或機關公告之次日起十日 (D)招標機關應自收受異議之次日起三十日內為適當之處理，並將處理結果以書面通知提出異議之廠商。

解答與解析

（答案標示為#者，依官方曾公告更正該題答案。）

1 (D)。 (A)(B)依政府採購法第3條規定，政府機關、公立學校、公營事業（以下簡稱機關）辦理採購，依本法之規定；本法未規定者，適用其他法律之規定。(C)依政府採購法第4條規定，法人或團體接受機關補助辦理採購，其補助金額占採購金額半數以上，且補助金額在公告金額以上者，適用本法之規定，並應受該機關之監督。而藝文採購不適用前項規定，但應受補助機關之監督。

2 (B)。 依政府採購法第2條規定，本法所稱採購，指工程之定作、財物之買受、定製、承租及勞務之委任或僱傭等。故財物變賣案不適用政府採購法。

3 (D)。 依政府採購法第18條第3項規定，本法所稱選擇性招標，指以公告方式預先依一定資格條件辦理廠商資格審查後，再行邀請符合資格之廠商投標。

4 (A)。 依政府採購法第30條第1項規定，機關辦理招標，應於招標文件中規定投標廠商須繳納押標金；得標廠商須繳納保證金或提供或併提供其他擔保。但有下列情形之一者，不在此限：

一、勞務採購，以免收押標金、保證金為原則。

二、未達公告金額之工程、財物採購，得免收押標金、保證金。

三、以議價方式辦理之採購，得免收押標金。

四、依市場交易慣例或採購案特性，無收取押標金、保證金之必要或可能。

5 (D)。 依政府採購法第31條第2項規定，廠商有下列情形之一者，其所繳納之押標金，不予發還；其未依招標文件規定繳納或已發還者，並予追繳：

一、以虛偽不實之文件投標。

二、借用他人名義或證件投標，或容許他人借用本人名義或證件參加投標。

三、冒用他人名義或證件投標。

四、得標後拒不簽約。

五、得標後未於規定期限內，繳足保證金或提供擔保。

六、對採購有關人員行求、期約或交付不正利益。

七、其他經主管機關認定有影響採購公正之違反法令行為。

6 (B)。 依政府採購法第41條第1項規定，廠商對招標文件內容有疑義者，應於招標文件規定之日期前，以書面向招標機關請求釋疑。

7 (B)。 依政府採購法第65條第2項規定，所稱轉包，指將原契約中應自行履行之全部或其主要部分，由其他廠商代為履行。

8 (C)。 依政府採購法第47條第1項規定，機關辦理下列採購，得不訂底價。但應於招標文件內敘明理由及決標條件與原則：

一、訂定底價確有困難之特殊或複雜案件。

二、以最有利標決標之採購。

三、小額採購。

9 (A)。 依政府採購法第65條第1項規定，得標廠商應自行履行工程、勞務契約，不得轉包。另依同條第3項規定反面解釋，廠商履行財物契約，其非需經一定履約過程，以現成財物供應者，即有例外得轉包之可能。

10 (D)。 (A)(B)依政府採購法第56條第1項規定，決標依第五十二條第一項第三款規定辦理者，應依招標文件所規定之評審標準，就廠商投標標的之技術、品質、功能、商業條款或價格等項目，作序位或計數之綜合評選，評定最有利標。價格或其與綜合評選項目評分之商數，得做為單獨評選之項目或決標之標準。未列入之項目，不得做為評選之參考。評選結果無法依機關首長或評選委員會過半數之決定，評定最有利標時，得採行協商措施，再作綜合評選，評定最有利標。評定應附理由。綜合評選不得逾三次。(C)依同條第3項規定，機關採最有利標決標者，應先報經上級機關核准。

11 (D)。 依政府採購法第74條規定，廠商與機關間關於招標、審標、決標之爭議，得依本章規定提出異議及申訴。

12 (A)。 依政府採購法第103條第1項規定，依前條第三項規定刊登於政府採購公報之廠商，於下列期間內，不得參加投標或作為決標對象或分包廠商：

一、有第一百零一條第一項第一款至第五款、第十五款情形或第六款判處有期徒刑者，自刊登之次日起三年。但經判決撤銷原處分或無罪確定者，應註銷之。

二、有第一百零一條第一項第十三款、第十四款情形或第六款判處拘役、罰金或緩刑者，自刊登之次日起一年。但經判決撤銷原處分或無罪確定者，應註銷之。

三、有第一百零一條第一項第七款至第十二款情形者，於通知日起前五年內未被任一機關刊登者，自刊登之次日起三個月；已被任一機關刊登一次者，自刊登之次日起六個月；已被任一機關刊登累計二次以上者，自刊登之次日起一年。但經判決撤銷原處分者，應註銷之。

13 (A)。依政府採購法第20條規定，機關辦理公告金額以上之採購，符合下列情形之一者，得採選擇性招標：

一、經常性採購。

二、投標文件審查，須費時長久始能完成者。

三、廠商準備投標需高額費用者。

四、廠商資格條件複雜者。

五、研究發展事項。

14 (C)。依政府採購法第85-1條第2項後段規定，工程及技術服務採購之調解，採購申訴審議委員會應提出調解建議或調解方案；其因機關不同意致調解不成立者，廠商提付仲裁，機關不得拒絕。

15 (D)。依政府採購法第58條規定，機關辦理採購採最低標決標時，如認為最低標廠商之總標價或部分標價偏低，顯不合理，有降低品質、不能誠信履約之虞或其他特殊情形，得限期通知該廠商提出說明或擔保。廠商未於機關通知期限內提出合理之說明或擔保者，得不決標予該廠商，並以次低標廠商為最低標廠商。

16 (B)。依政府採購法第101條第1項規定，機關辦理採購，發現廠商有下列情形之一，應將其事實、理由及依第一百零三條第一項所定期間通知廠商，並附記如未提出異議者，將刊登政府採購公報：

一、容許他人借用本人名義或證件參加投標者。

二、借用或冒用他人名義或證件投標者。

三、擅自減省工料，情節重大者。

四、以虛偽不實之文件投標、訂約或履約，情節重大者。

五、受停業處分期間仍參加投標者。

六、犯第八十七條至第九十二條之罪，經第一審為有罪判決者。

七、得標後無正當理由而不訂約者。

八、查驗或驗收不合格，情節重大者。

九、驗收後不履行保固責任，情節重大者。

十、因可歸責於廠商之事由，致延誤履約期限，情節重大者。

十一、違反第六十五條規定轉包者。

十二、因可歸責於廠商之事由，致解除或終止契約，情節重大者。

十三、破產程序中之廠商。

十四、歧視性別、原住民、身心障礙或弱勢團體人士，情節重大者。

十五、對採購有關人員行求、期約或交付不正利益者。

17 (D)。依政府採購法第9條第1項規定，本法所稱主管機關，為行政院採購暨公共工程委員會，以政務委員一人兼任主任委員。

18 (A)。依政府採購法第22條第1項規定，機關辦理公告金額以上之採購，符合下列情形之一者，得採限制性招標：

一、以公開招標、選擇性招標或依第九款至第十一款公告程序辦理結果，無廠商投標或無合格標，且以原定招標內容及條件未經重大改變者。

二、屬專屬權利、獨家製造或供應、藝術品、秘密諮詢，無其他合適之替代標的者。

三、遇有不可預見之緊急事故，致無法以公開或選擇性招標程序適時辦理，且確有必要者。

四、原有採購之後續維修、零配件供應、更換或擴充，因相容或互通性之需要，必須向原供應廠商採購者。

五、屬原型或首次製造、供應之標的，以研究發展、實驗或開發性質辦理者。

六、在原招標目的範圍內，因未能預見之情形，必須追加契約以外之工程，如另行招標，確有產生重大不便及技術或經濟上困難之虞，非洽原訂約廠商辦理，不能達契約之目的，且未逾原主契約金額百分之五十者。

七、原有採購之後續擴充，且已於原招標公告及招標文件敘明擴充之期間、金額或數量者。

八、在集中交易或公開競價市場採購財物。

九、委託專業服務、技術服務、資訊服務或社會福利服務，經公開客觀評選為優勝者。

十、辦理設計競賽，經公開客觀評選為優勝者。

十一、因業務需要，指定地區採購房地產，經依所需條件公開徵求勘選認定適合需要者。

十二、購買身心障礙者、原住民或受刑人個人、身心障礙福利機構或團體、政府立案之原住民團體、監獄工場、慈善機構及庇護工場所提供之非營利產品或勞務。

十三、委託在專業領域具領先地位之自然人或經公告審查優勝之學術或非營利機構進行科技、技術引進、行政或學術研究發展。

十四、邀請或委託具專業素養、特質或經公告審查優勝之文化、藝術專業人士、機構或團體表演或參與文藝活動或提供文化創意服務。

十五、公營事業為商業性轉售或用於製造產品、提供服務以供轉售目的所為之採購，基於轉售對象、製程或供應源之特性或實際需要，不適宜以公開招標或選擇性招標方式辦理者。

十六、其他經主管機關認定者。

19 (B)。 依政府採購法第38條第1項規定，政黨及與其具關係企業關係之廠商，不得參與投標。

20 (B)。 依政府採購法第7條第4項規定，採購兼有工程、財物、勞務二種以上性質，難以認定其歸屬者，按其性質所占預算金額比率最高者歸屬之。

21 (D)。 依政府採購法第83條規定，審議判斷，視同訴願決定。

22 (A)。 依政府採購法第50條規定：「Ｉ投標廠商有下列情形之一，經機關於開標前發現者，其所投之標應不予開標；於開標後發現者，應不決標予該廠商：一、未依招標文件之規定投標。二、投標文件內容不符合招標文件之規定。三、借用或冒用他人名義或證件投標。四、以不實之文件投標。五、不同投標廠商間之投標文件內容有重大異常關聯。六、第一百零三條第一項不得參加投標或作為決標對象之情形。七、其他影響採購公正之違反法令行為。

II決標或簽約後發現得標廠商於決標前有第一項情形者，應撤銷決標、終止契約或解除契約，並得追償損失。但撤銷決標、終止契約或解除契約反不符公共利益，並經上級機關核准者，不在此限。

III第一項不予開標或不予決標，致採購程序無法繼續進行者，機關得宣布廢標。」

23 (C)。 依政府採購法第53條第1項規定，合於招標文件規定之投標廠商之最低標價超過底價時，得洽該最低標廠商減價一次；減價結果仍超過底價時，得由所有合於招標文件規定之投標廠商重新比減價格，比減價格不得逾三次。

24 (A)。依政府採購法第5條第1項規定，機關採購得委託法人或團體代辦。

25 (B)。依政府採購法第48條第1項前段規定，機關依本法規定辦理招標，除有下列情形之一不予開標決標外，有三家以上合格廠商投標，即應依招標文件所定時間開標決標。

26 (A)。依政府採購法第52條第2項規定，機關辦理公告金額以上之專業服務、技術服務、資訊服務、社會福利服務或文化創意服務者，以不訂底價之最有利標為原則。

27 (C)。依政府採購法第52條第1項規定，機關辦理採購之決標，應依下列原則之一辦理，並應載明於招標文件中：

一、訂有底價之採購，以合於招標文件規定，且在底價以內之最低標為得標廠商。

二、未訂底價之採購，以合於招標文件規定，標價合理，且在預算數額以內之最低標為得標廠商。

三、以合於招標文件規定之最有利標為得標廠商。

四、採用複數決標之方式：機關得於招標文件中公告保留之採購項目或數量選擇之組合權利，但應合於最低價格或最有利標之競標精神。

28 (B)。依政府採購法第98條規定，得標廠商其於國內員工總人數逾一百人者，應於履約期間僱用身心障礙者及原住民，人數不得低於總人數百分之二，僱用不足者，除應繳納代金，並不得僱用外籍勞工取代僱用不足額部分。

29 (D)。依政府採購法第73-1條第1項規定，機關辦理工程採購之付款及審核程序，除契約另有約定外，應依下列規定辦理：

一、定期估驗或分階段付款者，機關應於廠商提出估驗或階段完成之證明文件後，十五日內完成審核程序，並於接到廠商提出之請款單據後，十五日內付款。

二、驗收付款者，機關應於驗收合格後，填具結算驗收證明文件，並於接到廠商請款單據後，十五日內付款。

三、前二款付款期限，應向上級機關申請核撥補助款者，為三十日。

30 (D)。依政府採購法第75條第1項規定，廠商對於機關辦理採購，認為違反法令或我國所締結之條約、協定（以下合稱法令），致損害其權利或利益者，得於下列期限內，以書面向招標機關提出異議：

一、對招標文件規定提出異議者，為自公告或邀標之次日起等標期之四分之一，其尾數不足一日者，以一日計。但不得少於十日。

二、對招標文件規定之釋疑、後續說明、變更或補充提出異議者，為接獲機關通知或機關公告之次日起十日。

三、對採購之過程、結果提出異議者，為接獲機關通知或機關公告之次日起十日。其過程或結果未經通知或公告者，為知悉或可得而知悉之次日起十日。但至遲不得逾決標日之次日起十五日。

111年 司法三等

1 何謂共同投標？其種類有那些？試舉例說明之。倘若招標機關的招標文件中並未允許廠商共同投標，而廠商卻以「施工團隊」名義結合同業共同投標，招標機關應如何處置？

解 (一)所謂共同投標定義及種類：

1. 所謂共同投標，依政府採購法第25條規定，為機關得視個別採購之特性，於招標文件中規定允許一定家數內之廠商共同投標。而2家以上廠商共同具名投標（投標時附共同投標協議書），於得標後共同具名簽約，負連帶履行契約之責，以承攬工程或提供財務、勞務之行為。共同投標以能增加廠商競爭或無不當限制競爭為限。另有主管機關訂定之共同投標辦法規範之。
2. 共同投標辦法第2條指出共同投標包括兩種情形：
   (1) 同業共同投標：參加共同投標之廠商均屬同一行業者。
   (2) 異業共同投標：參加共同投標之廠商均為不同行業者。
3. 另前揭辦法同條規定亦指出參加共同投標之廠商有二家以上屬同一行業者，視同同業共同投標。

(二)以「施工團隊」為由規避共同投標之限制：

1. 雖程序上以單一廠商進行投標，但實質上卻有共同投標之情形，於參與評審（選）時，仍因此較其他實質單一廠商進行投標者，具備更多資源和專業能力，顯然使該採購案陷於不公平競爭之狀態；更且日後如有履約糾紛，相關責任歸屬不無疑慮，影響機關保障及權益。
2. 是以如招標機關的招標文件中並未允許廠商共同投標，而廠商卻以「施工團隊」名義結合同業共同投標，屬於未依招標文件規定投標，構成以下條文所指情形：

(1) 政府採購法第50條第1項第2款：「投標廠商有下列情形之一，經機關於開標前發現者，其所投之標應不予開標；於開標後發現者，應不決標予該廠商：二、投標文件內容不符合招標文件之規定。」

(2) 以及前揭條文同項第7款：「七、其他影響採購公正之違反法令行為。」

3. 機關於開標前發現此類情形，應不予開標；於開標後發現者，機關應不予決標於該廠商；決標後或訂約後發現者，應撤銷決標、終止或解除契約，並得追償因此造成之損失。

2 工程採購案得標廠商因驗收不合格，經採購機關依政府採購法第101條第1項第8款：「查驗或驗收不合格，情節重大者。」之通知，將刊登政府採購公報，廠商不服依法提出異議及申訴均遭駁回，復向高等行政法院提起撤銷訴訟，並要求於判決確定前暫停刊登政府採購公報，否則如行政訴訟勝訴確定將提國賠，試問該要求是否於法有據？

解 (一)依政府採購法第101條規定刊登政府公報之法律性質應屬行政處分：

1. 依現行通說及實務見解，政府採購法第74條及第83條等將政府採購法的爭議分割為招審決爭議及履約爭議，救濟程序分別為行政法院及普通法院，因此行為定性也分別為公法及私法行為。

2. 則被認定為不良廠商而刊登於政府採購公報，相關救濟程序係至行政法院提起撤銷訴訟，是故定性為公法行為並無爭議，惟屬行政罰抑或單純行政處分，此尚有正反兩面見解。

3. 筆者以為刊登政府採購公報之處分，應屬於裁罰性之不利益處分，為行政罰法之規範範疇：

(1) 肯定見解如最高行政法院101年度6月份第1次庭長法官聯席會議決議，認一定期間內不得參加投標或作為決標對象或分包廠商之停權效果，屬於制裁行為，縱第101條第1項並非全屬於行政法的義務違反，另有契約義務的違反條款，但仍認為其具有制裁性，因此類推適用行政罰相關規範。

(2) 否定見解則認限制其在一定期間內不得參與公部門之投標，對其並無「固有既存財產」之權利剝奪，只有限制預期利益無法取得，不構成行政裁罰。

(3) 筆者以為刊登在政府採購公報上，不僅會限制廠商參與公部門標案機會，亦會對於廠商的名譽產生影響，此於民間商業活動上難謂毫無關聯，故顯屬具制裁性之行政處罰。

(二)依實務見解，刊登政府採購公報無須俟法院判決確定：

1. 依政府採購法第102條第2項規定，廠商提出申訴結果不予受理或審議結果指明不違反採購法或並無不實者，機關應即將廠商名稱及相關情形刊登政府採購公報；如廠商行政訴訟勝訴判決確定，則依第103條規定註銷之。

2. 則顯然機關將廠商刊登政府採購公報，既有容後註銷之規定，則前期刊登自無須俟法院判決確定；實務函釋公共工程委員會91年工程企字第91006565號說明亦然，公務員行使公權力是否構成國家賠償責任，仍應以行為之實有無故意或過失等不法情事為據，不能單以事後該行政處分遭撤銷以為論斷。

3. 再者，該廠商倘因招標機關違法處分致其聲譽、信用、工程實績受損，而有招標機關應負責任情事，亦非不得依據民法第195條第1項規定，向招標機關為請求回復名譽之適當處分，並請求賠償相當之金額，於權益上並非毫無保障。

(三)綜上所述，本案得標廠商要求判決確定前暫停刊登政府採購公報之主張無理由。

3 **歷來諸如政府官員或民意代表請託或關說政府採購，非但影響採購公正，甚至因而衍生貪瀆弊端，故而政府採購法明定請託或關說，不得做為評選之參考。請說明何謂請託或關說？採購人員遇有此情形，應如何處理？**

解 (一)請託或關說為高度不確定法律概念，其狀況例如機關辦理採購過程中，廠商未經法定請求釋疑、異議及申訴程序，對於採購的招標方式、廠商投標資格的訂定、採購標的之技術規格、審標、決標的結果要求放寬變更等，為違法或不當的要求即是。

(二)依政府採購法施行細則第16條規定，請託關說係指不循法定程序，對採購案提出下列要求：

1. 於招標前，對預定辦理之採購事項，提出請求。
2. 於招標後，對招標文件內容或審標、決標結果，要求變更。
3. 於履約及驗收期間，對契約內容或查驗、驗收結果，要求變更。

(三)而機關承辦採購、監辦採購人員，遇有請託或關說情形時，應：

1. 依政府採購法第16條規定，以書面為之或作成紀錄。
2. 施行細則有相關規定，該紀錄得以文字或錄音等方式為之，附於採購文件一併保存。
3. 另相關的書面或紀錄，政風機構得調閱之，請託或關說更不得作為評選之參考。

4 **機關決標或簽約後發現有應不予開標決標情形，依政府採購法之相關規定撤銷決標或解除契約後，後續應如何處理該採購案？**

解 (一)依政府採購法第50條規定：

1. 機關決標或簽約後發現有應不予開標決標情形，應撤銷決標、終止契約或解除契約，並得追償損失。

2. 前述應不予開標決標情形，包括：
   (1) 未依招標文件之規定投標。
   (2) 投標文件內容不符合招標文件之規定。
   (3) 借用或冒用他人名義或證件投標。
   (4) 以不實之文件投標。
   (5) 不同投標廠商間之投標文件內容有重大異常關聯。
   (6) 第103條第1項不得參加投標或作為決標對象之情形。
   (7) 其他影響採購公正之違反法令行為。
3. 而不予開標或不予決標，致採購程序無法繼續進行者，機關得宣布廢標；另依相關規定撤銷決標或解除契約後，原則得以追償損失續辦，例外於撤銷決標或解除契約反不符公共利益，並經上級機關核准者，不在此限。

(二)另依政府採購法施行細則第58條，依本法第50條第2項規定撤銷決標或解除契約時，得依下列方式之一續行辦理：

1. 重行辦理招標。
2. 原係採最低標為決標原則者，得以原決標價依決標前各投標廠商標價之順序，自標價低者起，依序洽其他合於招標文件規定之未得標廠商減至該決標價後決標。其無廠商減至該決標價者，得依本法第52條第1項第1款、第2款及招標文件所定決標原則辦理決標。
3. 原係採最有利標為決標原則者，得召開評選委員會會議，依招標文件規定重行辦理評選。
4. 原係採本法第22條第1項第9款至第11款規定辦理者，其評選為優勝廠商或經勘選認定適合需要者有2家以上，得依序遞補辦理議價。

112年 鐵路特考高員三級

1 行政院農業委員會於民國112年5月補助A食品安全推廣協會（下稱A協會）新臺幣（以下同）130萬元，採購250萬元之檢驗儀器；另補助B農會700萬元，建置採購金額1500萬元之農藥檢驗實驗室。請問A協會及B農會辦理採購時，是否須適用政府採購法之規定？

解 依政府採購法第4條第1項規定，法人或團體接受機關補助辦理採購，其補助金額占採購金額半數以上，且補助金額在公告金額以上者，適用本法之規定，並應受該機關之監督。

(一)A協會辦理本案檢驗儀器之採購不適用政府採購法規定：

1. 法人或團體接受機關補助辦理採購，依採購法第4條規定，其補助金額須占採購金額半數以上，且補助金額在公告金額以上者，方適用採購法規定。
2. 依行政院公共工程委員會111年12月23日工程企字第1110100798號令（112年1月1日生效），採購法之公告金額，工程、財物及勞務採購皆為新臺幣150萬元。
3. 本件農委會補助A協會時點為112年5月，業已適用前揭規定，是故A協會雖接受補助金額130萬元已占採購金額250萬元的半數以上，惟補助金額本身未達公告金額150萬元以上，故尚不適用政府採購法規定。

(二)B農會辦理本案農藥檢驗實驗室採購不適用政府採購法規定：

承前所述，B農會接受農委會補助時點為112年5月，並接受補助金額700萬元，雖補助金額本身已達公告金額150萬元以上，惟受補助金額700萬元並未占採購金額1500萬元的半數以上，故尚不適用政府採購法規定。

(三)綜上所述，本案A協會及B農會辦理採購時，無須適用政府採購法之規定。

2 A工程公司（下稱A公司）以新臺幣（以下同）980萬元得標B縣政府C航道及碼頭疏濬工程，A公司與B縣政府締約後，隨即以850萬元之對價，將契約應履行之內容全部委由D工程行施作。對此，B縣政府得如何處置？

解 本件A公司涉及違反政府採購法（下稱採購法）第65條禁止轉包之規定：

(一)依採購法第65條第1項規定，得標廠商應自行履行工程、勞務契約，不得轉包。同條第2項，前項所稱轉包，指將原契約中應自行履行之全部或其主要部分，由其他廠商代為履行。

(二)依前揭規定，今A公司將契約應履行之內容「全部」委由D工程行施作，顯已構成得標廠商應自行履行部分交由其他廠商代為履行之情事，已屬違反本條規定。

(三)綜上所述，A公司因違反採購法第65條之規定，機關得請求廠商負擔民事責任及行政責任，包括：

1. 民事責任：依採購法第66條規定，得標廠商違反前條規定轉包其他廠商時，機關得解除契約、終止契約或沒收保證金，並得要求損害賠償。轉包廠商與得標廠商對機關負連帶履行及賠償責任。再轉包者，亦同。
2. 行政責任：依採購法第101條第1項第11款規定，違反第65條之規定轉包者。經機關依前開第11款規定而刊登政府採購公報者，將依同法第103條第2款規定予以「自刊登之次日起1年內，不得參加投標或作為決標對象或分包廠商」之停權處分。

3 A機關辦理大樓外牆整修工程，由B公司（下稱廠商）得標並履約。A機關辦理驗收時，發現外牆磁磚之材質與色澤與原設計圖說有落差，廠商主張不影響安全與效用，請求A機關減價收受，A機關表示不同意。試問，何謂減價收受？其要件為何？機關是否有裁量權？

解 (一)減價收受之定義：

減價收受是指在驗收結果與契約訂定之要求條件不符時，以扣減契約價金方式受領廠商所提出之給付；依政府採購法第72條規定，驗收結果與規定不符，而不妨礙安全及使用需求，亦無減少通常效用或契約預定效用，經機關檢討不必拆換或拆換確有困難者，得於必要時減價收受。

(二)減價收受之要件（須全數具備方成立）：

1. 須驗收結果與規定不符。
2. 其不符須不妨礙安全及使用需求。
3. 無減少通常效用或契約預定效用。
4. 須經機關檢討不必拆換或拆換確有困難者。
5. 須有其必要。
6. 查核金額以上之採購，應先報經上級機關核准；未達查核金額之採購，應經機關首長或其授權人員核准。

(三)機關仍有裁量權：

機關在發生承商所交標的不符驗收規範時，必須先依政府採購法第72條第1項規定，通知廠商限期改善、拆除、重作、退貨或換貨，如仍不符，方能在第2項規定的「不妨礙安全及使用需求，亦無減少通常效用或契約預定效用」、「經檢討不必拆換或拆換確有困難者」之範圍內為減價收受與否之裁量，是以機關對於廠商減價收受之請求仍有一定的裁量權而得拒絕。

4 A公司投標B機關之工程採購標案，除自己投標外，因考量該採購案預算金額偏低，憂心投標廠商家數可能不足三家而流標，乃借用C公司及D公司之證件參標，以滿足三家廠商投標之要求。A公司並得標該標案。嗣後B機關發現此情事，通知A公司該當政府採購法第101條第1項第2款之情形，將依同法第103條第1項第1款規定，停權三年。A公司不服，主張政府採購法第101條第1項第2款之借牌，應係指「不具資格廠商」者，以該借用他人名義或證件之人參與投標之情形；其為具資格之廠商，非屬該款之適用對象。試問B機關對A公司之停權處分是否合法？A公司之主張有無理由？

解 (一)B機關對A公司之處分尚屬合法，惟處分有輕重失衡風險：

1. 依現行政府採購法（下稱採購法）第87條第5項前段規定，意圖影響採購結果或獲取不當利益，而借用他人名義或證件投標者，處三年以下有期徒刑，得併科新臺幣一百萬元以下罰金。
2. 又採購法第101條第6款規定，機關辦理採購，發現廠商犯採購法第87條至第92條之罪，經第一審為有罪判決者，應將其事實、理由及依第103條第1項所定期間通知廠商，並附記如未提出異議者，將刊登政府採購公報處以停權處分。
3. 則本案倘出現A公司經檢方偵查後，認其借牌投標之刑事案件得以緩起訴處分偵結，致廠商縱符合採購法第87條第5項借牌投標情形，但因未經有罪判決確定，而無採購法第101條第1項第6款適用；此時採購機關卻可以同條項第1款或第2款重為通知並刊登停權3年，造成廠商受較輕微司法結果，卻仍受處重罰停權結果，顯然出現輕重失衡問題。

(二)A公司之主張無理由：

1. 目前實務通說認政府採購法第101條第1項規定，不以行為人是否具有投標資格為要件：

依最高行政法院100年度判字第1808號判決意旨，認政府採購法第101條第1項第1款規定，係因廠商有此情形，屬假性競爭行為影響採購工程之公平性及工程利益。

因此，所謂「容許他人借用本人名義投標者」，包括第2款的借用或冒用他人名義或證件參加投標，或數個有參與投標之廠商，事先共同謀議得標廠商，形式上雖有多數廠商參加投標，而實質係屬假性競爭。

則其他家廠商僅為陪標，藉以達由特定廠商得標之目的，自屬該條項規範之對象，不以行為人是否具有投標資格為要件。

2. A公司所為仍屬政府採購法第101條第1項第2款之適用對象：
   承上，該條規定所欲保護者乃參與政府採購廠商間之實質競爭關係，使政府獲得最好之標案，故如競爭關係被消滅而有礙公共利益，即屬違反政府採購法第101條第1項第2款規定，而得將廠商刊登政府採購公報。
3. 綜上所述，A公司認僅有不具投標資格之廠商，方得為本款借牌所指行為主體，該主張無理由。

112年 鐵路特考員級

1 政府採購辦理「減價收受」之時機為何？試說明機關辦理減價收受時，應考量之因素有那些？

解 (一)依政府採購法第72條（下稱本條）第2項，進行驗收紀錄及驗收結果不符之處理：

1. 政府採購法第72條第2項前段規定：「驗收結果與規定不符，而不妨礙安全及使用需求，亦無減少通常效用或契約預定效用，經機關檢討不必拆換或拆換確有困難者，得於必要時減價收受。」
2. 故得辦理減價收受需符合以下4個前提：
   (1) 驗收結果跟契約規定不符。
   (2) 不妨礙安全及使用需求。
   (3) 沒有減少通常效用或契約預定效用。
   (4) 機關檢討「不必拆換」或「拆換確有困難」。
3. 承上，實務上辦理減價收受時機，必然係於「驗收結果與規定不符」之結果出現，經主驗人認定「驗收不合格」並機關開具不合格之「驗收紀錄」後。

(二)機關辦理減價收受時應考量因素除了前述4個前提，還有以下因素：

1. 有辦理減價收受之必要：
   (1) 驗收不合格的解決方式，原則是命廠商於主驗指定之改正期限內改正。
   (2) 惟改正效益如顯不符比例原則，甚而需要機關配合支應更多成本，又或勞務採購往往難以彌補（如舉辦活動無法重來等），此時便需考量減價收受之可能。

2. 採購金額對應核准層級：

(1) 依本條第2項後段規定：「其在查核金額以上之採購，應先報經上級機關核准；未達查核金額之採購，應經機關首長或其授權人員核准。」

(2) 另則是驗收日期，原本是指「驗收人員於驗收紀錄會同簽認廠商履約與契約、圖說、貨樣規定相符時之日期」；但經減價驗收的案子，廠商履約與契約、圖說、貨樣規定便無可能相符，故減價收受的案件，「驗收完畢」的日期便是有權核准之人員或上級機關核准的日期。

3. 減價收受除減少應付款金額，還會另裁處違約金，且廠商仍構成不良的實績紀錄。

2 試說明選擇性招標之立意與目的。機關於採行選擇性招標時，除應建立合格廠商名單以利進行招標外，尚需考量那些因素？

解 (一)選擇性招標之立法目的：

為提升採購效率，省卻重複性之資格審查作業，降低廠商備標費用，爰對於經常性採購、投標文件審查須費時甚久、廠商須準備高額費用或廠商資格條件複雜之公告金額以上之採購，政府採購法明定機關得於報經上級機關核准後採選擇性招標辦理，亦即各機關得依公告方式預先辦理廠商資格審查，再邀請廠商參與投標。

(二)採行選擇性招標需考量：

1. 依政府採購法第20條規定：「機關辦理公告金額以上之採購，符合下列情形之一者，得採選擇性招標：一、經常性採購。二、投標文件審查，須費時長久始能完成者。三、廠商準備投標需高額費用者。四、廠商資格條件複雜者。五、研究發展事項。」

2. 另同法第21條規定：「機關為辦理選擇性招標，得預先辦理資格審查，建立合格廠商名單。但仍應隨時接受廠商資格審查之請求，並定期檢討修正合格廠商名單。未列入合格廠商名單之廠商請求參加特定招標時，機關於不妨礙招標作業，並能適時完成其資格審查者，於審查合格後，邀其投標。經常性採購，應建立六家以上之合格廠商名單。機關辦理選擇性招標，應予經資格審查合格之廠商平等受邀之機會。」
3. 綜上所述，採行選擇性招標需考量事項包括：
(1) 是否屬於得選擇性招標之採購案件。
(2) 應隨時受理資格審查申請，並定期檢討名單。
(3) 經常性採購應建立6家以上合格廠商名單。
(4) 遵守平等原則，未列入合格名單之廠商請求參與投標時，於未影響招標作業之前提，對其完成資格審查後邀標；辦理選擇性招標應予通過資格審查之廠商平等受邀機會。

3 採購契約要項之功能為何？試述契約要項之主要內容。

解 (一)採購契約要項之功能：
1. 依政府採購法第63條第1項：「各類採購契約以採用主管機關訂定之範本為原則，其要項及內容由主管機關參考國際及國內慣例定之。」
2. 由此可知，採購契約要項之訂定，乃係作為各採購機關進行採購作業時範本參考用，是以具公平合理及公共利益等目的方得做為原則使用；另要項及內容參考國內外慣例始定之，亦是為能將一般性或共通性等事項進行統一制定，功能便係體現於此。

(二)採購契約要項之主要內容包括：
1. 總則：訂定契約目的、契約得載明事項、契約文件內容等。
2. 履約管理：分包協調和履約相關責任等。

3. 契約變更：變更方式和條件。
4. 查驗及驗收：驗收方式及相關費用負擔。
5. 契約價金：價金金額、給付方式和條件。
6. 履約期限：期限訂定和計算。
7. 遲延：逾期認定、違約金計算等。
8. 履約標的：標的瑕疵處理和保固維修。
9. 權利及責任：智慧財產權、第三人損賠請求權和相關賠償責任。
10. 保險：保險種類和未保險之責任。
11. 契約終止解除或暫停執行：終止、解除或暫停執行之情形、相關補償。
12. 爭議處理：履約爭議之處理、受理處理之機關和訴訟等。
13. 附則：繳納代金證明。

4 **政府採購法第六章「爭議處理」中，「申訴」與「履約爭議」之差異為何？試說明近年（民國96年與105年）關於履約爭議調解制度之修法內容與目的。**

解 (一)「申訴」與「履約爭議」之差異：

1. 申訴：

(1) 依政府採購法第74條規定，廠商與機關間關於招標、審標、決標之爭議，得依本章規定提出異議及申訴，故可得知異議及申訴乃廠商對機關有招標、審標或決標爭議時的救濟途徑。

(2) 而依同法第75條第1項前段規定，廠商對於機關辦理採購，認為違反法令或我國所締結之條約、協定（以下合稱法令），致損害其權利或利益者，得於期限內，以書面向招標機關提出異議；另停權（不良廠商之刊登）爭議亦得提起申訴。

(3) 再依同法第76條第1項前段規定，廠商對於公告金額以上採購異議之處理結果不服，或招標機關逾前條第二項所定期限不為處理者，得於收受異議處理結果或期限屆滿之次日起十五日內，依其屬中央機關或地方機關辦理之採購，以書面分別向主管機關、直轄市或縣（市）政府所設之採購申訴審議委員會申訴。

2. 履約爭議：

(1) 當機關與廠商有契約關係後，在履約過程中出現不同見解與爭執，因而影響採購進行，此時便屬於履約爭議；而立法者將該階段之爭議定性為民事糾紛，故準用了民事訴訟調解制度。

(2) 因此採購法乃於第85條之1至第85條之4設計了「調解」機制，由採購申訴審議委員會就兩造爭議問題加以調解，並準用民事訴訟法之程序及效力。

(3) 另機關與廠商間的工程及技術服務採購之調解，採購申訴審議委員會應提出調解建議或調解方案；其因機關不同意致調解不成立者，廠商提付仲裁，機關不得拒絕，是為先調解後仲裁機制。

3. 差異點：

(1) 適用時點：決標前尚未建立契約關係時，針對招標、審標、決標行為之爭議可提出異議、申訴及行政訴訟；訂約後包括履約、驗收和保固等階段，出現爭議時處理方式為調解、仲裁和民事訴訟。

(2) 性質：廠商向招標機關提出異議，如對處理結果不服，則可向申訴會提出申訴，委員會須對申訴案件做出審議判斷，審議判斷的效力依其性質視同訴願決定或調解方案；而訂約後之履約、驗收行為，立法者認屬私法事件，故準用民事訴訟程序，依調解或仲裁程序解決。

(二)履約爭議調解制度之修法內容與目的：

1. 民國96年修正政府採購法第85-1條，採先調解後仲裁之機制，係鑑於履約爭議處理機制規定，機關既為履約爭議主體，又同時擔任調解機構，其角色難免混淆，或難以期公正。為建立公平、公正、專業及迅速之履約爭議處理機制，爰增列依仲裁法設立之仲裁機構，作為履約爭議調解機構，賦予廠商及機關有選擇調解單位之選擇權。

2. 民國105年修正同條，係明定採購申訴審議委員會應提出調解建議或調解方案，以發揮調解之功能；另先調解後仲裁之規定，考量技術服務常與工程之設計、監造及專案管理事項有關，為儘速處理技術服務案件所衍生之履約爭議，爰增訂技術服務採購亦適用該項規定。

112年 鐵路特考佐級

( ) **1** 機關人員對於與採購有關之事項，涉及幾親等以內親屬之利益時，應行迴避？ (A)二親等 (B)三親等 (C)四親等 (D)五親等。

( ) **2** 關於政府採購法所稱廠商，下列何者錯誤？ (A)公司 (B)合夥 (C)政黨 (D)獨資之工商行號。

( ) **3** 關於機關辦理公告金額以上採購時，主（會）計及有關單位會同監辦之事項，下列何者錯誤？ (A)開標 (B)比價 (C)材料審查 (D)驗收。

( ) **4** 關於意圖規避政府採購法之適用而分批辦理採購者，不包括依下列何種情形而分別辦理者？ (A)不同金額 (B)不同需求條件 (C)不同施工或供應地區 (D)不同行業廠商之專業項目。

( ) **5** 機關辦理巨額工程採購而成立採購工作及審查小組，其協助事項之範圍，下列何者不包括在內？ (A)協助審查同等品 (B)提供與採購有關事務之諮詢 (C)協助審查採購需求與經費 (D)協助審查採購策略。

( ) **6** A機關擬於舊辦公大樓增建無障礙坡道並安裝電梯。經費預算中，增建無障礙坡道之工程費用新臺幣（下同）100萬元、電梯設備單價250萬元、電梯安裝人工費用120萬元。則A機關應辦理何種性質之採購？ (A)工程採購 (B)財物採購 (C)勞務採購 (D)巨額採購。

( ) **7** 某中央機關擬辦理採購，下列何者得不經公告程序，免取得報價或企劃書，而逕洽廠商辦理？ (A)14萬元之勞務採購 (B)50萬元之財物採購 (C)99萬元之工程採購 (D)140萬元之財物採購。

( ) **8** 某公立學校擬辦理委外清運垃圾招標，預估1年為新臺幣（下同）60萬元，並於招標公告及招標文件敘明履約情形良好者，將依政府採購法第22條第1項第7款續約2年。則該標案之採購金額為： (A)60萬元 (B)120萬元 (C)180萬元 (D)協商之金額。

( ) **9** 下列何種情形，機關不宜以統包辦理招標？ (A)建築工程之設計與施工 (B)軌道橋梁之設計與施工 (C)污水處理廠之施工與安裝 (D)公立醫院之遺體運送與喪葬禮儀服務。

( ) **10** 關於機關於招標文件所擬定、採用或適用之技術規格，下列何者正確？ (A)得要求符合國家標準 (B)得要求特定之來源地 (C)僅依功能訂定招標文件可能有不夠精確之虞，應註明「或同等品」 (D)得提及特定之商品名稱。

( ) **11** 機關辦理位於原住民地區未達公告金額之採購，下列何者錯誤？ (A)原則應由原住民個人、機構、法人或團體承包 (B)小額採購得逕洽任何個人、機構、法人或團體之廠商辦理 (C)機關如採政府採購法第22條第1項第9款公開客觀評選為優勝之專業服務（不屬於文化藝術），得不優先決標予原住民廠商 (D)第一次招標僅開放原住民廠商投標但無人投標時，第二次得開放全部廠商參與投標。

( ) **12** 依據政府採購法規定，機關追繳押標金，自不予開標、不予決標、廢標或決標日起逾若干年者，不得行使？ (A)1年 (B)2年 (C)5年 (D)15年。

( ) **13** 下列何種採購非得以公開客觀評選方式辦理限制性招標之情形？ (A)委託技術服務 (B)委託社會福利服務 (C)辦理設計競賽 (D)投標文件審查，須費時長久始能完成者。

( ) **14** 廠商不得以支付他人佣金、比例金、仲介費、後謝金或其他不正利益為條件，促成採購契約之成立。違反前項規定者，機關得終止或解除契約，並將若干倍之不正利益自契約價款中扣除？ (A)二倍 (B)六倍 (C)十倍 (D)二十倍。

(　) **15** 訂有底價之採購，以合於招標文件規定，且在底價以內之最低標為得標廠商者，倘最低標價仍超過底價而不逾預算數額，機關確有緊急情事需決標時，應經原底價核定人或其授權人員核准，且不得超過底價之何比例，得辦理決標？　(A)百分之三　(B)百分之四　(C)百分之五　(D)百分之八。

(　) **16** 機關辦理工程採購之付款及審核程序，下列何者錯誤？　(A)分階段付款者，機關應於廠商提出階段完成之證明文件後，15日內完成審核程序　(B)驗收付款者，機關應於驗收合格後，填具結算驗收證明文件；如應向上級機關申請核撥補助款者，於接到廠商請款單據後，30日內付款　(C)機關辦理付款及審核程序，如發現廠商有疑義而需補正或澄清者，其通知澄清或補正不得超過3次　(D)政府採購法規定審核付款時限所稱日數，係指實際工作天。

(　) **17** 工程採購契約內關於保固期之認定，下列敘述何者不適當？(A)同一採購案內各項結構物或非結構物之保固期應一致，不得分別計算　(B)有部分先行使用之必要或已履約之部分有毀損滅失之虞，辦理部分驗收者，該部分自驗收結果符合契約規定之日起算　(C)全部完工辦理驗收者，自驗收結果符合契約規定之日起算　(D)保固期內，採購標的因可歸責於廠商之事由造成之瑕疵致全部工程無法使用時，該無法使用之期間不計入保固期。

(　) **18** 某團體擬辦理專業服務採購案（非藝文採購），採購金額為新臺幣（下同）1000萬元，其中600萬元來自於內政部補助款，其餘由新竹市政府補助，並由新竹市政府及內政部共同辦理監督。如投標廠商對招標機關之異議處理結果不服，應向下列何者所設之採購申訴審議委員會申訴？　(A)新竹市政府　(B)內政部(C)行政院公共工程委員會　(D)司法院。

( ) **19** 關於政府採購法之共同供應契約，下列何者正確？ (A)共同供應契約所載可供訂購之期間，包含後續擴充，最長以3年為限 (B)機關利用共同供應契約訂購，得附加購本契約以外之任何標的 (C)機關辦理公告金額以上之採購，不得利用共同供應契約辦理訂購 (D)共同供應契約應明定，於可供訂購之期間，訂約廠商以更優惠之價格或條件供應本契約之標的於不特定對象者，訂約機關得與訂約廠商協議變更本契約。訂約廠商無合理事由而不減價者，訂約機關得終止契約。

( ) **20** 機關辦理何種採購，應於使用期間內，逐年向主管機關提報使用情形及其效益分析？ (A)公告金額以上採購 (B)查核金額以上採購 (C)巨額採購 (D)特殊採購。

( ) **21** 共同投標廠商中有某一成員於履約期間進入破產程序，機關依政府採購法應刊登政府採購公報者，其刊登對象為： (A)全體共同投標廠商 (B)該破產程序中之廠商 (C)共同投標廠商之代表廠商 (D)均不應成為刊登對象。

( ) **22** 某機關依政府採購法第101條規定通知A廠商，因伊於驗收後不履行保固責任，情節重大，經給予陳述意見之機會，並經採購工作及審查小組認定後，通知將刊登政府採購公報；經查，A廠商於通知日起前五年內未有被任一機關刊登之紀錄。則A廠商自本次刊登公報之次日起多少期間內，不得參加投標或作為決標對象或分包廠商？ (A)3個月 (B)6個月 (C)1年 (D)2年。

( ) **23** 關於政府採購法規定自刊登政府採購公報之次日起三年內不得參加投標或作為決標對象或分包廠商者，下列何者錯誤？ (A)因可歸責於廠商之事由，致解除或終止契約，情節重大者 (B)對採購有關人員行求、期約或交付不正利益者 (C)受停業處分期間仍參加投標者 (D)擅自減省工料，情節重大者。

( ) **24** 機關辦理公告金額以上採購，遇下列何情形時，得不予開標決標？ (A)招標機關首長異動 (B)未有五家以上合格廠商投標 (C)採購申訴審議委員會通知暫停採購程序 (D)廠商更換負責人。

( ) **25** 臺灣電力公司為鼓勵節能減碳，補助某公立國民小學採購冷氣設備，其應適用政府採購法之採購金額為何？ (A)無論金額大小 (B)新臺幣15萬元以上 (C)新臺幣75萬元以上 (D)新臺幣100萬元以上。

( ) **26** 依政府採購法之規定，廠商對於招標文件內容有疑義者，下列處理方式何者錯誤？ (A)廠商得以書面向招標機關請求釋疑 (B)廠商請求釋疑之期限，至少應有等標期之四分之一 (C)機關對疑義之處理結果，除以書面答復請求釋疑之廠商外，亦應公告之 (D)疑義處理結果如涉及變更招標文件，得視需要延長等標期。

( ) **27** 有關押標金之規定，下列何者正確？ (A)對於未得標之廠商，應於決標後加計利息返還押標金 (B)廠商標價偏低，有不能誠信履約之虞時，機關得不予發還押標金 (C)押標金有應不予發還之情形者，廠商若未依招標文件繳納，機關得不予追繳 (D)未達公告金額之財物採購，得免收押標金。

( ) **28** 機關辦理公告金額以上之採購，原則上應以何種方式招標？ (A)公開招標 (B)選擇性招標 (C)限制性招標 (D)競爭性對話。

( ) **29** 下列何者為機關得辦理選擇性招標之事由？ (A)採購標的為專屬權利或獨家製造 (B)廠商準備投標需高額費用 (C)採購有後續維修需求，須向原供應廠商採購 (D)委託專業服務，經公開客觀評選為優勝者。

( ) **30** 關於機關辦理採購應遵守之保密義務，下列何者錯誤？ (A)開標前不得洩漏投標廠商之名稱與家數 (B)除於招標文件公告底價者外，底價於開標後即可公開 (C)採用複數決標方式，尚有相關之未決標部分，底價於決標後，得不予公開 (D)機關公開徵求廠商提供招標文件之參考資料者，應刊登政府採購公報或公開於主管機關之資訊網路。

( ) **31** 有關招標文件之規定，下列何者正確？ (A)招標文件允許投標廠商提出同等品者，並規定應於投標文件內預先提出者，廠商應於投標文件內敘明同等品之相關資料，以供審查 (B)機關所擬定、採用或適用之技術規格，如有國際標準或國家標準，僅為參考之用 (C)機關不得以促進自然保護或環境保護為目的，擬定技術規格 (D)為促進採購效益，招標文件得要求特定之商標或商名。

( ) **32** 機關辦理採購預算金額為新臺幣（下同）230萬元，採最低價之決標方式，並訂有底價200萬元，甲廠商之投標金額為210萬元、乙廠商為220萬、丙廠商為235萬元，機關應如何處理？ (A)不予決標 (B)由甲、乙比減價格，並由底價內之最低標者得標 (C)由甲、乙、丙比減價格，並由底價內之最低標者得標 (D)洽甲廠商減價一次，若仍超過底價，則由甲、乙、丙比減價格，並由底價內之最低標者得標。

( ) **33** 某採購案有多家廠商投標，招標機關於開標後發現其中1家投標廠商有借用他人名義投標之情形，應如何處置？ (A)不予決標於該廠商 (B)撤銷決標 (C)廢標 (D)無影響，繼續進行決標程序。

( ) **34** 甲為某道路新建工程案之得標廠商，機關於辦理驗收時發現該道路路面一部分成果不符規定，但不妨礙通行安全，亦無減少通常效用，機關認為無必要改善時，得為下列何種處置？ (A)沒收押標金或保證金 (B)提報甲為不良廠商 (C)減價收受 (D)科予罰鍰。

( ) **35** 甲為某橋樑新建工程之得標廠商，其於得標後將招標文件標示為主要部分之橋樑主要結構工程部分轉由乙廠商負責興建，下列何者正確？ (A)此情形屬於違法分包 (B)招標機關不得解除或終止契約，僅得請求損害賠償 (C)招標機關不得沒收保證金 (D)甲與乙應對機關負連帶履行及賠償責任。

( ) **36** 機關承辦人員離職後幾年內不得為本人或代理廠商向原任職機關接洽處理離職前幾年內與職務有關之事務？ (A)一年、三年 (B)二年、五年 (C)三年、五年 (D)三年、六年。

( ) **37** 二家以上之廠商共同具名投標，並於得標後共同具名簽約，連帶負履行採購契約之責者，稱為： (A)綁標 (B)圍標 (C)共同供應契約 (D)共同投標。

( ) **38** 廠商甲為國立大學乙宿舍新建工程案之得標廠商，甲認為乙未依雙方簽訂之採購契約給付工程款，甲得以何種方式解決此爭議？ (A)向乙大學提起申訴 (B)向教育部提起異議 (C)向採購申訴審議委員會申請調解 (D)向行政法院起訴。

( ) **39** 廠商甲因某採購案向公共工程委員會採購申訴審議委員會提起申訴，審議判斷認甲之申訴為無理由而駁回其申訴，甲應如何救濟？ (A)向公共工程委員會提起訴願 (B)向行政院提起訴願 (C)向公共工程委員會提起異議 (D)向行政法院提起訴訟。

( ) **40** 採購申訴審議委員會於審議判斷中建議招標機關處置方式，招標機關如不依建議辦理者，應採取下列何種措施？ (A)報請上級機關核定，並由上級機關以書面向採購申訴審議委員會及廠商說明理由 (B)報請行政院核定，並由招標機關以書面向採購申訴審議委員會及廠商說明理由 (C)審議判斷不拘束招標機關，招標機關無須處理 (D)向行政法院提起行政訴訟。

( ) **41** 廠商認為招標機關決標程序違反政府採購法，有關其提起異議之期間，下列何者正確？ (A)決標之日起五日 (B)決標之日起十日 (C)接獲機關通知或機關公告之次日起五日 (D)接獲機關通知或機關公告之次日起十日。

( ) **42** 政府機關從事下列何種行為時，應適用政府採購法？ (A)標售土石 (B)土地出租 (C)買受生鮮農漁產品 (D)租用辦公設備。

(　) **43** 臺灣自來水公司辦理查核金額以上採購之開標、比價、議價、決標及驗收，應由下列何機關派員監辦？ (A)經濟部 (B)環保署 (C)行政院 (D)審計部。

(　) **44** 財團法人甲分別受乙機關補助新臺幣（下同）80萬元與丙機關補助80萬元，辦理購買250萬元之機械設備，下列有關政府採購法適用之敘述何者正確？ (A)甲為財團法人，無須適用政府採購法 (B)補助金額分別未超過公告金額，故甲無須適用政府採購法 (C)因補助金額合計超過公告金額，故甲須適用政府採購法 (D)補助金額合計超過公告金額，且補助金額占採購金額半數以上，故甲須適用政府採購法。

(　) **45** 機關辦理查核金額以上採購之監辦，下列何者錯誤？ (A)監辦人員應實地監視機關辦理開標、比價、議價、決標及驗收之程序 (B)對於廠商資格、規格、底價訂定、決標條件等實質事項，監辦人員亦得審查 (C)監辦人員對不符規定之採購程序得提出意見 (D)監辦人員採書面審核監辦者，應經機關首長或其授權人員核准。

(　) **46** 下列何者非政府採購法規定應受刑事處罰的行為？ (A)甲廠商意圖使乙廠商無法投標某採購案，而對其施以強暴、脅迫 (B)甲廠商為降低決標價格，而與乙廠商合意，於某採購案中不為價格之競爭 (C)受機關委託代辦採購廠商之人員，交付關於採購應秘密之文書，因而獲得新臺幣20萬元之報酬 (D)甲廠商為降低成本，將得標之工程採購案中之主要部分，由乙廠商代為履行。

(　) **47** 依政府採購法之規定，下列何者非機關辦理採購為促進環境保護得採取之措施？ (A)優先採購取得政府認可之環境保護標章之產品 (B)投標廠商之產品有助於促進環境保護者，得免繳押標金、保證金 (C)取得環境保護標章之產品，得允許百分之十以下之價差 (D)機關得以促進自然資源保育與環境保護為目的，擬定產品之技術規格。

( ) **48** 政府採購得標廠商於國內員工總人數逾一百人者，其履約期間僱用身心障礙者及原住民人數，若未能達總人數百分之二，得以下列何種方式代替？ (A)繳交罰鍰 (B)繳交怠金 (C)繳交代金 (D)繳交營利事業所得千分之一之補償金。

( ) **49** 甲廠商被機關依政府採購法第101條規定通知應刊登政府採購公報，關於其權利救濟，下列何者正確？ (A)甲得於接獲機關通知之日起三十日內，向該機關提出異議 (B)機關自收受異議之次日起十五日內不為處理者，就公告金額以上之案件，甲得向採購申訴委員會提起申訴 (C)採購申訴審議委員會就申訴得僅就書面審議之 (D)甲對採購申訴審議委員會之審議判斷不服者，得向行政院提起訴願。

( ) **50** 下列何種情形，廠商提出異議後，不服異議處理結果，不得向該管採購申訴審議委員會提起申訴？ (A)採購金額為新臺幣120萬元之財物採購案，廠商遭機關追繳已發還之押標金 (B)採購金額為新臺幣100萬元之勞務採購案，廠商主張機關擬定招標文件違法 (C)採購金額為新臺幣500萬元之工程採購案，未得標之廠商主張機關違法決標 (D)採購金額為新臺幣100萬元之財物採購案，廠商經通知有政府採購法第101條第1項第12款之情形，將刊登政府採購公報。

解答與解析

（答案標示為#者，依官方曾公告更正該題答案。）

1 (A)。依政府採購法第15條第2項，機關人員對於與採購有關之事項，涉及本人、配偶、二親等以內親屬，或共同生活家屬之利益時，應行迴避。

2 (C)。依政府採購法第8條，本法所稱廠商，指公司、合夥或獨資之工商行號及其他得提供各機關工程、財物、勞務之自然人、法人、機構或團體。

3 (C)。依政府採購法第13條第1項，機關辦理公告金額以上採購之開標、比價、議價、決標及驗收，除有特殊情形者外，應由其主（會）計及有關單位會同監辦。

4 (A)。依政府採購法施行細則第13條第1項，本法第十四條所定意圖規避本法適用之分批，不包括依不同標的、不同施工或供應地區、不同需求條件或不同行業廠商之專業項目所分別辦理者。

5 (A)。依政府採購法第11-1條第1項，機關辦理巨額工程採購，應依採購之特性及實際需要，成立採購工作及審查小組，協助審查採購需求與經費、採購策略、招標文件等事項，及提供與採購有關事務之諮詢。

6 (B)。依政府採購法第7條第4項，採購兼有工程、財物、勞務二種以上性質，難以認定其歸屬者，按其性質所占預算金額比率最高者歸屬之；本案增建無障礙坡道工程100萬、電梯設備財物250萬、安裝勞務120萬，故A機關就本案應辦理財物性質之採購。

7 (A)。行政院公共工程委員會111年12月23日工程企字第1110100798號令（112年1月1日生效），採購法中得逕洽廠商辦理之小額採購，工程、財物及勞務採購皆為新臺幣15萬元以下。

8 (C)。依政府採購法施行細則第6條第3款，招標文件含有選購或後續擴充項目者，應將預估選購或擴充項目所需金額計入；故本標案採購總金額應為：當年60萬＋續約2年×60萬＝180萬。

9 (D)。依政府採購法第24條第2項，統包是指將工程或財物採購中之設計與施工、供應、安裝或一定期間之維修等併於同一採購契約辦理招標；公立醫院之遺體運送與喪葬禮儀服務屬勞務採購，而不宜以統包方式辦理。

10 (A)。依政府採購法第26條第1項，機關辦理公告金額以上之採購，應依功能或效益訂定招標文件。其有國際標準或國家標準者，應從其規定；另同條第3項，招標文件不得要求或提及特定之商標或商名、專利、設計或型式、特定來源地、生產者或供應者。但無法以精確之方式說明招標要求，而已在招標文件內註明諸如「或同等品」字樣者，不在此限。

11 (B)。依中央機關未達公告金額採購招標辦法第5-1條，機關辦理位於原住民地區未達公告金額之採購，應符合原住民族工作權保障法第十一條之規定；又原住民族工作權保障法第11條，各級政府機關、公立學校及公營事業機構，辦理位於原住民地區未達政府採購法公告金額之採購，應由原住民個人、機構、法人或團體承包。但原住民個人、機構、法人或團體無法承包者，不在此限。

12 (D)。 依政府採購法第31條第6項，追繳押標金，自不予開標、不予決標、廢標或決標日起逾15年者，不得行使。

13 (D)。 依政府採購法第20條，機關辦理公告金額以上之採購，符合下列情形之一者，得採選擇性招標：一、經常性採購。二、投標文件審查，須費時長久始能完成者。三、廠商準備投標需高額費用者。四、廠商資格條件複雜者。五、研究發展事項。

14 (A)。 依政府採購法第59條，廠商不得以支付他人佣金、比例金、仲介費、後謝金或其他不正利益為條件，促成採購契約之成立；違反規定者，機關得終止或解除契約，並將二倍之不正利益自契約價款中扣除。

15 (D)。 依政府採購法第53條，合於招標文件規定之投標廠商之最低標價超過底價時，而不逾預算數額，機關確有緊急情事需決標時，應經原底價核定人或其授權人員核准，且不得超過底價百分之八。

16 (C)。 依政府採購法第73-1條第3項，機關辦理付款及審核程序，如發現廠商有文件不符、不足或有疑義而需補正或澄清者，應一次通知澄清或補正，不得分次辦理。

17 (A)。 依行政院公共工程委員會工程採購契約範本，於第16條規定了保固期之認定，其中結構物（包括護岸、護坡、駁坎、排水溝、涵管、箱涵、擋土牆、防砂壩、建築物、道路、橋樑等），廠商保固期間如未另外載明約定，設定為5年；非結構物，廠商保固期間如未另外載明約定，設定為1年。則預設期間既然有所不同，自非不得分別計算。

18 (C)。 依政府採購法施行細則第3條，本法第4條第1項之採購，其受理申訴之採購申訴審議委員會，為受理補助機關自行辦理採購之申訴之採購申訴審議委員會；其有第1項之情形者，依指定代表機關或所占補助金額比率最高者認定之。故本案採購金額為1,000萬元，其中600萬元來自於內政部補助款，已然過半，故應由內政部作為指定代表機關，投標廠商對招標機關之異議處理結果不服，應向行政院公共工程委員會所設之採購申訴審議委員會申訴。

19 (D)。 依共同供應契約實施辦法：

(A) 辦法第11條第1項，本契約所載可供訂購之期間，包含後續擴充，最長以二年為限。

(B) 辦法第6條第2項，機關利用本契約辦理訂購，需附加採購本契約以外之標的者，應與訂購標的相關，且附加採購金額不得逾公告金額十分之一及訂購標的之金額。

(C) 辦法第6條第4項，機關辦理查核金額以上之採購，不得利用本契約辦理訂購。但經上級機關核准者，不在此限。

20 (C)。 依政府採購法第111條第1項，機關辦理巨額採購，應於使用期間內，逐年向主管機關提報使用情形及其效益分析。主管機關並得派員查核之。

21 (B)。 依政府採購法第101條第1項第13款，機關辦理採購，發現廠商有下列情形之一，應將其事實、理由及依第一百零三條第一項所定期間通知廠商，並附記如未提出異議者，將刊登政府採購公報：十三、破產程序中之廠商。

22 (A)。 驗收後不履行保固責任，情節重大者，為政府採購法第101條第1項第9款之情形。再依同法第103條第1項第3款前段，有第一百零一條第一項第七款至第十二款情形者，於通知日起前五年內未被任一機關刊登者，自刊登之次日起三個月。

23 (A)。 因可歸責於廠商之事由，致延誤履約期限，情節重大者，為政府採購法第101條第1項第10款之情形。再依同法第103條第1項第3款，有第一百零一條第一項第七款至第十二款情形者，於通知日起前五年內未被任一機關刊登者，自刊登之次日起三個月；已被任一機關刊登一次者，自刊登之次日起六個月；已被任一機關刊登累計二次以上者，自刊登之次日起一年。未有達三年之禁止期間。

24 (C)。 依政府採購法第48條第1項第5款，機關依本法規定辦理招標，除有下列情形之一不予開標決標外，有三家以上合格廠商投標，即應依招標文件所定時間開標決標：五、依第八十五條規定由招標機關另為適法之處置者；又同法第85條第1項前段，審議判斷指明原採購行為違反法令者，招標機關應自收受審議判斷書之次日起二十日內另為適法之處置。

25 (A)。 依政府採購法第3條，政府機關、公立學校、公營事業辦理採購，依本法之規定；本法未規定者，適用其他法律之規定。

26 (C)。依政府採購法第41條第2項，機關對前項疑義之處理結果，應於招標文件規定之日期前，以書面答復請求釋疑之廠商，必要時得公告之；其涉及變更或補充招標文件內容者，除選擇性招標之規格標與價格標及限制性招標得以書面通知各廠商外，應另行公告，並視需要延長等標期。機關自行變更或補充招標文件內容者，亦同。

27 (D)。依政府採購法第30條第1項第2款，機關辦理招標，應於招標文件中規定投標廠商須繳納押標金；得標廠商須繳納保證金或提供或併提供其他擔保。但有下列情形之一者，不在此限：二、未達公告金額之工程、財物採購，得免收押標金、保證金。

28 (A)。依政府採購法第19條，機關辦理公告金額以上之採購，除依第二十條及第二十二條辦理者外，應公開招標。

29 (B)。依政府採購法第20條，機關辦理公告金額以上之採購，符合下列情形之一者，得採選擇性招標：一、經常性採購。二、投標文件審查，須費時長久始能完成者。三、廠商準備投標需高額費用者。四、廠商資格條件複雜者。五、研究發展事項。

30 (B)。依政府採購法第34條第3項，底價於開標後至決標前，仍應保密，決標後除有特殊情形外，應予公開。但機關依實際需要，得於招標文件中公告底價。

31 (A)。

(B) 採購法第26條第1項，機關辦理公告金額以上之採購，應依功能或效益訂定招標文件。其有國際標準或國家標準者，應從其規定。

(C) 採購法第26-1條第1項，機關得視採購之特性及實際需要，以促進自然資源保育與環境保護為目的，依前條規定擬定技術規格，及節省能源、節約資源、減少溫室氣體排放之相關措施。

(D) 採購法第26條第3項前段，招標文件不得要求或提及特定之商標或商名、專利、設計或型式、特定來源地、生產者或供應者。

32 (D)。依政府採購法第53條第1項，合於招標文件規定之投標廠商之最低標價超過底價時，得洽該最低標廠商減價一次；減價結果仍超過底價時，得由所有合於招標文件規定之投標廠商重新比減價格，比減價格不得逾三次。

33 (A)。依政府採購法第50條第1項第3款，投標廠商有下列情形之一，經機關於開標前發現者，其所投之標應不予開標；於開標後發現者，應不決標予該廠商：三、借用或冒用他人名義或證件投標。

34 (C)。依政府採購法第72條第2項，驗收結果與規定不符，而不妨礙安全及使用需求，亦無減少通常效用或契約預定效用，經機關檢討不必拆換或拆換確有困難者，得於必要時減價收受。其在查核金額以上之採購，應先報經上級機關核准；未達查核金額之採購，應經機關首長或其授權人員核准。

35 (D)。依政府採購法第65條第2項，所稱轉包，指將原契約中應自行履行之全部或其主要部分，由其他廠商代為履行。再依同法第66條，得標廠商違反前條規定轉包其他廠商時，機關得解除契約、終止契約或沒收保證金，並得要求損害賠償；另轉包廠商與得標廠商對機關負連帶履行及賠償責任。再轉包者，亦同。

36 (C)。依政府採購法第15條第1項，機關承辦、監辦採購人員離職後三年內不得為本人或代理廠商向原任職機關接洽處理離職前五年內與職務有關之事務。

37 (D)。依政府採購法第25條第1項後段，所稱共同投標，指二家以上之廠商共同具名投標，並於得標後共同具名簽約，連帶負履行採購契約之責，以承攬工程或提供財物、勞務之行為。

38 (C)。依政府採購法第85-1條第1項第1款，機關與廠商因履約爭議未能達成協議者，得以下列方式之一處理：一、向採購申訴審議委員會申請調解。

39 (D)。依採購申訴審議規則第22條第1項，審議判斷書應附記如不服審議判斷，得於審議判斷書送達之次日起二個月內，向行政法院提起行政訴訟。

40 (A)。依政府採購法第85條第2項，採購申訴審議委員會於審議判斷中建議招標機關處置方式，而招標機關不依建議辦理者，應於收受判斷之次日起十五日內報請上級機關核定，並由上級機關於收受之次日起十五日內，以書面向採購申訴審議委員會及廠商說明理由。

41 (D)。依政府採購法第75條第1項第3款，廠商對於機關辦理採購，認為違反法令或我國所締結之條約、協定（以下合稱法令），致損害其權利或利益者，得於下列期限內，以書面向招標機關提出異議：三、對採購之過程、結果提出異議者，為接獲機關通知或機關公告之次日起十日。其過程或結果未經通知或公告者，為知悉或可得而知悉之次日起十日。但至遲不得逾決標日之次日起十五日。

42 (D)。 依政府採購法第2條，本法所稱採購，指工程之定作、財物之買受、定製、承租及勞務之委任或僱傭等。再依同法第7條第1至3項：

Ⅰ本法所稱工程，指在地面上下新建、增建、改建、修建、拆除構造物與其所屬設備及改變自然環境之行為，包括建築、土木、水利、環境、交通、機械、電氣、化工及其他經主管機關認定之工程。

Ⅱ本法所稱財物，指各種物品（生鮮農漁產品除外）、材料、設備、機具與其他動產、不動產、權利及其他經主管機關認定之財物。

Ⅲ本法所稱勞務，指專業服務、技術服務、資訊服務、研究發展、營運管理、維修、訓練、勞力及其他經主管機關認定之勞務。

43 (A)。 依政府採購法第12條第1項前段，機關辦理查核金額以上採購之開標、比價、議價、決標及驗收時，應於規定期限內，檢送相關文件報請上級機關派員監辦。而台灣自來水股份有限公司為經濟部管理的國營事業。

44 (D)。 依政府採購法第4條第1項，法人或團體接受機關補助辦理採購，其補助金額占採購金額半數以上，且補助金額在公告金額以上者，適用本法之規定，並應受該機關之監督。

45 (B)。 依政府採購法第12條第1項前段，機關辦理查核金額以上採購之開標、比價、議價、決標及驗收時，應於規定期限內，檢送相關文件報請上級機關派員監辦；再依本法施行細則第11條第2項，監辦，不包括涉及廠商資格、規格、商業條款、底價訂定、決標條件及驗收方法等實質或技術事項之審查。監辦人員發現該等事項有違反法令情形者，仍得提出意見。

46 (D)。 依政府採購法第87條第1至5項：

Ⅰ意圖使廠商不為投標、違反其本意投標，或使得標廠商放棄得標、得標後轉包或分包，而施強暴、脅迫、藥劑或催眠術者，處一年以上七年以下有期徒刑，得併科新臺幣三百萬元以下罰金。

Ⅱ犯前項之罪，因而致人於死者，處無期徒刑或七年以上有期徒刑；致重傷者，處三年以上十年以下有期徒刑，各得併科新臺幣三百萬元以下罰金。

Ⅲ以詐術或其他非法之方法，使廠商無法投標或開標發生不正確結果者，處五年以下有期徒刑，得併科新臺幣一百萬元以下罰金。

Ⅳ意圖影響決標價格或獲取不當利益，而以契約、協議或其他方式之合意，使廠商不為投標或不為價格之競爭者，處六月以上五年以下有期徒刑，得併科新臺幣一百萬元以下罰金。

Ⅴ意圖影響採購結果或獲取不當利益，而借用他人名義或證件投標者，處三年以下有期徒刑，得併科新臺幣一百萬元以下罰金。容許他人借用本人名義或證件參加投標者，亦同。

47 (B)。 依政府採購法第30條第1項，機關辦理招標，應於招標文件中規定投標廠商須繳納押標金；得標廠商須繳納保證金或提供或併提供其他擔保。但有下列情形之一者，不在此限：一、勞務採購，以免收押標金、保證金為原則。二、未達公告金額之工程、財物採購，得免收押標金、保證金。三、以議價方式辦理之採購，得免收押標金。四、依市場交易慣例或採購案特性，無收取押標金、保證金之必要或可能。

48 (C)。 依政府採購法第98條，得標廠商其於國內員工總人數逾一百人者，應於履約期間僱用身心障礙者及原住民，人數不得低於總人數百分之二，僱用不足者，除應繳納代金，並不得僱用外籍勞工取代僱用不足額部分。

49 (C)。 依政府採購法第80條第1項，採購申訴得僅就書面審議之。

50 (B)。 依政府採購法第75條第1項前段，廠商對於機關辦理採購，認為違反法令或我國所締結之條約、協定，致損害其權利或利益者，得於期限內，以書面向招標機關提出異議。再依同法第76條第1項前段，廠商對於公告金額以上採購異議之處理結果不服，或招標機關逾前條第二項所定期限不為處理者，得於收受異議處理結果或期限屆滿之次日起十五日內，依其屬中央機關或地方機關辦理之採購，以書面分別向主管機關、直轄市或縣（市）政府所設之採購申訴審議委員會申訴。

本題選項(B)之勞務採購金額為100萬，依行政院公共工程委員會111年12月23日工程企字第1110100798號令（112年1月1日生效），公告金額為150萬元，故本選項不屬得提起申訴之案件。

112年 港務公司師級

1 我國政府採購法之立法目的為何？政府官員或民意代表請託或關說政府採購，除容易衍生貪瀆弊端，亦有違政府採購法之立法宗旨，故而政府採購法明定請託或關說，不得做為評選之參考。請說明何謂請託或關說？採購人員遇有此情形，應如何處理？

解 (一)政府採購法之立法目的：

1. 依政府採購法第1條規定，為建立政府採購制度，依公平、公開之採購程序，提升採購效率與功能，確保採購品質，爰制定本法。
2. 基於前述立法宗旨，可知政府採購法訂定之主要目的在於：
   (1) 建立公開、透明、公平、競爭之政府採購作業制度。
   (2) 提升採購效率，配合政府施政及經濟發展需要。
   (3) 創造良好之競爭環境，使廠商能公平參與。
   (4) 引入外國優良措施，改善現有制度之缺失，創新政府採購作業。
   (5) 落實分層負責、權責分明之採購行政。

(二)政府採購法請託或關說相關規範：

1. 所謂請託或關說：
   (1) 請託關說，指不循法定程序，為本人或他人對案件承辦機關或人員提出請求，且該請求有違反法令、營業規章或契約之虞者；但若依法令規定之程序及方式，進行遊說、請願、陳情、申請、陳述意見等表達意見之行為，則排除在外。
   (2) 依政府採購法施行細則第16條，請託或關說係指不循法定程序，對採購案提出下列要求：
   A. 於招標前，對預定辦理之採購事項，提出請求。
   B. 於招標後，對招標文件內容或審標、決標結果，要求變更。

C. 於履約及驗收期間，對契約內容或查驗、驗收結果，要求變更。

2. 相關因應規定：

(1) 機關承辦採購、監辦採購人員，遇有「請託或關說」情形時，應依政府採購法第16條規定，以書面為之或作成紀錄，又施行細則有相關規定，該紀錄得以文字或錄音等方式為之，附於採購文件一併保存；另同條他項規定系爭書面或紀錄政風機構得調閱之，請託或關說更不得作為評選之參考。

(2) 關說通常不會留下書面，故需由被關說者於事後自行將相關情形記錄，書面敘明後會知政風單位，並簽請機關首長核閱後存查；該紀錄文件可以文字或錄音為之，但奉核後檔案亦需附於系爭採購案文件一併保存；書面請託者，自不待言。

2 招標是機關開啟採購程序之行為，決標為終結採購程序之決定，試問

(一)依政府採購法規定，採購招標方式之種類及其意義為何？

(二)招標、投標及決標，在契約法（民法）的性質各自為何？

解 (一)依政府採購法第18條規定，所定之招標方式計有公開招標、選擇性招標及限制性招標3種，以公開招標為原則，選擇性及限制性招標為例外：

1. 公開招標，係指以公告方式邀請不特定廠商投標。所謂「公告」係將招標資訊刊登於政府採購公報及相關資訊網路，並於等標期內持續於機關門首公布。惟所謂「邀請不特定廠商」，並非所有廠商都可投標，倘若法律上對廠商資格或範圍可以限制，則其限制仍不改變公開招標的性質。

2. 選擇性招標，係指以「公告」方式「預先依一定資格條件辦理廠商資格審查」後，再行邀請符合資格之廠商投標。建立6家以上合格廠商名單（採購法第21條第3項），每次需要時，依廠商資格文件審查載明之方式（採購法施行細則第22條第2項）邀請名單內之廠商投標。

3. 限制性招標，係指不經公告程序，邀請2家以上廠商「比價」，或僅邀請1家廠商「議價」。而機關欲以限制性招標辦理公告金額以上採購時須具備「上級機關核准」及「符合採購法第22條第1項各款所列情形之一者」等要件，否則均不得以限制性招標方式辦理。其最大特色是不經公告程序即邀請特定廠商進行開標。

(二)招標、投標及決標，在契約法（民法）的性質：

依臺灣高等法院107年重上更一字第4號民事判決，按當事人互相表示意思一致者，無論其為明示或默示，契約即為成立，民法第153條第1項定有明文。又要約與要約之引誘不同，要約者，乃以訂立契約為目的所為之意思表示，至要約之引誘，則在引誘他人向其為要約，故要約之引誘，僅為準備行為，其本身尚不發生法律上之效果。

而政府採購以公開招標方式，將投標資格、工程規格及標單到達期限等種種程序事宜，詳列於投標須知，使多數具有投標資格之廠商，能於合法期限內，檢具相關文件參與開標，是採購機關招標文件之性質應屬民法規定之要約引誘，廠商領取標單並參與投標之行為，則為要約，而採購機關之決標，為承諾性質。

且以決標時點意思合致為雙方契約成立時點，採購契約內容於決標時即已確定，雙方嗣後契約之簽訂僅係將投標須知及公告相關事項，另以書面形式為之，故簽約手續並非契約成立或生效要件，且雙方對締約內容並無任何磋商空間，自不能將形式上之簽約日期視為契約實際成立時點，而應以決標日為契約成立日。

3 **機關於辦理採購案件，得於招標文件中規定，廠商於何種情形所繳納之押標金，不予發還，其已發還者，並予追繳，試列舉至少5種情形說明之？**

解 政府採購關於押標金之發還及不予發還之情形，規範在政府採購法第31條第2項，廠商有下列情形之一者，其所繳納之押標金，不予發還；其未依招標文件規定繳納或已發還者，並予追繳：

(一)以虛偽不實之文件投標。

(二)借用他人名義或證件投標，或容許他人借用本人名義或證件參加投標。

(三)冒用他人名義或證件投標。

(四)得標後拒不簽約。

(五)得標後未於規定期限內，繳足保證金或提供擔保。

(六)對採購有關人員行求、期約或交付不正利益。

(七)其他經主管機關認定有影響採購公正之違反法令行為。

追繳押標金之情形，屬廠商未依招標文件規定繳納者，追繳金額依招標文件中規定之額度定之；其為標價之一定比率而無標價可供計算者，以預算金額代之。

4 **軍事機關以外之機關所辦理之採購，得不適用政府採購法招標、決標之規定，試舉出4種政府採購法規定之情形？**

解 機關採購可能因需緊急處置或交易對象特殊等原因，需要有例外處理方式以免妨礙任務執行，所以有得於特殊情況下不適用採購法招標、決標的規定，惟對於驗收之程序並未有得排除或豁免適用等例外規定。

依政府採購法第105條規定，機關辦理下列採購，得不適用本法招標、決標之規定：

(一)國家遇有戰爭、天然災害、癘疫或財政經濟上有重大變故，需緊急處置之採購事項。

(二)人民之生命、身體、健康、財產遭遇緊急危難，需緊急處置之採購事項。

(三)公務機關間財物或勞務之取得，經雙方直屬上級機關核准者。

(四)依條約或協定向國際組織、外國政府或其授權機構辦理之採購，其招標、決標另有特別規定者。

112年 北捷法務專員

試述政府採購法規定之招標方式？此外，依現行規定政府採購法中工程、財物及勞務採購之公告金額與中央機關小額採購金額為多少？機關辦理採購，除本法另有規定外，應訂定底價，但於何種情形下可不訂底價？得標廠商是否可以轉包或分包？

解 (一)政府採購招標方式：

依政府採購法第18條規定，所定之招標方式計有公開招標、選擇性招標及限制性招標3種，以公開招標為原則，選擇性及限制性招標為例外：

1. 公開招標，係指以公告方式邀請不特定廠商投標。所謂「公告」係將招標資訊刊登於政府採購公報及相關資訊網路，並於等標期內持續於機關門首公布。惟所謂「邀請不特定廠商」，並非所有廠商都可投標，倘若法律上對廠商資格或範圍可以限制，則其限制仍不改變公開招標的性質。
2. 選擇性招標，係指以「公告」方式「預先依一定資格條件辦理廠商資格審查」後，再行邀請符合資格之廠商投標。建立6家以上合格廠商名單（採購法第21條第3項），每次需要時，依廠商資格文件審查載明之方式（採購法施行細則第22條第2項）邀請名單內之廠商投標。
3. 限制性招標，係指不經公告程序，邀請2家以上廠商「比價」，或僅邀請1家廠商「議價」。而機關欲以限制性招標辦理公告金額以上採購時須具備「上級機關核准」及「符合採購法第22條第1項各款所列情形之一者」等要件，否則均不得以限制性招標方式辦理。其最大特色是不經公告程序即邀請特定廠商進行開標。

(二)現行採購公告金額與中央機關小額採購金額：

行政院公共工程委員會考量國內物價變動情形及參酌國際標準，並兼顧採購效率，於民國111年12月23日發布工程企字第1110100798號令，依據政府採購法第12條第3項、第13條第3項及第47條第3項規定，修正訂定查核金額、公告金額及中央機關小額採購金額，並自民國112年1月1日起生效：

1. 查核金額：工程及財物採購為新臺幣5,000萬元；勞務採購為新臺幣1,000萬元。
2. 公告金額：工程、財物及勞務採購為新臺幣150萬元。
3. 中央機關小額採購金額：為新臺幣15萬元以下。

(三)採購可不訂定底價情形：

政府採購法第47條第1項規範了政府採購得不訂定底價之情形，機關辦理下列採購，得不訂底價。但應於招標文件內敘明理由及決標條件與原則：

1. 訂定底價確有困難之特殊或複雜案件：

   部分採購案件可能因範圍或內容廣泛複雜，又無前例可循，難以訂定客觀正確之底價，但得規定廠商於投標文件內詳列報價內容。

2. 以最有利標決標之採購：

   由於此種決標性質必異質採購為前提，則在允許廠商使用不同的品質、技術、功能及價格等資訊提供機關綜合評選，價格便不再是決標的唯一考量，且不同品質功能標的亦難以公平標價，故得不訂定底價，但得規定廠商於投標文件內詳列報價內容。此於「最有利標評選辦法」中亦有明文，最有利標係以不訂定底價為原則。

3. 小額採購：

   因得逕洽廠商採購，又免書面報價及估價單，自無需再訂底價。

(四)採購得標廠商原則不可轉包，但可分包：

依政府採購法第65條第1項規定，得標廠商應自行履行工程、勞務契約，不得轉包。而依同條第2項，所謂轉包係指將原契約中應自行履行之全部或其主要部分，由其他廠商代為履行。

謂非轉包而將契約之部分由其他廠商代為履行。同法施行細則第87條並規定，本法第65條第2項所稱主要部分，指招標文件標示為主要部分或應由得標廠商自行履行之部分。據此，本法禁止廠商轉包，惟對廠商分包行為並不禁止，立法者的理由是分包機制有助於中小企業存續，合先敘明。

再者，同法第66條規定，得標廠商違反前條規定轉包其他廠商時，機關得解除契約、終止契約或沒收保證金，並得要求損害賠償。故依政府採購法規定，廠商違法轉包即應依採購法及契約規定負法律責任，且轉包廠商與得標廠商對機關負連帶履行及賠償責任；再轉包者，亦同。

112年 台電新進僱用人員

( ) **1** 機關辦理採購，其屬巨額採購、查核金額以上之採購、公告金額以上之採購或小額採購，係依何項金額、於何時認定之？ (A)預算金額、開標前 (B)預算金額、招標前 (C)採購金額、開標前 (D)採購金額、招標前。

( ) **2** 依採購法規定，下列何者未明定須經機關首長或其授權人員核定？ (A)未達查核金額採購之減價收受 (B)底價之訂定 (C)公開招標第1次流標，第2次招標得不受3家合格廠商家數之限制 (D)原訂驗收日期之展延。

( ) **3** 營建機具綜合保險之採購性質係屬下列何者？ (A)財物採購 (B)勞務採購 (C)工程採購 (D)委任採購。

( ) **4** 機關以個案選擇性招標方式辦理採購，第1次開標應至少有幾家以上之合格廠商始可開標？ (A)1家 (B)3家 (C)5家 (D)6家。

( ) **5** 機關允許國外廠商參與之採購，其得以等值外幣繳納押標金者，除招標文件另有規定外，該等值外幣以繳納日前一辦公日臺灣銀行外匯交易收盤之何種匯率折算？ (A)現鈔賣出匯率 (B)現鈔買入匯率 (C)即期賣出匯率 (D)即期買入匯率。

( ) **6** 投標廠商之基本資格不包含下列何者？ (A)廠商依法加入工業或商業團體之證明 (B)廠商具有製造、供應或承做能力之證明 (C)廠商符合國家品質管理之驗證文件 (D)廠商信用之證明。

( ) **7** 機關辦理採購得不訂底價之情形，下列何者有誤？ (A)小額採購 (B)最有利標決標 (C)特殊案件確有困難 (D)機關首長同意。

( ) **8** 機關訂定底價，應由何者簽報機關首長核定？ (A)需求單位 (B)承辦採購單位 (C)規劃、設計單位 (D)接管單位。

( ) **9** 有關機關辦理驗收，下列何者正確？ (A)勞務採購應限期辦理驗收 (B)主驗人決定辦理部分驗收 (C)承辦採購人員不得為材料之檢驗人 (D)應通知設計及監造單位會驗。

( ) **10** 機關驗收得免辦理現場查驗之情形，下列何者有誤？ (A)分批驗收金額不逾公告金額 (B)小額採購 (C)經公正第三人查驗並有相關證明文書 (D)公用事業依一定費率所供應之財物。

( ) **11** 下列何者非屬機關評定最有利標之方式？ (A)評分單價法 (B)評分總價法 (C)總評分法 (D)序位法。

( ) **12** 機關辦理2年期新臺幣（下同）6,000萬元勞務採購，第1年預算金額為3,000萬，因該採購工作內容重複且以提供勞力為主，惟經評估有訂定特定資格之必要，其單次契約金額之訂定最高得規定廠商提報實績不低於多少金額？ (A)1,200萬元 (B)2,400萬元 (C)3,600萬元 (D)6,000萬元。

( ) **13** 依採購法第83條規定，審議判斷之效力為何？ (A)視同訴願決定 (B)視同判決確定 (C)視同仲裁判斷 (D)視同調解成立書。

( ) **14** 得標廠商於下列何種情形下，得請求契約變更？ (A)機關之需求變更 (B)契約原標示之分包廠商不再營業 (C)所交之財物不符契約規定 (D)所使用之材料不符契約規定，要求減價收受。

( ) **15** 機關辦理選擇性招標之廠商資格預先審查，且該採購為巨額採購，除招標期限標準或我國締結之條約或協定另有規定者外，其等標期不得少於幾日？ (A)7日 (B)14日 (C)21日 (D)28日。

( ) **16** 採總價結算之營繕工程，承商依契約規定辦理保險，惟實際支付之保險費低於契約所列該項目之金額，機關應如何處理？ (A)洽承商追回差額 (B)辦理契約變更 (C)協商合理保費 (D)仍依契約金額支付。

( ) **17** 依採購法規定，下列何者無須經上級機關核准？ (A)採最有利標決標 (B)分批辦理公告金額以上之採購 (C)查核金額以上採購之減價收受 (D)辦理巨額統包工程採購。

( ) **18** 機關辦理工程採購之預算金額達多少以上，應於決標後將得標廠商之單價資料傳輸至工程價格資料庫？ (A)一定金額 (B)公告金額 (C)查核金額 (D)巨額。

( ) **19** 依採購法規定，下列敘述何者有誤？ (A)廠商投標文件於決標後公開 (B)依本法第57條採行協商措施，其內容應保密 (C)底價於廢標後仍應保密 (D)採購評選委員會成立後，委員名單應即公開。

( ) **20** 機關辦理公告金額以上之財物採購，其應於驗收完畢後幾日內填具結算驗收證明書？ (A)5日 (B)10日 (C)15日 (D)20日。

( ) **21** 依採購法規定，下列敘述何者正確？ (A)工程巨額採購為新臺幣3億元 (B)小額採購為新臺幣10萬元以下 (C)勞務採購公告金額為新臺幣150萬元 (D)財物採購查核金額為新臺幣1億元。

( ) **22** 台電公司補助台北市大安區公所辦理採購，其應適用採購法之採購金額為何？ (A)逾新臺幣10萬 (B)新臺幣100萬以上 (C)新臺幣150萬以上 (D)無論金額大小。

( ) **23** 機關委託廠商辦理技術服務，其服務費用得採用之計算方式，下列何者有誤？ (A)建造費用百分比法 (B)服務費用百分比法 (C)總包價法 (D)按時計酬法。

( ) **24** 經濟部依採購法第40條規定，洽由台電公司代辦一巨額工程採購，除招標文件另有規定外，以下列何者為招標機關？ (A)台電公司 (B)經濟部 (C)行政院 (D)工程會。

( ) **25** 機關依採購法辦理評選，下列敘述何者正確？ (A)應成立7人以上之評選委員會 (B)專家學者人數不得少於二分之一 (C)評選委員會得於開標後成立 (D)評選優勝廠商，得不以一家為限。

( ) **26** 依採購法規定，有關爭議處理，下列敘述何者正確？ (A)廠商得於簽約後依本法規定提出異議 (B)廠商提出異議不受採購金額之限制 (C)廠商提出申訴不受採購金額之限制 (D)機關處理異議，應通知提出異議廠商到場陳述意見。

解答與解析 （答案標示為#者，依官方曾公告更正該題答案。）

1 (D)。 政府採購法施行細則第6條前段，機關辦理採購，其屬巨額採購、查核金額以上之採購、公告金額以上之採購或小額採購，依採購金額於招標前認定之。

2 (C)。 政府採購法：

(A) 第72條第2項後段，未達查核金額之採購，應經機關首長或其授權人員核准。

(B) 第46條第1項，機關辦理採購，除本法另有規定外，應訂定底價。底價應依圖說、規範、契約並考量成本、市場行情及政府機關決標資料逐項編列，由機關首長或其授權人員核定。

(D) 施行細則第95條，前三條所定期限，其有特殊情形必須延期者，應經機關首長或其授權人員核准；同細則第92~94條為竣工驗收相關規定。

3 (B)。 依行政院公共工程委員會88年9月6日（88）工程企字第8813123號函說明：

「保險業為服務業，機關投保各種保險為勞務採購，應視保險費用之多寡依政府採購法第18條至第23條規定，擇適當方式辦理招標。其依『機關委託專業服務廠商評選及計費辦法』辦理評選者，有關計費方式，依本辦法第10條第1項規定，得採總包價法或單價計算法。」故按此說明，足以推論其屬「專業服務」。

4 (A)。 依行政院公共工程委員會91年7月24日（91）工程企字第09100312010號令修正「機關辦理採購之廠商家數規定一覽表」第8項：

依本法第二十條第二款至第五款辦理選擇性招標，為建立合格廠商名單辦理資格審查之情形→無家數規定，僅一家廠商提出資格文件亦得辦理。

5 (D)。 押標金保證金暨其他擔保作業辦法第3條第2、3項，機關允許外國廠商參與之採購，其得以等值外幣繳納押標金及保證金者，應於招標文件中訂明外幣種類及其繳納方式。前項等值外幣，除招標文件另有規定外，以繳納日前一辦公日臺灣銀行外匯交易收盤即期買入匯率折算之。

6 (C)。 投標廠商資格與特殊或巨額採購認定標準第5條第1項第5款，機關辦理特殊或巨額採購，除依第二條規定訂定基本資格外，得視採購案件之特性及實際需要，就下列事項擇定投標廠商之「特定資格」，並載明於招標文件：五、具有符合國際或國家品質管理之驗證文件者。

7 (D)。 政府採購法第47條第1項，機關辦理下列採購，得不訂底價。但應於招標文件內敘明理由及決標條件與原則：

一、訂定底價確有困難之特殊或複雜案件。

二、以最有利標決標之採購。

三、小額採購。

8 (B)。 政府採購法施行細則第53條，機關訂定底價，應由規劃、設計、需求或使用單位提出預估金額及其分析後，由承辦採購單位簽報機關首長或其授權人員核定。但重複性採購或未達公告金額之採購，得由承辦採購單位逕行簽報核定。

9 (C)。 政府採購法第71條第3項，機關承辦採購單位之人員不得為所辦採購之主驗人或樣品及材料之檢驗人。

10 (A)。 政府採購法施行細則第90條第1項第4款，機關依本法第七十一條第一項規定辦理下列工程、財物採購之驗收，得由承辦採購單位備具書面憑證採書面驗收，免辦理現場查驗：四、分批或部分驗收，其驗收金額不逾公告金額十分之一。

11 (B)。 最有利標評選辦法第3條，本辦法所稱總滿分，指招標文件所列各評選項目滿分之合計總分數。本辦法所稱總評分，指採購評選委員會（以下簡稱評選委員會）依招標文件所列評選項目之配分，評審廠商投標文件，核給各評選項目之得分，再將各項得分合計後之分數。本辦法所稱序位，指評選委員會依招標文件所列評比項目之重要性或權重，評審廠商投標文件後所核給之序位。

12 (A)。

(1) 投標廠商資格與特殊或巨額採購認定標準第8條，採購金額在下列金額以上者，為巨額採購：一、工程採購，為新台幣二億元。二、財物採購，為新台幣一億元。三、勞務採購，為新台幣二千萬元。

(2) 同標準第5條第1項第1款，機關辦理特殊或巨額採購，除依第二條規定訂定基本資格外，得視採購案件之特性及實際需要，就下列事項擇定投標廠商之特定資格，並載明於招標文件：一、具有相當經驗或實績者。其範圍得包括於截止投標日前五年內，完成與招標標的同性質或相當之工程、財物或勞務契約，其單次契約金額或數量不低於招標標的預算金額或數量之五分之二，或累計金額或數量不低於招標標的預算金額或數量，並得含採購機關（構）出具之驗收證明或啟用後功能正常之使用情形證明。

(3) 2年期6,000萬元之勞務採購，第1年預算金額為3,000萬，已屬巨額採購，得規定廠商提報實績預算金額或數量之五分之二，即3,000萬×2／5＝1,200萬

13 (A)。政府採購法第83條，審議判斷，視同訴願決定。

14 (B)。採購契約要項第二十一點（廠商要求變更契約）第1項第2款，契約約定之採購標的，其有下列情形之一者，廠商得敘明理由，檢附規格、功能、效益及價格比較表，徵得機關書面同意後，以其他規格、功能及效益相同或較優者代之。但不得據以增加契約價金。其因而減省廠商履約費用者，應自契約價金中扣除：(二)契約原標示之分包廠商不再營業或拒絕供應。

15 (B)。招標期限標準第3條第2項，前項等標期，除本標準或我國締結之條約或協定另有規定者外，不得少於下列期限：
一、未達公告金額之採購：七日。二、公告金額以上未達巨額之採購：十日。三、巨額之採購：十四日。

16 (D)。行政院公共工程委員會88年10月27日（八八）工程企字第8817112號函主旨：
有關採總價結算之營繕工程，承包廠商依契約規定投保，其實際支付保險費用雖低於契約所列該項目金額，機關仍應依契約所列金額支付廠商。

17 (D)。政府採購法規定須經上級機關核准之事項包括：

(1) 第14條，分批辦理公告金額以上之採購；但細則第13條規定法定預算書已標示分批辦理者，得免報經上級機關核准。

(2) 第50條，雖有不予投標廠商開標或決標之情形，但撤銷決標、終止契約或解除契約反不符公共利益，經上級機關核准，不在此限。
(3) 第53條，查核金額以上之採購，減價後最低標價仍超過底價而不逾預算數額，機關確有緊急情事需決標時，應經原底價核定人或其授權人員核准，且不得超過底價百分之八；但超過底價百分之四者，應先報經上級機關核准後決標。
(4) 第55條，機關辦理以最低標決標之採購，經報上級機關核准。
(5) 第56條，機關採最有利標決標者，應先報經上級機關核准。
(6) 第64條，條採購契約得訂明因政策變更，廠商依契約繼續履行反而不符公共利益者，機關得報經上級機關核准，終止或解除部分或全部契約，並補償廠商因此所生之損失。
(7) 第72條，驗收結果與規定不符，而不妨礙安全及使用需求，亦無減少通常效用或契約預定效用，經機關檢討不必拆換或拆換確有困難者，得於必要時減價收受。其在查核金額以上之採購，應先報經上級機關核准。
(8) 第103條，機關因特殊需要，而有向停權廠商採購之必要，經上級機關核准者，不適用前項規定。
(9) 第105條，公務機關間財物或勞務之取得，經雙方直屬上級機關核准者，得不適用採購法招標、決標之規定。
(10) 細則第11條，監辦人員對採購不符合本法規定程序而提出意見，辦理採購之主持人或主驗人如不接受，應納入紀錄，報機關首長或其授權人員決定之。但不接受上級機關監辦人員意見者，應報上級機關核准。

18 (A)。 政府採購法第11條第2項，機關辦理工程採購之預算金額達一定金額以上者，應於決標後將得標廠商之單價資料傳輸至前項工程價格資料庫。

19 (A)。 政府採購法第34條第4項，機關對於廠商投標文件，除供公務上使用或法令另有規定外，應保守秘密。

20 (C)。 政府採購法施行細則第101條第2項，前項結算驗收證明書或其他類似文件，機關應於驗收完畢後十五日內填具，並經主驗及監驗人員分別簽認。但有特殊情形必須延期，經機關首長或其授權人員核准者，不在此限。

21 (C)。依投標廠商資格與特殊或巨額採購認定標準第8條，採購金額在下列金額以上者，為巨額採購：工程採購，為新臺幣二億元；財物採購，為新臺幣一億元；勞務採購，為新臺幣二千萬元。

另行政院公共工程委員會考量國內物價變動情形及參酌國際標準，並兼顧採購效率，於民國111年12月23日發布工程企字第1110100798號令，依據政府採購法第12條第3項、第13條第3項及第47條第3項規定，修正訂定查核金額、公告金額及中央機關小額採購金額，並自民國112年1月1日起生效：

(1) 查核金額：工程及財物採購為新臺幣5,000萬元；勞務採購為新臺幣1,000萬元。

(2) 公告金額：工程、財物及勞務採購為新臺幣150萬元。

(3) 中央機關小額採購金額：為新臺幣15萬元以下。

22 (D)。政府採購法第3條，政府機關、公立學校、公營事業（以下簡稱機關）辦理採購，依本法之規定；本法未規定者，適用其他法律之規定。

23 (B)。機關委託技術服務廠商評選及計費辦法第25條第1項，機關委託廠商辦理技術服務，其服務費用之計算，應視技術服務類別、性質、規模、工作範圍、工作區域、工作環境或工作期限等情形，就下列方式擇定一種或二種以上符合需要者訂明於契約：

一、服務成本加公費法。

二、建造費用百分比法。

三、按月、按日或按時計酬法。

四、總包價法或單價計算法。

24 (A)。政府採購法施行細則第42條第1項第3款，機關依本法第四十條規定洽由其他具有專業能力之機關代辦採購，依下列原則處理：三、除招標文件另有規定外，以代辦機關為招標機關。

25 (D)。機關委託技術服務廠商評選及計費辦法第22條第1項，採購評選委員會評選優勝廠商，得不以一家為限。

26 (B)。採購申訴審議規則第2條第2項，廠商對機關依本法第一百零二條第一項異議之處理結果不服，或機關逾收受異議之次日起十五日期限不為處理者，無論該事件是否逾公告金額，得於收受異議處理結果或處理期限屆滿之次日起十五日內，以書面向該管申訴會申訴。

112年 經濟部所屬事業機構新進職員

( ) **1** 下列何者非屬政府採購行為錯誤態樣？ (A)標封封口未蓋騎縫章，判定不合格標 (B)投標文件未附電子領標憑據，判定不合格標 (C)標單未蓋與招標文件所附列印模相符之印章，判定不合格標 (D)詳細價目表未蓋公司大小章，判定不合格標。

( ) **2** 關於請託或關說之敘述，下列何者正確？ (A)請託或關說，不用書面為之或作成紀錄 (B)請託或關說，得作為評選之參考 (C)請託或關說，得以錄音作成紀錄 (D)不循法定程序，於招標前對預定辦理之採購事項提出請求不算請託或關說。

( ) **3** 下列何者非屬政府採購法規定公告金額以上得選用之招標方式？ (A)公開招標 (B)比價 (C)公開評選 (D)公開取得書面報價。

( ) **4** 下列何者非屬規格限制競爭之要求？ (A)指定特定廠牌而允許同等品 (B)要求型錄須為正本 (C)未具體載明須提出型錄之項目 (D)要求型錄須蓋代理廠商之章。

( ) **5** 依政府採購法第22條第1項第11款採購房地產規定，訂有底價者，其底價訂定之時機為何？ (A)辦理公告前 (B)依「機關指定地區採購房地產作業辦法」第10條認定符合需要之廠商後訂之 (C)開標前 (D)比價前。

( ) **6** 依招標期限標準第3條第2項規定，機關辦理非適用WTO政府採購協定之採購選擇性招標之廠商資格預先審查，未達公告金額之採購，其等標期（未提供電子領投標及公開閱覽）不得少於幾日？ (A)5日 (B)7日 (C)10日 (D)14日。

( ) **7** 下列何者符合政府採購法第22條第1項第3款之情況而得辦理限制性招標？ (A)上級機關核定計畫遲延，致招標時間不足者 (B)採購案前次辦理情形為流廢標但年度預算執行期間將至者 (C)機關因不可預見之緊急事故須辦理採購，其招標期間充裕者 (D)機關因小犬颱風致須辦理緊急處置之採購事項，確有必要者。

( ) **8** 下列敘述何者正確？ (A)因可預見情形，依政府採購法第22條第1項第6款辦理契約變更 (B)清潔勞務工作依政府採購法第22條第1項第8款辦理採購 (C)依政府採購法第22條第1項第9款辦理專業服務採購，準用政府採購法最有利標評選規定 (D)未於招標公告載明後續擴充期間，而僅於招標文件中載明。

( ) **9** 依招標期限標準第8條規定，機關辦理採購於等標期截止後流標或廢標，且招標文件內容未經重大改變者，等標期得予縮短，機關得於其後多久期間內重行招標？ (A)14日內 (B)3個月內 (C)6個月內 (D)1年內。

( ) **10** 下列何者非屬政府採購法第31條第2項第7款「其他經主管機關認定有影響採購公正之違反法令行為」？ (A)廠商所繳納之押標金連號 (B)不同廠商投標文件所載之負責人為同一人 (C)廠商得標後未於規定期限內繳足保證金 (D)有政府採購法第48條第1項第2款之「足以影響採購公正之違法行為」。

( ) **11** 依最有利標評選辦法，價格納入評分者，其所占總滿分之比率不得低於下列何者？ (A)20% (B)30% (C)50% (D)60%。

( ) **12** 機關辦理採購如有政府採購法第58條所稱標價偏低情形時，下列敘述何者正確？ (A)總標價未偏低但部分標價偏低者，仍適用政府採購法第58條規定 (B)立即通知廠商繳納差額保證金 (C)最低標廠商總標價在底價以下，但未低於底價之百分之八十，該廠商表示標價錯誤要求不予決標，機關得予接受 (D)最低標廠商總標價低於底價之百分之八十，機關認無降低品質、不能誠信履約之虞者，仍須待其提出說明或差額保證金始能決標。

( ) **13** 下列何者非屬採購人員得為之行為？ (A)避免參加有利害關係廠商所舉辦之餐會 (B)不接受與職務或利益有關廠商之餽贈 (C)主動參加公開舉行且邀請一般人參加之餐會 (D)於交通不便地區使用廠商提供之交通工具。

( ) **14** 下列何種狀況單位首長A不須依政府採購法第15條第2項規定迴避？ (A)A兼任財團法人董事，該財團法人參與該單位採購時 (B)投標商計畫書所列協同主持人為A之子 (C)A就職前，其胞兄B已為該單位採購案之得標廠商，A就職後關於該採購案之履約管理及驗收事項 (D)A之老婆C任職於廠商，該廠商參與單位採購，C不參與該項採購之相關業務。

( ) **15** 依政府採購法規定，下列何者正確？ (A)採最有利標決標，於評定出最有利標後，應再洽廠商減價 (B)公開招標之案件，機關得於招標文件中限制有權參加開標之每一投標廠商人數 (C)招標文件之售價逾新臺幣1,000元者，即有違反法令規定之虞 (D)總價承包契約，不論數量不符或漏項均應由廠商吸收。

( ) **16** 下列何種採購不適用政府採購法第22條第1項第9款、第10款評選優勝廠商之評選規定？ (A)專業服務 (B)設計競賽 (C)統包工程 (D)資訊服務。

( ) **17** 依政府採購法第21條規定，機關之經常性採購以選擇性招標建立合格廠商名單方式辦理者，應建立幾家以上之合格廠商名單？ (A)3家 (B)6家 (C)9家 (D)10家。

( ) **18** 機關辦理最有利標評選作業，下列何者正確？ (A)毋須成立工作小組，逕行辦理採購評選作業 (B)評選委員會議之決議應有委員二分之一以上出席，出席委員過半數之同意行之 (C)採購評選委員出席委員應有專家學者至少二人，不得少於出席委員人數三分之二 (D)評選委員如有要事，於評分時可請代理人為之。

( ) **19** 機關辦理採購得於招標文件中規定，違反政府採購法第65條規定轉包者，廠商所繳納之何種比率履約保證金（含其孳息）不予發還？ (A)均須發還 (B)已完成履約部分 (C)轉包部分 (D)全部。

( ) **20** 依政府採購法施行細則第94條規定，採購之驗收，無初驗程序者，除契約另有規定者外，機關應於接獲廠商通知備驗或可得驗收之程序完成後幾日內辦理驗收，並作成驗收紀錄？ (A)10日 (B)20日 (C)30日 (D)60日。

( ) **21** 依政府採購法調解成立，其調解成立書之性質為何？ (A)視同訴願決定 (B)與確定判決有同一效力 (C)不具強制執行名義 (D)視同法院判決。

( ) **22** 關於政府採購法第101條之申訴案件，廠商不服申訴審議判斷之結果者，得於審議判斷書送達之次日起2個月內提起何種救濟程序？ (A)向行政法院提起行政訴訟 (B)向所轄之地方法院提起民事訴訟 (C)向所轄之高等法院提起民事訴訟 (D)向招標機關之上級機關提起訴願。

( ) **23** 廠商對於招標機關依政府採購法第31條規定不予發還或追繳押標金爭議，得向採購申訴審議委員會申訴之金額門檻值為何？ (A)不論金額大小 (B)查核金額以上 (C)公告金額以上 (D)巨額以上。

( ) **24** 機關得就下列何種具有共通需求特性之採購，與廠商簽訂共同供應契約？ (A)勞務、財物或工程採購 (B)勞務或工程採購 (C)財物或工程採購 (D)勞務或財物採購。

( ) **25** 機關辦理工程採購，有部分先行使用之必要或已履約之部分有減損滅失之虞者，下列處理方式何者有誤？ (A)就該部分先辦理驗收者，未來仍應針對該部分再辦理驗收 (B)就該部分辦理驗收 (C)就該部分辦理分段查驗供未來驗收之用 (D)不論就該部分辦理驗收或分段查驗供驗收之用，均得就該部分支付價金即起算保固期間。

解答與解析

（答案標示為#者，依官方曾公告更正該題答案。）

1 (D)。

(1) 政府採購錯誤行為態樣／一、準備招標文件第5點：不當增列法規所無之規定，例如於招標文件規定廠商之投標文件有下列情形之一者，為不合格標：標封封口未蓋騎縫章；投標文件未逐頁蓋章；投標文件未檢附電子領標憑據；投標文件之編排、字體大小、裝訂方式或份數與招標文件規定不符；標單未蓋與招標文件所附印模單相符之印章。

(2) 詳細價目表未蓋公司大小章，非屬政府採購行為錯誤態樣，不得因此判定不合格標。

2 (C)。 政府採購法第16條第1項，請託或關說，宜以書面為之或作成紀錄。

3 (D)。 政府採購法第49條，未達公告金額之採購，其金額逾公告金額十分之一者，除第二十二條第一項各款情形外，仍應公開取得三家以上廠商之書面報價或企劃書。

4 (A)。 政府採購錯誤行為態樣／三、規格限制競爭：

(A) 第3點，公告金額以上之採購指定特定廠牌之規格或型號或特定國家或協會之標準而未允許同等品。

(B) 第5點，型錄須為正本。

(C) 第7點，不論產品大小都要有型錄，或未具體載明需要提出型錄之項目。

(D) 第4點，型錄須蓋代理廠商之章。

5 (B)。 機關指定地區採購房地產作業辦法第7條，機關採購房地產訂有底價者，訂定底價時應考量當地近期買賣實例、政府公定價格、評定價格或標售之價格、房地漲跌趨勢及當地工商業榮枯等情形。前項底價，得依第十條於認定符合需要之廠商後訂定。

6 (B)。 招標期限標準第3條第2項，前項等標期，除本標準或我國締結之條約或協定另有規定者外，不得少於下列期限：一、未達公告金額之採購：七日。二、公告金額以上未達巨額之採購：十日。三、巨額之採購：十四日。

7 (D)。

(1) 政府採購法第22條第1項第3款，機關辦理公告金額以上之採購，符合下列情形之一者，得採限制性招標：三、遇有不可預見之緊急事故，致無法以公開或選擇性招標程序適時辦理，且確有必要者。

(2) 行政院公共工程委員會民國88年9月23日（88）工程企字第8814725號函説明二：各機關於本次地震後，因電力、交通、通訊、能源、辦公場所設施損壞或中斷，以公開招標或選擇性招標適時辦理採購有困難，且確有必要者，得依政府採購法第二十二條第一項第三款規定，採限制性招標之比價或議價方式辦理。

8 (C)。政府採購法第22條第1項，機關辦理公告金額以上之採購，符合下列情形之一者，得採限制性招標：

(A) 第6款，在原招標目的範圍內，因未能預見之情形，必須追加契約以外之工程，如另行招標，確有產生重大不便及技術或經濟上困難之虞，非洽原訂約廠商辦理，不能達契約之目的，且未逾原主契約金額百分之五十者。

(B) 第8款，在集中交易或公開競價市場採購財物。清潔勞務採購應經需求、使用或承辦採購單位敘明符合同條項第9款之情形，並簽報機關首長或其授權人員核准採限制性招標。

(C) 第9款規定以限制性招標辦理之專業服務、技術服務、資訊服務、社會福利服務，公告金額以上，應分別依機關委託專業服務廠商評選及計費辦法、機關委託技術服務廠商評選及計費辦法、機關委託資訊服務廠商評選及計費辦法，其評選優勝廠商之作業，準用最有利標知評選規定。

(D) 第7款，原有採購之後續擴充，且已於原招標公告及招標文件敘明擴充之期間、金額或數量者。

9 (B)。招標期限標準第8條第2項，機關於等標期截止後流標、廢標、撤銷決標或解除契約，並於其後三個月內重行招標且招標文件內容未經重大改變者，準用前項之規定。

10 (C)。

(A) 採購單位簽核開標結果，就所附開標之審標、開標紀錄及其附件加以審核，發現押標金支票連號，可能有圍標之嫌，應簽註提醒案內押標金連號核屬行政院公共工程委員會92年6月5日工程企字第09200229060號令發布「政府採購錯誤行為態樣」中「可能有圍標之嫌或宜注意之現象」建議應詳加查證，再就查證結果，依政府採購法第48條或50條等相關規定妥處。

(B) 政府採購法第50條第1項第5款，投標廠商有下列情形之一，經機關於開標前發現者，其所投之標應不予開標；於開標後發現者，應不決標予該廠商：五、不同投標廠商間之投標文件內容有重大異常關聯。

(D) 政府採購法第48條第1項第2款，機關依本法規定辦理招標，除有下列情形之一不予開標決標外，有三家以上合格廠商投標，即應依招標文件所定時間開標決標：二、發現有足以影響採購公正之違法或不當行為者。

11 (A)。 最有利標評選辦法第16條第3項，價格納入評分者，其所占總滿分之比率，不得低於百分之二十，且不得逾百分之五十。

12 (A)。

(1) 政府採購法第58條，機關辦理採購採最低標決標時，如認為最低標廠商之總標價或部分標價偏低，顯不合理，有降低品質、不能誠信履約之虞或其他特殊情形，得限期通知該廠商提出說明或擔保。廠商未於機關通知期限內提出合理之說明或擔保者，得不決標予該廠商，並以次低標廠商為最低標廠商。

(2) 另依政府採購法第五十八條處理總標價低於底價百分之八十案件之執行程序項次一：

A.最低標廠商總標價態樣：合於招標文件規定之最低標廠商（以下簡稱最低標），其總標價在底價以下，但未低於底價之百分之八十，該最低標主動表示標價錯誤，要求不決標予該廠商或不接受決標、拒不簽約。

B.機關執行程序：無政府採購法（以下簡稱採購法）第五十八條之適用。不接受該最低標要求，照價決標。如最低標不接受決標或拒不簽約，依採購法第一百零一條、第一百零二條，並得依其施行細則第五十八條第二項規定處理。如有押標金，依招標文件之規定不予發還。

13 (C)。 採購人員倫理準則第8條第1項，採購人員不接受與職務或利益有關廠商之下列餽贈或招待，反不符合社會禮儀或習俗者，得予接受，不受前條之限制。但以非主動求取，且係偶發之情形為限。

一、價值在新台幣五百元以下之廣告物、促銷品、紀念品、禮物、折扣或服務。

二、價值在新台幣五百元以下之飲食招待。

三、公開舉行且邀請一般人參加之餐會。

四、其他經主管機關認定者。

14 (D)。 政府採購法第15條第2項，機關人員對於與採購有關之事項，涉及本人、配偶、二親等以內親屬，或共同生活家屬之利益時，應行迴避。

15 (B)。

(A) 以公開招標或選擇性招標採最有利標決標辦理者，應於評定最有利標後即決標，不得於評定最有利標後再洽該廠商議價。如有洽減價之必要，應於招標文件中納入協商措施。

(B) 政府採購法施行細則第48條第2項，前項開標，應允許投標廠商之負責人或其代理人或授權代表出席。但機關得限制出席人數。

(C) 政府採購法施行細則第28-1條，機關依本法第二十九條第一項規定發售文件，其收費應以人工、材料、郵遞等工本費為限。其由機關提供廠商使用招標文件或書表樣品而收取押金或押圖費者，亦同。售賣價格並無上限規定。

(D) 最高法院101年度台上字第962號判決認為承包商於投標時，即可審閱施工圖、價目表、清單等，決定是否增列項目，或將缺漏項目之成本由其他項目分攤；又提及如採最有利標評選為決標方式時，如允許得標廠商主張漏項或數量不足進而要求提高工程款，亦與最有利標決標之目的及總價承攬合約之精神有悖，可為參考。

16 (C)。 政府採購法第22條第1項第9、10款，機關辦理公告金額以上之採購，符合下列情形之一者，得採限制性招標：

九、委託專業服務、技術服務、資訊服務或社會福利服務，經公開客觀評選為優勝者。十、辦理設計競賽，經公開客觀評選為優勝者。

17 (B)。 政府採購法第21條第3項，經常性採購，應建立六家以上之合格廠商名單。

18 (B)。 採購評選委員會審議規則第9條第1項，本委員會會議，應有委員總額二分之一以上出席，其決議應經出席委員過半數之同意行之。出席委員中之專家、學者人數應至少二人且不得少於出席人數之三分之一。

19 (D)。押標金保證金暨其他擔保作業辦法第20條第2項第2款，機關得於招標文件中規定，廠商所繳納之履約保證金（含其孳息，本項以下同），得部分或全部不發還之情形如下：二、違反本法第六十五條規定轉包者，全部保證金。

20 (C)。政府採購法施行細則第94條，採購之驗收，無初驗程序者，除契約另有規定者外，機關應於接獲廠商通知備驗或可得驗收之程序完成後三十日內辦理驗收，並作成驗收紀錄。

21 (B)。政府採購法第85-1條第3項，採購申訴審議委員會辦理調解之程序及其效力，除本法有特別規定者外，準用民事訴訟法有關調解之規定；又民事訴訟法第416條第1項，調解經當事人合意而成立；調解成立者，與訴訟上和解有同一之效力；復依民事訴訟法第380條第1項，和解成立者，與確定判決有同一之效力。

22 (A)。採購申訴審議規則第22條第1項，審議判斷書應附記如不服審議判斷，得於審議判斷書送達之次日起二個月內，向行政法院提起行政訴訟。

23 (A)。政府採購法第76條第4項，爭議屬第三十一條規定不予發還或追繳押標金者，不受第一項公告金額以上之限制。

24 (D)。共同供應契約實施辦法第2條第1項，本法第九十三條第一項所稱具有共通需求特性之財物或勞務，指該財物或勞務於二以上機關均有需求者。

25 (A)。政府採購法施行細則第99條，機關辦理採購，有部分先行使用之必要或已履約之部分有減損滅失之虞者，應先就該部分辦理驗收或分段查驗供驗收之用，並得就該部分支付價金及起算保固期間。

112年 經濟部所屬產業園區管理機構新進約僱人員

( ) **1** 機關委託廠商辦理專案管理技術服務之工作內容，下列敘述何者正確？ (A)設計、監造 (B)施工督導與履約管理之諮詢及審查 (C)委託規劃與可行性評估 (D)委託採購發包。

( ) **2** 下列何事項屬政府採購法所稱「監辦」之範疇？ (A)廠商規格之審查 (B)商業條款之審查 (C)是否依規定報經上級機關核准之情形 (D)底價訂定之審查。

( ) **3** 機關依政府採購法辦理採購，下列敘述何者正確？ (A)開標後，除有特殊情形外，底價應予公開 (B)廠商之企劃書，決標後得免予保密 (C)招標文件於公告前應予保密 (D)機關得於招標文件中公告底價，但應報經上級機關核准。

( ) **4** 採購評選委員會之任務，下列敘述何者為非？ (A)訂定或審定招標文件之評選項目、評審標準及評定方式 (B)辦理廠商評選 (C)協助機關解釋與評審標準、評選過程或評選結果有關之事項 (D)協助機關辦理廠商資格審查。

( ) **5** 機關辦理評選，應成立評選委員會，其委員會之組成，下列敘述何者正確？ (A)至少3人，專家學者人數不得少於三分之一 (B)至少5人，專家學者人數不得少於三分之一 (C)至少5人，專家學者人數不得少於二分之一 (D)至少10人，專家學者人數不得少於二分之一。

( ) **6** 政府採購法第22條第1項第4款所稱「原供應廠商」，下列何者非屬其範圍？ (A)原訂約廠商之關係企業 (B)原製造廠商 (C)原訂約廠商之分包廠商 (D)原訂約廠商。

( ) **7** 下列何種採購不適用政府採購法第22條第1項第9款、第10款評選優勝廠商之評選規定？ (A)專業服務 (B)設計競賽 (C)統包工程 (D)資訊服務。

( ) **8** 機關辦理勞動派遣採購，下列敘述何者正確？ (A)機關不得指揮監督管理派遣勞工 (B)可採行最有利標決標 (C)機關得於要派契約中訂明派遣勞工年齡不得逾60歲 (D)機關得於招標文件訂明得標廠商應僱用原派遣勞工。

( ) **9** 採固定價格評選優勝廠商，為避免廠商產生超額利潤並維招標機關權益，下列何者應納入評分項目？ (A)價格 (B)標的之功能、效益 (C)品質的可靠度 (D)廠商提出與採購標的相關之創意或回饋事項。

( ) **10** 機關辦理工程採購遇多次流標，經檢討原因係施工難度高，下列何項非因應對策? (A)檢討有無其他可行之設計方案 (B)增加機關工程管理費用 (C)改採統包方式，由統包廠商於設計階段選定施工方法 (D)於招標階段，允許廠商提出替代方案。

解答與解析

（答案標示為#者，依官方曾公告更正該題答案。）

1 (B)。機關委託技術服務廠商評選及計費辦法第9條第1項各款摘錄，機關委託廠商辦理專案管理，得依採購案件之特性及實際需要，就下列服務項目擇定之：
一、可行性研究之諮詢及審查。
二、規劃之諮詢及審查。
三、設計之諮詢及審查。
四、招標、決標之諮詢及審查。
五、施工督導與履約管理之諮詢及審查。

2 (C)。政府採購法第12條第1項，機關辦理查核金額以上採購之開標、比價、議價、決標及驗收時，應於規定期限內，檢送相關文件報請上級機關派員監辦；上級機關得視事實需要訂定授權條件，由機關自行辦理。

又同法施行細則第11條第1項，本法第十二條第一項所稱監辦，指監辦人員實地監視或書面審核機關辦理開標、比價、議價、決標及驗收是否符合本法規定之程序。

監辦人員採書面審核監辦者，應經機關首長或其授權人員核准。

3 (C)。 政府採購法第34條第1項，機關辦理採購，其招標文件於公告前應予保密。但須公開說明或藉以公開徵求廠商提供參考資料者，不在此限。

4 (D)。 採購評選委員會組織準則第3條第1項，本委員會應於招標前成立，並於完成評選事宜且無待處理事項後解散，其任務如下：

一、訂定或審定招標文件之評選項目、評審標準及評定方式。

二、辦理廠商評選。

三、協助機關解釋與評審標準、評選過程或評選結果有關之事項。

5 (B)。 採購評選委員會組織準則第4條第1項，本委員會置委員五人以上，由機關就具有與採購案相關專門知識之人員派兼或聘兼之，其中專家、學者人數不得少於三分之一。

6 (A)。

(1) 政府採購法第22條第1項第4款，機關辦理公告金額以上之採購，符合下列情形之一者，得採限制性招標：四、原有採購之後續維修、零配件供應、更換或擴充，因相容或互通性之需要，必須向原供應廠商採購者。

(2) 另依行政院公共工程委員會民國89年12月4日(89)工程企字第89035121號號函示：「政府採購法第22條第1項第4款所稱『原供應廠商』，包括原分包廠商。」以及工程會97年7月7日工程企字第09700278141號函示：「『原供應廠商』包括原得標廠商或分包廠商，含來函所述下包廠商。」

7 (C)。 政府採購法第22條第1項第9、10款，機關辦理公告金額以上之採購，符合下列情形之一者，得採限制性招標：九、委託專業服務、技術服務、資訊服務或社會福利服務，經公開客觀評選為優勝者。十、辦理設計競賽，經公開客觀評選為優勝者。

8 (B)。

(1) 行政院人事行政總處民國103年12月12日總處組字第1030055673號書函說明，為鼓勵各機關以最有利標方式辦理勞務採購，為強化各機關妥適運用勞動派遣，前於102年11月18日以總處組字第1020055169號函請各機關依招標業務及規模慎選招標及決標方式，在預算經費容許下，建議可採行以「最有利標」方式辦理運用勞動派遣，以保障派遣勞工應有權益。

(2) 行政院運用勞動派遣應行注意事項：

(A)第2點第1款，本注意事項用詞定義如下：(一)勞動派遣：指派遣事業單位指派所僱用之勞工至機關提供勞務，接受各該機關指揮監督管理之行為。

(C)第4點，各機關運用勞動派遣應依下列規定辦理，以保障派遣勞工權益：(一)確實依政府採購法、勞動派遣權益指導原則、勞務採購契約範本及其相關規定辦理勞務採購事宜，並遵守相關勞動法令規定之事項。而勞動基準法對於就業年齡限制部分，雇主若強制年滿法定歲數的受僱人退休，並不會構成就業年齡歧視，但雇主對年滿法定歲數者之合法差別待遇僅止於「強制退休」方面，雇主對年滿法定歲數者，仍不得在招募、僱用、陞遷、勞動條件、調職、懲戒、訓練、福利等方面給予差別待遇。

(D)第5點，各機關不得自行招募人員後，轉介派遣事業單位僱用為派遣勞工。各機關要派契約，期限屆滿而不續約或因故終止，另與新派遣事業單位訂定要派契約時，不得要求新派遣事業單位僱用或指派原派遣勞工。

9 (D)。 最有利標作業手冊／肆、最有利標評選作業／二、訂定評選項目、配分及權重／(一)評選項目及子項之選定：

5、採固定價格給付者，宜於評選項目中增設「創意」或「廠商承諾額外給付機關情形」之項目，以避免得標廠商發生超額利潤。但廠商所提供之「創意」或「廠商承諾額外給付機關情形」內容，以與採購標的有關者為限。

10 (B)。 行政院公共工程委員會111年業務報告提及釐清工程採購流標主因，務實提出對策：

依本會過去檢討個案流標歸納彙整後發現「預算不足」、「工期不實」及「設計書圖契約不合理」，為工程流標之關鍵主因，爰已要求機關辦理公共工程，應將全生命週期各階段納入考量，掌握本身需求，瞭解建設計畫的設定目標與定位，考量市場行情編列合理預算，供設計依循；設計成果並須符合原計畫定位及預算範圍，相關材料、設備、工法、工期、現場施工條件環境等並合理可行，以利工程順利推動。故單純增加機關工程管理費用無助於改善流標情形。

113年 台電新進僱用人員

( ) **1** 下列何者應依採購法辦理相關採購業務？ (A)變賣新臺幣200萬元之土地 (B)新臺幣200萬元補助對象之選定 (C)公開徵求新臺幣200萬元之房地產 (D)標售新臺幣200萬元之廢料。

( ) **2** 台灣電力公司為敦親睦鄰，補助財團法人台灣綜合研究院辦理採購，該研究院依採購法規定應報上級機關核准，該上級機關係指下列何者？ (A)新北市政府 (B)台灣電力公司 (C)經濟部 (D)行政院公共工程委員會。

( ) **3** 採購監辦人員採書面審核監辦之簽名時機為下列何者？ (A)應於各相關人員均簽名後為之 (B)得於各相關人員均簽名後為之 (C)得免簽名 (D)應於廠商簽名後及機關主驗人簽名前為之。

( ) **4** 機關辦理新臺幣12億元之勞務採購，有關押標金收取額度，下列何者有誤？ (A)免收 (B)新臺幣2千萬元 (C)新臺幣5千萬元 (D)新臺幣6千萬元。

( ) **5** 依採購法規定，對投標廠商之通知，下列何者應採書面為之？ (A)公告金額以上之無法決標通知 (B)公告金額以上之審標結果 (C)未達公告金額之無法決標通知 (D)未達公告金額之決標結果。

( ) **6** 機關辦理採購採最有利標決標，成立採購評選委員會時，若由機關內部人員派兼者為7人，則外聘之專家學者至少需幾人？ (A)1人 (B)2人 (C)3人 (D)4人。

( ) **7** 機關於開標後處理未得標廠商其已開標文件之方式，下列何者有誤？ (A)得保留其中一份，其餘發還 (B)廠商要求發還者，應全部退還 (C)僅保留影本 (D)採分段開標者，尚未開標之部分應予發還。

( ) **8** 機關採購兼有工程、財物、勞務2種以上性質，難以認定其歸屬者，係按其性質所占下列何項金額比率最高者歸屬之？ (A)預算金額 (B)採購金額 (C)預計金額 (D)預估金額。

( ) **9** 有關機關辦理採購，下列敘述何者正確？ (A)採購法第45條所稱開標，指開啟廠商投標文件之價格標封 (B)機關於招標文件規定開標時投標廠商之負責人未出席，投標無效 (C)機關於招標文件規定投標廠商出席開標之人數不逾2人 (D)機關辦理第1次公開招標，有3家以上廠商投標即可開標。

( ) **10** 機關利用共同供應契約辦理採購，其單筆訂購金額或數量如已逾契約所定訂購金額或數量之上限，機關應如何處理？ (A)於徵得訂約機關同意後，仍得訂購高於契約採購上限之金額或數量 (B)於徵得訂約廠商同意後，仍得訂購高於契約採購上限之金額或數量 (C)由機關自行依採購法規定辦理採購 (D)可採分批訂購，以免逾契約之訂購上限。

( ) **11** 依採購契約要項規定，下列何種政府行為致廠商履約費用增加或減少，契約價金得予調整？ (A)汽油價格上漲 (B)匯率變動 (C)國外開徵碳關稅 (D)政府調整工時政策。

( ) **12** 依採購法第22條規定，下列何者非屬因無其他合適之替代標的得採限制性招標之項目？ (A)鈔票印製 (B)藝術品 (C)專利權 (D)商標專用權。

( ) **13** 依政府採購公告及公報發行辦法第4條規定，政府採購資訊應刊登採購公報幾日？ (A)1日 (B)2日 (C)3日 (D)5日。

( ) **14** 機關採公開招標不分段開標最低標得標，應於開標現場宣布之事項，下列何者有誤？ (A)投標廠商之名稱或代號 (B)投標廠商之出席代表姓名 (C)投標廠商之標價 (D)投標廠商之家數。

( ) **15** 下列何者非屬辦理招標公告應登載之項目？ (A)須履約保證金者，其額度 (B)履約期限 (C)投標文件應使用之文字 (D)投標地點。

( ) **16** 依採購法規定，招標文件如訂明得就特定項目採行協商措施，下列何者正確？ (A)以評選最優廠商為協商對象 (B)審標程序及內容均應予公開 (C)參與協商之廠商得依據協商結果修改投標文件重行遞送 (D)機關不得錄影或錄音存證。

( ) **17** 依採購法第61條所稱一定期間刊登決標公告係指下列何者？ (A)自開標日起30日 (B)自決標日起20日 (C)自決標日起30日 (D)自決標日次日起30日。

( ) **18** 機關允許廠商採電子投標，決標後以書面文件辦理簽約，簽約內容應以下列何者為準？ (A)電子投標文件 (B)書面文件 (C)對機關有利者 (D)機關與廠商協議之。

( ) **19** 招標文件未另定契約生效條件時，契約生效日為下列何者？ (A)簽約日 (B)決標日 (C)機關通知次日 (D)決標日次日。

( ) **20** 依採購法規定，有關各類採購案之採購金額級距下限，由大至小依序排列，下列何者正確？ (1)巨額財物採購案；(2)查核金額工程採購案；(3)巨額勞務採購案；(4)公告金額工程採購案 (A)(1)(2)(3)(4) (B)(1)(3)(2)(4) (C)(2)(3)(1)(4) (D)(3)(1)(4)(2)。

( ) **21** 有關分項複數決標之敘述，下列何者有誤？ (A)得分項簽約及驗收 (B)押標金應依招標文件規定之全部項目計算繳納 (C)底價得依項目分別訂定 (D)招標文件訂明得由廠商分項報價之項目。

( ) **22** 機關辦理限制性招標之比價，其底價之訂定時機為下列何者？ (A)辦理比價前 (B)訂定前應先參考廠商之報價或估價單 (C)開標前 (D)辦理比價之開標前。

( ) **23** 下列何者非屬採最有利標決標之用語？ (A)評選委員會 (B)綜合評選 (C)評審項目 (D)協商。

( ) **24** 依採購法規定，中央機關小額採購金額係指新臺幣多少元？ (A)100,000元以下 (B)149,999元以下 (C)150,000元以下 (D)150,000～1,499,999元。

( ) **25** 機關辦理辦公設備招標案，依採購法規定採最低標決標，最低標廠商標價為新臺幣480萬元（下同），低於底價700萬元，機關認為廠商提出之說明尚非完全合理，有關差額保證金之通知，下列何者正確？ (A)通知該廠商繳納220萬元 (B)通知該廠商繳納80萬元 (C)通知該廠商繳納10萬元 (D)不通知該廠商提出。

解答與解析

（答案標示為#者，依官方曾公告更正該題答案。）

1 (C)。 政府採購法第2條，本法所稱採購，指工程之定作、財物之買受、定製、承租及勞務之委任或僱傭等；同法第7條第2項，本法所稱財物，指各種物品（生鮮農漁產品除外）、材料、設備、機具與其他動產、不動產、權利及其他經主管機關認定之財物。

2 (B)。 政府採購法第4條第1項，法人或團體接受機關補助辦理採購，其補助金額占採購金額半數以上，且補助金額在公告金額以上者，適用本法之規定，並應受該機關之監督。

3 (A)。 機關主會計及有關單位會同監辦採購辦法第7條第1項前段，監辦人員於完成監辦後，應於紀錄簽名，並得於各相關人員均簽名後為之。

4 (D)。

(1) 政府採購法第30條第1項第1款，機關辦理招標，應於招標文件中規定投標廠商須繳納押標金；得標廠商須繳納保證金或提供或併提供其他擔保。但有下列情形之一者，不在此限：一、勞務採購，以免收押標金、保證金為原則。

(2) 另押標金保證金暨其他擔保作業辦法第9條，押標金之額度，得為一定金額或標價之一定比率，由機關於招標文件中擇定之。前項一定金額，以不逾預算金額或預估採購總額之百分之五為原則；一定比率，以不逾標價之百分之五為原則。但不得逾新臺幣五千萬元。採單價決標之採購，押標金應為一定金額。

(3) 新臺幣12億元之5%為6,000萬元，惟前揭條文第2項但書規定不得收取超過5,000萬元之押標金。

5 (A)。 政府採購法第61條，機關辦理公告金額以上採購之招標，除有特殊情形者外，應於決標後一定期間內，將決標結果之公告刊登於政府採購公報，並以書面通知各投標廠商。無法決標者，亦同。

6 (D)。

(1) 採購評選委員會組織準則第4條第1項，本委員會置委員五人以上，由機關就具有與採購案相關專門知識之人員派兼或聘兼之，其中專家、學者人數不得少於三分之一。

(2) 故N／（N＋7）≧1／3，N必須≧4。

7 (B)。 政府採購法第57條第1項，機關辦理公開招標，因投標廠商家數未滿三家而流標者，得發還投標文件。廠商要求發還者，機關不得拒絕。

8 (A)。 政府採購法第7條第4項，採購兼有工程、財物、勞務二種以上性質，難以認定其歸屬者，按其性質所占預算金額比率最高者歸屬之。

9 (C)。 政府採購法施行細則：

(A)第48條第1項，本法第四十五條所稱開標，指依招標文件標示之時間及地點開啟廠商投標文件之標封，宣布投標廠商之名稱或代號、家數及其他招標文件規定之事項。有標價者，並宣布之。

(B)(C)，第48條第2項，前項開標，應允許投標廠商之負責人或其代理人或授權代表出席。但機關得限制出席人數。

(D)第55條，本法第四十八條第一項所稱三家以上合格廠商投標，指機關辦理公開招標，有三家以上廠商投標，且符合下列規定者：一、依本法第三十三條規定將投標文件送達於招標機關或其指定之場所。二、無本法第五十條第一項規定不予開標之情形。三、無第三十三條第一項及第二項規定不予開標之情形。四、無第三十八條第一項規定不得參加投標之情形。

10 (C)。 行政院公共工程委員會103年4月30日工程企字第10300142330號函說明二：

為促進共同供應契約合理價格，請各訂約機關依前開規定於招標文件載明共同供應契約每次最高採購量，不另訂定大量訂購金額可洽廠商提供優惠條件之條款。訂約機關可分析近年共同供應契約標的之訂購金額、數量資料，就較常訂購之金額、數量，據以訂定單筆訂購金額或數量合理上限。對於逾此上限之需求，由機關自行依政府採購法規定辦理採購。

11 (D)。 採購契約要項第38點（契約價金因政府行為之調整）第1項：廠商履約遇有下列政府行為之一，致履約費用增加或減少者，契約價金得予調整：

(一)政府法令之新增或變更。(二)稅捐或規費之新增或變更。(三)政府管制費率之變更。

12 (D)。 政府採購法施行細則第22條第2項，本法第二十二條第一項第二款所稱專屬權利，指已立法保護之智慧財產權。但不包括商標專用權。

13 (A)。 政府採購公告及公報發行辦法第4條第1項前段，下列政府採購資訊應刊登採購公報一日，並公開於主管機關之政府採購資訊網站。

14 (B)。 政府採購法施行細則第48條第1項，本法第四十五條所稱開標，指依招標文件標示之時間及地點開啟廠商投標文件之標封，宣布投標廠商之名稱或代號、家數及其他招標文件規定之事項。有標價者，並宣布之。

15 (A)。 政府採購公告及公報發行辦法第7條，依本法第二十七條第一項規定辦理之招標公告，應登載下列事項：一、有案號者，其案號。二、機關之名稱、地址、聯絡人（或單位）及聯絡電話。三、招標標的之名稱及數量摘要。有保留未來後續擴充之權利者，其擴充之期間、金額或數量。四、招標文件之領取地點、方式、售價及購買該文件之付款方式。五、收受投標文件之地點及截止期限。六、公開開標者，其時間及地點。七、須押標金者，其額度。八、履約期限。九、投標文件應使用之文字。十、招標與決標方式及是否可能採行協商措施。十一、是否屬公告金額以上之採購。十二、是否適用我國所締結之條約或協定。十三、廠商資格條件摘要。十四、財物採購，其性質係購買、租賃、定製或兼具二種以上之性質。十五、是否屬公共工程實施技師簽證者。十六、其他經主管機關指定者。

16 **(C)**。 最有利標評選辦法第4條第5款，機關採最有利標決標者，除法令另有規定者外，應於招標文件載明下列事項：五、得採行協商措施者，協商時得更改之項目。

17 **(C)**。 政府採購法施行細則第84條第3項，本法第六十一條所稱決標後一定期間，為自決標日起三十日。

18 **(A)**。 電子採購作業辦法第11條，機關允許廠商電子投標者，得於招標文件中規定，以電子投標文件簽約，或於決標後於期限內以書面文件辦理簽約。前項書面文件內容應與電子投標文件相同。其不同者，以後者為準。

19 **(B)**。 行政院公共工程委員會民國101年01月11日工程企字第10100013140號函釋要旨，採購契約以決標時點為契約成立時點，其後簽約手續並非契約成立或生效要件，故招標文件或契約未明定契約生效需經雙方簽署方為有效者，以決標日為生效日。

20 **(A)**。 依投標廠商資格與特殊或巨額採購認定標準第8條，採購金額在下列金額以上者，為巨額採購：工程採購，為新臺幣二億元；財物採購，為新臺幣一億元；勞務採購，為新臺幣二千萬元。

另行政院公共工程委員會考量國內物價變動情形及參酌國際標準，並兼顧採購效率，於民國111年12月23日發布工程企字第1110100798號令，依據政府採購法第12條第3項、第13條第3項及第47條第3項規定，修正訂定查核金額、公告金額及中央機關小額採購金額，並自民國112年1月1日起生效：

(1) 查核金額：工程及財物採購為新臺幣5,000萬元；勞務採購為新臺幣1,000萬元。

(2) 公告金額：工程、財物及勞務採購為新臺幣150萬元。

(3) 中央機關小額採購金額：為新臺幣15萬元以下。

21 **(B)**。 政府採購法施行細則第65條第3款，機關依本法第五十二條第一項第四款採用複數決標方式者，應依下列原則辦理：三、押標金、保證金及其他擔保得依項目或數量分別繳納。

22 **(D)**。 政府採購法施行細則第54條第2項，限制性招標之比價，其底價應於辦理比價之開標前定之。

23 **(C)**。 最有利標評選辦法第4條，機關採最有利標決標者，除法令另有規定者外，應於招標文件載明下列事項：

一、以合於招標文件規定之最有利標為得標廠商。二、評選項目及評審標準。其有子項者，亦應載明。三、評定最有利標之方式。四、投標文件經審查合於招標文件規定者，始得為協商及評選之對象。五、得採行協商措施者，協商時得更改之項目。六、有應予淘汰或不予評比之情形者，其情形。七、投標文件有依評選項目分別標示及編頁之必要者，其情形。八、其他必要事項。

24 (C)。行政院公共工程委員會111年12月23日工程企字第1110100798號令（112年1月1日生效），採購法中得逕洽廠商辦理之小額採購，工程、財物及勞務採購皆為新臺幣15萬元以下。

25 (D)。行政院公共工程委員會民國100年8月22日工程企字第10000261091號令修正發布「依政府採購法第五十八條處理總標價低於底價百分之八十案件之執行程序」第五項：

(1) 態樣：最低標之總標價低於底價之百分之七十，機關認為顯不合理，有降低品質、不能誠信履約之虞或其他特殊情形。

(2) 執行程序：最低標未於機關通知期限內提出説明，或其提出之説明經機關認為顯不合理或尚非完全合理，有降低品質、不能誠信履約之虞或其他特殊情形者，不通知最低標提出差額保證金，逕不決標予該最低標。該最低標表示願意提出差額保證金者，機關應予拒絕。

113年 桃園大眾捷運股份有限公司新進人員

( ) **1** 廠商於投標文件故意不實填載投標公司之營運績效，以下何者正確？ (A)僅依採購法31條沒收押標金，不得刊登採購公報 (B)依採購法101條第4款將其刊登政府採購公報 (C)不予決標予該公司但發還押標金 (D)停止招標全案移送地檢署偵辦。

( ) **2** 廠商於下列情形所繳納之押標金，不予發還；其未依招標文件規定繳納或已發還者，並予追繳。何者為非？ (A)以虛偽不實之文件投標 (B)借用他人名義或證件投標，或容許他人借用本人名義或證件參加投標 (C)冒用他人名義或證件投標 (D)得標後拒不議價。

( ) **3** 機關宣布決標予A廠商後，A廠商發現其投標價格估算錯誤，而發函主張放棄得標權，請問A公司行為之適法性何者正確？ (A)尚未簽約之前採購契約尚未生效，A廠商仍可主張放棄得標 (B)得標屬與得標廠商之權利，權利自可決定是否行使，改由次低標遞補 (C)可以強制執行方式使A廠商履約 (D)應依採購法一零一條第七款將該廠商刊登政府採購公報。

( ) **4** 丙種營造業廠商因不符招標文件資格規定之甲種營造業資格，而合意以甲種營造業廠商之名義投標，但實質上真正之投標商為不符資格之丙種營造業，構成下列何種犯罪？ (A)八十七條第三項之詐術圍標罪 (B)八十七條第四項之合意圍標罪 (C)八十七條第五項之借牌圍標罪 (D)八十七條第一項之暴力圍標罪。

( ) **5** 就採購法之「調解及仲裁」以下何者正確？ (A)採購法之調解只有廠商可以提出 (B)機關與廠商若於收受採購申訴會之調解建議後，未於十日內提出反對即視為調解成立 (C)採購爭議之仲裁程序依法至遲必須在四個月內完成 (D)仲裁僅在符合採購法八十五條之一第二項之要件或有仲裁條款時，始得提起之。

( ) **6** 採購法第43條第1項第1款所規定「要求投標廠商採購國內貨品比率、技術移轉、投資、協助外銷或其他類似條件，作為採購評選之項目」在國際上稱為何種交易？ (A)互惠交易 (B)補償交易 (C)補助交易 (D)限制交易。

( ) **7** 依採購法第85條之1第2項後段規定所述及之「廠商提付仲裁機關不得拒絕」學說上稱為何種機制？ (A)先調後仲 (B)調仲擇一 (C)仲調合一 (D)仲調合併。

( ) **8** 下列何單位辦理採購應適用政府採購法？ (A)農田水利署 (B)中科院 (C)台北市南港區農會 (D)基隆市漁會。

( ) **9** 廠商不服招標過程之決定時提出申訴之採購門檻金額為？ (A)100萬 (B)150萬 (C)20萬 (D)10萬。

( ) **10** 有關採購法第四條受機關補助辦理採購，以下何者正確？ (A)受補助之金額若未達100萬即無需適用採購法 (B)專指由政府出資設立之財團法人或團體 (C)補助金額若未達採購金額之三分之一則不適用 (D)藝文採購受補助之民間團體不論金額多少均不適用採購法。

( ) **11** 主管機關依採購法所規定之「小額採購」，目前為新臺幣多少元？ (A)五萬元 (B)十萬元 (C)十五萬元 (D)二十萬元。

( ) **12** 下列哪一項採購是屬於採購法之財物採購？ (A)化學製品 (B)報廢車標售 (C)工程設計 (D)溫體豬肉。

( ) **13** 經濟部因業務需求另租用本部以外之辦公室使用，若租約期滿欲續租，且附近並無適當處所可供選擇，其續租應採何種方式辦理招標？ (A)公開招標 (B)限制性招標 (C)選擇性招標 (D)無須再招標直接續租。

( ) **14** 機關辦理下列何種採購，得不訂底價？ (A)經常性採購 (B)重複性採購 (C)重大工程之採購 (D)最有利標決標之採購。

( ) **15** 機關辦理採購其採購契約之生效時點為何？ (A)簽訂書面時 (B)押標金轉為履保金時 (C)決標時 (D)機關首長核定時。

( ) **16** 主管機關每年應對已完成之重大採購事件，作出何項文件刊登於政府採購公報？ (A)效益評估 (B)預算執行 (C)查核分析 (D)使用情形。

( ) **17** 上級機關派員監辦機關辦理查核金額以上採購，不包括下列何項作業活動？ (A)開標 (B)審查 (C)比價 (D)驗收。

( ) **18** 採購申訴審議委員會應於收受申訴書之次日起幾日內完成審議，必要時得延長？ (A)10日 (B)20日 (C)30日 (D)40日。

( ) **19** 下列何者為選擇性招標？ (A)以公告方式預先依一定資格條件辦理廠商資格審查後，再行邀請符合資格之廠商投標 (B)指以公告方式邀請特定廠商投標 (C)指以公告方式邀請不特定廠商投標 (D)以公告方式邀請特定五家以上廠商進行比價。

( ) **20** 採購申訴審議委員會由主管機關及直轄市、縣（市）政府高級人員派兼之人數不得超過 (A)2人 (B)3人 (C)5人 (D)7人。

( ) **21** 機關招標文件優先採購取得政府認可之環境保護標章使用許可，而其效能相同或相似之產品，並得允許價差為 (A)3% (B)5% (C)10% (D)15%。

( ) **22** 得標廠商其於國內員工總人數逾一百人者，應於履約期間僱用身心障礙者及原住民之人數不得低於總人數 (A)1% (B)2% (C)3% (D)4%。

( ) **23** 以下何者不是公告金額在採購法中之功能？ (A)作為限制廠商過度競爭之門檻 (B)作為公開招標之門檻 (C)作為提出異議之門檻 (D)作為上級機關監辦之門檻。

( ) **24** 依採購法101條刊登採購公報之時效為幾年？ (A)3年 (B)5年 (C)7年 (D)15年。

( ) **25** 廠商有下列何種情形者，依法不予發還押標金？ (A)以投標商自己名義填寫不實之履約實績 (B)審標後經判定資格不符之廠商 (C)得標後延誤履約情節重大者 (D)公告為不良廠商期間仍參標廠商。

( ) **26** 招標文件至少應給予廠商等標期之多少比例之期間內對招標文件之內容提出釋疑？ (A)五分之一 (B)二分之一 (C)三分之一 (D)四分之一。

( ) **27** 廠商申訴有理由，由採購申訴委員會撤銷原來之異議處理結果時，原招標機關應於幾日內另為適法之處置？ (A)十日 (B)六十日 (C)十五日 (D)二十日。

( ) **28** 廠商不服決標，如提出異議期間超過法定時間，招標機關應如何處理？ (A)應轉送行政院工程會改依申訴處理 (B)應以異議無理由駁回 (C)異議應不受理，但若機關評估其事由為有理由，仍得自行評估其事由認為有理由時撤銷或變更原處理結果 (D)直接不受理結案。

( ) **29** 招標機關自收到廠商之異議後，應於幾日內為異議處理結果？ (A)十五日內 (B)十日內 (C)二十日內 (D)三十日內。

( ) **30** 財物採購驗收不合格時，機關應如何處理？ (A)應解除契約 (B)應限期請廠商說明 (C)應減價收受 (D)應限期改善／拆除／重做／退貨換貨。

( ) **31** 下列何者為採購契約之要約？ (A)機關之決標為要約 (B)廠商之投標為要約 (C)以廠商之繳納履約保證金為承諾 (D)機關之公告招標為要約。

( ) **32** 廠商對招標文件之內容請求釋疑，試問機關對廠商之釋疑應如何處理？ (A)以電話或口頭或書面擇一回覆 (B)必須以書面答覆廠商 (C)由機關找該廠商進行協商 (D)暫停採購程序。

( ) **33** 下列何者可免繳納押標金？ (A)財物採購 (B)以比價方式辦理之採購 (C)未達公告金額之採購 (D)勞務採購。

( ) **34** 家長會因擔心小孩夏天教室過熱，於是捐助經費由公立國小辦理教室冷氣之採購，請問此類採購是否應適用採購法？ (A)因經費是私人捐助故無須適用採購法 (B)如冷氣採購總金額達公告金額以上即應適用採購法 (C)公立學校辦理採購均應適用採購法 (D)如非小額採購即應適用採購法。

( ) **35** 工程採購之巨額採購金額為若干？ (A)一億 (B)兩億 (C)兩千萬 (D)五千萬。

( ) **36** 下列何者屬於採購法第22條第1項第2款之專屬權利？ (A)專利權 (B)商標權 (C)總代理權 (D)優先權。

( ) **37** 勞務採購之「查核金額」為？ (A)500萬 (B)200萬 (C)1000萬 (D)2000萬。

( ) **38** 機關於招標文件規定廠商得請求釋疑之期限，至少應有等標期之 (A)1／2 (B)1／3 (C)1／4 (D)1／5。

( ) **39** 機關辦理查核金額以上採購之招標，採購預算資料、招標文件及相關文件應於等標期或截止收件日前多少日之期限內檢送上級機關監辦？ (A)三日 (B)五日 (C)十日 (D)七日。

( ) **40** 行政院工程會應設立何種單位，以統一蒐集共通性商情及同等品分類之資訊及建立工程價格資料庫？ (A)物價調查中心 (B)採購資訊中心 (C)同類型之廠商家數中心 (D)廠商資訊中心。

( ) **41** 辦理底價之訂定時機，何者為非？ (A)公開招標應於開標前定之 (B)選擇性招標應於資格審查後之下一階段開標前定之 (C)限制性招標應於議價或比價前定之 (D)機關預算經上級機關核定後。

( ) **42** 決標應公告或通知以下何者正確？ (A)公告金額以上採購，除有特殊情形者外應公告 (B)決標結果應一律公告 (C)公告金額以上之購案若無法決標時即無需公告 (D)公告金額以上之採購可用書面通知各投標廠商，無須另行公告。

( ) **43** 機關辦理採購就招標免收押標金、得標廠商免繳納保證金之原則，何者為非？ (A)勞務採購，以免收押標金、保證金為原則 (B)未達公告金額之工程、財物採購，得免收押標金、保證金 (C)議價方式辦理之採購，得免收押標金、保證金 (D)依市場交易慣例或採購案特性，無收取押標金、保證金之必要或可能。

( ) **44** 政府採購法101條刊登政府採購公報，其法律性質以下何者正確？ (A)屬於管制性不利處分 (B)屬於行政處罰 (C)刊登公報為事實行為 (D)因招標須知已有公告刊登公報之要件，屬於行政契約。

( ) **45** 廠商之投標文件，應以書面密封，係指 (A)廠商之投標文件應標示密件 (B)限以掛號方式郵遞 (C)將投標文件置於不透明之信封或容器內，並以漿糊、膠水、膠帶、釘書針、繩索或其他類似材料封裝者 (D)由機關指定人員拆閱。

( ) **46** 機關辦理招標保密事項，何者為非？ (A)機關依實際需要於招標文件中得公告底價 (B)招標文件於公告前應予保密 (C)公開徵求廠商提供之參考資料 (D)領標、投標廠商之名稱與家數於開標前不得公開。

( ) **47** 關於招標機關訂定底價之時機，以下何者正確？ (A)如為公開招標之採購底價至遲應於決標前定之 (B)如為公開招標者至遲應於開標前定底價 (C)如為分段開標時應於資格審查後之下一階段開標前定之 (D)如為限制性招標至遲應於議價或比價後定之。

( ) **48** 以下何者可不須訂底價？ (A)查核金額之採購 (B)公告金額以下之採購 (C)特殊採購 (D)以最有利標決標之採購。

( ) **49** 機關審標時如對廠商投標文件有疑義時，以下何者正確？ (A)發現內容書寫錯誤且與標價無關者，機關得允許廠商更正 (B)發現標價有明顯誤寫誤算或打字錯誤，由於僅屬更正筆誤性質，得允許廠商更正之 (C)為確保招標之公平性，發現投標文件內容疑義時，一律不得補件或要求廠商提出說明 (D)發現與標價無關之筆誤或打字錯誤，基於採購之公平性一律不允許更正。

( ) **50** 有關採購之轉包、分包之敘述以下何者正確？ (A)廠商如欲轉包須經報備機關獲准始可為之 (B)為確保採購品質，採購法原則上要求廠商應全部自行履約，禁止得標廠商分包予下游廠商 (C)採購法一律禁止轉包 (D)獲轉包之廠商需與得標廠商負連帶履行責任。

解答與解析

（答案標示為#者，依官方曾公告更正該題答案。）

1 (B)。政府採購法第101條第1項第4款，機關辦理採購，發現廠商有下列情形之一，應將其事實、理由及依第一百零三條第一項所定期間通知廠商，並附記如未提出異議者，將刊登政府採購公報：四、以虛偽不實之文件投標、訂約或履約，情節重大者。

2 (D)。政府採購法第31條第2項第1款，廠商有下列情形之一者，其所繳納之押標金，不予發還；其未依招標文件規定繳納或已發還者，並予追繳：一、以虛偽不實之文件投標。

3 (D)。政府採購法第101條第1項第7款，機關辦理採購，發現廠商有下列情形之一，應將其事實、理由及依第一百零三條第一項所定期間通知廠商，並附記如未提出異議者，將刊登政府採購公報：七、得標後無正當理由而不訂約者。

4 (C)。政府採購法第87條第5項，意圖影響採購結果或獲取不當利益，而借用他人名義或證件投標者，處三年以下有期徒刑，得併科新臺幣一百萬元以下罰金。容許他人借用本人名義或證件參加投標者，亦同。

5 (D)。政府採購法：

(A) 第85-1條第1項，機關與廠商因履約爭議未能達成協議者，得以下列方式之一處理：一、向採購申訴審議委員會申請調解。二、向仲裁機構提付仲裁。

(B) 第85-4條第2、3項，當事人或參加調解之利害關係人對於前項方案，得於送達之次日起十日內，向採購申訴審議委員會提出異議。於前項期間內提出異議者，視為調解不成立；其未於前項期間內提出異議者，視為已依該方案調解成立。

(C) 採購履約爭議調解規則第20條第1項，調解事件應自收受調解申請書之次日起四個月內完成調解程序。但經雙方同意延長者，得延長之；另仲裁法第21條第1項，仲裁進行程序，當事人未約定者，仲裁庭應於接獲被選為仲裁人之通知日起十日內，決定仲裁處所及詢問期日，通知雙方當事人，並於六個月內作成判斷書；必要時得延長三個月。

6 (B)。 行政院公共工程委員會100年3月9日工程企字第10000087130號函說明二提及：GPA第16條第1項補償交易規定：「機關在資格審查及選擇可能之供應商、產品或服務，或者在審標及決標時，不得強制要求、尋求或考慮補償交易。」該補償交易係指藉本國品項、技術授權、投資要求、相對貿易或類似之要求，以鼓勵當地發展或改善收支平衡帳之措施。

7 (A)。 政府採購第85-1條：

(1) 第1項，機關與廠商因履約爭議未能達成協議者，得以下列方式之一處理：一、向採購申訴審議委員會申請調解。二、向仲裁機構提付仲裁。

(2) 第2項，前項調解屬廠商申請者，機關不得拒絕。工程及技術服務採購之調解，採購申訴審議委員會應提出調解建議或調解方案；其因機關不同意致調解不成立者，廠商提付仲裁，機關不得拒絕。

(3) 前述規定即為所謂先調解後仲裁制度（先調後仲），有關履約爭議之解決，如果機關想要以訴訟方式，而廠商希望以程序較簡速度較快的仲裁方式，則擬制機關有仲裁合意之適用。履約爭議之類似強制仲裁，其要件為：工程或技術服務採購、採購申訴審議委員會有提出調解建議或調解方案、機關不同意致調解不成立。在符合前述三要件情況下，廠商提付仲裁，機關不得拒絕。

8 (A)。政府採購法第3條，政府機關、公立學校、公營事業辦理採購，依本法之規定；本法未規定者，適用其他法律之規定。又依農業部農田水利署組織法第1條規定，農業部為辦理農田水利業務，特設農田水利署（以下簡稱本署）。而屬本法所指之適用政府採購法之機關。

9 (B)。政府採購法第76條第1項，廠商對於公告金額以上採購異議之處理結果不服，或招標機關逾前條第二項所定期限不為處理者，得於收受異議處理結果或期限屆滿之次日起十五日內，依其屬中央機關或地方機關辦理之採購，以書面分別向主管機關、直轄市或縣（市）政府所設之採購申訴審議委員會申訴。地方政府未設採購申訴審議委員會者，得委請中央主管機關處理。

10 (D)。政府採購法第4條，法人或團體接受機關補助辦理採購，其補助金額占採購金額半數以上，且補助金額在公告金額以上者，適用本法之規定，並應受該機關之監督。藝文採購不適用前項規定，但應受補助機關之監督；其辦理原則、適用範圍及監督管理辦法，由文化部定之。

11 (C)。行政院公共工程委員會111年12月23日工程企字第1110100798號令（112年1月1日生效），採購法中得逕洽廠商辦理之小額採購，工程、財物及勞務採購皆為新臺幣15萬元以下。

12 (A)。政府採購法第7條第2項，本法所稱財物，指各種物品（生鮮農漁產品除外）、材料、設備、機具與其他動產、不動產、權利及其他經主管機關認定之財物。

13 (B)。行政院公共工程委員會88年9月9日（88）工程企字第8813998號、88年9月13日（88）工程企字第8813564號、88年11月23日（88）工程企字第8819370號、88年12月16日（88）工程企字第8821235號等4函已有釋例，機關辦理房地產續租，如符合因搬遷費用、裝設費用、公務運作及經濟效益之考量而辦理續租者，得依政府採購法第22條第1項第16款採限制性招標。

14 (D)。政府採購法第47條第1項，機關辦理下列採購，得不訂底價。但應於招標文件內敘明理由及決標條件與原則：

一、訂定底價確有困難之特殊或複雜案件。二、以最有利標決標之採購。三、小額採購。

15 (C)。行政院公共工程委員會民國101年01月11日工程企字第

10100013140號函釋要旨，採購契約以決標時點為契約成立時點，其後簽約手續並非契約成立或生效要件，故招標文件或契約未明定契約生效需經雙方簽署方為有效者，以決標日為生效日。

16 (A)。 政府採購法第111條第2項，主管機關每年應對已完成之重大採購事件，作出效益評估；除應秘密者外，應刊登於政府採購公報。

17 (B)。 政府採購法第12條第1項，機關辦理查核金額以上採購之開標、比價、議價、決標及驗收時，應於規定期限內，檢送相關文件報請上級機關派員監辦；上級機關得視事實需要訂定授權條件，由機關自行辦理。

18 (D)。 政府採購法第78條第2項，採購申訴審議委員會應於收受申訴書之次日起四十日內完成審議，並將判斷以書面通知廠商及機關。必要時得延長四十日。

19 (A)。 政府採購法第18條第3項，本法所稱選擇性招標，指以公告方式預先依一定資格條件辦理廠商資格審查後，再行邀請符合資格之廠商投標。

20 (B)。 政府採購法第86條第1項，主管機關及直轄市、縣（市）政府為處理中央及地方機關採購之廠商申訴及機關與廠商間之履約爭議調解，分別設採購申訴審議委員會；置委員七人至三十五人，由主管機關及直轄市、縣（市）政府聘請具有法律或採購相關專門知識之公正人士擔任，其中三人並得由主管機關及直轄市、縣（市）政府高級人員派兼之。但派兼人數不得超過全體委員人數五分之一。

21 (C)。 政府採購法第96條第1項，機關得於招標文件中，規定優先採購取得政府認可之環境保護標章使用許可，而其效能相同或相似之產品，並得允許百分之十以下之價差。產品或其原料之製造、使用過程及廢棄物處理，符合再生材質、可回收、低污染或省能源者，亦同。

22 (B)。 政府採購法第98條，得標廠商其於國內員工總人數逾一百人者，應於履約期間僱用身心障礙者及原住民，人數不得低於總人數百分之二，僱用不足者，除應繳納代金，並不得僱用外籍勞工取代僱用不足額部分。

23 (C)。 政府採購法第76條第1項前段，廠商對於公告金額以上採購異議之處理結果不服，或招標機關逾前條第二項所定期限不為處理者，得於收受異議處理結果或期限屆滿之次日起十五日內，依其屬中央機關或地方機關辦理之採購，以書面分別向主管機關、直轄市或縣（市）政府所設之採購申訴審議委員會申訴。

24 (A)。 政府採購法第101條執行注意事項第1點第3款(三)裁處權時效：

機關依採購法第101條第1項規定通知廠商刊登政府採購公報，適用行政罰法第27條第1項所定3年裁處權時效，其各款裁處權時效之起算時點之判斷原則，工程會已於103年11月21日邀集主要部會及各地方政府召開「研商政府採購法第101條第1項各款裁處權時效之起算時點」會議，獲致共識。

25 (A)。 政府採購法第31條第2項廠商有下列情形之一者，其所繳納之押標金，不予發還；其未依招標文件規定繳納或已發還者，並予追繳：一、以虛偽不實之文件投標。二、借用他人名義或證件投標，或容許他人借用本人名義或證件參加投標。三、冒用他人名義或證件投標。四、得標後拒不簽約。五、得標後未於規定期限內，繳足保證金或提供擔保。六、對採購有關人員行求、期約或交付不正利益。七、其他經主管機關認定有影響採購公正之違反法令行為。

26 (D)。 政府採購法施行細則第43條第1項前段，機關於招標文件規定廠商得請求釋疑之期限，至少應有等標期之四分之一；其不足一日者以一日計。

27 (D)。 政府採購法第85條第1項，審議判斷指明原採購行為違反法令者，招標機關應自收受審議判斷書之次日起二十日內另為適法之處置；期限屆滿未處置者，廠商得自期限屆滿之次日起十五日內向採購申訴審議委員會申訴。

28 (C)。 政府採購法施行細則第105條，異議逾越法定期間者，應不予受理，並以書面通知提出異議之廠商；又同細則第105-1條，招標機關處理異議為不受理之決定時，仍得評估其事由，於認其異議有理由時，自行撤銷或變更原處理結果或暫停採購程序之進行。

29 (A)。 政府採購法第75條第2項前段，招標機關應自收受異議之次日起十五日內為適當之處理，並將處理結果以書面通知提出異議之廠商。

30 (D)。 政府採購法第72條第1項前段，機關辦理驗收時應製作紀錄，由參加人員會同簽認。驗收結果與契約、圖說、貨樣規定不符者，應通知廠商限期改善、拆除、重作、退貨或換貨。

31 (B)。 行政院公共工程委員會101年1月11日工程企字第10100013140及10100013141號函釋，參照最高行政法院98年度判字第38號判決：「……以招標公告為要約引誘，廠商之投標為要約，而採購機關之決標，為承諾性質，且以決標時點意思合致為雙方契約成立時點。準此，採購契約內容於決標時即已確定，而嗣後契約之簽訂僅係將投標須知及公告相關事項，另以書面形式為之，故簽約手續並非契約成立或生效要件，且雙方對締約內容並無任何磋商空間，自不能將形式上之簽約日期視為契約實際成立時點，而應以決標日為契約成立日」，自即日起「招標文件或契約未明定契約生效需經雙方簽署方為有效者，以決標日為生效日」；決標日為契約生效日。

32 (B)。 政府採購法第41條第2項，機關對前項疑義之處理結果，應於招標文件規定之日期前，以書面答復請求釋疑之廠商，必要時得公告之；其涉及變更或補充招標文件內容者，除選擇性招標之規格標與價格標及限制性招標得以書面通知各廠商外，應另行公告，並視需要延長等標期。機關自行變更或補充招標文件內容者，亦同。

33 (D)。 政府採購法第30條第1項，機關辦理招標，應於招標文件中規定投標廠商須繳納押標金；得標廠商須繳納保證金或提供或併提供其他擔保。但有下列情形之一者，不在此限：
一、勞務採購，以免收押標金、保證金為原則。二、未達公告金額之工程、財物採購，得免收押標金、保證金。三、以議價方式辦理之採購，得免收押標金。

34 (C)。 政府採購法第3條，政府機關、公立學校、公營事業（以下簡稱機關）辦理採購，依本法之規定；本法未規定者，適用其他法律之規定。

35 (B)。 依投標廠商資格與特殊或巨額採購認定標準第8條，採購金額在下列金額以上者，為巨額採購：工程採購，為新臺幣二億元；財物採購，為新臺幣一億元；勞務採購，為新臺幣二千萬元。

36 (A)。 政府採購法施行細則第22條第2項，本法第二十二條第一項第二款所稱專屬權利，指已立法保護之智慧財產權。但不包括商標專用權。

37 (C)。 行政院公共工程委員會考量國內物價變動情形及參酌國際標準，並兼顧採購效率，於民國111年12月23日發布工程企字第

1110100798號令，依據政府採購法第12條第3項、第13條第3項及第47條第3項規定，修正訂定查核金額、公告金額及中央機關小額採購金額，並自民國112年1月1日起生效：

(1) 查核金額：工程及財物採購為新臺幣5,000萬元；勞務採購為新臺幣1,000萬元。

(2) 公告金額：工程、財物及勞務採購為新臺幣150萬元。

(3) 中央機關小額採購金額：為新臺幣15萬元以下。

38 (C)。 政府採購法施行細則第43條第1項前段，機關於招標文件規定廠商得請求釋疑之期限，至少應有等標期之四分之一；其不足一日者以一日計。

39 (B)。 政府採購法施行細則第7條第1項，機關辦理查核金額以上採購之招標，應於等標期或截止收件日五日前檢送採購預算資料、招標文件及相關文件，報請上級機關派員監辦。

40 (B)。 政府採購法第11條第1項，主管機關應設立採購資訊中心，統一蒐集共通性商情及同等品分類之資訊，並建立工程價格資料庫，以供各機關採購預算編列及底價訂定之參考。除應秘密之部分外，應無償提供廠商。

41 (D)。 政府採購法第46條第2項，前項底價之訂定時機，依下列規定辦理：

一、公開招標應於開標前定之。

二、選擇性招標應於資格審查後之下一階段開標前定之。

三、限制性招標應於議價或比價前定之。

42 (A)。 政府採購法第61條，機關辦理公告金額以上採購之招標，除有特殊情形者外，應於決標後一定期間內，將決標結果之公告刊登於政府採購公報，並以書面通知各投標廠商。無法決標者，亦同。

43 (C)。 政府採購法第30條第1項，機關辦理招標，應於招標文件中規定投標廠商須繳納押標金；得標廠商須繳納保證金或提供或併提供其他擔保。但有下列情形之一者，不在此限：

一、勞務採購，以免收押標金、保證金為原則。

二、未達公告金額之工程、財物採購，得免收押標金、保證金。

三、以議價方式辦理之採購，得免收押標金。

44 (B)。 法務部109年10月27日法律字第10903514910號行政函釋要旨：

主管機關依政府採購法規定將廠商刊登政府採購公報，倘屬其他種類行政罰，主管機關之裁罰權限並不因同一行為涉及刑事處罰而受影響；其裁處權限時效之計算，亦與法院刑事處罰之判決確定日無涉。

45 (C)。 政府採購法施行細則第29條第1項，本法第三十三條第一項所稱書面密封，指將投標文件置於不透明之信封或容器內，並以漿糊、膠水、膠帶、釘書針、繩索或其他類似材料封裝者。

46 (C)。 政府採購法第34條：

(A)第3項但書，底價於開標後至決標前，仍應保密，決標後除有特殊情形外，應予公開。但機關依實際需要，得於招標文件中公告底價。

(B)(C)第1項，機關辦理採購，其招標文件於公告前應予保密。但須公開說明或藉以公開徵求廠商提供參考資料者，不在此限。

(D)第2項，機關辦理招標，不得於開標前洩漏底價，領標、投標廠商之名稱與家數及其他足以造成限制競爭或不公平競爭之相關資料。

47 (B)。 政府採購法第46條第2項，前項底價之訂定時機，依下列規定辦理：

一、公開招標應於開標前定之。

二、選擇性招標應於資格審查後之下一階段開標前定之。

三、限制性招標應於議價或比價前定之。

48 (D)。 政府採購法第47條第1項，機關辦理下列採購，得不訂底價。但應於招標文件內敘明理由及決標條件與原則：

一、訂定底價確有困難之特殊或複雜案件。

二、以最有利標決標之採購。

三、小額採購。

49 (A)。 政府採購法施行細則第60條，機關審查廠商投標文件，發現其內容有不明確、不一致或明顯打字或書寫錯誤之情形者，得通知投標廠商提出說明，以確認其正確之內容。前項文件內明顯打字或書寫錯誤，與標價無關，機關得允許廠商更正。

50 (C)。 政府採購法：

(A)(C)第65條第1項，得標廠商應自行履行工程、勞務契約，不得轉包。

(B)第67條第1項，得標廠商得將採購分包予其他廠商。稱分包者，謂非轉包而將契約之部分由其他廠商代為履行。

(D)第66條第2項，前項轉包廠商與得標廠商對機關負連帶履行及賠償責任。再轉包者，亦同。

113年 國營臺灣鐵路股份有限公司從業人員（第9階－事務員）

( ) **1** 機關依採購法第22條第1項第9款辦理評選專業服務廠商，其第1次開標，除招標文件另有規定外，投標廠商須幾家方可開標？ (A)1家即可 (B)2家以上 (C)3家以上 (D)6家以上。

( ) **2** 有關小額採購，下列敘述何者錯誤？ (A)得不訂底價 (B)得不經公告程序，逕洽廠商辦理採購 (C)無需辦理驗收 (D)適用政府採購法。

( ) **3** 廠商對於機關辦理採購，以書面向招標機關提出異議，請問招標機關應自收受異議之次日起幾日內為適當之處理？ (A)30日 (B)7日 (C)15日 (D)10日。

( ) **4** 機關辦理查核金額以上採購之驗收，應於預定驗收日幾日前，檢送結算表及相關文件，報請上級機關派員監辦？ (A)3日 (B)7日 (C)10日 (D)5日。

( ) **5** 財物採購之採購金額在多少金額以上為巨額採購？ (A)新臺幣1000萬元 (B)新臺幣5000萬元 (C)新臺幣1億元 (D)新臺幣2億元。

( ) **6** 下列何者非屬財物採購？ (A)辦理產物保險 (B)租賃辦公廳舍 (C)採購軟體之使用權利 (D)購買冷凍肉品。

( ) **7** 下列何者係「機關主會計及有關單位會同監辦採購辦法」所稱之有關單位？ (A)上級單位 (B)稽核單位 (C)主計單位 (D)會計單位。

( ) **8** 機關辦理最有利標採購案，請問採購評選委員會委員人數最少為幾人？ (A)3人 (B)5人 (C)7人 (D)9人。

( ) **9** 採購評選委員會之外聘專家、學者人數不得少於？ (A)三分之一 (B)四分之一 (C)二分之一 (D)五分之一。

( ) **10** 機關辦理採購，發現廠商有借用他人名義投標之情形，而將事實及理由於法定期間內通知廠商將刊登政府採購公報，廠商對於該通知認為不實者，得於接獲通知之次日起多久日內，以書面向該機關提出異議？ (A)30日 (B)10日 (C)15日 (D)20日。

( ) **11** 機關辦理最低標決標，最低標廠商報價總價580萬元低於底價800萬元，機關得通知廠商繳納差額保證金之額度是多少？ (A)58萬元 (B)220萬元 (C)60萬元 (D)20萬元。

( ) **12** 機關依政府採購法於招標前將招標文件稿辦理公開閱覽且招標文件內容未經重大改變者，等標期得縮短幾日？ (A)3日 (B)10日 (C)5日 (D)7日。

( ) **13** 機關辦理契約變更，「加帳金額」為120萬元，「減帳金額」為180萬元，則其變更部分計算是否監辦之金額（變更部分之累計金額）為多少？ (A)依原契約金額 (B)60萬元 (C)120萬元 (D)300萬元。

( ) **14** 政府採購法第61條規定，機關辦理公告金額以上採購之招標，除有特殊情形者外，應於決標後一定期間內，將決標結果之公告刊登於政府採購公報，並以書面通知各投標廠商。無法決標者，亦同。其所稱決標後一定期間為何？ (A)自決標日起30日 (B)自決標日起10日 (C)自決標日起20日 (D)自決標日起60日。

( ) **15** 下列採購金額計算方式，何者正確？ (A)採購項目之預算案尚未經立法程序者，應將預估需用金額計入 (B)採複數決標者，依個別項目或數量之預算總額認定之 (C)租期不確定者，以每月租金之三十六倍認定之 (D)招標文件規定廠商報價金額包括機關支出及收入金額者，以收入所需金額認定之。

(　　) **16** 未達公告金額之採購，以公開取得廠商之書面報價或企劃書方式辦理者，下列何者錯誤？　(A)決標結果得免以書面通知廠商　(B)監辦人員得採書面監辦，免經機關首長或其授權人員核准　(C)應刊登政府採購公報　(D)免通知上級機關監辦。

(　　) **17** 有關某地方政府辦理財物採購驗收，下列敘述何者錯誤？(A)應限期辦理驗收，並得辦理部分驗收　(B)監驗人員工作事項為監視驗收程序　(C)應製作紀錄，由參加人員會同簽認　(D)會驗人員協助辦理驗收有關作業。

(　　) **18** 下列何者非採購法規定之監辦事項？　(A)議價　(B)比價　(C)評選　(D)決標。

(　　) **19** 下列敘述何者錯誤？　(A)機關辦理採購，對廠商不得為無正當理由之差別待遇　(B)機關採購不得委託法人或團體代辦　(C)公立學校之採購適用政府採購法　(D)請託或關說不得作為評選之參考。

(　　) **20** 某機關辦理113年度之清潔外包勞務採購案，預算金額為600萬元，後續擴充金額上限為300萬元，廠商以500萬元決標，請問本案採購金額為多少？　(A)1,100萬元　(B)800萬元　(C)900萬元　(D)1,400萬元。

(　　) **21** 機關辦理財物採購以單價決標，其決標金額為？　(A)預算金額　(B)單價乘以預估數量之總金額　(C)底價金額　(D)單價乘以實際數量之總金額。

(　　) **22** 依採購法規定，廠商擅自減省工料情節重大者，於幾年內不得參加投標或作為決標對象或分包廠商？　(A)3年　(B)6個月　(C)3個月　(D)1年。

(　　) **23** 機關委託廠商辦理社會福利服務，下列敘述何者有誤？　(A)社會福利服務包括社區發展業務　(B)評選結果應通知廠商，對未獲選者應敘明其原因　(C)採購評選委員會評選優勝廠商以一家為限　(D)得於招標文件規定得標廠商實際績效提高時，依其情形給付廠商獎勵金。

( ) **24** 中油公司為敦親睦鄰，補助新竹縣政府辦理採購，其應適用採購法之採購金額為何？ (A)15萬元以上 (B)無論金額大小 (C)150萬元以上 (D)補助辦理採購金額達半數以上且補助金額達公告金額以上。

( ) **25** 下列何者錯誤？ (A)機關辦理驗收，廠商未依通知派代表參加者，仍得為之 (B)契約文件不包括招標文件 (C)重複性採購或未達公告金額之採購訂定底價，得由承辦採購單位逕行簽報核定 (D)提供規劃、設計服務之廠商，於依該規劃、設計結果辦理之採購不得參加投標。

( ) **26** 下列何者不屬採購人員倫理準則第2條所稱採購人員？ (A)辦理開標之人員 (B)訂定招標文件之人員 (C)處理履約爭議之人員 (D)相關處室人員。

( ) **27** 機關採購專業人員於下列何種情形，喪失其採購專業人員資格？ (A)辭職後5年內回任機關採購職務 (B)調任其他機關辦理採購 (C)辦理採購業務違反法令情節重大而受申誡懲戒處分者 (D)辦理採購業務，涉嫌不法行為，經有罪判決者。

( ) **28** 依採購人員倫理準則規定，採購人員接受價值逾新臺幣500元，退還有困難時，於獲贈或知悉起7日內處理，下列作為何者不當？ (A)私下收取 (B)歸公 (C)轉贈慈善機構 (D)付費收受。

( ) **29** 廠商與機關之間因採購履約產生爭議，不得選用下列何種方式解決爭議？ (A)訴訟 (B)仲裁 (C)向採購申訴審議委員會申請調解 (D)去機關大吵大鬧。

( ) **30** 某機關辦理一般採購案（即無特殊情形者），其底價應於何時公開？ (A)流標後 (B)決標後 (C)廢標後 (D)開標後。

( ) **31** 某公立高中辦理採購，限制性招標之議價，訂定底價前？ (A)得先參考廠商之報價或估價單 (B)自行依據經驗辦理 (C)應先參考廠商之報價或估價單 (D)應先試洽廠商減價。

( ) **32** 某公立大學辦理訂有底價之採購，關於底價之訂定，下列何者有誤：(A)機關首長或其授權人員核定 (B)規劃、設計、需求或使用單位提出預估金額及其分析後由承辦採購單位簽報 (C)應參考圖說、規範、契約，並考量成本、市場行情及政府機關決標資料 (D)開標後可參考廠商標價更改底價。

( ) **33** 某政府機關辦理採購，下列何者非屬契約文件？ (A)投標文件 (B)招標文件 (C)契約本文 (D)拒絕往來廠商名單。

( ) **34** 某政府機關辦理採購，逾期違約金，以契約價金總額之多少比率為上限？ (A)15% (B)20% (C)25% (D)35%。

( ) **35** 下列何種契約變更態樣，不符合政府採購法第22條第1項第6款所稱「必須追加契約以外之工程」之情形？ (A)既有標的數量之增加 (B)原契約項目規格之變更 (C)增加原契約外之工作項目 (D)非屬「原招標目的範圍」的變更。

( ) **36** 某機關辦理採購，招標文件未另定契約生效條件者，下列何者為契約生效日？ (A)決標日 (B)依機關指定之日期 (C)雙方完成契約簽署之日 (D)決標日之次一上班日。

( ) **37** 某政府機關依採購法第61條所稱一定期間刊登決標公告為何？ (A)自開標日起10日 (B)自開標日起20日 (C)自決標日起20日 (D)自決標日起30日。

( ) **38** 依採購法第50條第1項第5款所稱「不同投標廠商間之投標文件內容有重大異常關聯者」不包括下列何種情形？ (A)分包廠商為同一家廠商者 (B)押標金由同一人繳納或申請退還者 (C)投標文件內容由同一人繕寫者 (D)電子郵件網址相同者。

( ) **39** 某公立高中辦理採購，下列何者沒有圍標之嫌，於開標時宜注意之？ (A)同一人代表2家公司出席開標 (B)不同投標廠商所繳納之押標金，疑似由同一人出具 (C)不同投標廠商，於同一標案之公開比減價格前，討論或向對方展示減價之金額 (D)押標金由不同人繳納或申請退還者。

( ) **40** 機關採最低標決標，一開價格標就有2家廠商標價相同且低於底價，又均為決標對象時，其比減價次數已達3次限制者，其後續處理應為？ (A)由該2家廠商比減3次，以低價者決標 (B)由該2家廠商比減2次，以低價者決標 (C)由該2家廠商比減1次，以低價者決標 (D)逕行抽籤決定之。

( ) **41** 雲林縣某公立高中辦理採購，押標金以不逾標價之多少比率為原則？ (A)百分之二 (B)百分之三 (C)百分之五 (D)百分之七。

( ) **42** 依採購法規定，歧視性別、原住民、身心障礙或弱勢團體人士，情節重大者，於幾年內不得參加投標或作為決標對象或分包廠商？ (A)3年 (B)1年 (C)2年 (D)4年。

( ) **43** 高雄市某市立高中辦理採購，以下何者正確？ (A)委員辦理評選及出席會議，均應親自為之 (B)委員辦理評選可請他人代表為之，出席會議應親自為之 (C)委員辦理評選應親自為之，出席會議可請他人代表為之 (D)委員辦理評選及出席會議，均可請他人代表為之。

( ) **44** 臺南市某國立大學辦理驗收，得委託專業人員或機構人員擔任何種工作？ (A)會驗 (B)主驗 (C)協驗 (D)監驗。

( ) **45** 下列何者不得為所辦採購之主驗人或樣品及材料之檢驗人？ (A)機關總務主任 (B)該採購案件最基層之承辦人員 (C)機關需求單位人員 (D)承辦採購單位之主計主任。

( ) **46** 某國立大學總務主任主持一開標案，經發現廠商之投標文件有下列何種情形時，應為不合格標？ (A)投標文件置於塑膠透明資料袋內並以膠帶密封者 (B)投標文件以不透明紙箱封裝 (C)標封上標示廠商之名稱及地址 (D)投標文件置於不透明標封袋內並以釘書針封裝者。

( ) **47** 某公立高中依採購法第22條第1項第10款規定辦理設計競賽廠商公開評選，其投標廠商有幾家即可開標？ (A)1家 (B)3家 (C)4家 (D)5家。

( ) **48** 某政府機關辦理採購之開標、比價、議價、決標及驗收，應於規定期限內，檢送相關文件報請上級機關派員監辦之門檻金額，下列何者正確？ (A)巨額 (B)查核金額以上 (C)公告金額以上 (D)小額採購。

( ) **49** 某政府機關辦理公告金額以上之採購，監辦人員採書面審核監辦，應經下列何者核准？ (A)主（會）計或有關單位 (B)機關首長或其授權人員 (C)上級機關 (D)承辦採購單位。

( ) **50** 下列何者不是臺中市立高中辦理採購，得擇定之基本資格？ (A)廠商具有製造、供應或承做能力之證明 (B)廠商具有維修、維護或售後服務能力之證明 (C)廠商納稅之證明 (D)具有相當人力之證明。

解答與解析

（答案標示為#者，依官方曾公告更正該題答案。）

1 (A)。 政府採購法第22條第1巷第9款，機關辦理公告金額以上之採購，符合下列情形之一者，得採限制性招標：九、委託專業服務、技術服務、資訊服務或社會福利服務，經公開客觀評選為優勝者。

又同法第18條第4項，本法所稱限制性招標，指不經公告程序，邀請二家以上廠商比價或僅邀請一家廠商議價。

2 (C)。 政府採購法施行細則第90條第1項第3款，機關依本法第七十一條第一項規定辦理下列工程、財物採購之驗收，得由承辦採購單位備具書面憑證採書面驗收，免辦理現場查驗：三、小額採購。

3 (C)。 政府採購法第75條第2項，招標機關應自收受異議之次日起十五日內為適當之處理，並將處理結果以書面通知提出異議之廠商。其處理結果涉及變更或補充招標文件內容者，除選擇性招標之規格標與價格標及限制性招標應以書面通知各廠商外，應另行公告，並視需要延長等標期。

4 (D)。 政府採購法施行細則第9條第1項，機關辦理查核金額以上採購之驗收，應於預定驗收日五日前，檢送結算表及相關文件，報請上級機關派員監辦。結算表及相關文件併入結算驗收證明書編送時，得免另行填送。

5 (C)。 依投標廠商資格與特殊或巨額採購認定標準第8條，採購金額在下列金額以上者，為巨額採購：工程採購，為新臺幣二億元；財物採購，為新臺幣一億元；勞務採購，為新臺幣二千萬元。

6 (A)。 政府採購法第7條第2項，本法所稱財物，指各種物品（生鮮農漁產品除外）、材料、設備、機具與其他動產、不動產、權利及其他經主管機關認定之財物。

7 (B)。 機關主會計及有關單位會同監辦採購辦法第3條，本法第十三條第一項所稱有關單位，由機關首長或其授權人員就機關內之政風、監查（察）、督察、檢核或稽核單位擇一指定之。

8 (B)。 採購評選委員會組織準則第4條第1項，本委員會置委員五人以上，由機關就具有與採購案相關專門知識之人員派兼或聘兼之，其中專家、學者人數不得少於三分之一。

9 (A)。 採購評選委員會組織準則第4條第1項，本委員會置委員五人以上，由機關就具有與採購案相關專門知識之人員派兼或聘兼之，其中專家、學者人數不得少於三分之一。

10 (D)。 政府採購法第102條第1項，廠商對於機關依前條所為之通知，認為違反本法或不實者，得於接獲通知之次日起二十日內，以書面向該機關提出異議。

11 (C)。

(1) 押標金保證金暨其他擔保作業辦法第30條第1項第1款，廠商以差額保證金作為本法第五十八條規定之擔保者，依下列規定辦理：一、總標價偏低者，擔保金額為總標價與底價之百分之八十之差額，或為總標價與本法第五十四條評審委員會建議金額之百分之八十之差額。

(2) 底價800萬×80%＝640萬，底價八成之640萬－廠商總報價580萬＝60萬。

12 (C)。 招標期限標準第9條第1款，機關辦理採購，除我國締結之條約或協定另有規定者外，其等標期得依下列情形縮短之：一、於招標前將招標文件稿辦理公開閱覽且招標文件內容未經重大改變者，等標期得縮短五日。但縮短後不得少於十日。

13 (D)。 採購契約變更或加減價核准監辦備查規定一覽表附記第2點，變更部分之累計金額，指契約價金變更之「加帳金額」及「減帳絕對值」合計之累計金額。

14 (A)。 政府採購法施行細則第84條第3項，本法第六十一條所稱決標後一定期間，為自決標日起三十日。

15 (A)。 政府採購法施行細則第26條第1項，機關依本法第二十七條第三項得於招標公告中一併公開之預算金額，為該採購得用以支付得標廠商契約價金之預算金額。預算案尚未經立法程序者，為預估需用金額。

16 (C)。 政府採購公告及公報發行辦法第5條第3款，下列政府採購資訊應公開於採購網站，必要時並得刊登採購公報：三、本法第四十九條公開取得廠商書面報價或企劃書之公告。

17 (D)。

(1) 政府採購法施行細則第91條第1項第2款，機關辦理驗收人員之分工如下：二、會驗人員：會同抽查驗核廠商履約結果有無與契約、圖說或貨樣規定不符，並會同決定不符時之處置。但採購事項單純者得免之。

(2) 同條第2項，會驗人員，為接管或使用機關（單位）人員。

18 (C)。 機關主會計及有關單位會同監辦採購辦法第4條第1項，監辦人員會同監辦採購，應實地監視或書面審核機關辦理開標、比價、議價、決標及驗收是否符合本法規定之程序。但監辦人員採書面審核監辦，應經機關首長或其授權人員核准。

19 (B)。 政府採購法第5條第1項，機關採購得委託法人或團體代辦。

20 (C)。

(1) 政府採購法施行細則第6條第3款，機關辦理採購，其屬巨額採購、查核金額以上之採購、公告金額以上之採購或小額採購，依採購金額於招標前認定之；其採購金額之計算方式如下：三、招標文件含有選購或後續擴充項目者，應將預估選購或擴充項目所需金額計入。

(2) 預算金額600萬元＋後續擴充金額300萬元＝900萬元。

21 (B)。 政府採購公告及公報發行辦法第13條第1項第6款，依本法第六十一條規定辦理決標結果之公告，應登載下列事項：六、決標金額。以單價決標者，為單價乘以預估數量之總金額或預估採購總金額。

22 (A)。

(1) 政府採購法第101條第1項第3款，機關辦理採購，發現廠商有下列情形之一，應將其事實、理由及依第一百零三條第一項所定期間通知廠商，並附記如未提出異議者，將刊登政府採購公報：三、擅自減省工料，情節重大者。

(2) 同法第103條第1項第1款，依前條第三項規定刊登於政府採購公報之廠商，於下列期間內，不得參加投標或作為決標對象或分包廠商：一、有第一百零一條第一項第一款至第五款、第十五款情形或第六款判處有期徒刑者，自刊登之次日起三年。但經判決撤銷原處分或無罪確定者，應註銷之。

23 (C)。 機關委託社會福利服務廠商評選及計費辦法第7條第1項，採購評選委員會評選優勝廠商，得不以一家為限。

24 (B)。 政府採購法第3條，政府機關、公立學校、公營事業（以下簡稱機關）辦理採購，依本法之規定；本法未規定者，適用其他法律之規定。

25 (B)。 採購契約要項第3點（契約文件）第1項，契約文件包括下列內容：

(一)契約本文及其變更或補充。

(二)招標文件及其變更或補充。

(三)投標文件及其變更或補充。

(四)契約附件及其變更或補充。

(五)依契約所提出之履約文件或資料。

26 (D)。 採購人員倫理準則第2條第1項，本準則所稱採購人員，指機關辦理本法採購事項之人員。

27 (D)。 採購專業人員資格考試訓練發證及管理辦法第10條第1項第1款前段，採購專業人員有下列情形之一者，喪失其採購專業人員資格：一、辦理採購業務，涉嫌不法行為，經有罪判決者。

28 (A)。 採購人員倫理準則第8條第2項，前項第一款，價值逾新台幣五百元，退還有困難者，得於獲贈或知悉獲贈日起七日內付費收受、歸公或轉贈慈善機構。

29 (D)。 政府採購法第85-1條第1項，機關與廠商因履約爭議未能達成協議者，得以下列方式之一處理：

一、向採購申訴審議委員會申請調解。

二、向仲裁機構提付仲裁。

30 (B)。 政府採購法第34條第3項底價於開標後至決標前，仍應保密，決標後除有特殊情形外，應予公開。但機關依實際需要，得於招標文件中公告底價。

31 (C)。 政府採購法施行細則第54條第3項，限制性招標之議價，訂定底價前應先參考廠商之報價或估價單。

32 (D)。 底價應於開標或議價前訂定，政府採購法第46條及同法施行細則第54條已有明定，不應於開標後更改。

33 (D)。 採購契約要項第3點（契約文件）第1項，契約文件包括下列內容：

(一)契約本文及其變更或補充。

(二)招標文件及其變更或補充。

(三)投標文件及其變更或補充。

(四)契約附件及其變更或補充。

(五)依契約所提出之履約文件或資料。

34 (B)。 採購契約要項第45點（逾期違約金之計算），逾期違約金，為損害賠償額預定性違約金，以日為單位，擇下列方式之一計算，載明於契約，並訂明扣抵方式：(一)定額。(二)契約金額之一定比率。前項違約金，以契約價金總額之百分之二十為上限。第一項扣抵方式，機關得自應付價金中扣抵；其有不足者，得通知廠商繳納或自保證金扣抵。

35 (D)。 行政院公共工程委員會88年9月1日（88）工程企字第8812099號解釋函說明二：

「『政府採購法』第22條第1項第6款所稱『因未能預見之情形，必須追加契約以外之工程』，係指增加原契約外之工作項目，不包括原契約項目規格之變更或既有標的數量之增加。」

36 (A)。 行政院公共工程委員會101年1月11日工程企字第10100013140號函釋要旨：

採購契約以決標時點為契約成立時點，其後簽約手續並非契約成立或生效要件，故招標文件或契約未明定契約生效需經雙方簽署方為有效者，以決標日為生效日。

37 (D)。 政府採購法施行細則第84條第3項，本法第六十一條所稱決標後一定期間，為自決標日起三十日。

38 (A)。 行政院公共工程委員會91年11月27日工程企字第09100516820號令已就政府採購法第50條第1項第5款所稱「不同投標廠商間之投標文件內容有重大異常關聯者」列舉如下：

「1.投標文件內容由同一人或同一廠商繕寫或備具者。2.押標金由同一人或同一廠商繳納或申請退還者。3.投標標封或通知機關信函號碼連號，顯係同一人或同一廠商所為者。4.廠商地址、電話號碼、傳真機號碼、聯絡人或電子郵件網址相同者。5.其他顯係同一人或同一廠商所為之情形者」

39 (D)。政府採購錯誤行為態樣十一、可能有圍標之嫌或宜注意之現象：

(A)(五)代表不同廠商出席會議之人員為同一廠商之人員。

(B)(三)繳納押標金之票據連號、所繳納之票據雖不連號卻由同一家銀行開具、押標金退還後流入同一戶頭、投標文件由同一處郵局寄出、掛號信連號、投標文件筆跡雷同、投標文件內容雷同、不同投標廠商投標文件所載負責人為同一人。

(C)(十一)廠商間相互約束活動之行為，例如：彼此協議投標價格、限制交易地區、分配工程、提高標價造成廢標、不為投標、不越區競標、訂定違規制裁手段、為獲得分包機會而陪標。

40 (D)。政府採購法施行細則第62條第1項，機關採最低標決標者，二家以上廠商標價相同，且均得為決標對象時，其比減價格次數已達本法第五十三條或第五十四條規定之三次限制者，逕行抽籤決定之。

41 (C)。押標金保證金暨其他擔保作業辦法第9條，押標金之額度，得為一定金額或標價之一定比率，由機關於招標文件中擇定之。前項一定金額，以不逾預算金額或預估採購總額之百分之五為原則；一定比率，以不逾標價之百分之五為原則。但不得逾新臺幣五千萬元。採單價決標之採購，押標金應為一定金額。

42 (B)。

(1) 政府採購法第101條第1項第14款，機關辦理採購，發現廠商有下列情形之一，應將其事實、理由及依第一百零三條第一項所定期間通知廠商，並附記如未提出異議者，將刊登政府採購公報：十四、歧視性別、原住民、身心障礙或弱勢團體人士，情節重大者。

(2) 同法第103條第1項第2款，依前條第三項規定刊登於政府採購公報之廠商，於下列期間內，不得參加投標或作為決標對象或分包廠商：二、有第一百零一條第一項第十三款、第十四款情形或第六款判處拘役、罰金或緩刑者，自刊登之次日起一年。但經判決撤銷原處分或無罪確定者，應註銷之。

43 (A)。 採購評選委員會審議規則第6條第1項，委員應公正辦理評選。評選及出席會議，應親自為之，不得代理，且應參與評分（比）。

44 (C)。 政府採購法施行細則第91條第3項，協驗人員，為設計、監造、承辦採購單位人員或機關委託之專業人員或機構人員。

45 (B)。 政府採購法第71條第3項，機關承辦採購單位之人員不得為所辦採購之主驗人或樣品及材料之檢驗人。

46 (A)。 政府採購法施行細則第29條第1項，本法第三十三條第一項所稱書面密封，指將投標文件置於不透明之信封或容器內，並以漿糊、膠水、膠帶、釘書針、繩索或其他類似材料封裝者。

47 (A)。

(1) 政府採購法第22條第1項第10款，機關辦理公告金額以上之採購，符合下列情形之一者，得採限制性招標：十、辦理設計競賽，經公開客觀評選為優勝者。

(2) 又同法第18條第4項，本法所稱限制性招標，指不經公告程序，邀請二家以上廠商比價或僅邀請一家廠商議價。

(3) 故限制性招標僅有一家廠商投標即可開標。

48 (B)。 政府採購法第12條第1項，機關辦理查核金額以上採購之開標、比價、議價、決標及驗收時，應於規定期限內，檢送相關文件報請上級機關派員監辦；上級機關得視事實需要訂定授權條件，由機關自行辦理。

49 (B)。 政府採購法施行細則第11條第1項，本法第十二條第一項所稱監辦，指監辦人員實地監視或書面審核機關辦理開標、比價、議價、決標及驗收是否符合本法規定之程序。監辦人員採書面審核監辦者，應經機關首長或其授權人員核准。

50 (D)。 投標廠商資格與特殊或巨額採購認定標準第5條第1項第2款，機關辦理特殊或巨額採購，除依第二條規定訂定基本資格外，得視採購案件之特性及實際需要，就下列事項擇定投標廠商之「特定資格」，並載明於招標文件：

二、具有相當人力者。其範圍得包括投標廠商現有與承包招標標的有關之專業或一般人力證明。

113年 國營臺灣鐵路股份有限公司從業人員（第10階－助理事務員）

( ) **1** 下列何者非屬應適用政府採購法之採購主體？ (A)政府機關 (B)未接受機關補助，以自有財源辦理採購之行政法人 (C)公立學校 (D)公營事業。

( ) **2** 下列何者非屬政府採購法規定之「廠商」，不得參與政府採購投標？ (A)政黨 (B)財團法人 (C)分公司 (D)技師事務所。

( ) **3** 機關人員對於與採購有關之事項，涉及特定人之利益時，應行迴避，下列所列何者非屬特定人？ (A)本人 (B)配偶 (C)未共同生活之前配偶 (D)2親等以內親屬。

( ) **4** 追繳押標金之請求權，因幾年間不行使而消滅？ (A)1年 (B)3年 (C)5年 (D)10年。

( ) **5** 下列何者非政府採購法規定之採購招標方式？ (A)公開招標 (B)共同供應契約 (C)選擇性招標 (D)限制性招標。

( ) **6** 經常性採購以選擇性招標方式辦理招標，應建立幾家以上之合格廠商名單？ (A)3家 (B)4家 (C)5家 (D)6家。

( ) **7** 下列何者非屬政府採購法施行細則第13條第1項所稱之「分別辦理」？ (A)依機關招標作業便利性所分別辦理 (B)依不同標的所分別辦理 (C)依不同施工或供應地區所分別辦理 (D)依不同需求條件所分別辦理。

( ) **8** 下列有關招標文件中規定廠商投標文件遞送之敘述，何者錯誤？ (A)公開招標之招標文件規定廠商之投標文件，應以書面密封，於投標截止期限前，以郵遞或專人送達招標機關 (B)廠商投標未使用機關指定之封套投標者，為不合格標 (C)廠商投標之信封上或容器外應標示廠商名稱及地址 (D)截止投標日或截止收件日為星期例假日、國定假日或其他休息日者，則以其休息日之次日代之。

( ) **9** 機關以公開招標辦理採購，有關底價之訂定時機為何？ (A)應於資格審查後之下一階段開標前定之 (B)應於議價前定之 (C)應於比價前定之 (D)應於開標前定之。

( ) **10** 下列何者非屬政府採購法規定之決標原則？ (A)最低標 (B)最高標 (C)權衡標 (D)最有利標。

( ) **11** 政府採購法第53條第1項規定，合於招標文件規定之投標廠商之最低標價超過底價時，得洽該最低標廠商減價1次；減價結果仍超過底價時，得由所有合於招標文件規定之投標廠商重新比減價格，比減價格不得逾幾次？ (A)2次 (B)3次 (C)4次 (D)5次。

( ) **12** 機關依中央機關未達公告金額採購招標辦法第2條第1項第3款規定採公開取得廠商之書面報價方式辦理招標，辦理第1次公告結果，未能取得3家以上廠商之書面報價，機關繼續辦理第2次公告（未變更招標文件內容），需取得幾家以上廠商投標才可以開標？ (A)1家即可開標 (B)2家 (C)3家 (D)4家。

( ) **13** 機關辦理工程採購，依政府採購法第94條規定簽辦成立11人之採購評選委員會，上述委員中專家學者人數不得少於幾人？ (A)3人 (B)4人 (C)5人 (D)6人。

( ) **14** 得標廠商違反政府採購法第65條規定違法轉包，下列何者非其法律效果？ (A)不予發還押標金 (B)得解除契約、終止契約或沒收履約保證金，並得要求損害賠償 (C)依政府採購法第101條第1項第11款規定，將廠商刊登政府採購公報 (D)轉包廠商與得標廠商對機關負連帶履行及賠償責任。

( ) **15** 下列各階段政府採購行為之法律性質，何者屬於「私法事件」？ (A)招標階段 (B)審標階段 (C)決標階段 (D)驗收階段。

( ) **16** 依共同投標辦法第4條第1項前段規定，機關於招標文件中規定允許一定家數內之廠商共同投標者，以不超過幾家為原則？ (A)3家 (B)4家 (C)5家 (D)6家。

( ) **17** 機關辦理工程採購，招標文件允許廠商共同投標，下列招標文件之規定，何者正確？ (A)投標廠商必須共同投標，不得單獨投標 (B)共同投標廠商之投標文件應由各成員共同具名，不得由共同投標協議書指定之代表人簽署 (C)共同投標廠商必須於投標文件敘明契約價金由代表廠商統一請領，不得由各成員分別請領 (D)機關對共同投標廠商之代表人之通知，與對共同投標廠商所有成員之通知具同等效力。

( ) **18** 下列何者屬「採購」而應適用政府採購法之規定？ (A)公有財產出租 (B)公營事業徵求經銷商，契約約定係以賣斷方式銷售予經銷商，由經銷商自負盈虧 (C)機關將管有之國民運動中心建築物，支付對價委託廠商營運 (D)仲裁人的約定或選定。

( ) **19** 某工程採購契約金額為新臺幣2,000萬元，機關依政府採購法第22條第1項第6款追加工程，下列做法何者正確？ (A)辦理變更設計，追加工程金額新臺幣1,050萬元 (B)第1次變更設計，追加工程金額新臺幣600萬元；第2次變更設計，再追加工程金額新臺幣450萬元 (C)原採購曾多次流標，經減項辦理招標，履約期間向原得標廠商辦理追加工程，採購原減項內容，追加金額新臺幣200萬元 (D)履約期間，機關配合民意代表要求為強化地方特色及美觀，辦理變更設計，於建築物外牆追加馬賽克拼貼工程，追加金額新臺幣200萬元。

( ) **20** 機關以公開招標辦理某工程採購，採購金額為新臺幣500萬元，招標公告敘明廠商得電子領標，其招標公告自刊登政府採購公報起至截止投標日止之等標期不得少於幾日？ (A)7日 (B)11日 (C)14日 (D)21日。

(　　) **21** 下列有關機關辦理採購之廠商家數之敘述，何者錯誤？ (A)以公開招標方式辦理第1次開標，需有3家以上合格廠商投標，才能開標決標 (B)以公開招標方式辦理第2次開標，得不受政府採購法第48條第1項3家廠商之限制 (C)公開招標之分段開標，第2階段之開標，需有3家以上合格廠商，才能開標決標 (D)限制性招標之比價，邀請2家以上廠商比價，僅1家廠商投標，得當場改為議價辦理。

(　　) **22** 機關辦理巨額以上之財物採購，由於採購數量龐大，宜與多家廠商訂約，機關宜以下列何種方式辦理採購？ (A)共同供應契約 (B)複數決標 (C)共同投標 (D)統包。

(　　) **23** 機關辦理工程採購，工務科科員A為採購承辦人，B為工務科股長，C為工務科科長，D為機關主任秘書，機關辦理工程驗收時，不得指定下列何人為主驗人員？ (A)A科員 (B)B股長 (C)C科長 (D)D主任秘書。

(　　) **24** 機關辦理工程採購，下列何者不宜以統包方式辦理採購？ (A)工期急迫之工程 (B)特殊技術或專利製程之工程 (C)採用新工法、新技術、新設備之工程 (D)技術工法尚不明確，或擬議中之技術工法是否有效尚不確定之工程採購。

(　　) **25** 下列有關投標廠商資格之訂定，何者正確？ (A)醫療設備購置及後續維護採購，因維護需要特殊專業人才始能完成，招標文件規定廠商投標時應檢附現有與招標標的有關之專業人力證明 (B)採購金額新臺幣900萬元之午餐團膳委外採購，招標文件規定廠商投標時應檢附HACCP證明文件 (C)空調設備採購，招標文件規定廠商投標時應檢附原廠代理證明 (D)辦公用品採購，招標文件規定廠商投標時應檢附臺中地區相關公會之會員證證明。

(　　) **26** 下列何者不是採購法規定公告金額以上可以選用之招標方式？ (A)公開評選 (B)比價 (C)公開招標 (D)公開取得書面報價。

(　　) **27** 下列何者不屬於採購法第22條第1項第6款之適用要件？ (A)非洽原訂約廠商辦理，不能達契約之目的，目未逾原主契約金額百分之五十者 (B)如另行招標，確有產生重大不便及技術或經濟上困難之虞 (C)在原招標目的範圍外 (D)因未能預見之情形·必須追加契約以外之工程。

(　　) **28** 某國立大學辦理廢標，其刊登無法決標公告之期限為： (A)自決標日起1個月內 (B)自廢標日起1個月 (C)自廢標日起14日內 (D)下次刊登招標公告前。

(　　) **29** 某國立大學如欲在開標後辦理廢標，須刊登以下那一個公告？ (A)無法決標公告 (B)更正公告 (C)決標公告 (D)定期彙送。

(　　) **30** 某政府機關依採購法第27條第1項規定辦理之招標公告，下列何者不是應登載之事項？ (A)廠商資格條件摘要 (B)收受投標文件之地點及截止期限 (C)履約期限 (D)辦理決標之時間及地點。

(　　) **31** 依採購法第93條簽訂之共同供應契約應公告於何處供各機關利用？ (A)政府採購公報 (B)主管機關指定之資訊網站 (C)訂約機關之資訊網站 (D)各適用機關之資訊網站。

(　　) **32** 高雄市政府辦理公開招標，未達公告金額之採購其等標期（未提供電子領投標及公開閱覽）不得少於幾日？ (A)30日 (B)15日 (C)7日 (D)20日。

(　　) **33** 某政府機關辦理採購其押標金之額度，得為一定金額或標價之一定比率，一定比率，以不逾標價之百分之五為原則。但不得超過新臺幣多少元？ (A)100萬元 (B)1,500萬元 (C)2,000萬元 (D)5,000萬元。

( ) **34** 某國立大學於招標文件中規定允許廠商於得標後提出替代方案且訂有獎勵措施者，其獎勵額度為何？ (A)不超過所減省契約價金之百分之三十為限，並應扣除機關為處理替代方案所增加之必要費用 (B)不超過所減省契約價金之百分之五十為限。但不扣除機關為處理替代方案所增加之必要書用 (C)不超過所減省契約價金之百分之五十為限，並應扣除機關為處理替代方案所增加之必要費用 (D)不超過所減省契約價金之百分之三十為限。但不扣除機關為處理替代方案所增加之必要費用。

( ) **35** 下列何者不是政府機關辦理採購，可以選擇的基本資格？ (A)廠商具有製造、供應或承做能力之證明 (B)廠商納稅之證明 (C)廠商具有維修、維護或售後服務能力之證明 (D)具有相當人力之證明。

( ) **36** 採購合約得訂明因政策變更，廠商依合約繼續履行反而不符公共利益者，得終止或部分或全部合約，但應報經核准之權責為？ (A)經主管機關核准 (B)經上級機關核准 (C)經審計單位核准 (D)經機關首長或授權人員核准。

( ) **37** 廠商對於機關就採購法第101條通知將刊登政府採購公報之異議處理結果不服，或招標機關逾採購法規定期限不為處理者，得向採購申訴審議委員會申訴，其申訴之金額門檻為多少？ (A)無論金額大小 (B)小額採購以上 (C)查核金額以上 (D)公告金額以上。

( ) **38** 某公立高中依採購法第96條規定優先採購環保產品，並允許價差優惠者，其優惠比率由機關視個別採購之特性及預算金額訂定之，並載明於招標文件。但不得超過多少？ (A)百分之八 (B)百分之十 (C)百分之二十 (D)百分之三十。

( ) **39** 依採購專業人員資格考試訓練發證及管理辦法規定，採購專業人員辭職後，於下列何期間內回任機關採購職務者，仍具採購專業人員資格？ (A)5年 (B)2年 (C)3年 (D)半年。

( ) **40** 依採購專業人員資格考試訓練發證及管理辦法規定，採購單位主管人員，應該於就（到）職之日起多久期間內取得採購專業人員進階資格？ (A)6個月內 (B)8個月內 (C)1年內 (D)2年內。

( ) **41** 某政府機關成立採購評選委員會，以下何者正確？ (A)委員辦理評選及出席會議，都應親自為之 (B)委員辦理評選可請他人代表為之，出席會議應親自為之 (C)委員辦理評選及出席會議，都可請他人代表為之 (D)委員辦理評選應親自為之，出席會議可請他人代表為之。

( ) **42** 某公立高中成立採購評選委員會應置委員人數最多為幾人？ (A)17人 (B)13人 (C)15人 (D)無人數上限之規定。

( ) **43** 機關辦理評選，應成立評選委員會，其委員會之組成，以下敘述何者正確？ (A)至少10人，專家學者人數不得少於二分之一 (B)至少5人，專家學者人數不得少於三分之一 (C)至少5人，專家學者人數不得少於五分之一 (D)至少10人，專家學者人數不得少於四分之一。

( ) **44** 政府各機關得就具有共通需求特性之何種採購與廠商簽訂共同供應契約？ (A)財物或勞務 (B)財物、勞務或工程 (C)勞務或工程 (D)財物或工程。

( ) **45** 某國立大學機關辦理驗收，得委託專業人員或機構人員擔任何種工作？ (A)會驗 (B)主驗 (C)協驗 (D)監驗。

( ) **46** 下列何者不是政府採購法中工程施工查核重點？ (A)檢驗停留點 (B)職業安全 (C)工區管理及人員設置 (D)押標金之繳交。

( ) **47** 機關辦理工程採購估驗計價，除契約另有約定，一般每期估驗款需扣除多少百分比之保留款？ (A)4% (B)5% (C)7% (D)8%。

( ) **48** 某政府機關想委外採購研習訓練，預定委外一年新臺幣（以下同）150萬元，並擬於招標公告及招標文件敘明履約情形良好者，將依採購法第22條第1項第7款續約2次每次一年。上網公告辦理招標，其上網填報？ (A)採購金額為450萬元；預算金額為600萬元 (B)採購金額為150萬元；預算金額為150萬元 (C)採購金額為150萬元；預算金額為600萬元 (D)採購金額為450萬元；預算金額為150萬元。

( ) **49** 某公立高中辦理採購應核實編列計畫預算，下列何者不是考量之因素？ (A)使用年限 (B)機關需求 (C)未來契約可能因廠商違約重行招標之經費 (D)維護管理費用。

( ) **50** 依最有利標評選辦法規定，價格納入評分者，其所占總滿分之比率不得低？ (A)百分之二十 (B)百分之二十五 (C)百分之三十 (D)百分之四十。

解答與解析

（答案標示為#者，依官方曾公告更正該題答案。）

1 (B)。 政府採購法第3條，政府機關、公立學校、公營事業（以下簡稱機關）辦理採購，依本法之規定；本法未規定者，適用其他法律之規定。

2 (A)。 政府採購法第8條，本法所稱廠商，指公司、合夥或獨資之工商行號及其他得提供各機關工程、財物、勞務之自然人、法人、機構或團體。

3 (C)。 政府採購法第15條第2項，機關人員對於與採購有關之事項，涉及本人、配偶、二親等以內親屬，或共同生活家屬之利益時，應行迴避。

4 (C)。 政府採購法第31條第4項，第二項追繳押標金之請求權，因五年間不行使而消滅。

5 (B)。

(1) 政府採購法第18條第1項，採購之招標方式，分為公開招標、選擇性招標及限制性招標。

(2) 共同供應契約，指一機關為二以上機關具有共通需求特性之財物或勞務與廠商簽訂契約，使該機關及其他適用機關均得利用該共同供應契約辦理採購。對於廠商而言，簽訂共同供應契約後，即有義務依約供應採購標的予該契約之所有適用機關。

6 (D)。政府採購法第21條第3項，經常性採購，應建立六家以上之合格廠商名單。

7 (A)。政府採購法施行細則第13條第1項，本法第十四條所定意圖規避本法適用之分批，不包括依不同標的、不同施工或供應地區、不同需求條件或不同行業廠商之專業項目所分別辦理者。

8 (B)。行政院公共工程委員會民國97年2月15日工程企字第09700061010號令：
機關辦理採購，不得於招標文件規定廠商之投標文件有下列情形之一者，為不合格標。其有規定者，該部分無效：
一、投標文件未檢附願繳納差額保證金之切結書。
二、投標文件之頁數或紙張大小與招標文件規定不符。
三、不分段開標之投標文件未依招標文件規定分置資格、規格或價格標封。
四、投標文件未使用機關提供之封套。

9 (D)。政府採購法第46條第2項第1款，前項底價之訂定時機，依下列規定辦理：一、公開招標應於開標前定之。

10 (C)。
(1) 政府採購法第52條第1項，機關辦理採購之決標，應依下列原則之一辦理，並應載明於招標文件中：
一、訂有底價之採購，以合於招標文件規定，且在底價以內之最低標為得標廠商。
二、未訂底價之採購，以合於招標文件規定，標價合理，且在預算數額以內之最低標為得標廠商。三、以合於招標文件規定之最有利標為得標廠商。四、採用複數決標之方式：機關得於招標文件中公告保留之採購項目或數量選擇之組合權利，但應合於最低價格或最有利標之競標精神。
(2) 另政府採購法施行細則第109條第1項，機關依本法第九十九條規定甄選投資興建、營運之廠商，其係以廠商承諾給付機關價金為決標原則者，得於招標文件規定以合於招標文件規定之下列廠商為得標廠商：

一、訂有底價者，在底價以上之最高標廠商。二、未訂底價者，標價合理之最高標廠商。三、以最有利標決標者，經機關首長或評選委員會過半數之決定所評定之最有利標廠商。四、採用複數決標者，合於最高標或最有利標之競標精神者。

11 (B)。 政府採購法第53條第1項，合於招標文件規定之投標廠商之最低標價超過底價時，得洽該最低標廠商減價一次；減價結果仍超過底價時，得由所有合於招標文件規定之投標廠商重新比減價格，比減價格不得逾三次。

12 (A)。 中央機關未達公告金額採購招標辦法第3條，機關依前條第一項第三款規定辦理第一次公告結果，未能取得三家以上廠商之書面報價或企劃書者，得經機關首長或其授權人員核准，改採限制性招標。其辦理第二次公告者，得不受三家廠商之限制。

13 (B)。

(1) 政府採購法第94條第1項，機關辦理評選，應成立五人以上之評選委員會，專家學者人數不得少於三分之一，其名單由主管機關會同教育部、考選部及其他相關機關建議之。

(2) 11人×1／3≒4人（≧3.67）。

14 (A)。 政府採購法第66條，得標廠商違反前條規定轉包其他廠商時，機關得解除契約、終止契約或沒收保證金，並得要求損害賠償。前項轉包廠商與得標廠商對機關負連帶履行及賠償責任。再轉包者，亦同。

15 (D)。 最高法院94年台上字第1792號判例見解：

依政府採購法第七十四條、第八十二條及第八十三條規定，廠商就其與機關間關於招標、審標、決標之爭議，得提出異議及申訴，其提出申訴後，由採購申訴審議委員會審議判斷；審議判斷，視同訴願決定。可見廠商與機關間關於招標、審標、決標之爭議，係屬公法上之爭議。

又於審議判斷指明原採購行為違反法令者，招標機關應另為適法處置之情形，廠商得向招標機關請求償付其準備投標、異議、申訴所支出必要費用，為政府採購法第八十五條第三項所明定。則廠商是項給付請求權，既係基於上開公法上之爭議所發生，自應循行政訴訟程序以資解決，不得依民事訴訟程序向普通法院訴請裁判。

16 (C)。 共同投標辦法第4條第1項，機關於招標文件中規定允許一定家數內之廠商共同投標者，以不超過五家為原則。機關並得就共同投標廠商各成員主辦事項之金額，於其共同投標協議書所載之比率下限予以限制。

17 (D)。 共同投標辦法：

(A) 第4條第2項，機關於招標文件中規定允許共同投標時，應並載明廠商得單獨投標。

(B) 第8條前段，機關允許共同投標時，應於招標文件中規定共同投標廠商之投標文件應由各成員共同具名，或由共同投標協議書指定之代表人簽署。

(C) 第14條，機關允許共同投標時，應於招標文件中規定共同投標廠商於投標文件敘明契約價金由代表廠商統一請（受）領，或由各成員分別請（受）領；其屬分別請（受）領者，並應載明各成員分別請（受）領之項目及金額。

(D) 第13條，機關允許共同投標時，應於招標文件中規定其對共同投標廠商之代表人之通知，與對共同投標廠商所有成員之通知具同等效力。

18 (C)。 政府採購法第7條第3項，本法所稱勞務，指專業服務、技術服務、資訊服務、研究發展、營運管理、維修、訓練、勞力及其他經主管機關認定之勞務。

19 (D)。

(1) 政府採購法第22條第1項第6款，機關辦理公告金額以上之採購，符合下列情形之一者，得採限制性招標：六、在原招標目的範圍內，因未能預見之情形，必須追加契約以外之工程，如另行招標，確有產生重大不便及技術或經濟上困難之虞，非洽原訂約廠商辦理，不能達契約之目的，且未逾原主契約金額百分之五十者。

(2) 選項(A)追加金額超過原主契約50%、選項(B)追加總額超過原主契約50%、選項(C)追加採購為原減項內容，屬於契約以內之工程。

20 (B)。

(1) 招標期限標準第2條第2項第2款，前項等標期，除本標準或我國締結之條約或協定另有規定者外，不得少於下列期限：二、公告金額以上未達查核金額之採購：十四日。

(2) 該標準第9條第2款，機關辦理採購，除我國締結之條約或協定另有規定者外，其等標期得依下列情形縮短之：二、依本法第九十三條之一規定辦理電子領標並於招標公告敘明者，等標期得縮短三日。但縮短後不得少於五日。

(3) 14日-3日＝11日。

21 (C)。 政府採購法施行細則第44條第4項，分段投標之第一階段投標廠商家數已達本法第四十八條第一項三家以上合格廠商投標之規定者，後續階段之開標，得不受該廠商家數之限制。

22 (B)。 機關依採購法第52條第1項第4款採複數決標之方式，應於招標文件中公告保留採購項目（例如分項決標）或數量選擇之組合權利（例如明定廠商最低報售數量或最高報售數量），常適用於所採購物品項目繁多（如醫療用品）或數量龐大非一家廠商可提供或為分散貨源（如台電購煤）之採購。

23 (A)。 政府採購法第71條第3項，機關承辦採購單位之人員不得為所辦採購之主驗人或樣品及材料之檢驗人。

24 (D)。 行政院公共工程委員會民國95年05月19日工程企字第09500186800號函釋說明二：
工期充裕之案件，不得以縮減工期為採行統包招標之理由。廠商投標所需資訊不足（例如地質狀況）之案件，不應先行招標。對於技術工法尚不明確，或擬議中之技術工法是否有效尚不確定之工程採購，不應採統包方式或以寬鬆規範辦理招標，宜就規劃設計結果進行可行性評估，並確定技術工法及其有效性後，再就細部設計結果辦理施工標之招標。採購案已訂有設計準則與施工規範、明確的工作項目與技術工法者，應採最低標方式決標。

25 (A)。

(1) 政府採購法第36條第2項，特殊或巨額之採購，須由具有相當經驗、實績、人力、財力、設備等之廠商始能擔任者，得另規定投標廠商之特定資格。

(2) 行政院公共工程委員會民國95年07月18日工程企字第09500268090號函釋說明二：
旨揭採購如為公告金額以上之採購，其規格及廠商資格之訂定，係由機關視採購案件之特性及實際需求，依本法第26條、第36條、第37條及「投標廠商資格與特殊或巨額採購認定標準」之規定本於權責自行訂定。尚未包括非屬本法第26條第1項所稱「國家標準」及「國際標準」之HACCP、CAS、GMP。

26 (D)。 政府採購法第49條，未達公告金額之採購，其金額逾公告金額十分之一者，除第二十二條第一項各款情形外，仍應公開取得三家以上廠商之書面報價或企劃書。

27 (C)。 政府採購法第22條第1項第6款，機關辦理公告金額以上之採購，符合下列情形之一者，得採限制性招標：六、在原招標目的範圍內，因未能預見之情形，必須追加契約以外之工程，如另行招標，確有產生重大不便及技術或經濟上困難之虞，非洽原訂約廠商辦理，不能達契約之目的，且未逾原主契約金額百分之五十者。

28 (C)。 政府採購公告及公報發行辦法第15條第2項，前項公告，應於廢標後、重行招標前刊登，並不得超過廢標後二星期。

29 (A)。

(1) 政府採購法第61條，機關辦理公告金額以上採購之招標，除有特殊情形者外，應於決標後一定期間內，將決標結果之公告刊登於政府採購公報，並以書面通知各投標廠商。無法決標者，亦同。

(2) 另政府採購公告及公報發行辦法第15條第1項前段，依本法第六十一條規定辦理無法決標之公告，應登載下列事項。

30 (D)。 政府採購公告及公報發行辦法第7條，依本法第二十七條第一項規定辦理之招標公告，應登載下列事項：

一、有案號者，其案號。二、機關之名稱、地址、聯絡人（或單位）及聯絡電話。三、招標標的之名稱及數量摘要。有保留未來後續擴充之權利者，其擴充之期間、金額或數量。四、招標文件之領取地點、方式、售價及購買該文件之付款方式。五、收受投標文件之地點及截止期限。六、公開開標者，其時間及地點。七、須押標金者，其額度。八、履約期限。九、投標文件應使用之文字。十、招標與決標方式及是否可能採行協商措施。十一、是否屬公告金額以上之採購。十二、是否適用我國所締結之條約或協定。十三、廠商資格條件摘要。十四、財物採購，其性質係購買、租賃、定製或兼具二種以上之性質。十五、是否屬公共工程實施技師簽證者。十六、其他經主管機關指定者。

31 (B)。 政府採購公告及公報發行辦法第4條第1項前段，下列政府採購資訊應刊登採購公報一日，並公開於主管機關之政府採購資訊網站。

32 (C)。 招標期限標準第2條第2項第2款，前項等標期，除本標準或我國締結之條約或協定另有規定者外，不得少於下列期限：二、公告金額以上未達查核金額之採購：十四日。

33 (D)。 押標金保證金暨其他擔保作業辦法第9條第2項，前項一定金額，以不逾預算金額或預估採購總額之百分之五為原則；一定比率，以不逾標價之百分之五為原則。但不得逾新臺幣五千萬元。

34 (C)。 替代方案實施辦法第13條，機關於招標文件中規定允許廠商於得標後提出替代方案且定有獎勵措施者，其獎勵額度，以不逾所減省契約價金之百分之五十為限。所減省之契約價金，並應扣除機關為處理替代方案所增加之必要費用。

35 (D)。 投標廠商資格與特殊或巨額採購認定標準：

(A) 第4條第1項第1款，機關依第二條第二款訂定與履約能力有關之基本資格時，得依採購案件之特性及實際需要，就下列事項擇定廠商應附具之證明文件或物品：一、廠商具有製造、供應或承做能力之證明。如曾完成與招標標的類似之製造、供應或承做之文件、招標文件規定之樣品、現有或得標後可取得履約所需設備、技術、財力、人力或場所之說明或品質管制能力文件等。

(B) 第3條第1項第2款，機關依前條第一款訂定與提供招標標的有關之基本資格時，得依採購案件之特性及實際需要，就下列事項擇定廠商應附具之證明文件：二、廠商納稅之證明。如營業稅或所得稅。

(C) 第4條第1項第4款，機關依第二條第二款訂定與履約能力有關之基本資格時，得依採購案件之特性及實際需要，就下列事項擇定廠商應附具之證明文件或物品：四、廠商具有維修、維護或售後服務能力之證明。如維修人員經專業訓練之證明、設立或具有或承諾於得標後一定期間內建立自有或特約維修站或場所之證明等。

(D) 第5條第1項第2款，機關辦理特殊或巨額採購，除依第二條規定訂定基本資格「外」，得視採購案件之特性及實際需要，就下列事項擇定投標廠商之特定資格，並載明於招標文件：二、具有相當人力者。其範圍得包括投標廠商現有與承包招標標的有關之專業或一般人力證明。

36 (B)。 政府採購法第64條，採購契約得訂明因政策變更，廠商依契約繼續履行反而不符公共利益者，機關得報經上級機關核准，終止或解除部分或全部契約，並補償廠商因此所生之損失。

37 (A)。 政府採購法第102條第2項，廠商對前項異議之處理結果不服，或機關逾收受異議之次日起十五日內不為處理者，無論該案件是否逾公告金額，得於收受異議處理結果或期限屆滿之次日起十五日內，以書面向該管採購申訴審議委員會申訴。

38 (B)。 政府採購法第96條第1項，機關得於招標文件中，規定優先採購取得政府認可之環境保護標章使用許可，而其效能相同或相似之產品，並得允許百分之十以下之價差。產品或其原料之製造、使用過程及廢棄物處理，符合再生材質、可回收、低污染或省能源者，亦同。

39 (A)。 採購專業人員資格考試訓練發證及管理辦法第9條，採購專業人員辭職後五年內回任機關採購職務者，仍具採購專業人員資格。

40 (D)。 採購專業人員資格考試訓練發證及管理辦法第6條第2項，前項主管及非主管人員，宜於其就（到）職之日起一年內，取得採購專業人員基本資格；主管人員並宜於其就（到）職之日起二年內，取得採購專業人員進階資格。

41 (A)。 採購評選委員會審議規則第6條第1項，委員應公正辦理評選。評選及出席會議，應親自為之，不得代理，且應參與評分（比）。

42 (D)。 政府採購法第94條第1項，機關辦理評選，應成立五人以上之評選委員會，專家學者人數不得少於三分之一，其名單由主管機關會同教育部、考選部及其他相關機關建議之。無人數上限之規定。

43 (B)。 政府採購法第94條第1項，機關辦理評選，應成立五人以上之評選委員會，專家學者人數不得少於三分之一，其名單由主管機關會同教育部、考選部及其他相關機關建議之。

44 (A)。 政府採購法第93條第1項，各機關得就具有共通需求特性之財物或勞務，與廠商簽訂共同供應契約。

45 (C)。 政府採購法施行細則第91條第3項，協驗人員，為設計、監造、承辦採購單位人員或機關委託之專業人員或機構人員。

46 (D)。參考行政院公共工程委員會政府採購全生命週期概論簡報第23頁：
施工品質查核以現場為主，書面資料為輔，將職業安全、檢驗停留點、工區管理及人員設置納為查核重點。

47 (B)。行政院函示（民國88年3月2日臺工企字第8802883號）執行公共工程預付款及估驗計價保留款之規定，關於估驗計價保留款，估驗計價時之保留額度定為每次估驗款的百分之五。

48 (D)。

(1) 政府採購法施行細則第6條第3款，機關辦理採購，其屬巨額採購、查核金額以上之採購、公告金額以上之採購或小額採購，依採購金額於招標前認定之；其採購金額之計算方式如下：三、招標文件含有選購或後續擴充項目者，應將預估選購或擴充項目所需金額計入。

(2) 同施行細則第26條第1項前段，機關依本法第二十七條第三項得於招標公告中一併公開之預算金額，為該採購得用以支付得標廠商契約價金之預算金額。

(3) 故採購金額需計入未來續約預估金額，本案採購金額應為150萬＋150萬×2（年）＝450萬元；而本案預算金額因契約為每次委外辦理1年，則用以支付契約價金之預算金額，當年度應為150萬元×1（年）＝150萬元。

49 (C)。參考行政院公共工程委員會政府採購全生命週期概論簡報第36頁：
採購應核實編列計畫預算，應考量之因素包括計畫目標、建造標準、機關需求、使用年限和維護管理等。

50 (A)。最有利標評選辦法第16條第3項，價格納入評分者，其所占總滿分之比率，不得低於百分之二十，且不得逾百分之五十。

113年 國營臺灣鐵路股份有限公司從業人員（第11階－服務員）

( ) **1** 政府採購法第31條第2項第7款之「其他經主管機關認定有影響採購公正之違反法令行為」，下列何者為非？ (A)廠商所繳納之押標金連號 (B)不同廠商投標文件所載之負責人為同一人 (C)廠商得標後未於規定期限內繳足保證金 (D)有政府採購法第48條第1項第2款之「足以影響採購公正之違法行為」。

( ) **2** 下列何者符合政府採購法第22條第1項第3款規定之情況，而得辦理限制性招標？ (A)上級機關核定計畫遲延，致招標時間不足者 (B)採購案前次辦理情形為流廢標但年度預算執行期間將至者 (C)機關因不可預見之緊急事故須辦理採購，其招標期間充裕者 (D)機關因天秤颱風致須辦理緊急處置之採購事項，確有必要者。

( ) **3** 機關辦理採購如有政府採購法第58條所稱標價偏低情形時，下列敘述何者正確？ (A)總標價未偏低但部分標價偏低者，仍適用政府採購法第58條規定 (B)立即通知廠商繳納差額保證金 (C)最低標廠商總標價在底價以下，但未低於底價之百分之八十，該廠商表示標價錯誤要求不予決標，機關得予接受 (D)最低標廠商總標價低於底價之百分之八十，機關認無降低品質、不能誠信履約之虞者，仍須待其提出說明或差額保證金始能決標。

( ) **4** 機關之經常性採購以選擇性招標建立合格廠商名單方式辦理者，依政府採購法之規定，應建立幾家以上之合格廠商名單？ (A)3家 (B)6家 (C)9家 (D)10家。

( ) **5** 機關得就下列何種具有共通需求特性之採購，與廠商簽訂共同供應契約？ (A)勞務、財物或工程採購 (B)勞務或工程採購 (C)財物或工程採購 (D)勞務或財物採購。

( ) **6** 下列何者得不經公告程序，免提供報價或企劃書逕洽廠商採購？ (A)9萬元之財物採購 (B)50萬元之勞務採購 (C)99萬元之工程採購 (D)以上皆非。

( ) **7** 依政府採購法之規定，機關辦理巨額採購，應於使用期間內，逐年提報使用情形及其效益分析，請問下列採購何者適用之？ (A)新臺幣1,000萬元勞務採購 (B)新臺幣2,000萬元勞務採購 (C)新臺幣5,000萬元財物採購 (D)新臺幣1億元工程採購。

( ) **8** 下列何種採購標的，不得依政府採購法第22條第1項第9款採準用最有利標（公開評選）方式擇優勝廠商議價辦理？ (A)聘請律師擔任機關法律顧問 (B)以統包方式興建煉油廠 (C)為興建辦公廳舍委託廠商設計監造 (D)開發差勤管理資訊系統。

( ) **9** 機關辦理公告金額以上採購，於下列何階段作業，無須由主（會）計及有關單位會同監辦？ (A)議價 (B)驗收 (C)查驗 (D)開標。

( ) **10** 依政府採購法之規定，所謂「巨額採購」係辦理財物採購之採購金額達多少金額以上？ (A)新臺幣5000萬元 (B)新臺幣1億元 (C)新臺幣2億元 (D)新臺幣2000萬元。

( ) **11** 依政府採購法之規定，簽訂之共同供應契約應公開於何處供各機關利用？ (A)訂約機關之資訊網站 (B)主管機關指定之資訊網站 (C)各適用機關之資訊網站 (D)政府採購公報。

( ) **12** 有關各類保證金之規定，下列敘述何者為是？ (A)保固保證金以不逾預算10%為原則 (B)差額保證金額度係標價與底價之差額 (C)履約保證金以不逾契約價金10%為原則 (D)押標金不得逾1,000萬。

( ) **13** 機關辦理搶修搶險技術服務，下列何者敘述為錯誤？ (A)可採開口契約 (B)可採行公開評選準用最有利標決標 (C)得採複數決標 (D)不得保留後續擴充1年。

( ) **14** 以下何機關辦理之採購不屬於縣（市）政府採購稽核小組之稽核監督範圍？ (A)縣（市）政府 (B)縣（市）所轄鄉（鎮、市）公所 (C)縣（市）議會 (D)縣（市）審計室。

( ) **15** 依政府採購法之規定，追繳押標金，自不予開標、不予決標、廢標或決標日起逾幾年者，不得行使？ (A)3年 (B)10年 (C)15年 (D)1年。

( ) **16** 未達公告金額之採購，其金額逾公告金額十分之一者，除政府採購法第22條第1項各款情形外，仍應公開取得幾家以上廠商之書面報價或企劃書？ (A)一家 (B)二家 (C)三家 (D)五家。

( ) **17** 依政府採購法之規定，採購機關人員對於與採購有關之事項，涉及幾親等以內親屬或共同生活家屬之利益時，應行迴避？ (A)一親等 (B)二親等 (C)三親等 (D)四親等。

( ) **18** 依政府採購法之規定，機關承辦、監辦採購人員離職後3年內不得為本人或代理廠商向原任職機關接洽處理離職前幾年內與職務有關之事務？ (A)5年 (B)3年 (C)2年 (D)1年。

( ) **19** 有關共同投標的敘述，下列何者錯誤？ (A)機關得視個別採購之特性，於招標文件中規定允許一定家數內之廠商共同投標 (B)二家以上之廠商共同具名投標，並於得標後共同具名簽約，連帶負履行採購契約之責 (C)共同投標，指以承攬工程或提供財物之行為為限 (D)共同投標廠商應於投標時檢附共同投標協議書。

( ) **20** 有關廠商所繳納之押標金不予發還之情形，下列何者正確？ (A)得標後拒不簽約 (B)機關宣布廢標或因故不予開標、決標 (C)廠商報價有效期已屆，且拒絕延長 (D)已決標之採購，得標廠商已依規定繳納保證金。

(　　) **21** 得標廠商違法轉包其他廠商時，機關得主張之權利，下列何者錯誤？　(A)解除或終止契約　(B)得要求損害賠償　(C)不得沒收保證金　(D)轉包廠商與得標廠商對機關負連帶履行及賠償責任。

(　　) **22** 依政府採購法之規定，不經公告程序，邀請二家以上廠商比價或僅邀請一家廠商議價者，係下列何種招標方式？　(A)公開招標　(B)限制性招標　(C)選擇性招標　(D)自行招標。

(　　) **23** 依政府採購法之規定，下列何者須報上級機關核准？　(A)機關辦理公告金額以上之選擇性招標　(B)招標文件中公告底價　(C)採最有利標決標　(D)機關辦理公告金額以上之限制性招標公開評選優勝廠商。

(　　) **24** 依政府採購法之規定，機關辦理採購，除我國締結之條約或協定另有禁止規定者外，得要求投標廠商採購國內貨品比率、技術移轉、投資、協助外銷或其他類似條件，作為採購評選之項目，其比率不得逾多少，並應載明於招標文件中？　(A)二分之一　(B)三分之一　(C)四分之一　(D)五分之一。

(　　) **25** 依政府採購法之規定，下列何者並非該法爭議處理之對象？　(A)招標　(B)審標　(C)決標　(D)驗收。

(　　) **26** 下列何者屬於政府採購法適用範圍？　(A)購買遠期外匯　(B)購買加工後之冷凍肉品　(C)公開標售土石　(D)出租辦公廳舍。

(　　) **27** 下列何者非政府採購法第2條所稱之採購？　(A)財物之買受　(B)工程之定作　(C)勞務之委任　(D)公有土地之出租。

(　　) **28** 依政府採購法第4條第1項之規定，法人或團體接受機關補助辦理採購，補助金額在公告金額以上，且其補助金額占採購金額多少者，適用政府採購法之規定，並應受該機關之監督？　(A)1／2以上　(B)1／3以上未達1／2　(C)1／4以上未達1／3　(D)1／4以下。

( ) **29** 國營臺灣鐵路股份有限公司為敦親睦鄰，補助花蓮縣玉里鎮公所辦理採購，該公所依政府採購法規定，應報上級機關核准者，前述所稱之上級機關為： (A)行政院 (B)交通部 (C)花蓮縣政府 (D)國營臺灣鐵路股份有限公司。

( ) **30** 國營臺灣鐵路股份有限公司辦理採購時，依政府採購法第9條第1項規定之主管機關為： (A)行政院採購暨公共工程委員會（行政院公共工程委員會） (B)交通部 (C)經濟部 (D)鐵道局。

( ) **31** 依政府採購法第7條之規定，採購兼有工程、財物、勞務二種以上性質，難以認定其歸屬者，如何定其歸屬？ (A)按採購品項名稱之筆畫順序 (B)按其性質所占預算金額比率最高者 (C)按採購品項之履約期限較長者 (D)按採購品項之體積較大者。

( ) **32** 依政府採購法第15條之規定，機關人員對於與採購有關之事項，下列何者非屬應迴避之情形？ (A)涉及本人、配偶利益 (B)涉及前配偶利益 (C)涉及共同生活家屬利益 (D)涉及二親等以內親屬利益。

( ) **33** 依政府採購法第16條之規定，有關請託或關說之敘述，下列敘述何者錯誤？ (A)請託或關說，宜以書面為之或作成紀錄 (B)政風機構得調閱請託或關說之書面或紀錄 (C)只要請託或關說事項內容合理，得作為評選之參考 (D)請託或關說，不得作為評選之參考。

( ) **34** 下列何者非政府採購法第18條規定之採購之招標方式？ (A)公開招標 (B)選擇性招標 (C)限制性招標 (D)秘密招標。

( ) **35** 依政府採購法第18條之規定，不經公告程序，邀請二家以上廠商比價或僅邀請一家廠商議價，為何種招標方式？ (A)公開招標 (B)選擇性招標 (C)限制性招標 (D)秘密招標。

(　　) **36** 依政府採購法第20條之規定，機關辦理公告金額以上之採購，得採選擇性招標之規定。下列敘述何者正確？ (A)經常性採購 (B)廠商資格條件單純者 (C)投標文件審查容易，不需費時 (D)非研究發展事項。

(　　) **37** 依政府採購法第24條之規定，下列敘述何者正確？ (A)機關辦理勞務採購，報請上級機關核准者，得以統包辦理招標 (B)機關基於效率及品質之要求，得以統包辦理招標 (C)機關以統包方式辦理招標，最能夠節省經費 (D)所稱統包，指將工程或財物採購中之設計、施工與監造、供應、安裝或一定期間之維修等併於同一採購契約辦理招標。

(　　) **38** 依政府採購法第26條之規定，機關辦理公告金額以上之採購，下列敘述何者正確？ (A)招標文件可以指定特定商標或商名 (B)招標文件可以要求特定來源地、生產者或供應者 (C)機關於招標文件中要求特定之商名，只要註明「或同等品」字樣者，即不違反政府採購法第26條之規定 (D)機關應依功能或效益訂定招標文件，其有國際標準或國家標準者，應從其規定。

(　　) **39** 依政府採購法第30條之規定，下列敘述何者正確？ (A)以比價方式辦理之工程採購，得免收押標金 (B)勞務採購，以免收押標金、保證金為原則 (C)廠商繳納之押標金及保證金，只限以現金或金融機構簽發之本票為之 (D)公告金額以上之財物採購，得免收押標金。

(　　) **40** 依政府採購法第33條之規定，下列敘述何者為非？ (A)廠商之投標文件，廠商得以電子資料傳輸方式遞送。但以招標文件已有訂明者為限，並應於規定期限前遞送正式文件 (B)廠商之投標文件，應以書面密封 (C)機關得於招標文件中規定允許廠商於開標前補正非契約必要之點之文件 (D)招標機關指定以郵政信箱為唯一之投標送達場所。

( ) **41** 依政府採購法第36條第2項之規定，下列何者非機關辦理特殊或巨額之採購，得擇定之特定資格？具有相當： (A)經驗 (B)實績、人力 (C)知名度 (D)財力、設備。

( ) **42** 依政府採購法第39條第1項之規定，機關得將其辦理採購部分項目業務委託廠商作專案管理；下列何者非其委託項目？ (A)規劃 (B)設計 (C)供應或履約 (D)財產登錄。

( ) **43** 國營臺灣鐵路股份有限公司辦理某項設備採購案，依政府採購法第41條之規定，廠商對招標文件內容有疑義者，應於招標文件規定之日期前，以書面向哪個單位請求釋疑？ (A)國營臺灣鐵路股份有限公司 (B)交通部 (C)行政院公共工程委員會 (D)行政院。

( ) **44** 依政府採購法第46條之規定，下列敘述何者非機關辦理採購訂定底價時應考量之項目？ (A)圖說、規範、契約 (B)投標廠商之數量 (C)成本、市場行情 (D)政府機關決標資料。

( ) **45** 依政府採購法第46條之規定，機關辦理採購招標其底價由何人核定？ (A)上級機關之監標人員 (B)招標機關首長會同會計主任一起核定 (C)採購招標之承辦人員 (D)機關首長或其授權人員。

( ) **46** 依政府採購法第46條之規定，機關辦理採購招標，底價之訂定時機，下列敘述何者正確？ (A)公開招標應於開標前定之 (B)選擇性招標應於資格審查前定之 (C)限制性招標應於議價或比價後定之 (D)無明文規定。

( ) **47** 依政府採購法第47條之規定，小額採購之金額不得逾公告金額之多少比率？ (A)十分之三 (B)十分之二 (C)十分之一 (D)百分之一。

( ) **48** 依政府採購法第48條之規定，機關辦理公開招標，不予開標決標之情形，下列敘述何者錯誤？ (A)發現有足以影響採購公正之違法或不當行為者 (B)第二次招標，未達三家以上合格廠商投標 (C)因應突發事故者 (D)採購計畫變更或取銷採購者。

(　　) **49** 依政府採購法第52條之規定，下列敘述何者正確？ (A)決標時應通知投標廠商到場，廠商未到場取消其投標資格 (B)機關辦理未達公告金額之專業服務、技術服務、資訊服務、社會福利服務或文化創意服務者，以不訂底價之最有利標為原則 (C)訂有底價之採購，以合於招標文件規定，且在底價以內之最低標為得標廠商 (D)未訂底價之採購，以最低標為得標廠商。

(　　) **50** 依政府採購法第71條之規定，下列敘述何者正確？ (A)機關辦理工程採購，應限期一次辦理全部驗收，並不得辦理部分驗收 (B)驗收時應由機關首長或其授權人員指派適當人員主驗 (C)機關承辦採購單位之人員可以擔任所辦採購樣品及材料之檢驗人 (D)接管單位或使用單位為監驗人員。

解答與解析

（答案標示為#者，依官方曾公告更正該題答案。）

1 (C)。
(A)採購單位簽核開標結果，就所附開標之審標、開標紀錄及其附件加以審核，發現押標金支票連號，可能有圍標之嫌，應簽註提醒案內押標金連號核屬行政院公共工程委員會92年6月5日工程企字第09200229060號令發布「政府採購錯誤行為態樣」中「可能有圍標之嫌或宜注意之現象」建議應詳加查證，再就查證結果，依政府採購法第48條或50條等相關規定妥處。
(B)政府採購法第50條第1項第5款，投標廠商有下列情形之一，經機關於開標前發現者，其所投之標應不予開標；於開標後發現者，應不決標予該廠商：五、不同投標廠商間之投標文件內容有重大異常關聯。
(D)政府採購法第48條第1項第2款，機關依本法規定辦理招標，除有下列情形之一不予開標決標外，有三家以上合格廠商投標，即應依招標文件所定時間開標決標：二、發現有足以影響採購公正之違法或不當行為者。

2 (D)。 政府採購法第22條第1項第3款，機關辦理公告金額以上之採購，符合下列情形之一者，得採限制性招標：三、遇有不可預見之緊急事故，致無法以公開或選擇性招標程序適時辦理，且確有必要者。

3 (A)。政府採購法第58條，機關辦理採購採最低標決標時，如認為最低標廠商之總標價或部分標價偏低，顯不合理，有降低品質、不能誠信履約之虞或其他特殊情形，得限期通知該廠商提出說明或擔保。廠商未於機關通知期限內提出合理之說明或擔保者，得不決標予該廠商，並以次低標廠商為最低標廠商。

4 (B)。政府採購法第21條第3項，經常性採購，應建立六家以上之合格廠商名單。

5 (D)。政府採購法第93條第1項，各機關得就具有共通需求特性之財物或勞務，與廠商簽訂共同供應契約。

6 (A)。中央機關未達公告金額採購招標辦法第5條，公告金額十分之一以下採購之招標，得不經公告程序，逕洽廠商採購，免提供報價或企劃書。

7 (B)。依投標廠商資格與特殊或巨額採購認定標準第8條，採購金額在下列金額以上者，為巨額採購：工程採購，為新臺幣二億元；財物採購，為新臺幣一億元；勞務採購，為新臺幣二千萬元。

8 (B)。

(1) 政府採購法第22條第1項第9款，機關辦理公告金額以上之採購，符合下列情形之一者，得採限制性招標：九、委託專業服務、技術服務、資訊服務或社會福利服務，經公開客觀評選為優勝者。本條規範之服務項目屬於勞務採購。

(2) 惟統包實施辦法第3條，機關以統包辦理招標，其併於同一採購契約辦理招標之範圍如下：一、工程採購，含細部設計及施工，並得包含基本設計、測試、訓練、一定期間之維修或營運等事項。二、財物採購，含細部設計、供應及安裝，並得包含基本設計、測試、訓練、一定期間之維修或營運等事項。而不含勞務採購。

(3) 另統包作業須知第8點，採用最有利標決標之統包案件，應依政府採購法第56條、「最有利標評選辦法」規定辦理，妥善利用協商程序，並確定廠商價格合理，無浪費公帑情形，方得決定最有利標。並非準用最有利標方式。

9 (C)。政府採購法第13條第1項，機關辦理公告金額以上採購之開標、比價、議價、決標及驗收，除有特殊情形者外，應由其主（會）計及有關單位會同監辦。

10 (B)。 依投標廠商資格與特殊或巨額採購認定標準第8條，採購金額在下列金額以上者，為巨額採購：工程採購，為新臺幣二億元；財物採購，為新臺幣一億元；勞務採購，為新臺幣二千萬元。

11 (B)。 共同供應契約實施辦法第7條，本契約應公開於主管機關指定之資訊網站。

12 (C)。 押標金保證金暨其他擔保作業辦法：

(A) 第25條，保固保證金之額度，得為一定金額或契約金額之一定比率，由機關於招標文件中擇定之。前項一定金額，以不逾預算金額或預估採購總金額之百分之三為原則；一定比率，以不逾契約金額之百分之三為原則。

(B) 第30條第1項第1、2款，廠商以差額保證金作為本法第五十八條規定之擔保者，依下列規定辦理：一、總標價偏低者，擔保金額為總標價與底價之百分之八十之差額，或為總標價與本法第五十四條評審委員會建議金額之百分之八十之差額。二、部分標價偏低者，擔保金額為該部分標價與該部分底價之百分之七十之差額。該部分無底價者，以該部分之預算金額或評審委員會之建議金額代之。

(C) 第15條，履約保證金之額度，得為一定金額或契約金額之一定比率，由機關於招標文件中擇定之。前項一定金額，以不逾預算金額或預估採購總額之百分之十為原則；一定比率，以不逾契約金額之百分之十為原則。採單價決標之採購，履約保證金應為一定金額。

(D) 第9條，押標金之額度，得為一定金額或標價之一定比率，由機關於招標文件中擇定之。前項一定金額，以不逾預算金額或預估採購總額之百分之五為原則；一定比率，以不逾標價之百分之五為原則。但不得逾新臺幣五千萬元。採單價決標之採購，押標金應為一定金額。

13 (D)。 行政院公共工程委員會民國101年06月19日工程企字第10100227040號函，有關因應汛期及颱風季節，為提升搶修搶險作業之品質及效率，要求各機關儘速辦理搶修搶險技術服務及工程採購開口契約，並説明二：

開口契約係指在一定期間內，以一定金額或數量為上限之採購，依契約單價及實際施作或供應之數量結算，由機關視實際需要隨時通知得標廠商履約，其執行具有彈性，並能減輕機關人力負荷，提升工程及技術服務採購效率。為此，請各機關儘速與廠商訂定旨揭開口契約，以利搶修搶險作業之進行，並備不時之需，相關作法建議如下：

(一)工程採購請依行政院主計總處98年4月28日處忠七字第0980002575A號函頒「各級地方政府訂定災害搶險搶修開口契約應行注意事項」辦理。本會101年6月11日工程企字第10100217060號函修正之災害搶險搶修開口契約範本（公開於本會網站），併請查察。

(二)技術服務採購：1.契約有效期限為1年，保留後續擴充1年。2.單筆下訂之服務費用未達公告金額；個別訂約廠商累計費用1年未達500萬元，2年累計未達1000萬元。3.採最有利標評選方式辦理。4.建議以縣市、直轄市或自行劃分區域為單位，分區複數決標，且單區決標予2家以上廠商，讓機關有較多選擇機會，提高利用意願。5.得採固定服務費率決標，惟各分區之費率應考量各區域之特性、委託個案內容及難易度等因素，以提供廠商合理費用。6.本會98年12月30日工程技字第09800576440號函頒災後復建工程設計、監造技術服務開口契約範本（公開於本會網站），併請查察……。

14 (D)。採購稽核小組組織準則第3條，採購稽核小組稽核監督之範圍如下：

一、中央採購稽核小組：(一)設立採購稽核小組之部會署與所屬機關所辦理之採購，或其補助或委託地方機關、法人或團體辦理之採購，有重大異常者。(二)設立採購稽核小組之部會署及所屬機關以外之中央各機關所辦理之採購，或其補助或委託地方機關、法人或團體辦理之採購。(三)地方機關所辦理之採購，有重大異常者。

二、部會署採購稽核小組：(一)該部會署及所屬各機關所辦理之採購。(二)該部會署及所屬機關補助或委託地方機關、法人或團體辦理之採購。

三、直轄市政府採購稽核小組：(一)直轄市各機關所辦理之採購。(二)直轄市各機關補助或委託法人或團體辦理之採購。

四、縣（市）政府採購稽核小組：
(一)縣（市）及所轄鄉（鎮、市）各機關所辦理之採購。
(二)縣（市）及所轄鄉（鎮、市）各機關補助或委託法人或團體辦理之採購。

15 (C)。 政府採購法第31條第6項，追繳押標金，自不予開標、不予決標、廢標或決標日起逾十五年者，不得行使。

16 (C)。 中央機關未達公告金額採購招標辦法第2條第1項第3款，未達公告金額採購之招標，其金額逾公告金額十分之一者，得以下列方式之一辦理：三、依本法第四十九條之規定，將公開徵求廠商提供書面報價或企劃書之公告，公開於主管機關之資訊網路或刊登於政府採購公報，以取得三家以上廠商之書面報價或企劃書，擇符合需要者辦理比價或議價。

17 (B)。 政府採購法第15條第2項，機關人員對於與採購有關之事項，涉及本人、配偶、二親等以內親屬，或共同生活家屬之利益時，應行迴避。

18 (A)。 政府採購法第15條第1項，機關承辦、監辦採購人員離職後三年內不得為本人或代理廠商向原任職機關接洽處理離職前五年內與職務有關之事務。

19 (C)。 政府採購法第25條第2項，第一項所稱共同投標，指二家以上之廠商共同具名投標，並於得標後共同具名簽約，連帶負履行採購契約之責，以承攬工程或提供財物、勞務之行為。

20 (A)。 政府採購法第31條第2項，廠商有下列情形之一者，其所繳納之押標金，不予發還；其未依招標文件規定繳納或已發還者，並予追繳：一、以虛偽不實之文件投標。二、借用他人名義或證件投標，或容許他人借用本人名義或證件參加投標。三、冒用他人名義或證件投標。四、得標後拒不簽約。五、得標後未於規定期限內，繳足保證金或提供擔保。六、對採購有關人員行求、期約或交付不正利益。七、其他經主管機關認定有影響採購公正之違反法令行為。

21 (C)。 政府採購法第66條，得標廠商違反前條規定轉包其他廠商時，機關得解除契約、終止契約或沒收保證金，並得要求損害賠償。前項轉包廠商與得標廠商對機關負連帶履行及賠償責任。再轉包者，亦同。

22 (B)。 政府採購法第18條第4項，本法所稱限制性招標，指不經公告程序，邀請二家以上廠商比價或僅邀請一家廠商議價。

23 (C)。 政府採購法第56條第3項，機關採最有利標決標者，應先報經上級機關核准。

24 (B)。 政府採購法第43條第1款，機關辦理採購，除我國締結之條約或協定另有禁止規定者外，得採行下列措施之一，並應載明於招標文件中：

一、要求投標廠商採購國內貨品比率、技術移轉、投資、協助外銷或其他類似條件，作為採購評選之項目，其比率不得逾三分之一。

25 (D)。 政府採購法第74條，廠商與機關間關於招標、審標、決標之爭議，得依本章規定提出異議及申訴。

26 (B)。

(1) 財務調度、開發信用狀、買賣或發行債券、匯兌、賺取利差、投資金融商品、申購基金，屬機關就資金之供需所為之理財行為，不適用政府採購法。

(2) 政府採購法第7條第1至3項，本法所稱工程，指在地面上下新建、增建、改建、修建、拆除構造物與其所屬設備及改變自然環境之行為，包括建築、土木、水利、環境、交通、機械、電氣、化工及其他經主管機關認定之工程。本法所稱財物，指各種物品（生鮮農漁產品除外）、材料、設備、機具與其他動產、不動產、權利及其他經主管機關認定之財物。本法所稱勞務，指專業服務、技術服務、資訊服務、研究發展、營運管理、維修、訓練、勞力及其他經主管機關認定之勞務。

27 (D)。 政府採購法第2條，本法所稱採購，指工程之定作、財物之買受、定製、承租及勞務之委任或僱傭等。

28 (A)。 政府採購法第4條第1項，法人或團體接受機關補助辦理採購，其補助金額占採購金額半數以上，且補助金額在公告金額以上者，適用本法之規定，並應受該機關之監督。

29 (C)。 政府採購法第9條第2項，本法所稱上級機關，指辦理採購機關直屬之上一級機關。其無上級機關者，由該機關執行本法所規定上級機關之職權。

30 (A)。 政府採購法第9條第1項，本法所稱主管機關，為行政院採購暨公共工程委員會，以政務委員一人兼任主任委員。

31 (B)。 政府採購法第7條第4項，採購兼有工程、財物、勞務二種以上性質，難以認定其歸屬者，按其性質所占預算金額比率最高者歸屬之。

32 (B)。 政府採購法第15條第2項，機關人員對於與採購有關之事項，涉及本人、配偶、二親等以內親屬，或共同生活家屬之利益時，應行迴避。

33 (C)。 政府採購法第16條，請託或關說，宜以書面為之或作成紀錄。政風機構得調閱前項書面或紀錄。第一項之請託或關說，不得作為評選之參考。

34 (D)。 政府採購法第18條第1項，採購之招標方式，分為公開招標、選擇性招標及限制性招標。

35 (C)。 政府採購法第18條第4項，本法所稱限制性招標，指不經公告程序，邀請二家以上廠商比價或僅邀請一家廠商議價。

36 (A)。 政府採購法第20條，機關辦理公告金額以上之採購，符合下列情形之一者，得採選擇性招標：一、經常性採購。二、投標文件審查，須費時長久始能完成者。三、廠商準備投標需高額費用者。四、廠商資格條件複雜者。五、研究發展事項。

37 (B)。 政府採購法第24條第1項，機關基於效率及品質之要求，得以統包辦理招標。

38 (D)。 政府採購法第26條：

(A)(B)(C)第3項，招標文件不得要求或提及特定之商標或商名、專利、設計或型式、特定來源地、生產者或供應者。但無法以精確之方式說明招標要求，而已在招標文件內註明諸如「或同等品」字樣者，不在此限。

(D)第1項，機關辦理公告金額以上之採購，應依功能或效益訂定招標文件。其有國際標準或國家標準者，應從其規定。

39 (B)。 政府採購法第30條第1項，機關辦理招標，應於招標文件中規定投標廠商須繳納押標金；得標廠商須繳納保證金或提供或併提供其他擔保。但有下列情形之一者，不在此限：一、勞務採購，以免收押標金、保證金為原則。二、未達公告金額之工程、財物採購，得免收押標金、保證金。三、以議價方式辦理之採購，得免收押標金。四、依市場交易慣例或採購案特性，無收取押標金、保證金之必要或可能。

40 (D)。 政府採購法施行細則第29條第3項，本法第三十三條第一項所稱指定之場所，不得以郵政信箱為唯一場所。

41 (C)。 政府採購法第36條第2項，特殊或巨額之採購，須由具有相當經驗、實績、人力、財力、設備等之廠商始能擔任者，得另規定投標廠商之特定資格。

42 **(D)**。 政府採購法第39條第1項，機關辦理採購，得依本法將其對規劃、設計、供應或履約業務之專案管理，委託廠商為之。

43 **(A)**。 政府採購法第41條第1項，廠商對招標文件內容有疑義者，應於招標文件規定之日期前，以書面向招標機關請求釋疑。

44 **(B)**。 政府採購法第46條第1項，機關辦理採購，除本法另有規定外，應訂定底價。底價應依圖說、規範、契約並考量成本、市場行情及政府機關決標資料逐項編列，由機關首長或其授權人員核定。

45 **(D)**。 政府採購法第46條第1項，機關辦理採購，除本法另有規定外，應訂定底價。底價應依圖說、規範、契約並考量成本、市場行情及政府機關決標資料逐項編列，由機關首長或其授權人員核定。

46 **(A)**。 政府採購法第46條第2項，前項底價之訂定時機，依下列規定辦理：一、公開招標應於開標前定之。二、選擇性招標應於資格審查後之下一階段開標前定之。三、限制性招標應於議價或比價前定之。

47 **(C)**。 政府採購法第47條第3項，小額採購之金額，在中央由主管機關定之；在地方由直轄市或縣（市）政府定之。但均不得逾公告金額十分之一。地方未定者，比照中央規定辦理。

48 **(B)**。 政府採購法第48條：

(A)(C)(D)，第1項，機關依本法規定辦理招標，除有下列情形之一不予開標決標外，有三家以上合格廠商投標，即應依招標文件所定時間開標決標：一、變更或補充招標文件內容者。二、發現有足以影響採購公正之違法或不當行為者。三、依第八十二條規定暫緩開標者。四、依第八十四條規定暫停採購程序者。五、依第八十五條規定由招標機關另為適法之處置者。六、因應突發事故者。七、採購計畫變更或取銷採購者。八、經主管機關認定之特殊情形。

(B)第2項，第一次開標，因未滿三家而流標者，第二次招標之等標期間得予縮短，並得不受前項三家廠商之限制。

49 **(C)**。 政府採購法第52條：

(A) 第3項，決標時得不通知投標廠商到場，其結果應通知各投標廠商。

(B) 第2項，機關辦理公告金額以上之專業服務、技術服務、資訊服務、社會福利服務或文化創意服務者，以不訂底價之最有利標為原則。

(C) 第1項第1款，機關辦理採購之決標，應依下列原則之一辦理，並應載明於招標文件中：一、訂有底價之採購，以合於招標文件規定，且在底價以內之最低標為得標廠商。

(D) 第1項第2款，機關辦理採購之決標，應依下列原則之一辦理，並應載明於招標文件中：二、未訂底價之採購，以合於招標文件規定，標價合理，且在預算數額以內之最低標為得標廠商。

50 (B)。 政府採購法第71條：

(A)第1項，機關辦理工程、財物採購，應限期辦理驗收，並得辦理部分驗收。

(B)(D)第2項，驗收時應由機關首長或其授權人員指派適當人員主驗，通知接管單位或使用單位會驗。

(C)第3項，機關承辦採購單位之人員不得為所辦採購之主驗人或樣品及材料之檢驗人。

113年 中央造幣廠新進人員

一、單選題

( ) **1** 根據政府採購法，何謂「公共採購」？ (A)僅指政府機構對服務的採購 (B)政府機構為公共服務目的購買或租賃財貨、工程及服務的行為 (C)政府機構與私人企業之間的任何商業交易 (D)國家間的貿易協定下的採購行為。

( ) **2** 根據政府採購法，哪些機構通常被視為採購主體？ (A)所有私人企業 (B)所有政府部門及其下屬機構 (C)非政府組織和慈善機構 (D)個人消費者。

( ) **3** 政府機構可以委託哪類法人或團體進行採購代辦服務？ (A)任何私營企業 (B)專業採購代辦公司 (C)非政府組織 (D)國際貿易機構。

( ) **4** 什麼情況下應使用公開招標的方式？ (A)當項目需要高度專業的技術服務 (B)當只有少數供應商能滿足技術要求時 (C)當要求最大程度的透明度和公平競爭 (D)當項目的預算非常有限。

( ) **5** 統包工程招標中，哪個選項最能確保工程質量和進度的控制？ (A)分包給多個專業承包商 (B)將設計和建造分開招標 (C)統一由一個承包商負責設計和建造 (D)僅由政府直接監督。

( ) **6** 在訂定技術規格時，應首先考慮哪個因素？ (A)成本效益 (B)供應商的偏好 (C)符合市場標準 (D)政府政策。

( ) **7** 公開開標的主要目的是什麼？ (A)確保所有投標者的隱私 (B)促進技術創新和發展 (C)確保透明度和公正性 (D)減少工程成本。

( ) **8** 底價在公開招標過程中的作用是什麼？ (A)確定最低可接受的服務質量標準 (B)限制投標者的最高報價 (C)確保政府不支付過高的價格 (D)增加招標的透明度。

( ) **9** 在政府採購中，投標者可以對哪些事項提出異議？ (A)採購計劃的總體需求 (B)招標文件中的規格和條件 (C)政府決策者的任命 (D)其他投標者的商業戰略。

( ) **10** 在政府採購過程中，圍標行為的處罰可能包括哪項？ (A)提供獎勵金 (B)口頭警告 (C)撤銷投標資格並處以罰款 (D)賦予額外的投標機會。

( ) **11** 如果一個機關委託的採購規劃未遵守相關法規，可能會導致什麼後果？ (A)機關負責人獲得獎勵 (B)相關人員可能面臨行政處罰 (C)機關獲得額外預算支持 (D)被委託的企業將獲得長期合約。

( ) **12** 根據政府採購法，何謂「工程採購」？ (A)購買土地及其自然資源 (B)獲得勞動力或人力資源服務 (C)建設或修繕建築物、道路及其他基礎設施 (D)購買辦公用品和設備。

( ) **13** 公告採購資訊的主要目的是什麼？ (A)確保所有潛在供應商都有機會參與 (B)限制外地供應商的參與 (C)增加採購過程的時間 (D)減少採購透明度。

( ) **14** 在投標檔審查過程中，主要評估哪些內容？ (A)投標者的市場份額 (B)投標者的財務穩定性和技術能力 (C)投標者的品牌知名度 (D)投標者的政治背景。

( ) **15** 決標原則中最重要的考量因素是什麼？ (A)投標價格最低 (B)投標者的技術和管理能力 (C)投標者的信譽和過去績效 (D)投標者提供的服務條件和質量保證。

( ) **16** 在政府採購的異議審議過程中，哪一項是審議機關必須考慮的？ (A)投標者的政治背景 (B)投標者的經濟效益分析 (C)投標檔的符合性及相關法規 (D)投標者的國籍。

( ) **17** 當異議判斷被認為合理且有效時，通常會導致哪種後果？ (A)異議被忽略 (B)立即終止現有的招標過程 (C)修改招標文件或條件 (D)繼續招標流程，不做改變。

( ) **18** 根據政府採購法，若採購人員洩露採購相關的保密資訊，可能會面臨哪種處罰？ (A)獲得獎金 (B)口頭警告 (C)行政處罰或法律追責 (D)額外的休假。

( ) **19** 根據政府採購法，如果一個供應商被發現故意妨害採購過程，可能面臨哪種處罰？ (A)被要求出席研討會 (B)獲得警告和改進的機會 (C)被暫時或永久禁止參與未來政府採購 (D)接受輔導以改善其業務行為。

( ) **20** 在政府採購法中，上級機關的監辦職責主要包括哪一項？ (A)直接參與下級機關的日常運作 (B)審核並批准所有採購合同 (C)監督下級機關的採購程序和遵守法規 (D)負責撰寫所有採購的技術規格。

( ) **21** 分批辦理採購的目的主要是什麼？ (A)增加採購過程的複雜性 (B)減少單一供應商的依賴 (C)使採購過程更容易管理 (D)限制新供應商的參與。

( ) **22** 根據政府採購法，承辦採購人員應當迴避的情況包括哪一項？ (A)與投標者有直接的親屬關係 (B)與投標者同居於同一地址 (C)從事政治活動 (D)持有投標公司的股份。

( ) **23** 押標金的主要目的是什麼？ (A)確保所有投標者提交最低價格 (B)保證投標者認真且誠實地參與投標 (C)提供財政支援給採購單位 (D)獎勵最終中標者。

( ) **24** 根據政府採購法，對於招標的機關有關保密義務的敘述，何者正確？ (A)招標機關無需對招標活動進行保密 (B)招標機關只需向相關部門保密，不需對廠商保密 (C)招標機關應對招標文件及招標活動進行保密 (D)招標機關只需對招標結果進行保密，招標過程可以公開。

( ) **25** 根據政府採購法，以下何者屬於不當限制競爭的情況？ (A)招標機關在公告招標時僅邀請特定廠商參與 (B)招標文件要求所有廠商必須提供相同的產品或服務規格 (C)招標機關要求所有投標廠商提供過高的保證金 (D)招標文件要求所有廠商必須在招標前繳納高額的報名費。

( ) **26** 根據政府採購法，以下何者屬於決標最有利標適用條件？ (A)價格最低 (B)品質最高 (C)交貨速度最快 (D)廠商信譽最好。

( ) **27** 在政府採購中，廠商未能履行合約義務可能會導致什麼後果？ (A)廠商被允許繼續參與未來的招標活動 (B)廠商需支付罰款或賠償金 (C)政府無法取消合約 (D)政府需承擔廠商未履約的責任。

( ) **28** 根據政府採購法，以下何者是可以提出異議的事項？ (A)廠商營業處所的地理位置 (B)招標文件內容的字體大小 (C)招標活動的公告日期 (D)招標機關評選標準的合理性。

( ) **29** 根據政府採購法，以下何者是屬於採購行為可能違反法令的情況？ (A)招標機關在開標時沒有邀請所有參與廠商 (B)廠商未能提供符合招標文件規定的標書檔 (C)招標機關要求所有廠商提供合法稅務登記證明 (D)廠商在投標檔中提供了過多的技術資料。

( ) **30** 根據政府採購法，對於洩漏政府採購機密的人員，可能會面臨什麼樣的處罰？ (A)沒收個人財產 (B)賠償政府損失 (C)取消投標資格 (D)處以行政罰款。

( ) **31** 根據政府採購法，對於法人違反政府採購法規定的行為，可能會面臨什麼樣的處罰？ (A)行政罰款 (B)財產沒收 (C)行政逮捕 (D)限制資格參與未來招標活動。

( ) **32** 根據政府採購法，以下何者屬於特殊採購情況？ (A)政府採購辦公室器材 (B)軍事採購武器裝備 (C)地方政府採購辦公室家具 (D)緊急採購文件。

( ) **33** 根據政府採購法，以下何者最能描述採購的定義？ (A)政府單位向私人企業購買物品或服務的行為 (B)政府單位組織招標活動以徵求供應商提供的產品或服務 (C)政府單位以公開透明的程序，按照法定程序採購所需物品或服務 (D)政府單位根據預算計劃，向特定廠商購買所需的物品或服務。

( ) **34** 根據政府採購法，外國廠商參與政府採購應符合下列何者原則？ (A)最低價原則 (B)最有利標原則 (C)國內廠商優先原則 (D)國外廠商優先原則。

( ) **35** 根據政府採購法，下列何者最能描述委託專案管理的情況？ (A)政府單位委託專案管理公司執行採購工作，但仍由政府單位負責最終決策 (B)政府單位委託專案管理公司全權負責採購工作，政府單位不參與任何決策 (C)政府單位委託專案管理公司提供諮詢服務，但最終決策仍由政府單位負責 (D)政府單位委託專案管理公司負責決定採購方案，但採購程序由政府單位執行。

( ) **36** 根據政府採購法，下列何者最符合公開開標的原則？ (A)招標文件僅向特定廠商開放，其他廠商無法取得相關資訊 (B)招標程序中，政府單位不公開招標文件的內容和評選標準 (C)招標程序需在公開場合進行，並公開招標文件的內容和評選標準 (D)招標程序中，政府單位可以隨意選擇招標廠商，無需公開公告。

( ) **37** 根據政府採購法，下列何者不符合公開開標的原則？ (A)招標文件公開發布，但評選標準僅限於政府單位內部人員瞭解 (B)招標程序需在公開場合進行，但招標文件內容僅限特定廠商查閱 (C)招標程序公開進行，但政府單位可以私下與特定廠商進行洽談 (D)招標文件和評選標準均公開，但招標程序不在公開場合進行。

( ) **38** 根據政府採購法，以下何者最能描述分包及轉包的情況？ (A)政府採購單位可以將招標項目分包給多個廠商執行，但不得轉包給其他廠商 (B)政府採購單位可以將招標項目分包給多個廠商執行，並允許轉包給其他合格廠商 (C)政府採購單位僅允許將招標項目分包給特定廠商執行，不得轉包給其他廠商 (D)政府採購單位可以將招標項目分包給多個廠商執行，但不得將分包項目再轉包給其他廠商。

( ) **39** 根據政府採購法，下列何者最能描述驗收辦理的程序？ (A)廠商完成交貨後，由政府採購單位隨機抽樣進行驗收，確認品質是否符合標準 (B)政府採購單位須向廠商提供詳細的驗收標準和流程，並確保公開透明進行驗收 (C)驗收程序由政府採購單位全權負責，廠商不參與，以確保驗收結果的客觀性和公正性 (D)廠商完成交貨後，需向政府採購單位提交相關文件，經審核通過後方可進行驗收。

( ) **40** 根據政府採購法，下列何者最能描述圍標行為的處罰？ (A)廠商在招標時提供虛假資料，導致競爭失效，政府採購單位將以罰款方式處罰 (B)政府採購單位發現有廠商串通投標，將取消招標結果並追究相關人員責任 (C)廠商在投標時未遵守相關規定，政府採購單位將暫停其在未來一年的投標資格 (D)政府採購單位發現有廠商非法行賄以獲得招標合約，將追究其刑事責任。

( ) **41** 在訂定招標底價時，哪個因素是最重要的？ (A)市場的需求量 (B)歷史購買價格 (C)預算限制 (D)所有候選供應商的平均報價。

( ) **42** 投標過程中，當認為哪個方面存在問題時，投標者通常有權提出異議？ (A)市場價格變動 (B)競爭對手的信用狀況 (C)招標過程的透明度和公正性 (D)政府的長期採購政策。

二、多選題

( ) **43** 關於政府採購法中，以下哪些單位是採購主體？ (A)行政機關 (B)公立學校 (C)國營事業 (D)民營企業 (E)國防部。

( ) **44** 有關政府採購法中委託法人或團體代辦採購的描述，哪些是正確的？ (A)政府機關可委託法人或團體辦理採購，以利用其專業或資源 (B)所有政府採購都必須由政府機關直接辦理 (C)委託代辦的法人或團體必須是政府資助的非營利組織 (D)委託代辦時，委託機關仍應負有監督責任 (E)委託代辦的法人或團體可以是國外的商業企業。

( ) **45** 在政府採購中，統包工程招標適用於哪些情況？ (A)當工程涉及多個專業領域，需整合各專業以完成項目 (B)小型或簡單的維修工程 (C)採購方希望由單一供應商負責設計與施工 (D)採購方對工程的技術細節有明確要求 (E)工程項目需要在短時間內完成。

( ) **46** 關於政府採購中底價訂定的描述，下列哪些是正確的？ (A)底價是秘密設定，並在招標文件中不公開 (B)底價設定必須基於市場調查和成本分析 (C)底價一旦設定，任何情況下都不能更改 (D)底價高於所有投標價格時，可能重新招標 (E)底價設定無需任何審核過程。

( ) **47** 有關政府採購中投標者提出異議的處理，下列哪些敘述是正確的？ (A)異議應提交至採購機關 (B)異議可直接提交至行政法院 (C)採購機關必須在接到異議後20天內做出處理 (D)若異議人對處理結果不滿意，可以再次提出異議 (E)採購機關需提供書面回應異議。

( ) **48** 有關政府採購中技術規格的訂定，下列哪些敘述是正確的？ (A)技術規格應確保商品或服務符合最低安全標準 (B)技術規格可以指定特定品牌作為採購要求 (C)技術規格應促進公平競爭，不得不合理限制競爭 (D)技術規格可以根據市場上最新技術隨時調整 (E)技術規格應詳細描述所需商品的功能和性能。

( ) **49** 在政府採購異議審議過程中，哪些因素應被考慮？ (A)提出異議的時間是否符合規定 (B)異議內容是否涉及個人利益 (C)是否有足夠證據支持異議的理由 (D)異議是否基於客觀的事實和標準 (E)提出異議者是否為合法的利害關係人。

( ) **50** 在政府採購中，如果涉及到洩漏採購秘密，可能會面臨哪些處罰？ (A)被記錄在個人信用不良記錄中 (B)可能會被罰款 (C)可能會被判處監禁 (D)被禁止參與未來的政府採購 (E)採購合約可能被取消。

( ) **51** 在政府採購中，承辦人員需要迴避的情況包括以下哪些？ (A)承辦人員與投標者有親屬關係 (B)承辦人員曾在投標公司工作 (C)承辦人員持有投標公司的股份 (D)承辦人員的直系親屬曾接受投標者的贈禮 (E)承辦人員在過去五年內曾參與該投標公司的審計。

( ) **52** 政府採購公告中必須包含哪些基本信息？ (A)招標項目的名稱和性質 (B)預算金額和資金來源 (C)投標截止日期和時間 (D)投標保證金的金額和支付方式 (E)項目負責人的聯絡資訊。

( ) **53** 當一個投標者對決標結果提出異議時，以下哪些情形會影響異議的效力？ (A)異議是在規定的時間內正式提出的 (B)異議提出後，有新的證據顯示異議有合理性 (C)異議主要基於對政府採購法解釋的不同 (D)異議中提到的問題事先已被解決 (E)異議提出者具有直接的利害關係。

( ) **54** 根據政府採購法，下列哪些情形下的組織應進行政府採購？ (A)政府機關需購買辦公設備 (B)私立學校欲購新的教學設備 (C)國營企業需要採購新的生產設備 (D)國有財產局需要處理不動產交易 (E)縣政府計畫建造新的公共圖書館。

( ) **55** 關於委託法人或團體代辦政府採購，以下哪些情況是允許的？(A)委託有相關領域專業的法人辦理科技設備採購 (B)委託任何私人公司進行一般辦公用品的採購 (C)委託學術機構進行教育研究設備的採購 (D)法人或團體在執行採購時可自行決定採購項目 (E)政府機關在委託後無需對採購過程進行監督。

( ) **56** 關於政府採購法的公開招標方式，下列哪些敘述是正確的？(A)公開招標是指所有符合資格的供應商均可參與投標 (B)公開招標適用於採購金額較小的物品或服務 (C)公開招標通常不需要公告 (D)公開招標可以提高採購的透明度和競爭性 (E)公開招標不允許設定特定資格條件。

( ) **57** 統包工程招標的優點包括以下哪些？ (A)減少因協調不良導致的延遲 (B)增加招標過程的複雜性 (C)可以分開與多個承包商協商條件 (D)提高項目完成的效率 (E)減少總成本。

( ) **58** 在決標過程中，底價的角色包括以下哪些？ (A)確保政府不會支付過高的價格 (B)底價用於排除所有投標者 (C)助於選出最有利的投標 (D)底價通常高於最高投標價 (E)若無投標者低於底價，則可能取消招標。

( ) **59** 在政府採購過程中，以下關於異議及申訴的說法，哪些是正確的？ (A)投標者在合約簽訂後方可提出異議 (B)任何對招標結果有異議的利害關係人均可提出異議 (C)提出異議的時間限制通常為招標結果公告後的五個工作日內 (D)申訴可向採購機關上級機關提出 (E)異議和申訴只能透過書面形式提出。

( ) **60** 關於政府採購法的罰則，下列哪些敘述是正確的？ (A)違反採購程序的公務人員可被罰款 (B)提供虛假資料的供應商將被禁止參與未來的政府招標 (C)採購機關未依法進行招標可被警告 (D)重大違法行為可導致採購合約被撤銷 (E)一般的違規行為將導致記點處分。

解答與解析 （答案標示為#者，依官方曾公告更正該題答案。）

一、單選題

1 (B)。參考政府採購法第2條之立法理由說明摘要：
本法所稱採購，其名稱及內涵，乃參酌世界貿易組織（Word Trade Organization，簡稱WTO）之一九九四年政府採購協定（Agreementon Government Procurement；以下簡稱政府採購協定）之規定及其他國家之用法，包含工程之定作、財物之購置、定製、承租及勞務之委任或雇傭。

2 (B)。政府採購法第3條，政府機關、公立學校、公營事業（以下簡稱機關）辦理採購，依本法之規定；本法未規定者，適用其他法律之規定。可知本法之採購主體為所有政府部門及其下屬機構。

3 (B)。機關依本法第五條第一項規定委託法人或團體代辦採購，其委託屬勞務採購。受委託代辦採購之法人或團體，並須具備熟諳政府採購法令之人員。

4 (C)。參考政府採購法第27條之立法理由說明摘要：
為使採購公開化、透明化，爰參考先進國家之做法及「政府採購協定」第六條之規定，於第一項明定各機關辦理公開招標或選擇性招標均應刊登政府採購公報，以便彙整招標資訊，方便廠商取得全國各機關之採購資訊，達到促進競爭之目的。

5 (C)。參考政府採購法第24條之立法理由說明摘要：
統包是國際上經常採用之發包方式，其內涵為從方案選擇、規劃設計、材料購置、施工管理、設備安裝等作業，均交由同一業者負責統籌執行，於驗收合格後，再移交業主使用。其優點包括減少管理之介面及人力、責任界定清楚、縮短工期、降低工程成本、提升廠商技術能力、激勵新工法及新材料之引進或研發等。

6 (C)。政府採購法第26條第1項，機關辦理公告金額以上之採購，應依功能或效益訂定招標檔。其有國際標準或國家標準者，應從其規定。

7 (C)。
(1) 政府採購法第45條，公開招標及選擇性招標之開標，除法令另有規定外，應依招標文件公告之時間及地點公開為之。
(2) 公開招標及選擇性招標之開標以公開方式辦理為原則，係確保採購程式的透明度和公正性。

8 (C)。

(1) 政府採購法第46條第1項，機關辦理採購，除本法另有規定外，應訂定底價。底價應依圖說、規範、契約並考量成本、市場行情及政府機關決標資料逐項編列，由機關首長或其授權人員核定。

(2) 由訂定底價需依據之編列要件，可知底價幫助招標單位控制預算，確保最終選定的投標價格在其可接受的範圍內，不會超過預算限制。

9 (B)。

(1) 政府採購法第75條第1項，廠商對於機關辦理採購，認為違反法令或我國所締結之條約、協定（以下合稱法令），致損害其權利或利益者，得於下列期限內，以書面向招標機關提出異議：一、對招標文件規定提出異議者……二、對招標文件規定之釋疑、後續說明、變更或補充提出異議者……三、對採購之過程、結果提出異議者，……。

(2) 可知投標者提出之異議客體，可針對招標文件、採購過程和結果。

10 (C)。

(1) 圍標行為規範於政府採購法第87條第1項，意圖使廠商不為投標、違反其本意投標，或使得標廠商放棄得標、得標後轉包或分包，而施強暴、脅迫、藥劑或催眠術者，處一年以上七年以下有期徒刑，得併科新臺幣三百萬元以下罰金。

(2) 另同法第50條第1項第7款規定，投標廠商有下列情形之一，經機關於開標前發現者，其所投之標應不予開標；於開標後發現者，應不決標予該廠商：七、其他影響採購公正之違反法令行為。復依同條第2項規定前段，決標或簽約後發現得標廠商於決標前有第一項情形者，應撤銷決標、終止契約或解除契約，並得追償損失。

11 (B)。

(1) 政府採購法第88條第1項前段，受機關委託提供採購規劃、設計、審查、監造、專案管理或代辦採購廠商之人員，意圖為私人不法之利益，對技術、工法、材料、設備或規格，為違反法令之限制或審查，因而獲得利益者，處一年以上七年以下有期徒刑，得併科新臺幣三百萬元以下罰金。

(2) 可知機關委託的採購規劃未遵守相關法規，相關人員會面臨法律（罰金及有期徒刑）處罰，選項(B)用詞雖未臻精確，然相較其他選項仍不失為正解。

12 (C)。 政府採購法第7條第1項，本法所稱工程，指在地面上下新建、增建、改建、修建、拆除構造物與其所屬設備及改變自然環境之行為，包括建築、土木、水利、環境、交通、機械、電氣、化工及其他經主管機關認定之工程。

13 (A)。 公告採購資訊的主要目的是確保政府或公共機構的採購過程透明、公正和競爭性。具體來說，公告採購資訊的主要目的，可以使得更多潛在供應商或承包商得以參與競標，從而提高競爭性，獲得更具成本效益的服務或產品；也有助於確保所有潛在供應商都能平等獲取相關資訊，從而在公平的基礎上參與競標。

14 (B)。 在投標檔審查過程中，審查機構或評審委員會通常會對多個方面進行評估，以確保投標人所提交的提案符合招標要求，並且能夠滿足項目的需求。主要評估的內容其中之一為資格審查，主要分為兩個面向，一是法律合規性：確認投標人是否具備法律規定的資格，例如公司註冊、稅務合規、經營許可證等；二是財務穩定性：評估投標人的財務狀況，以確保其有能力完成合同項目。

15 (D)。

(1) 政府採購法第52條第1項，機關辦理採購之決標，應依下列原則之一辦理，並應載明於招標文件中：一、訂有底價之採購，以合於招標文件規定，且在底價以內之最低標為得標廠商。二、未訂底價之採購，以合於招標檔規定，標價合理，且在預算數額以內之最低標為得標廠商。三、以合於招標文件規定之最有利標為得標廠商。四、採用複數決標之方式：機關得於招標檔中公告保留之採購項目或數量選擇之組合權利，但應合於最低價格或最有利標之競標精神。

(2) 由前述條文可知，決標原則中，最重要的考量因素通常是價格與品質的平衡。這意味著在選擇中標者時，不僅要考慮投標價格的競爭力，還要確保所提供的產品或服務能夠滿足項目的質量和性能要求。

16 (C)。

(1) 政府採購法第74條規定，廠商與機關間關於招標、審標、決標之爭議，得依本章規定提出異議及申訴；故可知得提起異議之階段為決標以前。

(2) 復依同法第50條，投標廠商有下列情形之一，經機關於開標前發現者，其所投之標應不予開標；於開標後發現者，應不決標予該廠商：一、未依招標文件之規定投標。二、投標檔內容不符合招標檔之規定。三、借用或冒用他人名義或證件投標。四、以不實之文件投標。五、不同投標廠商間之投標檔內容有重大異常關聯。六、第一百零三條第一項不得參加投標或作為決標對象之情形。七、其他影響採購公正之違反法令行為。

(3) 可知就投標檔之審查，包括：法律法規的適用性、事實和證據、採購程式的合規性、公平競爭、異議事項的影響程度、相關當事人的意見、時效性和決策的合理合法性。自亦為異議審查之範圍。

17 (C)。 政府採購法第75條第2項規定，招標機關應自收受異議之次日起十五日內為適當之處理，並將處理結果以書面通知提出異議之廠商。其處理結果涉及變更或補充招標檔內容者，除選擇性招標之規格標與價格標及限制性招標應以書面通知各廠商外，應另行公告，並視需要延長等標期。故對於異議合理之判斷，後續處理方式通常為修改招標檔或條件。

18 (C)。 政府採購法第89條第1項，受機關委託提供採購規劃、設計或專案管理或代辦採購廠商之人員，意圖為私人不法之利益，洩漏或交付關於採購應秘密之文書、圖畫、消息、物品或其他資訊，因而獲得利益者，處五年以下有期徒刑、拘役或科或併科新臺幣一百萬元以下罰金。

19 (C)。 妨害採購之行為處罰，規範於政府採購法第87條以下。又同法第103條規定，遭刊登於政府採購公報違法、違約之廠商，於一定期限內屬停權廠商，不得參加投標或作為決標對象或分包廠商。選項(C)用詞雖未臻精確，然相較其他選項仍不失為正解。

20 (C)。

(1) 依政府採購法第12條規定，上級機關派員監辦，其監辦之角色係代表上級機關辦理政府採購法施行細則第11條第1

項、第2項規定之事項，與招標機關主會計及有關單位之監辦，各有其職責及功能。

(2) 又政府採購法施行細則第11條第1項規定，本法第十二條第一項所稱監辦，指監辦人員實地監視或書面審核機關辦理開標、比價、議價、決標及驗收是否符合本法規定之程序。監辦人員採書面審核監辦者，應經機關首長或其授權人員核准。

(3) 同條第2項規定，前項監辦，不包括涉及廠商資格、規格、商業條款、底價訂定、決標條件及驗收方法等實質或技術事項之審查。監辦人員發現該等事項有違反法令情形者，仍得提出意見。

21 (C)。

(1) 政府採購法第14條，機關不得意圖規避本法之適用，分批辦理公告金額以上之採購。其有分批辦理之必要，並經上級機關核准者，應依其總金額核計採購金額，分別按公告金額或查核金額以上之規定辦理。

(2) 又政府採購法施行細則第13條，本法第十四條所定意圖規避本法適用之分批，不包括依不同標的、不同施工或供應地區、不同需求條件或不同行業廠商之專業項目所分別辦理者。機關分批辦理公告金額以上之採購，法定預算書已標示分批辦理者，得免報經上級機關核准。

(3) 故適當分標或合併招標，依法仍能分批辦理採購，其目的在於專業項目所分別辦理便於管理。

22 (A)。政府採購法第15條第2項，機關人員對於與採購有關之事項，涉及本人、配偶、二親等以內親屬，或共同生活家屬之利益時，應行迴避。

23 (B)。押標金之設計目的在於：

(1) 沒收押標金不以是否有實際損害為要件，旨在督促投標廠商於得標後，必然履行契約外，兼有防範投標廠商圍標或妨礙標售程序之作用。

(2) 押標金乃用於廠商保證本身依招標文件規定投標，並依決標完成簽約。其有違反者，機關得據招標文件之規定不予發還。

(3) 行政院公共工程委員會曾在採購申訴案件中認為政府採購法第第31條第2項規定之立法目的，在於確保廠商於得標後能履行訂約及履約義務。

24 (C)。 政府採購法第34條，機關辦理採購，其招標文件於公告前應予保密。但須公開說明或藉以公開徵求廠商提供參考資料者，不在此限。機關辦理招標，不得於開標前洩漏底價，領標、投標廠商之名稱與家數及其他足以造成限制競爭或不公平競爭之相關資料。底價於開標後至決標前，仍應保密，決標後除有特殊情形外，應予公開。但機關依實際需要，得於招標文件中公告底價。機關對於廠商投標文件，除供公務上使用或法令另有規定外，應保守秘密。

25 (A)。 政府採購法第18條第2項，本法所稱公開招標，指以公告方式邀請不特定廠商投標。

26 (B)。 政府採購法第56條第1項前段，決標依第五十二條第一項第三款規定辦理者，應依招標文件所規定之評審標準，就廠商投標標的之技術、品質、功能、商業條款或價格等項目，作序位或計數之綜合評選，評定最有利標。

27 (B)。 為確保政府採購契約債務能依約履行，我國實務上採取的機制為違約金及保證金制度，其中違約金得分為損害賠償總額預定性及懲罰性違約金；保證金得分為履約保證金及保固保證金。

28 (D)。

(1) 政府採購法第75條第1項，廠商對於機關辦理採購，認為違反法令或我國所締結之條約、協定（以下合稱法令），致損害其權利或利益者，得於下列期限內，以書面向招標機關提出異議：一、對招標文件規定提出異議者……二、對招標文件規定之釋疑、後續說明、變更或補充提出異議者……三、對採購之過程、結果提出異議者。

(2) 本題選項(A)(B)(C)皆不屬於招標文件規定（或釋疑、後續說明、變更或補充）及採購之過程，僅有選項(D)招標機關評選標準的合理性屬之。

29 (A)。 政府採購法第45條，公開招標及選擇性招標之開標，除法令另有規定外，應依招標文件公告之時間及地點公開為之。

30 (D)。 政府採購法第89條，受機關委託提供採購規劃、設計或專案管理或代辦採購廠商之人員，意圖為私人不法之利益，洩漏或交付關於採購應秘密之文書、圖畫、消息、物品或其他資訊，因而獲得利益者，處五年以下有期徒刑、拘役或科或併科新臺幣一百萬元以下罰金。前項之未遂犯罰之。

31 (A)。政府採購法第92條，廠商之代表人、代理人、受雇人或其他從業人員，因執行業務犯本法之罪者，除依該條規定處罰其行為人外，對該廠商亦科以該條之罰金。

32 (B)。政府採購法第104條前段，軍事機關之採購，應依本法之規定辦理。但武器、彈藥、作戰物資或與國家安全或國防目的有關之採購，而有下列情形者，不在此限。

33 (C)。政府採購法第1條，為建立政府採購制度，依公平、公開之採購程序，提升採購效率與功能，確保採購品質，爰制定本法。著重於依循公開透明法定程式進行採購。

34 (B)。政府採購法於第43條規定優先決標予國內廠商、第44條規定標價優惠國內廠商，惟皆有設定如「締結之條約或協定另有禁止規定者外」及「對國內產製加值達百分之五十之財物或國內供應之工程、勞務，於外國廠商為最低標」等前提要件成就時，始有國內廠商優先餘地之例外。外國廠商參與政府採購，仍係以最有利標為原則。

35 (A)。政府採購法第39條第1項，機關辦理採購，得依本法將其對規劃、設計、供應或履約業務之專案管理，委託廠商為之。蓋因一般行政機關及學校、公立醫院等，因缺乏採購專業人才，爰於第一項明定得將其對規劃、設計等業務之管理，以專案管理之方式委託廠商代辦。但委託範圍並不包括決策核定，最終決策權仍屬於機關。

36 (C)。政府採購法施行細則第48條第1項，本法第四十五條所稱開標，指依招標文件標示之時間及地點開啟廠商投標文件之標封，宣布投標廠商之名稱或代號、家數及其他招標文件規定之事項。有標價者，並宣布之。

37 (B)。政府採購法施行細則第48條第1項，本法第四十五條所稱開標，指依招標文件標示之時間及地點開啟廠商投標文件之標封，宣布投標廠商之名稱或代號、家數及其他招標文件規定之事項。有標價者，並宣布之。

38 (C)。

(1)政府採購法第66條有轉包相關規定，得標廠商違反前條規定轉包其他廠商時，機關得解除契約、終止契約或沒收保證金，並得要求損害賠償。前項轉包廠商與得標廠商對機關負連帶履行及賠償責任。再轉包者，亦同。

(2) 同法第67條則是分包相關規定，得標廠商得將採購分包予其他廠商。稱分包者，謂非轉包而將契約之部分由其他廠商代為履行。分包契約報備於採購機關，並經得標廠商就分包部分設定權利質權予分包廠商者，民法第五百十三條之抵押權及第八百十六條因添附而生之請求權，及於得標廠商對於機關之價金或報酬請求權。前項情形，分包廠商就其分包部分，與得標廠商連帶負瑕疵擔保責任。

(3) 是以政府採購單位僅允許將招標項目分包給特定廠商執行，但不得轉包給其他廠商。

39 (B)。 政府採購法第72條第1項，機關辦理驗收時應製作紀錄，由參加人員會同簽認。驗收結果與契約、圖說、貨樣規定不符者，應通知廠商限期改善、拆除、重作、退貨或換貨。其驗收結果不符部分非屬重要，而其他部分能先行使用，並經機關檢討認為確有先行使用之必要者，得經機關首長或其授權人員核准，就其他部分辦理驗收並支付部分價金。並非隨機抽樣進行驗收、亦無不讓廠商參與、或要求先提供相關檔案始能進行驗收等規定。

40 (B)。

(1) 政府採購法第50條第1項，投標廠商有下列情形之一，經機關於開標前發現者，其所投之標應不予開標；於開標後發現者，應不決標予該廠商：一、未依招標文件之規定投標。二、投標文件內容不符合招標文件之規定。三、借用或冒用他人名義或證件投標。四、以不實之文件投標。五、不同投標廠商間之投標文件內容有重大異常關聯。六、第一百零三條第一項不得參加投標或作為決標對象之情形。七、其他影響採購公正之違反法令行為。

(2) 另同法第87條規定關於廠商有圍標行為之處罰，內容包括對相關人員處有期徒刑和併科罰金等。

41 (B)。

(1) 政府採購法第46條第1項，機關辦理採購，除本法另有規定外，應訂定底價。底價應依圖說、規範、契約並考量成本、市場行情及政府機關決標資料逐項編列，由機關首長或其授權人員核定。

(2) 本題選項中最接近其中市場行情及政府機關決標資料概念者，即為歷史購買價格，另訂定底價時需製作底價建議分析表，相關金額係數變動便係參考歷史標案，故本題選(B)。

42 (C)。 政府採購法第75條第1項前段，廠商對於機關辦理採購，認為違反法令或我國所締結之條約、協定（以下合稱法令），致損害其權利或利益者，得於下列期限內，以書面向招標機關提出異議。

二、多選題

43 (A)(B)(C)(E)。
政府採購法第3條，政府機關、公立學校、公營事業（以下簡稱機關）辦理採購，依本法之規定；本法未規定者，適用其他法律之規定。可知本法之採購主體為所有政府部門及其下屬機構。

44 (A)(C)(D)。
政府採購法第5條，機關採購得委託法人或團體代辦。前項採購適用本法之規定，該法人或團體並受委託機關之監督。

45 (A)(C)(E)。
(1) 政府採購法第24條，機關基於效率及品質之要求，得以統包辦理招標。前項所稱統包，指將工程或財物採購中之設計與施工、供應、安裝或一定期間之維修等併於同一採購契約辦理招標。統包實施辦法，由主管機關定之。
(2) 可知統包採購之特點，在於整合設計與施工於一貫作業、降低施工成本、減少介面衝突、縮短時程及確保品質，並能增進行政效率；以污水處理廠新建工程為例，該類工程便會涉及土木、環工、電氣、機械及儀控等多項專業領域，統包作業於此便有其顯著優勢。

46 (A)(B)(D)。
(C) 政府採購法施行細則第112-1條第2項第2款，本法第一百零三條第二項所稱特殊需要，指符合下列情形之一，且基於公共利益考量確有必要者：二、依本法第五十三條或第五十四條規定辦理減價結果，廢標二次以上，且未調高底價或建議減價金額者。則本法第53條有關超底價決標之規範，即有提及底價金額有變動之情形。
(E) 政府採購法第46條第1項，機關辦理採購，除本法另有規定外，應訂定底價。底價應依圖說、規範、契約並考量成本、市場行情及政府機關決標資料逐項編列，由機關首長或其授權人員核定。

47 (A)(E)。

政府採購法：

(B) 第75條第1項前段，廠商對於機關辦理採購，認為違反法令或我國所締結之條約、協定（以下合稱法令），致損害其權利或利益者，得於下列期限內，以書面向招標機關提出異議。

(C) 第75條第2項前段，招標機關應自收受異議之次日起十五日內為適當之處理，並將處理結果以書面通知提出異議之廠商。

(D) 第76條第1項前段，廠商對於公告金額以上採購異議之處理結果不服，或招標機關逾前條第二項所定期限不為處理者，得於收受異議處理結果或期限屆滿之次日起十五日內，依其屬中央機關或地方機關辦理之採購，以書面分別向主管機關、直轄市或縣（市）政府所設之採購申訴審議委員會申訴。

48 (A)(C)(E)。

政府採購法第26條執行注意事項：

(B) 第8點第1項，機關擬訂定之技術規格無國際標準或國家標準，且無法以精確之方式說明招標要求，而必須於招標文件要求或提及特定之廠牌時，應註明「或同等品」字樣，其所列廠牌應符合下列情形：(一)所列廠牌僅供廠商參考，不得限制廠商必須採用。(二)所列廠牌目前均有製造、供應，容易取得，價格合理，能確保採購品質，且無代理商、經銷商有公平交易法所稱之獨占或聯合行為之情事。(三)所列廠牌之價格、功能、效益、標準及特性，均屬相當。

(D) 第2點，招標文件所定供不特定廠商競標之技術規格，應以達成機關於功能、效益或特性等需求所必須者為限。如有採購較佳之功能、效益或特性等之標的之必要，宜採最有利標決標或依政府採購法施行細則第六十三條規定辦理。

49 (A)(C)(D)(E)。

(A)政府採購法施行細則第105條，異議逾越法定期間者，應不予受理，並以書面通知提出異議之廠商。

(C)(D)政府採購法施行細則第102條第1項第3款，廠商依本法第七十五條第一項規定以書面向招標機關提出異議，應以中文書面載明下列事項，由廠商簽名或蓋章，提出於招標機關。其附有外文資料者，應就異議有關之部分備具中文譯本。但招標機關得視需要通知其檢具其他部分之中文譯本：三、異議之事實及理由。又同條第3項規定，異議不合前二項規定者，招標機關得不予受理。但其情形可補正者，應定期間命其補正；逾期不補正者，不予受理。

(E)政府採購法第85-4條第2項，當事人或參加調解之利害關係人對於前項方案，得於送達之次日起十日內，向採購申訴審議委員會提出異議。

50 (B)(C)(D)(E)。

政府採購法：

(B)(C)第89條第1項，受機關委託提供採購規劃、設計或專案管理或代辦採購廠商之人員，意圖為私人不法之利益，洩漏或交付關於採購應秘密之文書、圖畫、消息、物品或其他資訊，因而獲得利益者，處五年以下有期徒刑、拘役或科或併科新臺幣一百萬元以下罰金。

(D)第101條第1項第6款，機關辦理採購，發現廠商有下列情形之一，應將其事實、理由及依第一百零三條第一項所定期間通知廠商，並附記如未提出異議者，將刊登政府採購公報：六、犯第八十七條至第九十二條之罪，經第一審為有罪判決者。又第103條第1項第1款，依前條第三項規定刊登於政府採購公報之廠商，於下列期間內，不得參加投標或作為決標對象或分包廠商：一、有第一百零一條第一項第一款至第五款、第十五款情形或第六款判處有期徒刑者，自刊登之次日起三年。但經判決撤銷原處分或無罪確定者，應註銷之。

(E)第50條第1項第7款，投標廠商有下列情形之一，經機關於開標前發現者，其所投之標應不予開標；於開標後發現者，應不決標予該廠商：七、其他影響採購公正之違反法令行為。又同條第2項，決標或簽約後發現得標廠商於決標前有第一項情形者，應撤銷決標、終止契約或解除契約，並得追償損失。但撤銷決標、終止契約或解除契約反不符公共利益，並經上級機關核准者，不在此限。

51 (A)(B)(C)(D)(E)。

政府採購法第15條，機關承辦、監辦採購人員離職後三年內不得為本人或代理廠商向原任職機關接洽處理離職前五年內與職務有關之事務。機關人員對於與採購有關之事項，涉及本人、配偶、二親等以內親屬，或共同生活家屬之利益時，應行迴避。機關首長發現前項人員有應行迴避之情事而未依規定迴避者，應令其迴避，並另行指定人員辦理。

52 (A)(B)(C)(D)(E)。

政府採購公告及公報發行辦法第7條，依本法第二十七條第一項規定辦理之招標公告，應登載下列事項：

一、有案號者，其案號。二、機關之名稱、地址、聯絡人（或單位）及聯絡電話。三、招標標的之名稱及數量摘要。有保留未來後續擴充之權利者，其擴充之期間、金額或數量。四、招標文件之領取地點、方式、售價及購買該文件之付款方式。五、收受投標文件之地點及截止期限。六、公開開標者，其時間及地點。七、須押標金者，其額度。八、履約期限。九、投標文件應使用之文字。十、招標與決標方式及是否可能採行協商措施。十一、是否屬公告金額以上之採購。十二、是否適用我國所締結之條約或協定。十三、廠商資格條件摘要。十四、財物採購，其性質係購買、租賃、定製或兼具二種以上之性質。十五、是否屬公共工程實施技師簽證者。十六、其他經主管機關指定者。

53 (A)(B)(C)(E)。

政府採購法：

(A) 施行細則第105條，異議逾越法定期間者，應不予受理，並以書面通知提出異議之廠商。

(B) 施行細則第105-1條，招標機關處理異議為不受理之決定時，仍得評估其事由，於認其異議有理由時，自行撤銷或變更原處理結果或暫停採購程序之進行。舉重以明輕，機關於不受理決定作出後，仍得因該異議有理由而自行撤銷或變更；則異議提出後、尚未作出決定之際，自得依新證據顯示其是否具有合理性進行審酌。

(C) 第75條第1項第2款，廠商對於機關辦理採購，認為違反法令或我國所締結之條約、協定（以下合稱法令），致損害其權利或利益者，得於下列期限內，以書面向招標機關提出異議：二、對招標文件規定之釋疑、後續說明、變更或補充提出異議者，為接獲機關通知或機關公告之次日起十日。

(D) 第84條第1項，廠商提出異議或申訴者，招標機關評估其事由，認其異議或申訴有理由者，應自行撤銷、變更原處理結果，或暫停採購程序之進行。但為應緊急情況或公共利益之必要，或其事由無影響採購之虞者，不在此限。

(E) 第75條第1項前段，廠商對於機關辦理採購，認為違反法令或我國所締結之條約、協定（以下合稱法令），致損害其權利或利益者，得於下列期限內，以書面向招標機關提出異議。

54 (A)(C)(D)(E)。

政府採購法第3條，政府機關、公立學校、公營事業（以下簡稱機關）辦理採購，依本法之規定；本法未規定者，適用其他法律之規定。可知本法之採購主體為所有政府部門及其下屬機構。

55 (A)(C)。

政府採購法：

(A)第40條，機關之採購，得洽由其他具有專業能力之機關代辦。

(B)(C)第5條第1項，機關採購得委託法人或團體代辦。

(D)(E)第5條第2項，前項採購適用本法之規定，該法人或團體並受委託機關之監督。

56 (A)(D)。

政府採購法：

(B) 第19條，機關辦理公告金額以上之採購，除依第二十條及第二十二條辦理者外，應公開招標。

(C) 第18條第2項，本法所稱公開招標，指以公告方式邀請不特定廠商投標。

(E) 第27條第1項，機關辦理公開招標或選擇性招標，應將招標公告或辦理資格審查之公告刊登於政府採購公報並公開於資訊網路。公告之內容修正時，亦同。

57 (A)(D)(E)。

(1) 政府採購法第24條，機關基於效率及品質之要求，得以統包辦理招標。前項所稱統包，指將工程或財物採購中之設計與施工、供應、安裝或一定期間之維修等併於同一採購契約辦理招標。統包實施辦法，由主管機關定之。

(2) 可知統包採購之特點，在於整合設計與施工於一貫作業、降低施工成本、減少介面衝突、縮短時程及確保品質，並能增進行政效率；以污水處理廠新建工程為例，該類工程便會涉及土木、環工、電氣、機械及儀控等多項專業領域，統包作業於此便有其顯著優勢。

58 (A)(C)(E)。

(A)(B)(C)底價是政府機關作為買方時，所訂定願意購買價格的上限，避免用過高或與市場行情顯然不符的金額採購工程、財務或勞務。

(D)政府採購法第52條第1項第1款，機關辦理採購之決標，應依下列原則之一辦理，並應載明於招標文件中：一、訂有底價之採購，以合於招標文件規定，且在底價以內之最低標為得標廠商。

(E)政府採購法第54條，決標依第五十二條第一項第二款規定辦理者，合於招標文件規定之最低標價逾評審委員會建議之金額或預算金額時，得洽該最低標廠商減價一次。減價結果仍逾越上開金額時，得由所有合於招標文件規定之投標廠商重新比減價格。機關得就重新比減價格之次數予以限制，比減價格不得逾三次，辦理結果，最低標價仍逾越上開金額時，應予廢標。

59 (B)(D)(E)。

政府採購法：

(A) 第74條，廠商與機關間關於招標、審標、決標之爭議，得依本章規定提出異議及申訴。合約簽定前便可提出。

(C) 第75條第1項，廠商對於機關辦理採購，認為違反法令或我國所締結之條約、協定（以下合稱法令），致損害其權利或利益者，得於下列期限內，以書面向招標機關提出異議：

一、對招標文件規定提出異議者，為自公告或邀標之次日起等標期之四分之一，其尾數不足一日者，以一日計。但不得少於十日。二、對招標文件規定之釋疑、後續說明、變更或補充提出異議者，為接獲機關通知或機關公告之次日起十日。三、對採購之過程、結果提出異議者，為接獲機關通知或機關公告之次日起十日。其過程或結果未經通知或公告者，為知悉或可得而知悉之次日起十日。但至遲不得逾決標日之次日起十五日。

60 (A)(B)(D)(E)。

政府採購法：

(A) 第34條第2項、第4項分別訂有明文規定，機關辦理招標，不得於開標前洩漏底價，領標、投標廠商之名稱與家數及其他足以造成限制競爭或不公平競爭之相關資料；機關對於廠商投標文件，除供公務上使用或法令另有規定外，應保守秘密，違反者涉犯刑法第132條第1項之公務員洩漏或交付關於中華民國國防以外應秘密之文書、圖畫、消息或物品罪，處三年以下有期徒刑。

(B) 第101條第1項第4款，機關辦理採購，發現廠商有下列情形之一，應將其事實、理由及依第一百零三條第一項所定期間通知廠商，並附記如未提出異議者，將刊登政府採購公報：四、以虛偽不實之文件投標、訂約或履約，情節重大者。又同法第103條第1項第1款，依前條第三項規定刊登於政府採購公報之廠商，於下列期間內，不得參加投標或作為決標對象或分包廠商：一、有第一百零一條第一項第一款至第五款、第十五款情形或第六款判處有期徒刑者，自刊登之次日起三年。但經判決撤銷原處分或無罪確定者，應註銷之。

(C) 第87條規定，強迫投標廠商違反本意之處罰，可處以有期徒刑並併科罰金。

(D) 第50條第1項前段，投標廠商有下列情形之一，經機關於開標前發現者，其所投之標應不予開標；於開標後發現者，應不決標予該廠商；又同條第2項前段，決標或簽約後發現得標廠商於決標前有第一項情形者，應撤銷決標、終止契約或解除契約，並得追償損失。

(E) 參考臺北市政府技術服務勞務採購履約績效管理辦法第7條，機關辦理第二條勞務採購，發現廠商有第四條至前條所定各款情事之一，且可歸責於廠商者，應將其事實書面通知廠商將予以扣分記點，並附記如有異議得以書面敘明理由向機關提出。

一試就中，升任各大
國民營企業機構
高分必備，推薦用書

共同科目

2B811121	國文	高朋・尚榜	590元
2B821141	英文 ♛榮登金石堂暢銷榜	劉似蓉	630元
2B331141	國文(論文寫作)	黃淑真・陳麗玲	470元

專業科目

2B031131	經濟學	王志成	620元
2B041121	大眾捷運概論（含捷運系統概論、大眾運輸規劃及管理、大眾捷運法 ♛榮登博客來、金石堂暢銷榜	陳金城	560元
2B061131	機械力學(含應用力學及材料力學)重點統整＋高分題庫	林柏超	430元
2B071111	國際貿易實務重點整理+試題演練二合一奪分寶典 ♛榮登金石堂暢銷榜	吳怡萱	560元
2B081141	絕對高分! 企業管理(含企業概論、管理學)	高芬	690元
2B111082	台電新進雇員配電線路類超強4合1	千華名師群	750元
2B121081	財務管理	周良、卓凡	390元
2B131121	機械常識	林柏超	630元
2B141141	企業管理(含企業概論、管理學)22堂觀念課	夏威	780元
2B161141	計算機概論(含網路概論) ♛榮登博客來、金石堂暢銷榜	蔡穎、茆政吉	660元
2B171141	主題式電工原理精選題庫 ♛榮登博客來暢銷榜	陸冠奇	近期出版
2B181141	電腦常識(含概論) ♛榮登金石堂暢銷榜	蔡穎	590元
2B191141	電子學	陳震	650元
2B201141	數理邏輯(邏輯推理)	千華編委會	近期出版

2B251121	捷運法規及常識(含捷運系統概述) 榮登博客來暢銷榜	白崑成	560元
2B321141	人力資源管理(含概要) 榮登博客來、金石堂暢銷榜	陳月娥、周毓敏	690元
2B351131	行銷學(適用行銷管理、行銷管理學) 榮登金石堂暢銷榜	陳金城	590元
2B421121	流體力學(機械)·工程力學(材料)精要解析 榮登金石堂暢銷榜	邱寬厚	650元
2B491141	基本電學致勝攻略 榮登金石堂暢銷榜	陳新	近期出版
2B501141	工程力學(含應用力學、材料力學) 榮登金石堂暢銷榜	祝裕	近期出版
2B581141	機械設計(含概要) 榮登金石堂暢銷榜	祝裕	近期出版
2B661141	機械原理(含概要與大意)奪分寶典	祝裕	近期出版
2B671101	機械製造學(含概要、大意)	張千易、陳正棋	570元
2B691131	電工機械(電機機械)致勝攻略	鄭祥瑞	590元
2B701141	一書搞定機械力學概要	祝裕	近期出版
2B741091	機械原理(含概要、大意)實力養成	周家輔	570元
2B751131	會計學(包含國際會計準則IFRS) 榮登金石堂暢銷榜	歐欣亞、陳智音	590元
2B831081	企業管理(適用管理概論)	陳金城	610元
2B841141	政府採購法10日速成 榮登博客來、金石堂暢銷榜	王俊英	690元
2B851141	8堂政府採購法必修課：法規+實務一本go！ 榮登博客來、金石堂暢銷榜	李昀	530元
2B871091	企業概論與管理學	陳金城	610元
2B881141	法學緒論大全(包括法律常識)	成宜	650元
2B911131	普通物理實力養成 榮登金石堂暢銷榜	曾禹童	650元
2B921141	普通化學實力養成 榮登金石堂暢銷榜	陳名	550元
2B951131	企業管理(適用管理概論)滿分必殺絕技 榮登金石堂暢銷榜	楊均	630元

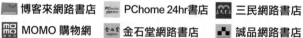

以上定價，以正式出版書籍封底之標價為準

國家圖書館出版品預行編目(CIP)資料

政府採購法 10 日速成 / 王俊英編著. -- 第五版. -- 新北市：千華數位文化股份有限公司, 2024.12

面；　公分

國民營事業

ISBN 978-626-380-896-6(平裝)

1.CST: 政府採購 2.CST: 公共財務法規

564.72023　　　　113019092

千華五十
築夢踏實

[國民營事業] 政府採購法10日速成

編　著　者：王　俊　英

發　行　人：廖　雪　鳳
登　記　證：行政院新聞局局版台業字第 3388 號
出　版　者：千華數位文化股份有限公司
地址：新北市中和區中山路三段 136 巷 10 弄 17 號
電話：(02)2228-9070　　傳真：(02)2228-9076
客服信箱：chienhua@chienhua.com.tw

法律顧問：永然聯合法律事務所
編輯經理：甯開遠
主　　編：甯開遠
執行編輯：陳資穎
校　　對：千華資深編輯群
設計主任：陳春花
編排設計：翁以倢

千華官網／購書

千華蝦皮

出版日期：2024 年 12 月 15 日　　第五版／第一刷

本書如有勘誤或其他補充資料，
將刊於千華官網，歡迎前往下載。